Lukács e Seus Contemporâneos

Coleção Debates
Dirigida por J. Guinsburg

Equipe de Realização – Seleção: Pedro Campos Araújo Corgozinho; Tradução: Pedro Campos Araújo Corgozinho, Newton Cunha, Leonardo Aldrovandi e J. Guinsburg; Revisão Técnica: Ester Vaisman e Vitor Bartoletti Sartori; Edição de Texto: Iracema A. de Oliveira; Revisão: Marcio Honorio de Godoy; Produção: Ricardo W. Neves, Sergio Kon, Lia N. Marques, Luiz Henrique Soares e Elen Durando.

nicolas tertulian

LUKÁCS E SEUS CONTEMPORÂNEOS

COLETÂNEA DE TEXTOS

cip-Brasil. Catalogação-na-Fonte
Sindicato Nacional dos Editores de Livros, rj

T318L
    Tertulian, Nicolas
    Lukács e seus contemporâneos : coletânea de textos / Nicolas Tertulian ; [organização Pedro Campos Araújo Corgozinho]. - 1. ed. - São Paulo : Perspectiva, 2016.
    432 p. ; 21 cm. (Debates ; 337)

    isbn 978-85-273-1067-3
    1. György Lukács, 1885-1971. 2. Filosofia. I. Corgozinho, Pedro Campos Araújo. II. Título. III. Série.

16-35366   CDD: 100
                                                          CDU: 1

11/08/2016   12/08/2016

Direitos reservados em língua portuguesa à

EDITORA PERSPECTIVA S.A.

Av. Brigadeiro Luís Antônio, 3025
01401-000 São Paulo sp Brasil
Telefax: (11) 3885-8388
www.editoraperspectiva.com.br

2016

SUMÁRIO

Nota da tradução 9
Apresentação – *Vitor Bartoletti Sartori* 11

Ontologia Heideggeriana e Ontologia Lukacsiana 31
Nicolai Hartmann e György Lukács: Uma Aliança
 Fecunda 173
Adorno e Lukács: Polêmicas e Mal-Entendidos 229
Gramsci, o Anti-Croce e a Filosofia de Lukács 257
Distanciamento ou Catarse? (Sobre as Divergências
 entre Brecht e Lukács) 275
O Conceito de Alienação em Heidegger e Lukács 297
Croce-Gentile: Da Amizade à Adversidade 315
Carl Schmitt: Entre Catolicismo e Nacional-Socialismo .. 341
Arnold Gehlen 375
Da Inteligibilidade da História 411

NOTA DA TRADUÇÃO

Os textos de Nicolas Tertulian reunidos nesta coletânea apresentaram alguns desafios à tradução, por se tratar de escritos de um filósofo romeno que, embora domine o idioma francês em seu uso culto, acadêmico e literário, possui um estilo forte de escrita, lançando mão de conceitos e citações em diversas línguas, sempre no esforço de preservar a clareza e o sentido original das ideias centrais debatidas.

A coletânea traz ensaios e artigos que investigam o diálogo fértil entre György Lukács, filósofo húngaro, e seus contemporâneos de diversas nacionalidades. Deparamo-nos, assim, com expressões e passagens citadas no original, ora em alemão, ora em francês, inglês ou italiano. As obras referenciadas, de autores como Adorno, Althusser, Brecht, Croce, Gramsci, Hartmann, Heidegger e do próprio Lukács, de importância capital para o intento deste conjunto de textos, nem sempre têm tradução para o português, e às vezes têm traduções conflitantes com a leitura que Tertulian nos apresenta. Optamos, então, por critérios não uniformes de tradução e referência, a fim de preservar o estilo e a clareza do autor e de oferecer, ao leitor lusófono, alternativas de acesso e de compreensão a textos e termos familiares ao português. Assim, o leitor encontrará, por exemplo, para as obras de Nicolai Hartmann e de György Lukács sem tradução para o português, a referência à edição em castelhano, quando existente, acessível em nossas bibliotecas e não raro constantes nas bibliografias dos principais cursos brasileiros sobre os temas tratados por esses pensadores.

As citações foram, em geral, modificadas em relação à tradução já publicada em português, sempre de acordo com o texto original em francês e a coerência da exposição teórica de Tertulian. Portanto, para as obras já traduzidas, o leitor encontrará divergências nos termos escolhidos por nós e aqueles presentes nas edições publicadas, mas encontrará a referência à página dessas edições, exceto para as citações de Antonio Gramsci, volumosas no artigo "Gramsci, o Anti-Croce e a Filosofia de Lukács", onde decidimos manter o texto sem modificação da tradução dos *Cadernos do Cárcere*, de Carlos Nelson Coutinho. Notadamente, no caso da terminologia heideggeriana, as discrepâncias de tradução são abundantes até mesmo no português. Exemplo digno de nota é o conceito de *Geworfenheit*, que já foi traduzido por *lançado*, *ter-sido-jogado* e *derrelição*, dentre outros. Nesses casos, o termo original está ao lado da nossa tradução, que segue o francês do autor, e as alternativas de tradução já tradicionais podem ser consultadas na obra referenciada.

Pedro Campos Araújo Corgozinho

APRESENTAÇÃO

Nicolas Tertulian é um autor ligado principalmente à obra de György Lukács. Esta sua coletânea de artigos é fruto do estudo detido, sobretudo, da obra madura do marxista húngaro. Por isso, é uma feliz coincidência que a divulgação dos textos aqui albergados se dê em seguida à publicação da grande obra de Lukács, *Para uma Ontologia do Ser Social*[1]. Grande conhecedor da filosofia do século XX, Tertulian realiza um trabalho que encontra um precedente: o do próprio György Lukács. Enquanto o autor húngaro procurou em suas diversas obras (talvez com especial ênfase em *A Destruição da Razão* e em *Para uma Ontologia do Ser Social*) situar a filosofia de sua época partindo da crise do hegelianismo em meados do século XIX e passando pela filosofia do começo do século XX para chegar naquelas ideologias que ganharam

1. Ver: *Para uma Ontologia do Ser Social*, v. I, trad. Carlos Nelson Coutinho Mario Duayer e Nélio Schneider, São Paulo: Boitempo, 2012; v. II, trad. Nélio Scneider, São Paulo: Boitempo, 2013.

destaque no pós Segunda Guerra Mundial, Tertulian realiza um percurso semelhante quando pautado à luz da filosofia do próprio Lukács da maturidade. É preciso que se diga: o autor da coletânea que dispomos aqui, com o intuito de simplesmente provar a superioridade do pensamento lukacsiano, não passa por importantes filósofos do século XX. Ao mostrar que uma ontologia do ser social aos moldes propostos pela obra madura de György Lukács (principalmente pela *Estética* e pela já mencionada *Ontologia*) pode lidar com as questões colocadas pelo melhor da filosofia marxista e não marxista no século XX, Nicolas Tertulian traça uma defesa fundamentada da necessidade e da possibilidade da emancipação humana. Tal qual Lukács, o autor tem como mote a busca de uma vida plena de sentido, somente possível com a transformação substantiva da sociedade.

Esse último tema aparece mediado pelas noções lukacsianas de especificidade do gênero humano *em-si* e especificidade do gênero humano *para-si* (*Gattungsmässigkeit an-sich* e *Gattungsmässigkeit für-sich*), central ao embate de maior destaque no presente livro, aquele entre Martin Heidegger e Lukács. O traçado que Tertulian estabelece é acompanhado pelo ímpeto de mostrar que a ontologia marxista desenvolvida por Lukács pode tratar dos temas mais pungentes da atualidade. Não se trata apenas de uma filologia desinteressada. Os embates tratados por Nicolas Tertulian trazem juízos acerca da sociedade, posições a respeito dela e, assim, mesmo que lancem luz sobre debates filosóficos importantes ao século XX (e, acreditamos, também ao século XXI), esclarecem contraposições, sobretudo de cunho político-social. A questão da ontologia, pois, nada possui de escolástica, de professoral ou de metafísica; trata-se, em verdade, de algo ligado à compreensão da própria realidade social e de sua relação com o ser natural.

Dissemos, nesse sentido, que podemos enxergar no tratamento dispensado por Nicolas Tertulian à filosofia certa continuidade e semelhança (guardadas as devidas proporções) em relação àquele dispensado por Lukács. Sobre isso, é preciso que nos expliquemos tomando algum cuidado: ao passo que o autor de *Para uma Ontologia do Ser Social* busca a ontogênese das ideologias mais influentes de sua época partindo principalmente do desenvolvimento da filosofia do século XIX, relacionando a última primeiramente à Revolução Francesa, num segundo momento, às revoluções de 1848 e, por fim, à Comuna de Paris (desenvolvendo os debates atinentes a esses períodos, como aqueles entre Schopenhauer e Hegel, entre Kierkegaard, o hegelianismo e o materialismo, e entre Nietzsche e o socialismo), o mesmo não se dá, ao menos com a mesma ênfase, no autor do presente escrito. É verdade que Tertulian tem tal abordagem lukacsiana como pano de fundo, no entanto, não temos nesse autor alguém que dedique grande parte de seus esforços à compreensão da passagem da filosofia hegeliana à marxiana (tema muito caro a Lukács); se, em *O Jovem Hegel*, o autor húngaro prova não haver uma muralha chinesa entre o ápice da filosofia burguesa e o marxismo, ao mesmo tempo que explicita o salto qualitativo que significa a emergência da concepção de mundo de Marx, Nicolas Tertulian parte desse trabalho cuidadoso, realizado por aquele que pode ser considerado sua grande referência, para tratar da filosofia do século XX de modo detido (ela foi tratada com rigor por Lukács). Partindo de diferentes cenários – Nicolas Tertulian ainda vive, ao passo que Lukács morreu em 1971 –, a ênfase dada pelos dois autores é distinta e os textos aqui compilados expressam tal fato. Daí ser possível ao autor desta coletânea tanto ver com mais cuidado as posições lukacsianas, à primeira vista apressadas, quanto dar certa continuidade a seu trabalho com o respaldo de textos ainda inéditos (em especial textos heideggerianos) à época de *Para uma Ontologia do Ser Social*.

No entanto, e, talvez, como contraponto necessário a esta postura, nota-se também um tom visivelmente mais brando por parte de Tertulian quanto a pensadores contra os quais Lukács se insurgiu, como Schmitt e Sartre.

A partir principalmente da diferenciação marxiana (enfatizada por Lukács) entre a exteriorização (*Entäusserung*) e a alienação (*Entfremdung*), Tertulian mergulha fundo não tanto em Hegel, Feuerbach, Hess; tem por central antes o debate filosófico do século xx, marcado sobretudo pela hegemonia da filosofia heideggeriana, por um lado e, doutro, pela manipulação neopositivista, ambas também criticadas nos apontamentos do autor de *Para uma Ontologia do Ser Social*. Portanto, Nicolas Tertulian se volta a um debate que Lukács acreditava ser importantíssimo. Ao mesmo tempo, essa elucidação se dá na medida em que Lukács não pôde realizar tal embate com o mesmo fôlego e cuidado com que realizou o confronto com a filosofia do século xix. Nesse sentido, dizemos que os textos aqui oferecidos podem ser considerados como um tipo de continuação dos esforços lukacsianos, e não apenas o trabalho de um comentador mais ou menos rigoroso e sofisticado.

Temos, assim, como referência, a obra madura de Lukács para que Heidegger, Hartmann, Croce, Adorno e Brecht – grandes personagens do século xx – sejam confrontados com a abordagem da ontologia do ser social, de inspiração marxista. Grandes debates do século passado, bem como suas implicações para a nossa época, aparecem de modo claro, objetivo, tornando-se necessário adentrar, sucintamente, em alguns pontos que marcam essa grande contribuição de Tertulian.

Tendo Lukács se voltado no final da vida ao desenvolvimento de uma ontologia, nada seria mais justo que compreender o que o marxista húngaro entende por essa categoria, cuja crítica, como destaca Tertulian, foi realizada, sobretudo, por Theodore Adorno em sua *Dialética Negativa*. Um dos méritos dos textos com os quais nos deparamos aqui consiste em explicitar as críticas mais contundentes à ontologia desenvolvida pelo autor húngaro. E Adorno toma a dianteira nesse quesito: grande opositor do "ontologismo", o expoente da Teoria Crítica enxerga no apego à noção de ontologia certa aceitação das determinações do presente, certa "reconciliação com o real" – acusa Lukács, nesse sentido, de uma "reconciliação extorquida" (título de um texto de Adorno contra Lukács e o seu *O Jovem Hegel*); assim,

Adorno vê o pior de certa tradição hegeliana – a concepção segundo a qual o real, não importa quão opressor, seria efetivamente racional – no Lukács da maturidade. Adorno opõe a esse último ninguém menos que o jovem Lukács de *História e Consciência de Classe* e da *Teoria do Romance*, obras criticadas pelo marxista húngaro em sua fase madura por suas tonalidades idealista e messiânica. Tratando do tema, Tertulian mostra como o acerto de contas do autor de *Para uma Ontologia do Ser Social* com Adorno também é uma revisão dos próprios pontos de vista precedentes.

A questão é tratada no texto "Adorno – Lukács: Polêmicas e Mal-entendidos", presente nesta coletânea. Tertulian aponta que, segundo Adorno, ao se ater à noção de ontologia, Lukács teria deixado de lado a crítica ao presente, aproximando-se também da posição de autores como Heidegger. O autor da *Dialética Negativa* não teria percebido, porém, que a concepção ontológica lukacsiana se desenvolve justamente em oposição à ontologia fenomenológica heideggeriana. E isso teria sido uma lacuna e um mal-entendido da crítica adorniana, que, portanto, erra o alvo. O autor dos textos desta coletânea traz aspectos decisivos para a questão: mostra, primeiramente, que a crítica de Lukács à noção de negação da negação e à noção de negatividade (categorias centrais nos textos de Adorno) tem por alvo tanto as posições de Hegel e as visões teleológicas sobre a história (sejam elas triunfalistas ou pessimistas), como aquelas vigentes, inclusive, sob o stalisnimo. Ou seja, justamente ao se voltar ao desenvolvimento rigoroso de uma ontologia seria possível um renascimento do marxismo, renascimento esse que mostrasse decididamente que o "marxismo" na época não passaria de uma degeneração, na melhor das hipóteses. Ou seja, haveria em *Para uma Ontologia do Ser Social*, inclusive, uma posição contra o stalinismo e o desenvolvimento dos países alinhados com a extinta URSS.

Um segundo e importante ponto trazido por Nicolas Tertulian (principalmente em "Ontologia Heideggeriana e Ontologia Lukacsiana" e em "O Conceito de Alienação em Heidegger e Lukács") diz respeito de modo mais direto à noção de ontologia: ao mostrar que Lukács parte da posição marxiana segundo a qual um ser não objetivo é um não ser (*Ein ungegeständliches Wesen ist ein Unwesen*[2]), e ao trazer à tona a importância atribuída pelo marxista húngaro à objetividade (*Gegenständlichkeit*) e à historicidade (*Geschichtlichkeit*) do ser, Tertulian opõe Lukács tanto a Hegel quanto a Heidegger. Ou seja, ao contrário do que aponta o autor da *Dialética Negativa*, Lukács não teria se curvado diante do "socialismo" stalinizado e nem teria uma postura filosófica similar àquela do Hegel da *Filosofia do Direito*, uma postura de certa aceitação do que outrora seria inaceitável (no caso de Lukács, de um "socialismo" burocratizado e degenerado). E algo importante vem à tona quando, ao contrário do que parece sugerir Adorno – e isso está claro nos artigos que aqui nos são apresentados –, a noção de ser que Lukács vê com bons olhos é muito distinta daquela de *Ser e Tempo,* de Heidegger.

Isso toca justamente a noção de ontologia, sendo a categoria do ser (*Sein*) tratada com cuidado em todos os textos de Tertulian aqui presentes. O autor diz que, enquanto para Hegel o ser é carente de determinações, é aquilo de mais abstrato, para Heidegger seria central a diferença ontológica (*ontologich Differenz*) segundo a qual Ser (*Sein*) e ente (*Seiende*) não poderiam ser confundidos. Ou seja, a categoria "ser" (*Sein*) no autor da *Ciência da Lógica*[3] seria somente parte do percurso pelo qual, por fim, o real é racional e o racional é real – não seria o ser senão a outra face do nada, sendo sua importância relacionada não à objetividade (*Gegenständlichkeit*), mas ao devir, à constante passagem entre ser e nada, passagem que dá a tônica do dinamismo do sistema hegeliano. A ontologia de Lukács (de inspiração marxiana)

---

2. Karl Marx, *Manuscritos Econômico-Filosóficos*, trad. Jesus Ranieri, São Paulo: Boitempo, 2004, p. 127.
3. Cf. Georg Friedrich Hegel, *Wissenschaft der Logik I*, *Werke*, v. 5, Frankfurt: Suhrkamp, 1986; *Wissenschaft der Logik II*, v. 6, 1986. (Ed. espanhola, *Ciência de la Lógica*, trad. Augusta e Rodolfo Mondolo, Buenos Aires: Solar, 1982.)

busca a apreensão do movimento do próprio real, e não de noções compreensíveis somente em meio a um sistema filosófico, como ocorre até certo ponto em Hegel. Na síntese de Marx presente nos *Grundrisse*, as categorias não são apenas noções intelectivas, mas "formas de ser" (*Daseinformen*), "determinações de existência" (*Existenzbestmmungen*). Ou seja, também a distinção heideggeriana entre ser (*Sein*) e ente (*Seiende*) é completamente estranha ao esforço teórico de Lukács, para quem, tal qual Hartmann – isso fica claro em Nicolai Hartmann e György Lukács: Uma Aliança Fecunda –, é essencial ressaltar a autarquia ontológica do real. Nem Hegel nem Heidegger, portanto. Tertulian mostra que Lukács parte do realismo ontológico ao mesmo tempo que não desconsidera o papel ativo do sujeito e a centralidade da gênese como categoria ontológica central.

Bem ressalta o autor desta coletânea que, para Lukács, é necessário enfocar a presença da atividade humana na conformação do próprio ser social. A ontologia, então, não se confunde com qualquer fundamentação transcendente de uma ordem predeterminada; também não é – como se dá em Heidegger – um construto subjetivista destinado a se opor a uma espécie de condição humana, na qual parece haver uma derrelição (*Geworfenheit*) que, como numa queda (*Verfallen*), leva o homem primeiramente a se perder num mundo que lhe é hostil e inelutavelmente eivado de alienação (*Entfremdung*). A concepção lukacsiana de ontologia traz em seu bojo a historicidade (*Geschichtlichkeit*) do ser, que se conforma de modo essencialmente imanente. A filosofia do último Lukács, Tertulian o mostra com rigor; é uma filosofia da imanência, terrenal – voltada à apreensão das relações objetivas e históricas, que busca compreender tanto a possibilidade (*Möglichkeit*) quanto a realidade efetiva (*Wirklichkeit*), tema tratado, sobretudo, em "Nicolai Hartmann e György Lukács: Uma Aliança Fecunda", mas que permeia todos os textos aqui oferecidos ao leitor (voltaremos à questão posteriormente). Como destaca Tertulian, Lukács escapa tanto de enxergar qualquer condição humana imutável – assim como

Heidegger, principalmente no que diz respeito à alienação (*Entfremdung*) – quanto de enxergar um *télos* na própria realidade, ao modo de uma filosofia da história.

Os textos aqui trazidos explicitam como a ontologia lukacsiana significa um passo decisivo na apreensão justa do ser social e de sua relação com o ser natural: ela é de grande importância na compreensão das determinações da história, principalmente depois que essa se conforma enquanto história universal (*Weltgeschichte*), ou seja, como um processo objetivo e unitário, que abrange tendencialmente a humanidade como um todo. Sobre esse ponto também estes textos têm muito a dizer, em especial quando permeiam os temas da alienação (*Entfremdung*), da especificidade do gênero humano *em-si* e da especificidade do gênero humano *para-si* (*Gattungsmässigkeit an-sich* e *Gattungsmässigkeit für-sich*). Tais temáticas aparecem de um modo ou de outro em praticamente todos os artigos aqui presentes, mas são patentes especialmente ao se traçar a oposição entre a ontologia fenomenológica de Heidegger e o método ontológico-genético de Lukács.

Em "Ontologia Heideggeriana e Ontologia Lukacsiana", mostra-se com cuidado que, enquanto uma ontologia do ser social traz consigo uma abordagem que busca a gênese e o desenvolvimento do ser social a partir do natural, o mesmo não se dá na ontologia fundamental heideggeriana. Se, para Lukács, indivíduo e gênero são frutos do processo objetivo da história, para Heidegger, buscar compreender esse processo levaria ao esquecimento do Ser (*Seinsvergessenheit*) – cujo sentido está na queda (*Verfallen*) – expresso na perda de si (*Verlorenheit*) em meio à "temporalidade vulgar" da historiografia. Ou seja, a abordagem ontológico-genética é rechaçada pelo autor alemão. Isso, somado à famigerada diferença ontológica (*ontologische Differenz*), como mostra Tertulian, faria que o processo real, no qual se relacionam os indivíduos concretos, fosse enxergado de modo mistificado. Em vez de se buscar as raízes sociais, históricas e transitórias da alienação (*Entfremdung*), Heidegger as mistifica e as torna uma espécie de condição humana imutável, expressa de modo patente em sua descrição do impessoal (*das Man*).

Tertulian destaca, principalmente em "O Conceito de Alienação em Heidegger e Lukács", que o autor de *Ser e Tempo* apresenta o homem como se este estivesse em uma situação de derrelição (*Geworfenheit*), sendo o mundo (*Welt*) um lugar tentador, onde impera certa tranquilidade (*Beruhigende, Quietivee*) que, por seu turno, já alberga o alienante (*das Entfremdende, Alienative*). O alienante, tal qual a queda (*Verfallen*), não poderia ser objetivamente suprimido. Nesse sentido, Tertulian demonstra que Heidegger trata da alienação e que o faz com cuidado, principalmente em sua descrição da cotidianidade (*Alltaglichkeit*) e do impessoal (*das Man*), porém, sem uma abordagem ontológico-genética, em verdade, Heidegger fica adstrito inelutavelmente à eternização da situação presente. Ele apreende a especificidade do gênero humano *em-si* (*Gattungsmässigkeit an-sich*) – em que os homens objetivamente se relacionam uns com os outros de modo tendencialmente antagônico e com um descompasso entre o desenvolvimento das capacidades do gênero humano e o desenvolvimento da personalidade do homem – como algo nunca passível de supressão (*Aufhebung*). Ao passo que Lukács procura mediações concretas que possibilitem a passagem dessa situação para aquela em que o desenvolvimento do gênero humano e dos indivíduos particulares não seja antagônico – a especificidade do gênero humano *para-si* (*Gattungsmässigkeit für-sich*) –, Heidegger não pode apoiar tal posição de Lukács: ela implica a defesa do socialismo, da emancipação humana, sendo o autor alemão avesso à noção de práxis transformadora consciente e, inclusive, ao humanismo.

No que é preciso adentrar um dos principais temas trazidos por Tertulian: a dialética entre a objetivação (*Vergegenständlichung*), a exteriorização (*Entäusserung*) e a alienação (*Entfremdung*). Ao trazer a questão à tona, o autor vislumbra o cerne da práxis social, que é sempre mediada por complexos sociais, dado que o ser social é, na definição lukacsiana, um complexo de complexos. Destacando sempre essas mediações, Tertulian opõe, em "Gramsci, o Anti-Croce e a Filosofia de Lukács", o autor de *Para uma Ontologia do Ser Social* a Croce, para quem haveria uma espécie de entificação da economia por parte dos marxistas. E mais: mostra como, em certos pontos, há um diálogo possível entre Gramsci, um grande marxista do século xx (sobretudo quando se tem em conta o estudo de complexos sociais específicos), e Lukács. Tertulian, desse modo, mesmo sem mencionar explicitamente o tema, põe relevo na importância central atribuída por Lukács ao estudo e à compreensão das mediações político-sociais; nesse sentido, questiona implicitamente uma das críticas correntes à ontologia lukacsiana, crítica de István Mészáros, de que o recurso à ontologia e à ética seria um subterfúgio necessário a Lukács, oriundo da ausência de consideração cuidadosa das mediações políticas concretas que se apresentam no seio do ser social.

No que toca as diferenças específicas entre posições não marxistas, vale destacar também a diferenciação que traça Tertulian entre as posições do liberal Croce e de Gentile, apoiador do fascismo. Tais questões, mostra o autor dos textos aqui reunidos, longe de serem contingentes às filosofias dos são parte constitutiva da posição filosófica e ideológica destes autores, críticos do materialismo. No que, neste ponto, é preciso que passemos para uma pedra angular do materialismo lukacsiano, tratado com bastante cuidado por Tertulian.

Partindo da autarquia do *ser-em-si* (*Ansichseiende*), algo destacado principalmente no capítulo infra "Nicolai Hartmann e György Lukács: Uma Aliança Fecunda", Tertulian busca sanar mal-entendidos e mostrar o real significado da autarquia ontológica da realidade objetiva e do apelo lukacsiano à ética. Ainda nessa seara, o autor, em "Ontologia Heideggeriana e Ontologia Lukacsiana", enfatiza como uma crítica à Althusser embasada na autonomia relativa das esferas sociais não apenas não pode atingir Lukács, como também só encontra uma teorização adequada sob a pena do autor húngaro, que não deixa de destacar a relação existente entre os complexos sociais particulares e o complexo social total. Tertulian mostra que Lukács vê os complexos sociais específicos sempre em relação, e conformando-se enquanto determinações reflexivas (*Reflexionsbestmmungen*) – isso, porém, não o leva, como ocorre de certo modo com o autor de *A Favor de Marx*[4], a desconsiderar o papel ontologicamente inelimável da relação entre o homem e a natureza, relação mediada primeiramente pelo ato de trabalho. Destaca-se a autonomia relativa dos complexos sociais somente enquanto decorrente do desenvolvimento do momento econômico (entendido no seu sentido mais amplo). A economia, assim, não figura como um Deus oculto – conforme a crítica de Croce ao marxismo –, mas como o momento preponderante (*übergreifendes Moment*) da reprodução do ser social, como aquilo que dá base à reprodução da totalidade da sociedade. Assim, Tertulian adentra com cuidado no modo como o homem se relaciona com o mundo, com a sociedade de determinada época e com a base material dessa sociedade.

Os textos desta coletânea explicitam que, embora seja verdade que o homem atua na realidade objetiva, afastando as barreiras naturais e tornando-a crescentemente social, por outro lado não é verdade que isso a torne um simples momento da práxis social. Como materialista, Lukács sempre destaca a autarquia do *ser-em-si* (*Ansichseiende*). O homem busca estabelecer suas finalidades na objetividade (*Gegenständlichkeit*) e, assim, teleologia, causalidade e decisões alternativas se relacionam no ato de objetivação (*Vergegenständlichung*), pelo qual, mediante a própria práxis social, o homem gera algo distinto de si. Esse caráter distinto, porém, pode se manifestar de diferentes modos. Pela sua práxis, aprendendo nexos objetivos presentes na própria realidade, o homem pode criar novas relações que, até certo ponto, são independentes daquele que a

---

4. Cf. Louis Althusser, *A Favor de Marx*, trad. Dirceu Lindoso, São Paulo: Zahar, 1979.

produziu. Temos, então, a exteriorização (*Entäusserung*). Ela é importantíssima, pois possibilita até mesmo uma ação de retorno do mundo ao homem, o que, por seu turno, relaciona-se com o processo social de individuação: somente tendo em conta esse momento da práxis social é possível compreender como o homem, ao modificar suas condições de existência, modifica simultaneamente a si mesmo e desenvolve sua personalidade. O fato de a objetividade (*Gegenständlichkeit*) ter certa autonomia quanto à consciência dos sujeitos individuais, portanto, não é, em si, um sintoma de alienação (*Entfremdung*); tal autonomia, inclusive, é o que possibilita falar no desenvolvimento objetivo da sociedade, que também ocorre quando os instrumentos de produção criados pelo homem não estão atados àquele que os criou – eles podem ser um patrimônio do gênero humano como um todo. Somente em condições de apropriação privada da produção, os instrumentos de produção criados pelo homem podem estar ligados ao enriquecimento material de poucos em detrimento de muitos.

O tema da alienação, tão caro a Heidegger e Lukács – autores cujo embate é central nesta coletânea –mostra-se como uma questão que não diz respeito ao esquecimento do Ser (*Seinsvergessenheit*), à queda (*Verfallen*) ou à perda de si (*Verlorenheit*) no mundo (*Welt*); como demonstra Tertulian, trata-se de uma questão central à ontologia, na medida em que é uma questão essencialmente social. Enquanto para o autor de *Ser e Tempo* objetivação (*Vergegenständlichung*) e alienação possuem um vínculo inquebrantável, o autor da *Estética* busca mostrar tanto ser possível que a práxis social leve ao desenvolvimento do indivíduo e do gênero humano, quanto que ela se volte contra esses, sendo importante considerar as mediações sociais que se interpõem na prática dos homens, ou seja, demonstrar que sempre há exteriorização (*Entäusserung*) na atividade humana, embora somente em algumas circunstâncias sociais específicas – aquelas da pré-história da especificidade do gênero humano *para-si* (*Gattungsmässigkeit für-sich*) – aquilo que é autônomo frente o homem se volte contra ele como uma força fantasmagórica. Nicolas Tertulian diz, assim, que a ontologia lukacsiana se volta certamente a temas caros a Hegel e à tradição da filosofia clássica alemã; este estudo, no entanto, tem como pano de fundo não apenas a busca por rigor, mas também a compreensão do ser social visando à revolução, à transformação substancial de determinada formação social.

Diante disso, devemos trazer um pequeno senão: Tertulian demonstra cuidadosa e rigorosamente como a noção de ontologia lukacsiana se forma em oposição, sobretudo, à ontologia fundamental heideggeriana. Para isso, Tertulian mostra como, ao ressaltar a objetividade (*Gegenständlichkeit*) e a historicidade (*Geschichtlichkeit*) do ser, Lukács se apoia na apreensão reta da realidade objetiva, dando destaque à categoria da gênese – seu método, como dito, é ontológico-genético – e à relação da práxis social, que é sempre mediada pelos complexos particulares do ser social, com a conformação do ser social. Ao mesmo tempo que destaca tal aspecto da ontologia lukacsiana, ligado à gênese (aspecto que Lukács contrapõe à ontologia de Nicolai Hartmann), no ensaio "Nicolai Hartmann e György Lukács, uma Aliança Fecunda", o autor busca comprovar que certas posições da ontologia crítica desenvolvida por Hartmann fizeram dele um importante aliado de Lukács na crítica a Heidegger (e mesmo a Hegel). Tertulian traz, nesse sentido, aspectos importantes do contato de Lukács com a obra hartmanniana, o que é um passo decisivo para aqueles que buscam compreender com rigor e honestidade a ontologia lukacsiana. No entanto, ao fazer isso, acaba por dar pouca ênfase às reservas de Lukács a Hartmann, expostas, sobretudo, no primeiro volume de *Para uma Ontologia do Ser Social*, mas também remetem ao tratamento, certamente menos cuidadoso, dispensado ao autor em *A Destruição da Razão*. Assim, embora não se possa desconsiderar a importância do mencionado ensaio, é preciso que se diga que ele pode vir a traçar similitudes entre as posições dos dois autores, o que certamente desagradaria o grande pensador marxista que foi György Lukács.

Lukács chega a apontar certo caráter professoral da ontologia de Hartmann na medida em que este se mostraria, em verdade, incapaz de relacionar as grandes questões da ontologia com os rumos da sociedade. De acordo com Lukács, então, a honestidade da ontologia crítica tem como correlato certa incompreensão acerca do essencial à própria ontologia (a compreensão do real em sua gênese e desenvolvimento concretos). Destaca-se, assim, em *Para uma Ontologia do Ser Social*, que a dialética que a ontologia hartmanniana conhece vem muito mais de Aristóteles que de Hegel, havendo nisso um grande problema, já que as questões atinentes à conformação objetiva e histórica do ser social acabariam negligenciadas pelo autor de *Possibilidade e Realidade Efetiva*[5] que, por vezes, tomaria o ser social em sua datidade imediata. Assim, pode-se dizer que, para um autor inspirado por Lukács e que sempre enfatiza o caráter ontológico-genético do pensamento lukacsiano, Tertulian destaca muito pouco as críticas de György Lukács a Nicolai Hartmann (pode-se certamente apontar o mesmo sobre as posições de Tertulian sobre Croce e Schmitt, criticados duramente por Lukács em *A destruição da razão* e sobre Sartre, bastante atacado em *Marxismo ou existencialismo*).

Tal enfoque ganha destaque, inclusive, na medida em que o marxista húngaro ressalta que, ao final, a ontologia desenvolvida por Hartmann vem a operar com as categorias advindas da teoria do conhecimento – ou seja, ao contrário do que sugere Tertulian, o autor alemão deveria, sem dúvida, figurar ao lado do "idealismo inteligente". Para usarmos a dicção de um importante filósofo brasileiro (José Chasin), partindo dos apontamentos lukacsianos, talvez fosse muito mais coerente dizer que há no autor criticado por Lukács uma "pseudo-ontologia", em vez de enxergar neste um grande aliado na elaboração de uma ontologia do ser social de inspiração marxista. Tertulian traz o debate acerca da ontologia

---

5. Cf. N. Hatmann, *Moglichkeit und Wirklichkeit*, Berlin: Water de Gruyter, 1938.

lukacsiana efetivamente a outro nível, se compararmos o que temos neste debate acerca da concepção de ontologia de Lukács antes da publicação de seu texto. Mostra de modo convincente, em "Nicolai Hartmann e György Lukács: Uma Aliança Fecunda", como houve, até certo ponto, concordância entre os dois autores quando se trata de criticar uma ontologia como a de Heidegger, por exemplo. Seu texto, por outro lado, pode, por vezes, passar a impressão (descartada expressamente por György Lukács no primeiro volume de *Para uma Ontologia do Ser Social*) de que a noção lukacsiana de ontologia tem ligação substancial com a "ontologia crítica" de Nicolai Hartmann. E isso não ocorre na obra lukacsiana

É preciso ressaltar, por outro lado, que o leitor honesto percebe que Nicolas Tertulian estabelece aproximações e nunca qualquer identidade entre o conceito lukacsiano de ontologia e aquele de Nicolai Hartmann, sendo um equívoco afirmar que o autor enxerga as origens intelectuais da noção de ontologia de Lukács na ontologia crítica de Hartmann (e não nos estudos cuidadosos e dedicados realizados por Lukács das obras do próprio Marx). Devemos reconhecer que talvez Tertulian não enfatize suficientemente as discordâncias do marxista húngaro a respeito de Hartmann, o que seria decisivo para um estudo exaustivo da noção de ontologia em Lukács. É igualmente verdadeiro, porém, que Tertulian traz uma discordância decisiva do autor de *Para uma Ontologia do Ser Social* quanto ao autor de *Possibilidade e Realidade Efetiva*, e isso precisa ser destacado. Trata-se justamente da discórdia lukacsiana atinente àquele ponto decisivo para uma compreensão acertada da temática (mencionada anteriormente, quando trouxemos à tona o debate Adorno-Lukács) da reconciliação com a realidade.

Se Hegel havia tratado do tema em consonância com a logicização do próprio real, Hartmann coloca-se contra tal tendência (acertadamente) criticando, tal qual Lukács, o idealismo hegeliano. No entanto, isso se daria ao mesmo tempo que o autor, que Tertulian compara a Lukács, vê como real somente a possibilidade (*Möglichkeit*) que se torna efetiva (*wirklich*). Adotando a posição megárica (Hartmann se coloca contra Aristóteles nesse ponto), o autor alemão vem a identificar a possibilidade com a possibilidade que se encontra realizada na realidade efetiva (*Wirklichkeit*). Tertulian mostra, assim, que a concepção de ontologia ligada a tal posição é indissolúvel da existência de certa mistificação da formação concreta do real. Hartmann vem, dessa maneira, justamente negligenciar a dialética (sempre plena de mediações sociais) entre o desenvolvimento objetivo das capacidades humanas e aquele da universalização dessas capacidades nos indivíduos e nas personalidades concretas, que se podem engendrar na formação da especificidade do gênero humano *para-si* (*Gattungsmässigkeit für-sich*). Mostra também que Lukács não adota – sobre a questão da racionalidade do real – nem a posição que Adorno lhe atribui (aquela de certa tradição hegeliana), nem aquela de Hartmann, o que significa que a posição do autor húngaro é muito mais nuançada que a que seus críticos lhe atribuem, sejam eles honestos e rigorosos ou simplesmente mal-intencionados.

Com esse esclarecimento, podemos dizer que o caráter imanente da ontologia lukacsiana ganha nova luz. Em Lukács, a primazia da realidade efetiva (*Wirklichkeit*) é clara ao se desenvolver a concepção de ontologia – nesse ponto, Tertulian evidencia que o autor se afasta de Heidegger, para quem há uma primazia do poder-ser (*sein können*) sobre a apreensão da realidade objetiva e o Ser (*Sein*) transcende o ente (*Seiende*). Contudo, essa primazia ocorre na medida em que, nas palavras de Marx, "o concreto é concreto porque é unidade do diverso, é síntese de determinações[6]". Assim, surge a centralidade das determinações sociais no conceito lukacsiano de ontologia. Devemos, portanto, ter em mente que, nesse ponto, Lukács se distancia tanto de Heidegger quanto de Hartmann.

Com base nos apontamentos de Nicolas Tertulian, podemos dizer que, ao contrário de Hartmann, no autor

---

6. *Grundrisse*, trad. para o inglês de Martin Nicolaus, London: Penguin, 1993, p. 101.

húngaro a ontologia se desenvolve na medida em que a transformação consciente da realidade social – mesmo que baseada no estudo cuidadoso das relações do ser social com o ser natural – é central. Nesse sentido, haveria potencialidades não realizadas no nível social, relacionadas à própria formação da sociedade (embasada em determinado modo de produção). A realização da possibilidade (*Möglichkeit*), então, precisa ser vista em meio à historicidade do ser social (*Geschichtlichkeit*), o que torna necessária a compreensão correta da própria sociedade (e a peculiaridade dos complexos parciais que a compõem) para que seja possível averiguarmos se determinada práxis tem ou não a capacidade de romper com certo modo de reprodução inerente a determinada sociabilidade. Assim, mesmo que não mencione a questão expressamente, Tertulian demonstra que a ontologia lukacsiana – no que toca a relação entre possibilidade (*Möglichkeit*) e realidade efetiva (*Wirklichkeit*), indissociável da questão da reconciliação com o real – coloca-se tanto contra a logicização da realidade *à la* Hegel quanto da negação do caráter real das possibilidades não realizadas, como ocorre em Hartmann. Tertulian demonstra, pois, que a análise do modo concreto, como a subjetividade e a realidade objetiva que se relacionam no seio da sociedade, está no centro da ontologia lukacsiana. Essa análise, por seu turno, é de grande importância para refutar os opostos igualmente unilaterais do voluntarismo e do fatalismo. Se, portanto, ao tratar da ontologia de Nicolai Hartmann, o autor desta coletânea talvez exagere na influência do último sobre a concepção de ontologia desenvolvida por Lukács, por outro lado, ele também trata, ainda que de modo sucinto, de uma questão central à própria transformação social.

Tertulian percorre o pensamento de Lukács de modo a mostrar o caráter imanente da filosofia do marxista húngaro. Mesmo ao se deparar com as mais diversas temáticas presentes em autores tão distintos como Adorno e Heidegger, a ontologia lukacsiana não só prova seu rigor e sua sofisticação filosófica, mas também traz consigo o apelo marxista à compreensão e à transformação substantivas da própria realidade. Para que se veja os meandros dessa transformação e de seu apelo, adentra em um debate essencial ao século xx, aquele entre Brecht e Lukács. Podemos dizer que o artigo sobre esse tema, "Distanciamento ou Catarse?", é aquele em que a particularidade da *démarche* lukacsiana fica mais evidente.

O autor húngaro é um marxista rigoroso e busca a transformação social, assim como Brecht. No entanto, o que Tertulian identifica, ao percorrer temas espinhosos como a relação de ambos os socialistas com o stalinismo e com a arte de vanguarda, é que há várias nuances na posição do autor da *Estética*. Certamente, este procura meios para que a luta socialista ocorra em âmbito tendencialmente global. Contudo, segundo Tertulian, isso não leva simplesmente a uma arte dirigida, com um posicionamento socialista. Vejamos: claro que seria possível arte de qualidade com uma posição socialista, porém, isso não é suficiente, nem determinante. Passando pela tese engelsiana sobre o triunfo do realismo, Tertulian mostra, em "Distanciamento ou Catarse?", como a *mimesis* estética pode levar a uma representação artística que ultrapasse, em muito, as intenções daquele que produziu a obra de arte. Logo, a arte não é vista por Lukács somente como um campo de combate – algo que o autor húngaro percebe, até certo ponto, nas obras de Brecht não pertencentes ao seu período maduro –, o que torna necessário um trabalho cuidadoso acerca da peculiaridade do estético e das mediações que se interpõem entre a esfera estética e o cotidiano.

Enquanto Brecht defendia o recurso ao chamado efeito de distanciamento (*Verfremdungseffekt*), para que a arte pudesse se diferenciar de uma forma de representação que levasse à empatia do espectador (o autor trata principalmente do teatro), Lukács, partindo de seus estudos sobre a peculiaridade do estético, mostra que aquilo que o autor de *A Mãe Coragem* critica, em verdade, já é uma forma decadente de representação do real na arte. Não teria sido preciso nenhum artifício cênico inventivo para as peças de Shakespeare, por exemplo, assim como não teria sido necessário um esforço descomunal para que os leitores não se identificassem de modo acrítico com as personagens de um Balzac. Tertulian aponta, na linha de Lukács, que, com esse artifício (o *Verfremdungseffekt*), Brecht traça uma antinomia entre a apreensão racional da obra de arte e a catarse, e, nesta, certa identificação com os problemas colocados na representação artística é inevitável e mesmo desejável.

Segundo Tertulian, na esteira de Lukács, temos um panorama em que a noção de autoconsciência do gênero humano (*Selbstbewusstsein der Menschengattung*) é central ao tratar da esfera estética, explicitando-se pela arte não só os dilemas políticos de uma época, mas os dilemas essenciais à própria humanidade como um todo. Nesse sentido, o critério lukacsiano para julgar a arte não é tanto a posição defendida em tal ou qual obra, mas se a última é capaz de tratar de aspectos essenciais à própria *humanitas* do homem, sendo simultaneamente capaz de se opor à fetichização do presente. Notamos, assim que, para Lukács (e também para o autor da coletânea), a esfera estética é, sim, portadora de uma missão; essa, porém, não é aquela da defesa mais ou menos consequente de uma ou outra posição política, é, antes, a missão desfetichizadora da arte, que reflete as aspirações de ultrapassarmos o estado presente e percebermos a possibilidade real ligada à especificidade do gênero humano *para-si* (*Gattungsmässigkeit für-sich*). O apelo humanista de Lukács estaria nessa questão.

Aqui não pretendemos esgotar os temas tratados nesta coletânea; em verdade, passamos muito longe disso, dada a riqueza dos textos apresentados. Pretendemos apenas situar as problemáticas principais analisadas por Nicolas Tertulian. Mostramos como os embates com que Lukács se deparou envolveram questões de fundo que, infelizmente e não raro, são deixadas de lado ao se exprimir um julgamento sobre aquele que talvez tenha sido o principal filósofo marxista do século xx.

Fica claro, nos apontamentos trazidos por Tertulian, que a ontologia lukacsiana é muito distinta daquelas que normalmente são ensinadas nos cursos universitários (principalmente a ontologia heideggeriana). A própria questão da ontologia vem a se relacionar com a apreensão e a busca pela transformação substantiva do real – o que distingue Lukács de Hartmann de imediato – de modo que as categorias com que o autor de *Para uma Ontologia do Ser Social* opera são sempre "formas de ser" (*Daseinformen*), "determinações de existência" (*Existenzbestmmungen*). Não havendo ideologia inocente, como se aponta em *A Destruição da Razão*, os embates lukacsianos são de grande importância, dado o rigor com que se pode desenvolver a filosofia marxista e também pelo modo concreto pelo qual essa filosofia se coloca contra a filosofia burguesa, podendo assumir uma função concreta na realidade social. Um dos grandes méritos da obra que temos em mãos é que seu autor traz todas essas questões sem qualquer reducionismo e com um posicionamento humanista que não aceita as soluções fáceis dos grandes dilemas da filosofia e da humanidade (isso é claro, sobretudo, no embate Heidegger-Lukács); assim, embora se trate de uma coletânea de artigos, a unidade entre eles é notável e assume uma linha vermelha que pode ser vista como um esforço para fazer justiça aos preciosos apontamentos de Lukács sobre a filosofia do século xx, buscando dar certa continuidade a esses esforços, o que, acreditamos, ocorre efetivamente. Temos diante de nós uma leitura de enorme relevância e que muito pode auxiliar os interessados em um debate sério e rigoroso acerca do passado e do futuro, não só da filosofia, mas da própria sociedade em que vivemos e que buscamos, de um modo ou de outro, transformar.

Vitor Bartoletti Sartori
Professor da Faculdade de Direito da UFMG
Autor de *Lukács e a Crítica Ontológica do Direito*

ONTOLOGIA HEIDEGGERIANA E ONTOLOGIA LUKACSIANA[*]

A vasta literatura crítica sobre Heidegger e o lugar privilegiado que sua "ontologia fundamental" (sua "metafísica do *Dasein*") e seu pensamento do Ser ocupam na filosofia da atualidade não registra, até o momento, nenhuma confrontação com a empreitada simétrica de György Lukács, de situar a ontologia no centro da problemática filosófica, edificando, a partir de Marx, uma teoria do ser social ancorada num pensamento do ser e de suas categorias. Não apenas os heideggerianos ignoraram presunçosamente as últimas grandes obras sistemáticas de Lukács, a *Estética* e *Para uma Ontologia do Ser Social*, mas também os numerosos intérpretes e comentadores, às vezes muito críticos da obra heideggeriana (cito aleatoriamente os nomes do canadense Jaquette

[*] Versão sintética do artigo foi publicada em francês no número 119 da revista *Kriterion*, do Departamento de Filosofia da UFMG, jan.-jun. 2009, p. 23-41. (N. da T.)

31

Dale, autor de uma obra intitulada precisamente *Ontology* [2000], do italiano Maurizio Ferraris, autor de um pequeno livro de síntese igualmente intitulado *Ontologia* [2003], do francês Frédéric Nef, autor de uma volumosa suma *Qu'est-ce que la metaphysique?* [2004], sem falar nas obras bem mais conhecidas, como as de Habermas ou de Rorty), que preferiram silenciar sobre as obras do último Lukács, privando-se, assim, da possibilidade de descobrir o que é preciso designar como o perfeito antípoda da "ontologia fenomenológica" e da *Seynsphilosophie* heideggeriana. Parece-nos evidente que não é numa obra como a *Dialética Negativa* de Adorno, que contém, no entanto, críticas muito pertinentes e contundentes ao pensamento heideggeriano, que vamos encontrar a verdadeira alternativa filosófica à "ontologia do *Dasein*", visto que Adorno recusava por princípio a legitimidade da ontologia como disciplina filosófica fundamental[1].

Não é, tampouco, na *Teoria da Ação Comunicativa* de Habermas que vamos encontrar a contrapartida da ontologia heideggeriana, pois por muito tempo seu autor teve dificuldade para se desvencilhar do fascínio que *Ser e Tempo*, de Heidegger, exerceu sobre ele, e também porque procurou, antes de tudo, na filosofia contemporânea da linguagem, e não no pensamento de caráter ontológico, os instrumentos intelectuais para desenvolver sua filosofia. Habermas, como Adorno e como tantos outros, permaneceu preso à obra marxista de juventude de Lukács, *História e Consciência de Classe* (1923), ignorando o considerável alcance da obra madura do autor. Porém, foi na sua produção final que Lukács esboçou os lineamentos de uma ontologia do ser social, que também trouxe os fundamentos de uma antropologia filosófica (tendo a categoria do trabalho como eixo e chave da antropogênese), além de desenvolver uma filosofia da subjetividade, ao elaborar uma estética sistemática e traçar os contornos de uma *ethica in nuce*.

---

1. Nicolas Tertulian, Adorno-Lukacs: polémiques et malentendus, *Cites*, Paris: PUF, 2005, n. 22, p. 197-220. ("Adorno-Lukács: Polêmicas e Mal-Entendidos", infra).

Uma comparação entre a ontologia lukacsiana da subjetividade e a ontologia heideggeriana do *Dasein* permite naturalmente fornecer mais clareza à *démarche* de Lukács. Confrontar, por exemplo, o ser-no-mundo heideggeriano com o realismo ontológico de Lukács, a concepção eminentemente dialética da relação sujeito-objeto do segundo com a presunção heideggeriana de ter abalado a dualidade sujeito-objeto e ter instituído um pensamento radicalmente novo da "subjetividade do sujeito", permite mensurar o alcance das análises ontológicas de Lukács, assim como sua eficácia na crítica aos fundamentos e às estruturas do pensamento heideggeriano. Uma leitura cruzada dos textos de Lukács e de Heidegger, mas também dos de Ernst Bloch ou Nicolai Hartmann, não tem nada de surpreendente se considerarmos que, para além das clivagens e dos antagonismos, existe incontestavelmente algumas problemáticas semelhantes nesses pensadores que se propuseram, cada um a seu modo, a elaborar uma ontologia nas condições específicas do século xx. Parece-nos evidente, por exemplo, que a vontade de circunscrever o *humanitas* do *homo humanus*, o nível ontológico singular que define o ser humano em relação a outros tipos de ser (a natureza inorgânica ou orgânica, por exemplo), atravessa como um eixo central tanto a reflexão de Lukács como a de Heidegger. Seria possível estabelecer, consequentemente, alguma proximidade entre o "mundo" lukacsiano (a *Welthaftigkeit*, da qual ele fala na sua *Estética*, ou o "mundo" da cotidianidade, do qual trata o capítulo sobre a ideologia em sua *Ontologia*) e o "mundo" heideggeriano que, é preciso lembrar, é um *Existenzial*, uma característica consubstancial ao *Dasein*, ao "ser-aí"? *Die Welt ist etwas Daseinsmässiges* (O mundo é alguma coisa da ordem do *Dasein*) – diz Heidegger, de modo lapidar[2]. Ou,

---

2. *Die Grundprobleme der Phänomenologie*, v. 24 da obra completa (*Gesamtausgabe*, doravante GA), Friedrich-Wilhelm von Herrmann (Hrsg.), Frankfurt: Vittorio Klostermann, 1975, p. 237. (Trad. francesa, *Les Problèmes fondamentaux de la phénoménologie*, Paris: Gallimard, 1985.) (Ed. bras., *Os Problemas Fundamentais da Fenomenologia*, trad. Marco Antônio Casanova, Petrópolis: Vozes, 2012, p. 245.)

para tomar outro exemplo, seria possível obtermos resultados significativos confrontando a abordagem da categoria de possibilidade nas diferentes ontologias do século? Em outro texto, lembramos que a categoria da possibilidade (cujas origens remontam à *dynamis* aristotélica) ocupa um lugar central no pensamento de Lukács, que a utiliza abundantemente na sua análise do trabalho, mas ela é igualmente fundamental no pensamento da "utopia concreta" de Ernst Bloch ou na ontologia heideggeriana do *Dasein*, que faz do projeto (*Entwurf*) o lugar das possibilidades, sem falar dos trabalhos de Nicolai Hartmann, que consagrou uma obra autônoma, *Möglichkeit und Wirklichkeit* (Possibilidade e Efetividade), às categorias modais (necessidade, contingência etc.), e particularmente à categoria da possibilidade.

Se escolhermos a relação sujeito-objeto e o conceito de "mundo" como terreno de comparação entre as diferentes ontologias, podemos perceber desde logo que Heidegger nega à questão da autonomia ontológica do mundo exterior qualquer alcance filosófico, ao afirmar *expressis verbis* que o surgimento de um mundo só é possível com a emergência do *Dasein* (do "ser-aí"), o ente (*das Seiende*), sendo por si mesmo a-mundano (ou *weltlos*, sem mundo). O enunciado heideggeriano "*die Welt weltet*", ou "*es weltet*" (o mundo se mundaniza) implica a copresença de um sujeito, o ser-à--mão (*das Vorhandene*), que permanece petrificado pela sua a-subjetividade numa inércia de exterioridade (segundo a expressão de Sartre). Lukács, em compensação, faz da autonomia ontológica do mundo exterior um pilar da sua reflexão, sublinhando constantemente que sem a consideração do *das Ansichseiende* (do ser-em-si), da autonomia e da consistência objetiva do real, para além de toda ingerência da subjetividade, não podemos compreender a gênese da práxis humana.

A principal iniciativa teórica do último Lukács foi interpretar o pensamento de Marx como uma *ontologia*, mais precisamente, procurar os fundamentos categoriais do conceito de práxis, designando a relação entre teleologia e causalidade como a chave para a compreensão do trabalho.

Se falamos de um "realismo ontológico" em Lukács (sinônimo, do nosso ponto de vista, do *materialismo*), é porque ele atribui à realidade objetiva do mundo exterior a prioridade absoluta, interpretando a célebre fórmula do jovem Marx, "*Ein ungegeständliches Wesen ist ein Unwesen*" (um ser não objetivo é um não ser), como uma afirmação da *objetividade* (da *Gegenständlichkeit*) enquanto atributo fundamental do ser. Os admiradores do livro de juventude de Lukács, *História e Consciência de Classe*, acolheram com desconfiança o que podemos chamar de *virada ontológica* do seu pensamento, detectando aí uma regressão a um pensamento objetivista, que não mais faria justiça à criatividade e ao poder inventivo do sujeito. Porém, exatamente o contrário é verdadeiro. Uma carta endereçada por Lukács ao seu amigo, o marxista austríaco Ernst Fischer, em oito de setembro de 1960, parece-nos sintomática nesse sentido. Lukács tinha acabado sua *Estética* e iniciara os trabalhos preparatórios para sua Ética: ao informar seu amigo das "grandes complicações" surgidas em seu caminho durante tal empreitada, ele evoca a questão dos fundamentos ontológicos da práxis, a seu ver preâmbulo necessário para uma aproximação dos problemas éticos (em seguida, os acontecimentos mostrariam que Lukács conseguiria redigir uma *Ontologia do Ser Social* que lhe absorveria durante os dez últimos anos de sua vida, ao passo que a Ética estava destinada a permanecer um projeto). Ao se confrontar com a elucidação do conceito de práxis, Lukács faz questão de sublinhar em sua carta que se trata de uma atividade bem diferente do ato puramente cognitivo, em que o sujeito apenas apreende uma realidade que existe na sua autarquia ontológica independentemente do trabalho da subjetividade. A práxis é, então, totalmente diferente da simples *Widerspiegelung* (reflexo ou representação) do real, ao mesmo tempo que se apoia nela; e em sua carta Lukács se refere às "dificuldades" para elucidá-la, dando a entender que uma ontologia da consciência é o prelúdio indispensável à análise da atividade ética. Sua *Ontologia do Ser Social*, portanto, consagra-se à análise da especificidade dos diferentes complexos sociais (a economia, o direito, a política, culminando na ética), entretanto, delimitar a especificidade do ser social lhe parece inconcebível sem o estabelecimento prévio de uma ontologia da natureza. Nicolai Hartmann vai lhe oferecer instrumentos intelectuais preciosos para traçar uma "ontologia crítica", pois nenhum outro pensador do século XX investiu tanta energia na reconstrução da ontologia enquanto disciplina filosófica fundamental, enfatizando o "ente enquanto ente" (*Seiendes als Seiendes*), segundo a fórmula de Aristóteles, e a doutrina das categorias (a *Kategorienlehre*) como o centro de gravidade da reflexão filosófica. Lukács não podia deixar de subscrever as críticas severas de Hartmann em relação a Heidegger e ao seu pensamento do Ser[3], pois as duas ontologias, a de Hartmann e a sua, tinham por base o caráter transubjetivo do ser e de suas categorias, que excluía a tese fundamental de Heidegger, de que o acesso ao Ser é condicionado pelo *Dasein* (pelo "ser-aí"). Isso sem falar no peso da *objetividade* nos dois primeiros, o que levou a uma abordagem da subjetividade cujo perfeito oposto é a ontologia existencial nos modos de Kierkegaard, característica do autor de *Ser e Tempo*.

Heidegger protestou vigorosamente, por exemplo, no seu último curso dado em Marburgo em 1928, com o título de "Metaphysische Anfangsgründe der Logik: Im Ausgang von Leibniz" (Fundamentos de Lógica Metafísica: No Desfecho de Leibniz), contra a ideia de que o renascimento da ontologia na filosofia contemporânea seria sinônimo de um retorno ao realismo ontológico. Esclarece que a revivescência da ontologia se deve à fenomenologia, ainda que faça questão de acrescentar que nem Husserl nem Scheler mensuraram o alcance do processo[4]. Assim, ele

---

3. N. Hartmann, *Zur Grundlegung der Ontologie*, 4. ed., Berlin: Walter de Gruyter, 1965, p. 40-42. (Ed. espanhola, *Ontologia*, tomo I, trad. José Gaos, Ciudad de México: Fondo de Cultura Económica do México, 1986, p. 49s.)

4. M. Heidegger, *Metaphysische Anfangsgründe der Logik*, GA, v. 26, Klaus Held Klostermann (Hrsg.), Frankfurt: Vittorio Klostermann, 1978, p. 190. Pouco tempo depois, no seu ensaio "Vom Wesen des Grundes" (que significa "A Essência do Fundamento, ou da 'Razão'"), publicado em 1929, no volume de homenagem ao aniversário de Husserl, Heidegger reiterou, com ainda ▶

dá a entender que é somente sua "ontologia fundamental", mais exatamente sua "ontologia do *Dasein*", que cumpre verdadeiramente o projeto ontológico. Os ataques contra a *démarche* realista de Nicolai Hartmann abundam nos cursos dessa época. Compreendemos, então, porque Lukács fez

> ▷mais virulência, sua desaprovação ao realismo ontológico. A "posição realista" atrai suas faíscas e a associação entre os conceitos de "ontologia" e de "realismo" (*id est*: materialismo) é estigmatizada como uma "confusão desastrosa". É certo que Nicolai Hartmann podia se sentir diretamente visado (mas os adeptos do marxismo, sobretudo na sua variante leninista, igualmente). O aspecto mais revelador dessa tomada de posição heideggeriana nos parece ser a designação de Kant e do seu pensamento *transcendental* como sendo a base, a fundamentação, da ontologia na época moderna (segundo Heidegger, tratava-se do primeiro passo "decisivo" nesse sentido depois de Platão e Aristóteles, afirmação surpreendente por mais de uma razão, se pensarmos que ela apaga toda a ontologia medieval). O transcendentalismo kantiano como fundamento da ontologia moderna? Perguntamo-nos de que lado está a "desastrosa confusão". É certamente defensável a ideia de que a *Crítica da Razão Pura* traz uma renovação radical da doutrina das categorias, mas fazer do *método transcendental*, já criticado por Hegel em razão de seu *idealismo subjetivo*, a chave da fundação da ontologia, que é tida como restituidora do ser na sua pura trans-subjetividade, desvenda o quanto Heidegger permaneceu preso ao transcendentalismo kantiano, inclusive quando se tem em mente seu pensamento do Ser. A objeção que ele endereça ao "realismo", de permanecer prisioneiro do "ôntico" e cego para a "ontologia" (ibidem), mostra sua própria cegueira com relação ao princípio da autofundação categorial do ser, pedra de toque do realismo ontológico (as categorias são *Seinsprinzipien*, determinações imanentes do ser, e não *logische Wesenheiten*, essências lógicas, produtos da consciência constituinte, como pretendia a fenomenologia; cf. as considerações esclarecedoras de Nicolai Hartmann sobre esse tema no seu grande livro *Der Aufbau der realen Welt*, Berlin: Walter de Gruyter, 1940). Na passagem supramencionada de "Vom Wesen des Grundes", Heidegger divulga o plano de fundo kantiano de sua famosa distinção entre o "ôntico" e o "ontológico", portanto a filiação transcendental de seu pensamento do Ser (os protestos posteriores contra o "subjetivismo" não mudam em nada nessa linha de pensamento), dando razão às nossas críticas ao mostrar um dado que permaneceu impermeável à verdadeira revolução filosófica marcada por Hegel, pela sua *Ciência da Lógica* e pelo seu *idealismo objetivo*, antecipação genial da virada para a ontologia na filosofia do século XX (vide o importante capítulo da *Ontologia,* de Lukács, sobre "A Falsa e a Autêntica Ontologia de Hegel"). M. Heidegger, Vom Wesen des Grundes, *Wegmarken*, Frankfurt: Vittorio Klostermann, 1967, p. 30. (Trad. francesa, Henry Corbin, *Questions I*, Paris: NRF/Gallimard, 1968, p. 100.) (Ed. bras., A Essência do Fundamento, *Marcas do Caminho,* trad. Enio Paulo Giachini e Enildo Stein, Petrópolis: Vozes, 2008, p. 145.)

questão de esclarecer, desde o início de seus *Prolegômenos Para uma Ontologia do Ser Social*, que a orientação de seu manuscrito ontológico nada tem em comum com a corrente fenomenológica ou com a *Existenzphilosophie*[5].

Os anátemas de Heidegger contra o realismo ontológico, acusado de ter colocado no centro da filosofia a questão da "independência do ser-em-si (*Ansichseiendes*) em relação ao sujeito cognitivo" e de permanecer prisioneiro daquilo que o autor de *Ser e Tempo* chama de forma muito polêmica de "famigerado pseudoproblema" (*berüchtigten Pseudoproblem*) da realidade do mundo exterior"[6], apoiando-se, para tanto, numa pretensa ocultação do problema da subjetividade. Não é sem exaltação que escutamos o futuro crítico, implacável dos disfarces subjetivistas do pensamento do Ser (das interpretações "existencialistas" de seu pensamento, sendo Sartre o primeiro visado), defender, nos seus cursos do final dos anos de 1920, as prerrogativas da subjetividade na reflexão ontológica. No seu curso de 1927, "Os Problemas Fundamentais da Fenomenologia", Heidegger enunciou sua simpatia pelo idealismo na disputa idealismo-realismo, estigmatizando o realismo como uma atitude não filosófica. Ele chegou a apontar um substrato político por trás do antagonismo idealismo-realismo (sua expressão exata era *parteipolitisch* [político-partidária], e podemos nos perguntar a que ele fazia alusão[7]). É possível que ele tenha visado as cargas anti-idealistas onipresentes nos discursos marxistas da época. Se esse é o caso, o que não é excluído (a "excomunhão político-partidária" – *parteipolitische Ächtung* – dirigida contra o idealismo que ele denunciava dava-lhe a ocasião de identificar na primeira

---

5. György Lukács, *Prolegomena zur Ontologie des gesellschaftlichen Seins* em *Zur Ontologie des gesellschaftlichen Seins*, v. 1, Darmstadt: Luchterhand, 1984, p. 7-8. (Ed. bras., *Prolegômenos Para uma Ontologia do Ser Social*, trad. Lya Luft e Rodnei Nascimento, São Paulo: Boitempo, 2010, p. 34-35.)

6. M. Heidegger, *Metaphysische Anfanggründe der Logik*, GA, v. 26, p. 191.

7. Idem, *Die Grundprobleme der Phänomenologie*, GA, v. 24, p. 238. (Ed. bras., *Os Problemas Fundamentais da Fenomenologia*, Petrópolis, p. 246.)

uma "inquietude em relação à filosofia", simplesmente, e de reiterar seu desprezo pelo "realismo"), fica patente que Heidegger não hesitou em inserir sua reflexão nos combates ideológicos da época. Tal interpretação justificaria a tese de Lukács exposta na *Destruição da Razão** de que o pensamento de *Ser e Tempo* estaria assombrado pelo espectro do marxismo, mesmo que o nome de Marx nunca apareça nos escritos heideggerianos desse período[8].

A defesa obstinada da autarquia do ser-em-si está longe de ser, em Lukács, uma opção puramente especulativa, e menos ainda uma caução a um "objetivismo" qualquer. Se Heidegger podia decretar que a questão da "realidade do mundo exterior" é um "pseudo-problema", rejeitando o "realismo" como uma regressão à não filosofia, Lukács se encarregava de mostrar que um verdadeiro pensamento da subjetividade não é possível sem se considerar a autonomia ontológica do mundo exterior, portanto, a sua transubjetividade. Uma ontologia da intencionalidade, no sentido de Lukács (estabelecemos uma proximidade entre o "pôr teleológico" – *teleologische Setzung* –, conceito central de sua *Ontologia*, e a intencionalidade), exige a consideração

---

* G. Lukács, *Die Zerstörung der Vernunft*, Berlin: Aufbal, p. 399-401. (Trad. espanhol Wenceslao Roces, *El Asalto a la Razón: Trayectoria del Irracionalismo desde Schelling hasta Hitler*, Barcelona: Grijalbo, 1972, p. 406-408.) (N. da T.)

8. Quanto à recusa estabelecida por Heidegger em relação à questão da "realidade do mundo exterior", qualificada como "pseudo-problema", é suficiente observar os capítulos: O Mundo Real Existe? (Primeira parte: Ataques Contra o Realismo; Segunda parte: Podemos Dar Prova do Realismo Externo?), do livro relativamente recente de John R. Searle, *La Construction de la réalité sociale* (Paris: Gallimard, 1995), para constatar que, longe de se tratar de um tema obsoleto a ser enterrado, como desejava Heidegger, a questão da autonomia ontológica do mundo exterior é considerada por Searle como muito atual, visto que as correntes dominantes no cenário filosófico presente fazem de tudo para relegá-la às sombras. A brilhante defesa do "realismo" por um filósofo de matriz analítica, como Searle, mostra que as posições ontológicas e epistemológicas de Lukács e de Hartmann (Searle também é um ardente defensor da verdade-correspondência, portanto da *Widerspiegelungtheorie*, *leitmotiv* do pensamento de Lukács) voltam a encontrar nova vitalidade pelas vias mais inesperadas.

da autonomia das cadeias causais em relação ao finalismo da consciência, a consideração da prioridade ontológica da causalidade em relação à teleologia. A arquitetura interna da subjetividade aparece condicionada pela coerção de uma rede causal, que funciona de forma autônoma e impõe sua presença soberana ao trabalho da subjetividade (a ação de um vírus, por exemplo, no caso de uma doença, ou os efeitos de um tremor de terra que, por definição, escapam a uma posição teleológica qualquer). Mergulhar na imanência das cadeias causais objetivas, apreendendo suas determinações a fim de dominá-las, é uma operação constitutiva do ato do trabalho. Procuraríamos em vão na ontologia heideggeriana do *Dasein* uma consideração dessa operação (a submissão ao objeto por um ato de desapossamento de si, que traz um enriquecimento do domínio do mundo, e não uma alienação, como sugere o *das Man*, o *impessoal*, heideggeriano), ainda que se trate de operação fundamental para edificarmos uma verdadeira metafísica da subjetividade.

É preciso observar que a categoria da causalidade não é agraciada com um tratamento particularmente favorável no pensamento heideggeriano, enquanto no pensamento de Lukács ou de Nicolai Hartmann ela ocupa um lugar privilegiado. Se for incontestável que Heidegger consagrou muita atenção ao princípio formulado por Leibniz, *nihil est sine ratione*, portanto ao princípio da razão suficiente (Der Satz vom Grund, "O Princípio de Razão" é o título de um curso dado em 1957, de onde saiu o livro de mesmo título), não é menos certo que ele limitou o alcance da concepção amparada na causalidade à época moderna, época da dominação das ciências da natureza, portanto, a uma sequência relativamente breve da história do ser[9]. A hegemonia do

---

9. Ver as observações pertinentes de Jean Grondin sobre este ponto na sua comunicação intitulada *Kritische Fragen zum Gespräch zwischen Medard Boss und Martin Heidegger*, 2003. Disponível em: <www.mapageweb.umontreal.ca/grondinj/pdf/kleine_phenomenologie.pdf>. Acesso em: 25 set. 2015.

princípio da causalidade é, para Heidegger, sinônimo de triunfo do pensamento calculador (*das rechnende Denken*) na época moderna, aquele que sujeita o real aos imperativos da manipulação e do operacionalismo. Buscar os "efeitos" é denunciado como o sintoma mais gritante dessa onda de utilitarismo. O culto à "informação", expressão da redução da linguagem a um simples instrumento de comunicação, também se torna, nos escritos de Heidegger, objeto das mais vivas recriminações. A causalidade, da qual o princípio de razão suficiente (*der Satz vom Grund*) é a formulação teórica, é apontada na conferência sobre "O Princípio de Razão", dada por Heidegger em 1956, em Brême e em Viena, como sendo o agente de um enorme assalto contra a natureza, sendo a descoberta da energia atômica e a sua consequência, a própria bomba atômica, representantes de seu resultado necessário. Nosso filósofo enxerga a hegemonia do princípio de causalidade sobretudo através do prisma de seu poderoso questionamento do reino da técnica, portanto, através de suas incorrigíveis nostalgias românticas quanto a uma era da humanidade não corrompida pela expansão dos mecanismos e dos aparelhos técnicos. Não se trata, portanto, em Heidegger, de uma crítica especulativa rigorosamente fundamentada do princípio de razão (essa seria a missão de uma verdadeira "ontologia crítica"), mas de uma acusação lançada contra seus pretensos efeitos negativos, senão devastadores, na prática. A habilidade com que o autor de *A Essência do Fundamento* associa seu questionamento crítico da definição de homem como *animal rationale* no quadro sombrio da era atômica, não pode mascarar a evidente fraqueza de suas deduções. Imputar os perigos da era atômica à expansão vitoriosa do princípio de razão suficiente é uma asserção mais que discutível: a validade ontológica do princípio de causalidade não é de forma alguma posta em causa pela hipertrofia da manipulação do real, que caracteriza os excessos da técnica. Quanto à sua crítica da definição de homem como *animal rationale*, ela tirava suas fontes da mesma repulsão que lhe inspirava a pretensa agressão contra a natureza praticada pela racionalidade tecnicista: sua tentativa de estabelecer zonas livres da influência da causalidade, portanto do princípio da racionalidade, é a expressão do mesmo romantismo regressivo que se propunha a fechar o parêntese da modernidade. Trata-se efetivamente de uma fuga para o irracionalismo, ainda que Heidegger recusasse vivamente tal qualificativo. Mas como evitar o termo, quando vemos o protagonista dos Seminários de Zollikon colocar sob acusação "uma ditadura do espírito" (*eine Diktatur des Geistes*) inaugurada pelo *cogito* cartesiano e levada ao limite pela expansão da ciência, cuja consequência extrema seria a funesta sujeição da natureza à dominação do sujeito[10]? A presunção e a insolência do *animal rationale* na sua ação sem limites de conquista da natureza são obviamente aquilo a que um Heidegger muito conservador se opõe com vigor.

A oposição entre Lukács e Heidegger ganha toda sua importância quando se confronta o método ontológico-genético do primeiro com a abordagem rigorosamente "fenomenológica" do segundo. Se Heidegger emprega tanta energia em limitar as prerrogativas da explicação causal-genética dos fenômenos (a severidade dos julgamentos que tratam da psicanálise, ou do marxismo, nas suas discussões com os psiquiatras na ocasião dos seminários organizados em Zollikon por Medard Boss é eloquente nesse sentido), é para fazer valer a autonomia do olhar fenomenológico, a emergência da "intuição categorial" para além de toda abordagem genética ou causal. Os fenômenos, no sentido heideggeriano, não se deixam apreender senão através dessa faculdade particular que é a "visão fenomenológica", que aos olhos de Heidegger se situa como antípoda da explicação dialética, essa última que utiliza as mediações em relação à imediaticidade do fenômeno, a "demonstração"

---

10. M. Heidegger, *Zollikoner Seminare*, Medard Boss (Hrsg.), Frankfurt: Vittorio Klostermann, 1987, p. 139. (Ed. bras., *Seminários de Zollikon*, trad. Gabriella Arnhold; Maria de Fátima de Almeida Prado, Petrópolis: Vozes, 2009, p. 144.)

pelas "provas" etc. Lukács naturalmente defende posições, de todo modo, contrárias, destacando enfaticamente que as estruturas constitutivas do ser, em todos os seus níveis, não podem ser compreendidas senão tendo em conta as condições de sua gênese.

No plano ontológico, Heidegger deixa transparecer uma desvalorização, repleta de consequências, do princípio de causalidade, em particular quando trata do problema capital da liberdade. A conclusão do seu curso de verão de 1930, consagrado ao problema da liberdade no pensamento kantiano, acusa o autor da *Crítica da Razão Prática* precisamente por ter associado a questão da liberdade à questão da causalidade, mais precisamente ainda por ter tratado a questão da liberdade a partir dos conceitos da metafísica tradicional. Por meio de um gesto especulativo arriscado, mas perfeitamente revelador, Heidegger preconiza uma virada de perspectiva, ao exigir que se subtraia a prioridade ontológica da causalidade (ele aceita a ideia de que ela funciona como categoria dominante na região ontológica do ser-ao--alcance-da-mão, da *Vorhandenheit*) e que ela seja fundada na liberdade. "O problema da causalidade é um problema da liberdade e não o inverso"[11], ele escreve a título de conclusão do seu curso, lançando assim um desafio à tradição metafísica, inclusive ao kantismo. No seu texto "Vom Wesen des Grundes" ("A Essência da Razão", ou do Fundamento), publicado na mesma época, Heidegger destina à liberdade o estatuto de "fundamento do fundamento", de princípio originário, cujo corolário seria o caráter abissal do ser-aí (seu *Abgründigkeit*), teses que parecem se opor frontalmente ao pensamento hartmanniano ou lukacsiano da liberdade.

Alguém pode ser tentado a escavar a profunda clivagem entre as ontologias de Heidegger e de Lukács, assinalando paradoxalmente aquilo que parece aproximá-los.

---

11. M. Heidegger, *Vom Wesen der menschlichen Freiheit: Einleitung in die Philosophie*, GA, v. 31, Hartmut Tjetjen (Hrsg.), Frankfurt: Vittorio Klostermann, 1982, p. 305.

Encontramos, por exemplo, em Heidegger, a crítica virulenta da subjetividade dobrada, voltada sobre si mesma, relegada à pura interioridade, assimilada a um recipiente que receberia seus conteúdos do exterior, crítica que visa igualmente o *cogito* cartesiano, o sujeito transcendental kantiano e a egologia husserliana. É em nome dessa crítica que Heidegger recusa a dualidade sujeito-objeto, cujo fundamento, para ele, é dado pela autonomia da subjetividade: ele defende, em oposição à cisão sujeito-objeto, a "facticidade" do *Dasein*, a imbricação da consciência e do real, cuja fórmula definidora seria o "ser-no-mundo". Mas Lukács também é um crítico implacável da autarquia da subjetividade, um crítico que questiona sem cessar o culto da introversão e a dissociação entre interioridade e exterioridade, em nome da unidade inextricável entre o trabalho da subjetividade e as determinações do mundo objetivo. No entanto, o conceito de mundo tem, em Lukács, nós o vimos, uma densidade incomparavelmente maior que em Heidegger. O mundo de Lukács aparece estruturado por uma rede infinita de cadeias causais, cujas múltiplas interações conferem ao seu conceito de objetividade um conteúdo muito rico. Mesmo se concordamos com os comentadores que mostram que Heidegger tirou do conceito aristotélico de práxis uma inspiração para sua metafísica do *Dasein*, é preciso admitir que Lukács esteja muito mais próximo do verdadeiro espírito aristotélico, pois ele funda sua teoria da ação na dialética entre teleologia e causalidade, conceitos ausentes enquanto tais nas análises heideggerianas.

Heidegger tinha uma opinião muito elevada sobre seu próprio pensamento, falando muitas vezes do caminho radicalmente novo aberto por seu livro *Ser e Tempo*, que teria feito uma reviravolta nos esquemas conceituais da metafísica tradicional. A abolição da dicotomia sujeito-objeto figura num lugar de destaque entre as aquisições reivindicadas. É legítimo, porém, questionar o que significam efetivamente as pretensões imodestas do autor e qual o alcance exato da famosa revolução heideggeriana. O confronto com a ontologia de Lukács pôde mostrar que a recusa estabelecida por Heidegger à abordagem genético-causal dos fenômenos (os seminários de Zollikon fornecem múltiplos exemplos nesse sentido), método privilegiado por Lukács, e sua defesa das exigências irredutíveis do método fenomenológico, na acepção particular que ele lhe dá – bem diferente daquela de Husserl –, pesa muito na constituição do seu pensamento, sobrecarregando-o de modo fatal. Porém, a influência desse pensamento continua a ser importante, às vezes em meios intelectuais distantes de sua inspiração originária (pensamos em sua grande audiência nas universidades norte-americanas), e podemos nos interrogar sobre as razões de tal influência. A fim de ilustrar a ambivalência da presença de Heidegger num meio filosófico que não parecia predestinado à recepção de seu pensamento – o da filosofia analítica anglo-saxônica –, e de chegar, por essa via indireta, a uma confirmação inesperada de certas críticas endereçadas por Lukács à ontologia heideggeriana, detemo-nos por um instante nas vivas controvérsias engajadas nos Estados Unidos entre um filósofo profundamente marcado pelo pensamento de Heidegger, Hubert L. Dreyfus, autor de um notável livro, publicado em 1991 pela MIT Press, *Being-in-the-World: A Commentary on Heidegger's* Being and Time, Division I (O Ser-no-Mundo: Um Comentário Sobre "Ser e Tempo" de Heidegger), e John R. Searle, filósofo de formação na filosofia analítica, célebre por seus trabalhos sobre os atos de linguagem e sobre a intencionalidade, assim como por sua tentativa mais recente de edificar uma ontologia do ser social no seu livro intitulado *A Construção da Realidade Social*. Hubert Dreyfus se mostra particularmente seduzido pelas análises consagradas por Heidegger às relações primordiais do *Dasein* com o mundo na região ontológica originária do "ser-no-mundo". A seus olhos, a descoberta capital do filósofo alemão é a de uma apreensão do mundo pré-reflexivo, não contaminado por qualquer deliberação ou intencionalidade, o "ser-aí" se encontrando imerso nas coisas, reagindo às situações dadas sem apelar às representações

45

prévias. É principalmente o conceito heideggeriano de *Bewandtnis* (condição), exprimindo a forma pela qual o homem é concernido pela expressão das coisas (Dreyfus traduz *Bewandtnis* por *involvement*, envolvimento, enquanto Emmanuel Martineau propõe *tournure*, estrutura), que aparece ao filósofo norte-americano como revelador dessa orientação heideggeriana voltada às camadas originárias da experiência. Dreyfus interpreta *Ser e Tempo* como um livro anti-husserliano por excelência, pois o mergulho numa zona de experiência subtraída ao "mentalismo", à presença de toda atitude reflexiva, para ele é sinônimo de um repúdio à ontologia cartesiana, da qual Husserl é o último grande representante, segundo Heidegger.

Para o nosso propósito, é importante notar que o próprio Lukács se mostrou muito sensível às descrições heideggerianas da cotidianidade como uma zona de apreensão imediata do mundo, reconhecendo a pertinência de algumas páginas de *Ser e Tempo* em que o seu autor faz valer a unidade indivisível entre a teoria e a prática nas atividades cotidianas, enfatizando a especificidade de uma "visão" teórica das coisas completamente sujeitada ao fim prático. Não é frequente ouvir Lukács conceder elogios ao seu grande adversário filosófico, mas é preciso admitir que as páginas de sua *Estética*, em que ele empreende um exame crítico da concepção heideggeriana da *Alltäglichkeit* (da cotidianidade), não contêm menos julgamentos favoráveis sobre a acuidade das análises consagradas por Heidegger à manualidade (à *Zuhandenheit*). Lukács fala do caráter "apaixonado" das considerações de Heidegger sobre esse assunto, trazendo à tona o avanço que essas representam em relação ao discurso (O Ser-no-Mundo. Um Comentário Sobre "Ser e Tempo" de Heidegger) neokantiano[12]. Podemos assinalar, *en passant*, que Nicolai Hartmann, mesmo com ressalvas críticas, também apontou, em sua *Ontologia*, a

---

12. G. Lukács, *Die Eigenart des Ästhetischen*, v. 1, Neuwied: Luchterhand, 1963, p. 70. (Ed. espanhola, *Estética: La Peculiaridad de lo Estético*, v. 1, trad. Manuel Sacristán, Barcelona: Grijalbo, 1966, p. 72.)

contribuição notável fornecida pela análise heideggeriana da *Zuhandenheit* para a ontologia do sujeito[13].

John Searle reagiu energicamente às teses de Hubert Dreyfus expostas na teoria da ação deste último, sobretudo porque o primeiro havia sido diretamente questionado pela sua posição "mentalista" e "intencionalista". Searle, autor de uma importante obra sobre *Intentionality* (A Intencionalidade)[14], contestava a possibilidade de condutas ou ações desprovidas de suporte intencional e trazia à tona, contra o antimentalismo de Dreyfus, o peso do "*background*" (do plano de fundo, de um conjunto de hábitos, de esquemas, de capacidades mentais) na realização de uma ação. Apoiado na ontologia heideggeriana da compreensão pré-reflexiva, mas também na doutrina da percepção de Merleau-Ponty, Dreyfus rejeita as posições de Searle, que são qualificadas como causalistas e intelectualistas, sujeitas à ontologia cartesiana. O autor de *A Intencionalidade* elaborou, assim, severas acusações contra o método fenomenológico em geral e contra a hermenêutica heideggeriana em particular, denunciando seus limites e sua intrínseca inaptidão para dar conta da verdadeira complexidade das atividades da consciência. Pode parecer paradoxal que evoquemos, no momento em que confrontamos as ontologias de Lukács e de Heidegger, o pensamento dos filósofos pertencentes a uma outra linhagem filosófica, em particular àquela formada na escola de Austin, de Wittgenstein e na filosofia analítica. No entanto, de fato, a consideração das críticas formuladas por John Searle em relação a Hubert Dreyfus e à fenomenologia heideggeriana, ainda que elas sejam tributárias do logicismo da escola analítica, abrem-nos a via para uma compreensão melhor do fundamento das posições de Lukács.

É chegado o momento de fazer valer o alcance filosófico das profundas análises consagradas por Lukács em sua

---

13. *Zur Grundlegung der Ontologie*, p. 73. (Ed. espanhola, *Ontologia*, p. 93.)
14. Subintitulado *An Essay in the Philosophy of Mind*, o livro foi publicado em 1983 pela Cambridge University Press. A tradução francesa, *Essai de philosophie des états mentaux*, saiu dois anos mais tarde pelas Editions de Minuit.

Ontologia ao ato do trabalho, mostrando suas contribuições para uma teoria da ação, campo de investigação privilegiado da filosofia anglo-saxônica contemporânea, a qual por vezes se apoia, como vimos, na ontologia heideggeriana do *Dasein* para elucidar a especificidade da práxis. A recepção de Heidegger nos Estados Unidos se dá efetivamente por meio de uma inflexão notável de seu pensamento no sentido do pragmatismo. A leitura do "ser-no-mundo" heideggeriana feita por Hubert Dreyfus é exemplar: seus trabalhos, aliás, marcaram muito Richard Rorty, que realizou sem dificuldades a fusão Dewey-Heidegger[15]. O fato de que o pensamento de Heidegger apareça, assim, expurgado de sua dimensão abissal, em particular de sua ancoragem na especulação sobre o Ser, não diminui o interesse pela sua assimilação muito particular pelos pragmatismos norte-americanos, pois suas leituras da ontologia do *Dasein* permitiam forjar uma teoria da ação antípoda ao racionalismo cartesiano ou hegeliano. A total ignorância manifestada, por outro lado, em relação ao pensamento do último Lukács, não é surpreendente, pois nenhum desses filósofos anglo-saxões se preocupou em abrir seu *Para uma Ontologia do Ser Social* ou sua *Estética*. Isso não deixa de estar alinhado à lógica das coisas, vistos os preconceitos ideológicos que obnubilaram o horizonte desses autores. No entanto, tal cegueira (é preciso dizer que a situação não é melhor na França ou em outros países europeus) não deve nos impedir de explorar a riqueza das teses lukacsianas.

Confrontada com a tese fundamental de Lukács a respeito do trabalho como chave da antropogênese, podemos questionar o que resta da pretensão de Heidegger de ter delimitado uma zona originária da experiência, anterior a todo

---

15. Cf. R. Rorty, *Heidegger, Contingency and Pragmatism*, Cambridge: Cambridge University Press 1991. (Trad. francesa, *Essais sur Heidegger et autres écrits*, Paris: PUF, 1995.) Ver também Mark Okrent, autor de uma obra significativa para essa orientação, intitulada *Heidegger's Pragmatism: Understanding, Being, and the Critique of Metaphysics*, New York: Cornell University Press, 1988.

procedimento reflexivo, que ele define como a "preocupação", a "preocupação mundana" (*das Besorgen*), enraizada na dimensão existencial fundamental do "cuidado" (da *Sorge*), pretensão compartilhada por seus intérpretes norte-americanos, como Hubert Dreyfus, mas vivamente contestada por outros filósofos norte-americanos, como John Searle, que não hesita em falar da "superficialidade e da falta de pertinência (irrelevância)" da fenomenologia heideggeriana[16]. O confronto Lukács-Heidegger é tão legítimo, tanto nesse ponto como em outros, que Lukács também é motivado, fiel ao seu método ontológico-genético, pela vontade de remontar às situações iniciais do ser-no-mundo, delimitando as transições de um nível ontológico a outro (no caso, do ser-animal ao ser-homem). A exigência de um caráter originário (de *Ursprünglichkeit*) retorna, no entanto, como um *leitmotiv* no discurso filosófico heideggeriano. Mas somos obrigados a constatar que enquanto Lukács encontra no surgimento do trabalho o momento capital da emergência da hominização (ele segue de perto Hegel e Marx nessa afirmação), Heidegger não evoca o trabalho como momento constitutivo de sua ontologia do *Dasein*, focalizando suas análises antes de tudo numa disposição afetiva fundamental, num *Existenzial* (nesse caso particular, o "cuidado", *die Sorge*), o que implica na rejeição de importantes momentos objetivos e constitutivos da relação originária, inicial, do homem para com o mundo. Lembremo-nos, à guisa de réplica, que encontramos nos discursos de Heidegger, pronunciados durante o famoso ano de 1933, um elogio forçoso ao trabalho, a começar pelo célebre *Discurso do Reitorado*, em que o serviço do trabalho (*der Arbeitsdienst*) ocupa um lugar privilegiado entre os comandos impostos à juventude alemã pelo novo Estado nacional-socialista (ao lado do *Wissensdienst*, serviço do saber, e do *Wehrdienst*, o serviço militar), pois essa glorificação do

---

16. J. Searle, The Limits of Phenomenology, em Mark A. Wrathall; Jeff Malpas (eds.), *Heidegger, Coping, and Cognitive Science: Essays in Honor of Hubert L. Dreyfus*, v. 2, Cambridge: The MIT Press, p. 76.

trabalho está tão imbricada com a exaltação da *Volksgemeinschaft* (comunidade do povo) e dos objetivos da revolução nacional-socialista, que não se pode conceder ao trabalho celebrado pelo reitor nacional-socialista Heidegger a menor dignidade filosófica[17]. Ao ocultar o lugar central do trabalho na gênese da especificidade do gênero humano (ou, na linguagem heideggeriana, da ontologia do *Dasein*), o autor de *Ser e Tempo* se priva da possibilidade de levar em consideração a dialética das relações entre as determinações do mundo objetivo e os atos intencionais da consciência, sendo o trabalho justamente o lugar geométrico dessas interações, como a atividade na qual a subjetividade é confrontada, por vocação, com a aspereza e a substancialidade de uma realidade que o transcende. Mas vimos que Heidegger rejeita o problema da realidade do mundo exterior com um golpe; reivindica, ao mesmo tempo, como seu título de glória, ter abolido a dicotomia sujeito-objeto: é evidente que se priva, por isso mesmo, da possibilidade de propor uma verdadeira fenomenologia do trabalho. Lukács, ao contrário, debruça-se com uma extrema atenção sobre o que considera ser o elo capital na transição para o *humanitas* do *homo humanus*, identificando no trabalho mesmo a chave para a inteligibilidade do ser social.

Não nos surpreenderia ver os heideggerianos ficarem ofendidos pelo retorno do pensamento voltado para o realismo ontológico e, contrariados principalmente pela reabilitação da dualidade sujeito-objeto, alegarem se tratar de uma recaída nas posições pré-heideggerianas, posições que resistem à fenomenologia e à pretensa "revolução heideggeriana". É por isso que nos parece muito importante destacar que a análise lukacsiana do trabalho tem o

---

17. Encontramos na coletânea de Guido Schneeberger, *Nachlese zu Heidegger: Dokumente zu seinem Leben und Denken* (Bern: [S.n.], 1962), impressa à custa do autor em Berne em 1962, numerosos textos de discursos pronunciados por Heidegger durante o período de seu reitorado, no qual as injunções ao *trabalho* reaparecem como um *leitmotiv*, a fim de edificar a nova ordem.

objetivo de fazer valer a criatividade do sujeito, a lógica de seus atos de invenção, estabelecendo uma recusa categórica ao tratamento do sujeito como "epifenômeno", portanto, recusando-se a relegá-lo a uma posição subalterna em relação ao objeto. A desconfiança de fenomenólogos como Merleau-Ponty em relação ao "realismo", mais precisamente contra o pensamento indutivo e causal, vem de sua desconfiança quanto a um pensamento que reduziria o sujeito à passividade de um "espelho" do objeto. Heidegger denuncia com virulência o "realismo" epistemológico e ontológico de um Nicolai Hartmann, provavelmente julgando seu "objetivismo" insuportável, uma vez que a seus olhos ele não pode ser outra coisa senão um caso extremo da "desmundanização" do mundo (da *Entweltlichung*), de uma justaposição de objetos sem sujeito. Mas questiona, de forma não menos enérgica, no lado oposto, a egologia transcendental de Husserl, pois refuta a ideia de uma consciência autárquica, que constituiria o mundo através de atos eminentemente subjetivos. Sua posição se pretende um *tertium datur*, a de uma subjetividade imbricada no mundo, que desenha seus contornos através de sua intencionalidade prática (uma frase de seu curso "Os Problemas Fundamentais da Fenomenologia" expressa bem esse pretenso *tertium datur*: "O *Dasein* não tem exterioridade, e essa é a razão pela qual é igualmente absurdo falar em interioridade a propósito dele"[18]). Podemos acrescentar que alguém como Hubert Dreyfus vê na posição heideggeriana um antídoto potente contra as teorias cognitivistas, que concedem ao conhecimento um papel preponderante na gênese das ações. Onde se situa a posição de Lukács em relação a todas essas doutrinas? Podemos começar observando que, ao contrário de Heidegger, ele concede um lugar decisivo à atividade cognitiva em sua teoria da ação, pois não deixa de sublinhar que sem uma

---

18. "Für das Dasein gibt es kein Draussen, weshalb es auch widersinnig ist, von einem Innen zu reden." M. Heidegger, *Die Grundprobleme der Phänomenologie*, GA, v. 24, p. 93. (Trad. francesa, *Les Problèmes fundamentaux...*, p. 92.) (Ed. bras., *Os Problemas Fundamentais...*, p. 102.)

apreensão adequada das cadeias causais objetivas, nenhuma pôr *instauração teleológica*, nenhum desígnio de agir no real pode ser coroado pelo sucesso. Para ele, a imersão na rede de cadeias causais que constituem o tecido do real é, portanto, um preâmbulo obrigatório para se inscrever objetivos numa dada estrutura, para rearranjar o real em função das finalidades da consciência. O trabalho é por excelência a zona ontológica onde se cruzam a teleologia da consciência e as cadeias causais objetivas: é no ato do trabalho que o sujeito esbarra nas determinações da matéria, utilizando-as para introduzir novas combinações objetivas, criando, assim, objetos destinados a satisfazer suas necessidades.

A *Ontologia* de Lukács propõe um modelo de inteligibilidade do trabalho, cujo alcance filosófico nos parece considerável. Trata-se de estabelecer uma teoria da ação que faça justiça tanto à pungência teleológica da consciência, fonte contínua de atos intencionais, de "pores teleológicos" (*teleologische Setzungen*), quanto aos múltiplos encadeamentos de cadeias causais que condicionam o sujeito, e cuja objetividade é incontornável. Estaríamos tentados a dizer que uma das contribuições mais inovadoras da fenomenologia lukacsiana do trabalho está no fato de que ela permite compreender a gênese da intencionalidade, o trajeto que leva ao surgimento dos "pores teleológicos". O trabalho, ao ser designado por Lukács como o paradigma para o conjunto das atividades sociais, compreende a função heurística maior do modelo de explicação antecipado pelo filósofo marxista. Se Lukács se mostrou particularmente receptivo ao opúsculo de Nicolai Hartmann intitulado *Teleologisches Denken* (Pensamento Teleológico), publicado a título póstumo em 1951, foi porque seu autor analisava de forma muito convincente a conexão entre a finalidade da consciência e a rede de cadeias causais: buscando apurar a posição aristotélica, Hartmann decompunha o ato de inscrição de um fim no tecido do real em três momentos constitutivos, insistindo na seleção dos meios e mostrando como o rearranjo do real se apoia, necessariamente, numa utilização das cadeias causais existentes (Lukács evocava o exemplo bastante simples da invenção da roda, objeto inédito em relação aos produtos da causalidade espontânea da natureza, mas cuja estrutura é baseada nas propriedades imanentes dos objetos naturais)[19]. Certamente podemos lamentar o fato de que a *Ontologia* de Lukács não se debruça com igual insistência sobre a fenomenologia das necessidades, dos apetites e dos desejos, sobre o mundo dos afetos que sustentam os atos intencionais do trabalho, podemos lamentar que ela enfoque antes *a parte objecti* que *a parte subjecti*. Mas não é menos verdade que suas considerações abrem a via para uma análise puramente imanente da gênese dos atos intencionais, traçando o contexto de seu surgimento, os obstáculos inerentes ao caráter objetivo do real e a necessidade de uma seleção dos meios para contorná-los: ele faz valer o peso das possibilidades objetivas descobertas na imanência das coisas (Lukács não deixa de evocar a *dynamis* aristotélica e seu papel decisivo na realização de um "pôr teleológico"), para chegar a um quadro convincente do entrecruzamento entre teleologia e causalidade na arquitetura interna de uma ação qualquer. Podemos acrescentar que ele se apoia nas análises profundamente inovadoras de Hegel, presentes em seus cursos de Iena, para mostrar o peso da objetividade no ato do trabalho: a dialética lukacsiana da relação sujeito-objeto se revela como o prolongamento das descrições hegelianas, aquelas que o livro *O Jovem Hegel* já havia celebrado como uma virada na história da filosofia. A enorme distância que separa o espírito dessas considerações das posições defendidas pela escola fenomenológica em geral, e por Heidegger em particular, aparece claramente quando consideramos que o autor de *Ser e Tempo* designa como fonte da intencionalidade a transcendência do *Dasein* (Heidegger chega a dizer que a

---

19. N. Hartmann, *Teleologisches Denken*, 2. ed., Berlin: Walter De Gruyter, 1966, p. 68-71. (Ed. espanhola, *Ontologia*, tomo v, p. 230-231.) G. Lukács, *Zur Ontologie des gesellschaftlichen Seins*, v. II, *Werke*, v. 14, Darmstadt/ Neuwied: Luchterhand, 1986, p. 18-19.

intencionalidade é a *ratio cognoscendi* da transcendência, ao passo que esta seria a *ratio essendi* da primeira[20]), o que o dispensa de procurar a gênese concreta dos atos intencionais, a tensão dialética entre o finalismo da consciência e a rede de cadeias causais que a condicionam (vimos que Heidegger denega à causalidade qualquer prioridade ontológica, decretando que ela estaria subordinada à liberdade, o que nos parece uma aberração, pois fazer da liberdade o *fundamentum inconcussum* do mundo significa desafiar a autonomia ontológica do universo, que tem a causalidade como uma categoria primordial, ao passo que a liberdade não pode emergir senão a partir dessa condição prévia fundamental, a menos que se ceda aos preconceitos religiosos ou a um espiritualismo desenfreado).

A transcendência do *Dasein* é, para Heidegger, sinônimo da abertura ao Ser, da capacidade do ser-aí de se emancipar da tutela do *ente* e de se abrir para a potência, a capacidade superior de uma clareira transcendente (a expressão "*die Übermacht des Seins*" – a capacidade, a potência superior do Ser – reaparece com frequência na escrita de Heidegger, assim como a "*Offenständigkeit des Daseins*", a abertura do Dasein). Podemos claramente encontrar em Lukács um equivalente "profano" da transcendência do *Dasein* (supondo que se aceite a interpretação do pensamento de Heidegger como neoteológico), pois podemos considerar que o "distanciamento" em relação ao imediato, que Lukács designa como uma aquisição do ato do trabalho, a capacidade de suspender a situação dada, são os sinônimos dos processos visados por Heidegger sob a denominação de "transcendência". Certamente pode ser interessante fazer pontes e efetuar ligações entre a definição heideggeriana do *Dasein* como um ente "ex-tático" ou "ex-cêntrico", que transcende o dado ao se projetar em direção ao futuro, e a forte ênfase dada por Lukács ao "distanciamento" e, sobretudo, à

---

20. M. Heidegger, *Les Problèmes fondamentaux de la phénoménologie*, p. 80. (Ed. bras., *Os Problemas Fundamentais da Fenomenologia*, p. 100.)

emergência do *Sollen*, do dever-ser, como atributo consubstancial à realidade humana; no entanto nos parece muito mais significativo fazer valer a distância abissal que separa o modo pelo qual os dois procedem.

O distanciamento em relação ao imediato e ao dever-ser (o *Sollen*) aparecem em Lukács intimamente conectados ao surgimento do trabalho, como atributo inerente aos atos de modelar, de conformar a natureza. Seu método ontológico-genético o leva a estabelecer as mediações entre a atividade do sujeito e os imperativos do objeto, a acompanhar o processo de concretização dos dois planos na arquitetura interna da subjetividade: assim, ele pode mostrar *in concreto* a gênese das "iluminações" da consciência, chegando até mesmo a esboçar uma gênese intramundana da liberdade. Esse método dialético é profundamente estranho a Heidegger (que nunca escondeu sua rejeição à dialética), que estabelece seus "*Existenzialien*" (os caracteres constitutivos do ser-aí) com um método mais próximo da "dedução transcendental" ou do apriorismo fenomenológico. A fim de fundar sua designação do homem como um ser "*ex-tático*", ou como um "ser do longínquo", "uma criatura do distante" (*ein Wesen der Ferne*), fórmula que muito marcou Sartre, ele faz um apelo à "diferença ontológica", aquela entre o *ente* e o *Ser*. Ao rejeitar pesquisar as mediações dialéticas entre o trabalho da subjetividade e as exigências da objetividade, só lhe resta procurar numa enigmática "abertura ao Ser" a clareira que o *Dasein* projeta no mundo. A gênese intramundana é substituída por um pensamento semimístico (trata-se de um conflito que remonta, ainda, àquele entre Kierkegaard e Hegel), e não era sem razão que intérpretes do pensamento heideggeriano como Karl Löwith ou Lukács falavam de uma "teologia sem Deus". O próprio Heidegger, que no seu período de maturidade refutava energicamente a suspeita de "ateísmo" (também a afastava Nietzsche cuja sentença "Deus está morto" foi objeto de longos comentários), deixou a porta aberta para tal interpretação: mesmo afirmando, em 1929, numa nota de seu texto *A Essência do Fundamento*, que seu pensamento não prejulga "nem num senso positivo, nem num senso negativo" a respeito de "uma possibilidade de ser-em-relação com Deus", ainda assim, deixou o caminho livre para tal entendimento. Escrevia, especificamente: " ao desvelar a transcendência, atingimos, sobretudo, uma *noção suficiente* do ser-aí a partir da qual podemos então *colocar a questão* de saber o que é ontologicamente a relação do ser-aí com Deus"[21]. O enraizamento da transcendência humana na presença tutelar do Ser está claramente indicado aqui, assim como a designação dessa relação como condição prévia a uma abertura para a religião. Podemos nos lembrar que, nesse contexto, é significativa a reação de Heidegger diante da distinção operada por Sartre entre um existencialismo "ateu" e um existencialismo "teísta", estando ele próprio alocado na primeira categoria (Sartre colocava a si mesmo nessa corrente), enquanto Jaspers figurava, ao lado de Gabriel Marcel, na segunda. Heidegger refuta essa distinção, caracterizando-a como *superficial* (sublinhado por Heidegger) e representativa somente para a posição de Sartre, que é efetivamente "ateu", mas fazendo questão de precisar que se recusa a ver seu nome associado, *horribile dictu*, às posições ateístas: "Nem Jaspers nem Heidegger pertencem a essa corrente" – conclui secamente sua explicação; é evidente que ele prefere se ver associado a Jaspers que a Sartre[22]. O discurso eloquente de Heidegger a favor de um "pensamento não objetivante" (*nichtobjektivierende Denken*), cujo conteúdo está na carta enviada no dia 11 de março de

---

21. M. Heidegger, Ce qui fait l'être-essentiel d'un fondement ou "raison" *Questions I*, trad. Henry Corbin, p. 136 (Ed. bras., A Essência do Fundamento, Marcas do Caminho, trad. Enio Paulo Giachini e Enildo Stein, p. 172.)
22. O posicionamento de Heidegger está num texto intitulado *Existentialismus* e publicado a título póstumo. Uma tradução francesa figura ao lado do texto original no livro intitulado *La Fête de la pensée: Hommage à François Fédier*, Paris: Lettrage, 2001. A passagem que diz respeito à tese de Sartre se encontra na página 15. Heidegger certamente mirava a distinção estabelecida por Sartre na sua célebre conferência, *L'Éxistencialism est un humanism* (O Existencialismo é um Humanismo) (cf. o texto publicado em Paris pelas Editions Nagel, 1967, p. 16-17).

1964 a uma assembleia norte-americana de teólogos, deixa transparecer certa convergência entre filosofia e teologia; o filósofo dessa vez priva a teologia do caráter de ciência, em nome da vocação não objetivante que uniria, numa aliança fraternal, o pensamento do Ser e a especulação teológica[23].

Sobre esse pano de fundo se desenha com vigor a oposição entre o pensamento voltado exclusivamente à imanência, que se recusa a deixar o terreno das certezas mundanas (*Diesseitigkeit*), imunizado contra todo apelo da transcendência e, portanto, fechado a qualquer contaminação religiosa, o de Lukács, e a filosofia de Heidegger, cujo culto ao Ser, com ênfase significativa no Sagrado (*das Heilige*), e seu elogio àquilo não passível de objetivação, do "inobjetivável" (o conceito de *Ungegenständlichkeit* aparece já no ensaio sobre Rilke), sem falar na radicalização da disjunção entre o *ente* e o *ser*, abre largamente a via para a especulação teológica.

O antagonismo entre Lukács e Heidegger ganha toda sua relevância quando se escolhe como terreno de confrontação um problema tão capital quanto o da relação entre a ciência e a filosofia, mais precisamente a atitude face à ciência e ao seu lugar entre as atividades do espírito. A viva hostilidade contra o neopositivismo, em particular contra seu cientificismo, e, acima de tudo, contra o perigo da cibernetização da existência, fornece, no entanto, um terreno de encontro entre os dois pensamentos. Basta considerar os ataques lançados pelos dois autores contra Rudolf Carnap, figura de frente do neopositivismo vienense, cujo famoso ataque contra Heidegger esteve longe de deixar

---

23. A carta de Heidegger para o colóquio dos teólogos norte-americanos foi publicada no final do opúsculo intitulado *Philosophie und Theologie*, Klostermann, Frankfurt: 1970, p. 37-47. A tradução francesa saiu nos *Archives de Philosophie*, 1969, v. XXXII, p. 356s. Sobre a "dimensão religiosa" do pensamento de Heidegger, vide o texto sintético de Hans-Georg Gadamer que tem este título, reproduzido na coletânea *Heideggers Wege*, Tübingen: Mohr (Siebeck), 1983, p. 140-152, seguido de um texto não menos significativo intitulado *Sein, Geist, Gott* (Ser, Espírito, Deus), p. 152-163. Uma tradução francesa do livro de Gadamer foi publicada em 2002 pela Vrin com o título *Les Chemins de Heidegger*.

este insensível (vide, por exemplo, a carta aos teólogos norte-americanos mencionada acima); vale lembrar que Lukács, em sua *Ontologia*, não perdeu as chances em que podia lançar mão de seu julgamento severamente crítico quanto ao neopositivismo. Uma vez que falamos em certos pontos de encontro entre os dois pensamentos inimigos, lembremos também a aversão comum ao culto da "informação", promovida como via privilegiada de abordagem dos fenômenos, especialmente a rejeição comum dos autores à expansão da "informatização": quando se trata, por exemplo, do pensamento sobre a linguagem, Lukács vai ao encontro de Heidegger em sua crítica contra a degradação sofrida pela linguagem nas práticas manipuladoras e puramente utilitárias de certa modernidade, fazendo ouvir seu protesto contra o que lhe parecia uma perda da dignidade ontológica da linguagem (ver as notas formuladas nesse sentido por Lukács no prefácio redigido em 1970 para a tradução inglesa de uma coletânea de seus escritos).

Mas quando nos deparamos com um Heidegger que se ocupa de limitar o alcance do saber científico, criticando a ciência pela insolência de suas ambições de conquista do real (ocorre-lhe, muito cedo, comparar a dominação da natureza e a expansão da técnica a uma *entfesselte Bestie*, a uma "besta descontrolada"[24]) e, sobretudo, denegando-lhe toda competência no terreno da filosofia; compreendemos, assim, em que medida existe uma oposição radical que o separa das posições de alguém como Lukács ou como Nicolai Hartmann. Ao escutar, por exemplo, Heidegger falar dos efeitos "inumanos" dos progressos da ciência e apontar, por trás desse progresso, a "autodestruição do homem"[25], não podemos nos impedir de lembrar das advertências de Lukács contra aqueles que são tentados a assimilar o caráter "desantropomorfizador" da ciência (a depuração de seus resultados de um coeficiente de subjetividade qualquer) a

---

24. *Metaphysische Anfangsgründe...*, GA, v. 26, p. 279.
25. M. Heiddegger, *Zollikoner Seminare*, p. 229. (Ed. bras., os *Seminários de Zollikon*, p. 123.)

um processo de desumanização; portanto, as advertências contra os críticos românticos e conservadores dos progressos da ciência e da técnica. A objetividade da ciência, seu caráter desantropomorfizador, é, para Lukács, um poderoso agente de emancipação, e não de sujeição.

O objetivo de Heidegger era uma *Entmachtung "der Wissenchaft"* (uma redução da "ciência" à impotência[26]), e nada ilustra melhor a profunda tendência de seu pensamento do que seu discurso acerca dos limites intransponíveis da abordagem científica do real; o saber científico não teria, para ele, acesso à verdade do Ser, à natureza última das coisas. Os psiquiatras e os psicoterapeutas reunidos por Médard Boss em torno de Heidegger na ocasião dos seminários de Zollikon (nos anos 1959-1969) certamente ficaram mais que surpresos ao escutar o célebre filósofo criticá-los por uma "cegueira quanto ao Ser" (uma *Seinsblindheit*), devida à confiança insensata que tinham no poder da ciência. Mas Heidegger realmente não brincou ao pronunciar um sermão para seus ouvintes, todos cientistas de profissão: ele apenas buscava as consequências de sua convicção de que a natureza era, em sua essência, inacessível à abordagem causal da ciência, e que ela própria seria, por definição, julgada no campo da ciência, o Incompreensível (*das Unverständliche*). Segundo a fórmula surpreendente do filósofo: "A 'Natureza' é aquilo que é por princípio explicável e a explicar, porque ela é, por princípio, incompreensível."[27] Ou outra, da mesma veia: "Toda explicação, quando falamos de explicação da

---

26. A fórmula aparece numa carta endereçada por Heidegger a Médard Boss em oito de dezembro de 1969, alguns meses depois das comemorações de seu aniversário de oitenta anos, carta em que o "ataque quieto" contra "a ciência" (Heidegger coloca a palavra entre aspas a fim de marcar sua distância irônica) é claramente designado como objetivo de sua atividade filosófica (*Zollikoner Seminare*, p. 358). (Ed. bras., *Seminários de Zollikon*, p. 342.)

27. "Die 'Natur' ist das prinzipielle Erklärbare und zu Erklärende deshalb, weil sie prinzipiell unverständlich ist." Hans-Peter Hempel *Natur und Geschichte: Das Jahrhundertdialog zwischen Heidegger und Heisenberg*, Frankfurt: Hain, 1990, p. 216.

natureza, se distingue pelo fato de que se move (hoje) na ininteligibilidade."[28]

Podem nos replicar que os ataques decididos de Heidegger contra o que chamou de "absolutização da ciência", numa carta a Médard Boss de 26 de setembro de 1965[29], visavam um processo específico da modernidade, e não o conhecimento científico enquanto tal (às vezes a palavra ciência realmente aparece entre aspas, a fim de ressaltar essa distinção); Heidegger teria mirado a ciência submetida à técnica, transformada num instrumento de manipulação do real, destituída, portanto, de sua vocação cognitiva. Mas sua tese fundamental é justamente a de que a ciência moderna não teria existido senão em função das exigências da técnica, e que, por essa razão, sua natureza tornou-se, por essência, "operacional", desprovida de qualquer vocação ontológica. E essa tese é mais que contestável, uma vez que desafia a convicção basilar dos cientistas: a convicção de abarcar, pelo resultado de suas pesquisas fundamentais, o núcleo do real, as camadas cada vez mais concretas do ser.

Com essa minimização do alcance ontológico da ciência, atingimos a palavra final do pensamento heideggeriano, que revela tudo aquilo que o opõe às ontologias de Nicolai Hartmann e de György Lukács. Efetivamente há uma grande presunção na afirmação de Heidegger de que a filosofia está imunizada contra qualquer interferência da ciência em seu território, pois é convocada a ser a condição prévia e o fundamento do conhecimento científico. "A ciência nunca pode criticar a filosofia, pois ela própria repousa sobre a filosofia."[30] Essa defesa orgulhosa da autonomia da filosofia em relação aos resultados da ciência tem algo de profundamente obsoleto. A representação de uma

---

28. "Alle Erklärung, wenn wir von Naturerklärung sprechen, ist dadurch ausgezeichnet, dass sie sich (heute) im Unverständlichen aufhält." Ibidem.
29. M. Heidegger, *Zollikoner Seminare*, p. 341. (Ed. bras., *Seminários de Zollikon*, p. 324.)
30. "Die Wissenschaft kann niemals die Philosophie kritisieren, weil sie selbst auf Philosophie beruht". Ibidem, p. 249. (Ed. bras., ibidem, p. 239.)

filosofia convocada somente a apreender a essência do ser, ordenando à ciência a se contentar com a apreensão "técnica" do real, sem verdadeira aspiração, visão ontológica, lamentavelmente lembra as antigas convicções sobre uma *philosophia prima*, supraordenada e superior aos resultados da ciência, representações que acreditamos estarem marcadas por uma irremediável obsolescência.

É quase desnecessário destacar como tal maneira de ver as coisas se situa no antípoda das teses de alguém como Nicolai Hartmann ou György Lukács. Para ambos, uma reflexão filosófica que não se nutre da experiência cotidiana e das aquisições da ciência parece inconcebível. Nicolai Hartmann estava mesmo pronto para afirmar que a verdadeira *philosophia prima* é, na realidade, uma *philosophia ultima*, pois a ontologia, enquanto doutrina das categorias fundamentais do ser, só pode se constituir a partir das múltiplas aquisições da experiência cotidiana e da pesquisa científica. Enquanto Heidegger estigmatizava "a ciência" por sua falta de humildade diante da soberania da filosofia (ele se posicionava contra uma pretensa incapacidade da ciência contemporânea de fazer sua "autocrítica", de reconhecer os limites de sua apreensão do real[31]), Hartmann e Lukács apresentavam o peso decisivo das aquisições da ciência nas grandes reviravoltas da filosofia. Lukács, por exemplo, frequentemente destacava o grande papel do darwinismo na constituição de uma interpretação fundamentalmente antiteleológica do devir universal. Por sua vez, Hartmann denunciava como um "disparate" (*ein Unsinn*) a ideia de um pensamento filosófico apartado das premissas científicas, ao criticar vivamente o conceito da filosofia como "ciência sem pré-requisitos" (*voraussetzungslose Wissenschaft*)[32]. Entretanto, a fim de evitar qualquer mal-entendido, devemos precisar que nem Hartmann nem Lukács pensavam em transformar a filosofia numa *ancilla scientiae*,

---

31. Ibidem, p. 74. (Ed. bras., ibidem, p. 92.)
32. N. Hartmann, *Der Aufbau der realen Welt: Grundriss der allgemeinen Kategorienlehre*, 3. ed., Berlin: Walter De Gruyter, 1964, p. x. (Ed. espanhola, *Ontologia*, tomo III, p. XII.)

ou em retomar o positivismo (nesse ponto, eles encontrariam Heidegger, adversário implacável do positivismo, do estruturalismo, e, portanto, da absolutização dos métodos da ciência da natureza). A *Ontologia* de Lukács, por exemplo, defendia energicamente a ideia da vocação crítica da filosofia em relação à ciência[33], pois o caráter "conspectivo" (Hartmann) – a perspectiva do conjunto – do olhar do filósofo lhe permite abarcar a totalidade do real e a especificidade das diferentes regiões ontológicas, habilitando-o a ponderar sobre a esfera da competência das diferentes atividades científicas e a impedir as transgressões e as extrapolações ilícitas. Hartmann, por sua vez, falava da filosofia como a "consciência" (*das Gewissen*) da ciência[34], e podemos nos lembrar do seu conceito crítico de "*Grenzüberschreitung*" (transgressão da fronteira), destinado a circunscrever o campo de validade dos diferentes *nexus* ontológicos, impedindo a confusão entre esses *nexus*[35]. Lukács chegou mesmo a reivindicar o direito do filósofo de censurar certos desvios dos cientistas na zona da ontologia ou da epistemologia, arriscando-se até a contestar os propósitos de Einstein ou de Heisenberg (a pertinência destas notas demanda um exame à parte, mas no momento nos limitamos a destacar a profunda solidariedade nesse ponto com Nicolai Hartmann, no que diz respeito às páginas da *Filosofia da Natureza* deste último, intituladas "Spekulative Relativismen des Raumes und der Zeit", que contêm uma crítica circunstanciada das extrapolações ontológicas da teoria da relatividade e de certas teses da mecânica quântica, inspirando a plena adesão de Lukács). Não podemos deixar de observar que Heidegger se arrogava também o direito de expressar pontos de vista, às vezes muito críticos, acerca

---

33. G. Lukács, *Zur Ontologie des gesellschaftlichen Seins*, v. I, p. 429-433. (Ed. bras., *Para uma Ontologia do Ser Social I*, trad. Carlos Nelson Coutinho; Mario Duayer; Nélio Schneider, São Paulo: Boitempo, 2012, p. 138s.)

34. N. Hartmann, *Zur Grundlegung der Ontologie*, p. 220. (Ed. espanhola, *Ontologia*, tomo I, p. 275.)

35. Idem, Kategoriale Grenzüberschreitung und Heterogeneität, *Der Aufbau der realen Welt*, p. 78-85. (Ed. espanhola, El Traspaso del Límite Categorial y la Heterogeneidad, *Ontologia*, tomo III, p. 95-117.)

do tema da exploração filosófica das descobertas da ciência moderna, em particular de certas visões de seu interlocutor privilegiado, Werner Heisenberg: mas suas críticas decorriam de outra matriz, completamente diferente daquela de Hartmann ou de Lukács. O ponto crucial da clivagem que se abre entre as posições de Lukács e as de Heidegger se manifesta ao considerarmos as sentenças do autor de *Ser e Tempo* sobre o caráter incomensurável da existência humana (ou simplesmente do Ser) em relação a toda abordagem genética e causal: a liberdade, por exemplo, fundamento da transcendência do *Dasein*, aparece subtraída de qualquer tentativa de abordagem científica. Trata-se de um mistério ontológico, do qual Heidegger destaca a inacessibilidade do reino da causalidade[36]. Mas não podemos deixar de observar que sua desconfiança fundamental em relação à "ciência" e a suas pretensões explicativas

---

36. "Freiheit hat nichts mit Kausalität zu tun. Freiheit ist Frei-und Offen--sein für einen Anspruch. Dieser Anspruch ist dann der Beweggrund, das Motiv. Es hat mit Kausalketten überhaupt nichts zu tun" (*Zollikoner Seminare*, p. 272) ("A liberdade não tem nada a ver com causalidade. A liberdade é estar livre e aberto para uma solicitação. Essa solicitação é, então, o motivo. Não tem absolutamente nada a ver com cadeias causais." [Ed. bras., *Seminários de Zollikon*, p. 256]). Heidegger cava um abismo entre o reino da liberdade e o da causalidade, excluindo as mediações, ao passo que Lukács e Hartmann se encarregam de mostrar que a emergência da liberdade é fundada na apropriação e utilização das cadeias causais, na inflexão de seu funcionamento no sentido desejado, atingindo um remanejamento do mundo a partir de "pores teleológicos" surgidos no processo da reprodução social. A concretude, o processo de concretização entre teleologia e causalidade, é o grande postulado comum dos pensamentos de Lukács e Hartmann; este último não para de repetir que o ato livre supõe uma "determinação a mais" e não uma "determinação a menos": o *nexus final* resulta de uma *Überformung der Kausalität*, de uma ação de modelar a causalidade, e não de uma misteriosa transcendência indeterminada. *Teleologisches Denken*, p. 120-121. (Ed. espanhola, N. Hartmann, *Ontologia*, tomo V, p. 367.) Para Lukács, o homem é um *ser teleológico* por excelência, mas a efervescência teleológica da consciência se desenvolve num horizonte saturado pela intervenção de múltiplas cadeias causais; a subjetividade do sujeito é, por definição, mediada socialmente (os feitos de Robinson Crusoé são uma ficção, senão uma utopia), o finalismo da consciência inscreve seus fins no tecido social constituído pela sedimentação de múltiplas cadeias causais e de múltiplos "pores teleológicos". Retomaremos este ponto.

se funda numa interpretação redutora e limitada do conceito de "determinismo". O método genético-causal de abordagem dos fenômenos não teria acesso, segundo Heidegger, senão ao que é "mensurável", ao aspecto quantitativo das coisas, ao objeto de sua manipulação, marcado então por uma opacidade diante de sua natureza profunda. Lembremos de passagem que, em sua *Ontologia*, Nicolai Hartmann se dedicou a dissipar o preconceito de que a ciência está condenada a uma abordagem puramente quantitativa ou "operacional" do real, insistindo na capacidade de apreender a natureza qualitativa das coisas, portanto, na vocação ontológica da ciência. Heidegger se compraz em nos assegurar que a "clareira" do Ser (*die "Lichtung"*) é inacessível a qualquer abordagem científica (*wissenschaftliche Erörterung*), usando como argumento a impotência da comparação de uma obra como a montanha Sainte Victoire, pintada por Cézanne, com o método das equações diferenciais[37]. O argumento nos parece, sobretudo, falacioso, caso se trate de recusar a pertinência ontológica do método genético de explicação dos fenômenos, pois ninguém pensou em identificar esse método com um "cientificismo" primário, que reduziria a "explicação" a um cálculo operacional (a grande assombração de Heidegger). É interessante notar que Heidegger faz questão de tomar firmemente distância em relação a uma abordagem rigorosamente antropológica, portanto puramente "científica", da gênese da humanidade do *homo humanus* em geral, e da liberdade em particular, como aquela abordagem desenvolvida pela filosofia de Arnold Gehlen: faz questão de ressaltar que a "abertura para o mundo" (*die "Weltoffenheit"*) da qual fala o autor do *Der Mensch* (a obra fundamental de Gehlen, publicada em 1940 e reeditada de forma modificada por diversas vezes depois da guerra) não tem nada de comum com a "abertura" associada à *Lichtung* (à "clareira" do Ser), que é o fio condutor de seu pensamento. Essa ponderação é emblemática,

---

37. M. Heidegger, *Zollikoner Seminare*, p. 344. Cf. a carta de Heidegger para Médard Boss de 3 fevereiro de 1966. (Ed. bras., *Seminários de Zollikon*, p. 327.)

justamente porque valoriza a oposição entre um modo de proceder que se propunha a mostrar a gênese das faculdades especificamente humanas, em particular da liberdade e da "abertura ao mundo", por uma via estritamente biológica (a comparação entre as condutas animais e a "ação" humana está no centro das análises de Gehlen sobre a origem do homem), e valoriza também a *démarche* heideggeriana, que negava à "ciência" a capacidade de delimitar a *Weltoffenheit*, cuja abordagem estava reservada à visão "fenomenológica", portanto a uma hermenêutica que não conhecia a explicação causal. A perspectiva da *Lichtung* era o apanágio dessa via privilegiada, e a antropologia de Gehlen era rejeitada por inadequação ontológica[38]. É a propósito da oposição que se desenha entre o método ontológico-genético e a

---

38. Ibidem, p. 268. (Ed. bras., ibidem, p. 254.) Sobre a atitude de Heidegger em relação a Gehlen (podemos nos lembrar que este último também aderiu ao nacional-socialismo, até mesmo ocupando funções no *establishment* intelectual nazista, mas seu trajeto foi diferente do de Heidegger), há um depoimento ambivalente numa carta endereçada a Elisabeth Blochmann em 8 de janeiro de 1956. Nela, Heidegger precisa que a orientação "antropológico-sociológica" de Gehlen não é *decididamente de seu agrado* (é ele quem destaca), mas em outros planos confia plenamente nele, caracterizando-o como uma figura "eminente", suscetível de trazer "outros ares" se nomeado professor em Marburgo. Numa carta anterior, Heidegger esboçou um retrato mordaz de seu antigo discípulo, Karl Löwith, outro candidato possível para o posto de professor em Marburgo, onde, na época, ensinava Elisabeth Blochmann; a animosidade de Heidegger contra Löwith, desencadeada na publicação do pequeno livro [de Löwith] *Heidegger: Denker in dürftiger Zeit* (1953), era extremamente viva, e ele chegava a pretender que no final dos anos de 1920 Löwith teria sido "o marxista mais vermelho" (*der roteste Marxist*), argumento suficiente, segundo ele, para desqualificar seriamente seu discípulo da época, ao passo que Gehlen, apesar de sua orientação filosófica oposta, beneficiava-se de um julgamento mais lisonjeiro. Cf. M. Heidegger; Elisabeth Blochmann, *Briefwechsel 1918-1969*, Joachim Storck (Hrsg.), Marbach am Neckar: Deutsche Schillergesellschaft, 1989, p. 106 e 103. (Trad. francesa no volume *Martin Heidegge-Karl Jaspers: Correspondance 1920-1963*, seguida de *Correspondance avec Elisabeth Blochmann*, Paris: Gallimard, 1996). A fórmula "o marxista mais vermelho", atribuída a Löwith, encontra-se numa carta endereçada por Heidegger a Heinrich W. Petzet, reproduzida por este último em seu livro *Auf einen Stern zugehen, Begegnungen und Gespräche mit Martin Heidegger 1929 bis 1976*, Frankfurt: Societäts, 1983, p. 98-99.

hermenêutica fenomenológica, oposição fortemente sublinhada por Heidegger, que a consideração da posição desenvolvida por Lukács na sua *Estética* e, sobretudo, na sua *Ontologia do Ser Social*, revela-se particularmente esclarecedora, pois representa objetivamente o perfeito antípoda da posição heideggeriana.

Em Lukács, trata-se efetivamente de propor um modelo de inteligibilidade não somente das formas elementares da relação sujeito-objeto (do trabalho, em primeiro plano), mas de remeter às formas mais sutis da atividade da consciência (dentre as quais, a atividade estética ou a atividade ética), traçando o caminho de sua gênese e reconstruindo sua estrutura específica. A correlação entre estrutura e gênese, entre estrutura e função, é, para ele, um princípio metodológico fundamental. Aliás, ele acusa Nicolai Hartmann por não ter concedido à gênese dos diferentes pontos de transição ontológica (por exemplo, à emergência do *nexus* final e dos "pores teleológios" com o surgimento do trabalho), e, em particular, ao trajeto que marca a transição de um nível ontológico a outro, ao nível superior, o lugar que lhes concerne na história do ser. Podemos, assim, explicitar, na *Ontologia* de Lukács, o trajeto que leva à emergência dos atos intencionais (ou, na sua terminologia, dos "pores teleológicos") em particular e da liberdade em geral, através de uma dialética da interpelação, da interrogação e da resposta, que forma o núcleo do método lukacsiano. O homem é definido como o ser que responde (*ein antwortendes Wesen*), o que destaca tanto a primazia ontológica do ser-em-si quanto a lógica da invenção e da criação que forma a especificidade da resposta humana às interpelações sofridas. Heidegger considerava que a transcendência do *Dasein* pertencia a uma região ontológica onde as "provas" e as "demonstrações" não têm nenhuma legitimidade, sendo o "círculo hermenêutico" o único método apto a abarcar a especificidade da existência humana. Lukács rejeita a famosa antinomia entre "explicação" e "compreensão", entre *Erklären* e *Verstehen*, sobre a qual também se funda a circularidade da hermenêutica heideggeriana, ao se encarregar de mostrar que os dois procedimentos são complementares. Traçar a gênese dos atos intencionais, inclusive das formas mais complexas e refinadas do "pôr teleológico" (a atividade estética ou a atividade ética, esferas privilegiadas das investigações lukacsianas), supõe, a seu ver, a consideração das múltiplas mediações que as relacionam à prática cotidiana: a fenomenologia das necessidades é a condição prévia para a emergência dos projetos, a compreensão destes últimos passa pela explicação do surgimento das primeiras; a *Verstehen* e a *Erklären*, compreensão e explicação, formam uma unidade.

Se nos detivemos na questão crucial das relações entre a ciência e a filosofia, é porque poderíamos responder às considerações formuladas acima, segundo as quais também é possível encontrar em Heidegger, num certo momento de seu trajeto intelectual, uma ampla abertura para a aquisição da ciência e até mesmo uma vasta tentativa de estabelecer proximidades entre sua ontologia do *Dasein* e os resultados obtidos pela pesquisa científica no campo da biologia ou da psicologia (sobre este último terreno, podemos nos lembrar do elogio do psicólogo Adalbert Gleb, numa carta de 25 de maio de 1932, endereçada a Elisabeth Blochmann, psicóloga que representava para Heidegger a "nova psicologia", dando sequência àquilo que ele chamava de "a nova biologia", as duas orientações encontrando nele uma recepção mais que favorável). Pensamos, evidentemente, no curso dado em 1929-1930 com o título "Os Conceitos Fundamentais da Metafísica: Mundo, Finitude, Solidão", que faz grande apelo às pesquisas no campo da zoologia e sobretudo da biologia para confirmar sua própria metafísica do *Dasein*. Podemos observar que, ao passo que as relações de Heidegger com a ciência (com a física ou com a biologia, mas também com a antropologia ou a psicologia) se fizeram de objeto de uma literatura muito abundante, a questão, a nossos olhos não menos rica em perspectivas, das relações do pensamento filosófico de Lukács com o desenvolvimento da ciência moderna não suscitou o interesse que merece. O benefício que o filósofo húngaro pode tirar de sua considerável concordância com as aquisições da psicologia pavloviana, para dar bases psicológicas sólidas às suas análises sobre a "especificidade da atividade estética" (cf. o décimo primeiro capítulo de sua *Estética*), ou a aproximação dos vários teoremas importantes da antropologia de Arnold Gehlen, sempre com o mesmo objetivo (sem falar na ampla utilização das contribuições dos trabalhos de numerosos outros antropólogos para delimitar as origens da atividade estética), demandariam certamente um exame à parte. Nosso objetivo aqui é bem mais limitado, tratando-se essencialmente de valorizar a oposição estrutural entre as *démarches* dos dois filósofos.

A princípio, é preciso destacar que o interesse de Heidegger pelas pesquisas nas ciências da natureza (particularmente por alguns trabalhos no campo da biologia) estava estritamente subordinado à sua especulação ontológica. Fiel à sua tese sobre o caráter fundador da filosofia em relação à ciência, o filósofo buscava nesta um terreno de validação de seus postulados metafísicos, praticando assim um caminho inverso àquele tomado pelo pensamento moderno. Quando se trata de abordar, por exemplo, a questão das relações entre animalidade e humanidade, problema que concerne tanto à biologia ou à antropologia quanto à filosofia, Heidegger escolhe como ponto de partida e como eixo de sua análise um teorema de caráter metafísico: "o animal é carente de mundo", encarregando a ciência de trazer a concretização factual do que é apresentado como uma evidência transcientífica. Mas as coisas se deterioram seriamente quando sua especulação metafísica, motivada pela convicção de ter abalado as bases da filosofia tradicional, arrisca-se a censurar, em nome de sua superioridade, algumas das aquisições mais importantes da ciência moderna, repudiando, por exemplo, o darwinismo em geral e a teoria da seleção natural em particular.

A obstinação expressa por Heidegger em diferentes momentos de seu curso de 1929-1930 contra Darwin e o darwinismo pode evidentemente ser explicada também por razões ideológicas (quando ele afirma que o darwinismo nasceu da perspectiva de uma "concepção econômica do homem"[39], o filósofo deixa transparecer uma aversão a tudo o que poderia servir de suporte para a teoria materialista da história), não obstante ele não estivesse mais que recusando uma teoria científica que veio a ser um pilar da biologia moderna em nome de pressupostos metafísicos, o que esclarece particularmente o conjunto da *démarche* heideggeriana[40]. Podemos observar que os comentários publicados recentemente na França acerca das relações de Heidegger com a ciência[41] silenciam sobre este aspecto verdadeiramente impressionante de sua posição em relação à ciência: ao evitar falar de seu antidarwinismo, contorna uma posição que arriscava situar o mestre numa postura pouco confortável, a de um pensador obsoleto. Miguel de Beistegui, um profissional da apologética heideggeriana, a quem já tivemos a ocasião de responder[42], evoca assim mesmo, numa breve passagem, a relação de seu autor fetiche com o darwinismo, mas para tentar afogar o peixe, pois afirma que, no fundo, Heidegger era um evolucionista que vinha ao encontro do darwinismo, mesmo se lhe ocorre formular "objeções"[43] (fórmula bem pudica, quando confrontada à virulência do texto heideggeriano). Não menos irrisório é o

---

39. M. Heidegger, *Die Grundbegriffe der Metaphysik: Welt-Endlichkeit-Einsamkeit*, GA, v. 29-30, p. 377, (Ed. bras.: *Os Conceitos Fundamentais da Metafísica: Mundo-Finitude-Solidão,* trad. Marco Antônio Casanova, Rio de Janeiro: Forense Universitária, 2006, p. 297.)
40. Ibidem, p. 382, 384, 402, 377. (Ed. bras., ibidem, p. 297, 301, 302 e 318.)
41. Cf. o número consagrado pela revista *Noesis* a esse assunto (set. 2006), particularmente as contribuições de Françoise Dastur e de Miguel de Beistegui, que colocam em questão o curso de 1929-1930.
42. Nicolas Tertulian, *Qui a peur du débat?*, Les Temps Modernes, n. 529-530, Aoû.-Sep. 1990, p. 214-240. (Resposta a Miguel de Beistegui.)
43. Miguel de Beistegui, Philosophie et biologie dans un esprit de «coopération», no número intitulado "Heidegger et la science", da revista *Noesis*, set. 2006, p. 140.

subterfúgio que consiste em sugerir que o repúdio heideggeriano talvez visasse o "darwinismo", mas não "a própria teoria darwiniana", distinção totalmente ausente nos propósitos do filósofo. A verdade é que Heidegger não só refuta de forma enérgica o conceito fundamental de "adaptação"[44], que é uma pedra angular da teoria darwiniana da seleção natural, como põe em suspeita a pertinência do conceito de "sobrevivência"[45], aproveitando a ocasião para criticar mais uma vez o darwinismo no seu conjunto. As posições decididas de Heidegger contra o darwinismo decorrem dos próprios princípios de sua ontologia do *Dasein*: o pensador, que se orgulhava por ter abolido a dualidade sujeito-objeto, retirando da autonomia ontológica do mundo exterior toda legitimidade filosófica (o que significava uma recusa categórica a qualquer materialismo), não podia fazer mais do que se confrontar no essencial de sua *démarche* com o papel primordial conferido por Darwin ao meio objetivo e a suas propriedades no processo de seleção dos organismos mais aptos a sobreviver. A ambição de Heidegger de forjar um conceito filosófico de organismo destinado a validar sua tese metafísica sobre a animalidade – o animal é *carente de mundo* – se deparava com uma barreira terrível: a tese darwiniana sobre o papel decisivo do meio na constituição dos organismos, portanto, com o famoso conceito de "adaptação", do qual o autor de *Ser e Tempo* queria se desembaraçar a qualquer preço, conforme vimos. De que valem os ruidosos anátemas lançados pelo filósofo contra a ideia de um "ente em si", que imporia sua presença coercitiva aos diferentes organismos, preconceito do qual a teoria darwiniana da "adaptação" seria a vítima[46], diante dos fatos incontornáveis estabelecidos pelo célebre biólogo sobre as variações que não deixam de se produzir

---

44. Tradução francesa do curso mencionado, *Les Concepts fondamentaux de la métaphysique: Monde, Finitude, Solitude*. Paris: Gallimard, 1992, p. 382-383, 402. (Trad. bras., p. 318)
45. Ibidem, p. 377.
46. Ibidem, p. 402. (Trad. bras., p. 318.)

no meio, assim como nos organismos, e que explicam as modificações destes, a famosa "adaptação" e a gênese das espécies novas? É perfeitamente compreensível que Heidegger procure apoio, nas suas especulações sobre o organismo como animado por pulsões autotélicas, fora da pressão coercitiva do "ente em si", em biólogos como Jakob von Uexküll ou Hans Driesch, mas é justamente a doutrina biológica de Uexküll sobre os organismos animais como formações encerradas no solipsismo de seus sentidos que suscitaria as críticas contundentes de Lukács, assim como reservas análogas de alguém como Nicolai Hartmann. Lukács retoma diversas vezes na sua *Estética* o conceito de "mundo ambiente" (*Umwelt*) de Uexküll, que marcou muito o pensamento de Erich Rothacker, e também – como assinalamos – o de Heidegger. O filósofo marxista estabelece uma filiação entre o pensamento uexkülliano sobre o "mundo ambiente" e a redução schopenhaueriana do *a priori* kantiano, que acentua muito seu caráter subjetivista, pois o *a priori* biológico que em Uexküll articula o mundo dos animais (cada espécie articula um "mundo" próprio a partir de seus órgãos sensoriais únicos) faz com que os organismos sejam compartimentados na sua autarquia, sem comunicação entre os diferentes "mundos" (Lukács os compara ao solipsismo das "culturas", em Oswald Spengler), sendo completamente ocultado o peso decisivo do mundo exterior na constituição desses organismos. Uexküll aparece, assim, como um verdadeiro anti-Darwin. Nicolai Hartmann já havia tomado suas distâncias, na sua *Filosofia da Natureza*, em relação ao que chamava de caráter "excessivamente estreito" do conceito de *Umwelt* em Uexküll, lançando mão da ideia de que os organismos correspondem e se adaptam ao mundo real concebido na sua autonomia, e não a um *Umwelt* forjado exclusivamente por seus órgãos sensoriais[47].

47. G. Lukács, *Die Eigenart des Ästhetischen*, v. I, p. 47; v. II, p. 36 e 628. (Ed. espanhola, *Estética: La Peculiaridad de lo Estético*, v. III, p. 48; v. IV, p. 33-34 e 318.) N. Hartmann. *Philosophie der Natur*, Berlin: Walter de Gruyter, 1950, p. 526, nota.

A tentativa peculiar de Heidegger de fundamentar biologicamente sua ontologia do *Dasein* (não esperávamos ver o promotor de um pensamento do Ser emancipado do saber tacanho da ciência pedir socorro a esta última) atinge uma expressão impressionante na segurança com que o autor dos *Conceitos Fundamentais da Metafísica* defende, em nome da *vexata quaestio* das relações entre as funções e os órgãos, a tese de que as aptidões (*die Fähigkeiten*) preexistem à criação dos órgãos no vir a ser dos organismos[48]. A filosofia do organismo desenvolvida por Heidegger se apoia, portanto, numa tese biológica das mais contestáveis: se o filósofo se obstina até o fim em afirmar em alto e bom som a preeminência das aptidões sobre os órgãos, expressando como uma evidência a ideia, no mínimo paradoxal, de que a aptidão da vista precedeu a formação do olho (portanto, que é a natureza fundamentalmente visionária do homem que estaria na origem da formação do órgão correspondente: o olho[49]), pois ele se preocupa muito pouco com os dados da ciência sobre a qual pretende se apoiar: a biologia e, em particular, o evolucionismo darwiniano. A história do olho está presente na maioria dos tratados de biologia, e ela mostra que a formação desse órgão, com sua estrutura particularmente complexa, é o resultado de uma longa e laboriosa evolução, sem a qual a "vista" celebrada por Heidegger nunca teria podido surgir. A verdade é que se o autor de *Ser e Tempo* se mostra tão vinculado à sua tese é porque tal "desobjetivação" do organismo (postular "aptidões" que preexistem à criação de seus "órgãos" não seria uma maneira de "desobjetivar" o organismo, portanto de espiritualizá-lo?)

48. Ibidem, p. 333-334. (Ed. bras., ibidem, p. 257).
49. Ibidem, assim como um texto bem mais tardio, datado de 3 de março de 1972, reproduzido nos *Zollikoner Seminare*, onde a tese defendida mais de quarenta anos antes é retomada numa formulação particularmente sugestiva: "Wir können nicht 'sehen' weil wir Augen haben, vielmehr können wir nur Augen haben, weil wir unserer Grundnatur nach sehenden Wesens sind" (p. 293). ("Não podemos 'ver' porque temos olhos, mas, antes, só podemos ter olhos porque segundo a nossa natureza fundamental somos seres que veem".) (Cf., na ed. bras., *Seminários de Zollikon*, p. 272.)

não apenas lhe parece desferir um golpe em qualquer explicação materialista da evolução biológica (Bergson já havia utilizado amplamente em *A Evolução Criadora* o exemplo do olho para tentar validar sua tese do impulso vital), mas também ampararia uma de suas teses filosóficas cardeais: a preeminência da possibilidade sobre a realidade. Quanto mais as distinções de Heidegger entre o utensílio e o órgão são pertinentes e sutis, já que elas lhe permitem valorizar a diferença ontológica entre um conjunto mecânico e um organismo biológico (aqui ele se encontra no seu terreno privilegiado, pois pode encontrar uma prefiguração da clivagem entre a ontologia do ser-ao-alcance-da-mão – *Ontologie der Vorhandenheit* – e a ontologia do *Dasein*, que cumpre um papel de primeira ordem em sua especulação), mais sua filosofia do organismo, marcada pela tendência a separar o feixe de pulsões, constitutivo do organismo, de sua gênese material, dá ensejo às críticas mais severas. Considerar que o entrelaçamento de pulsões que forma o organismo poderia ter se constituído de outra forma além da interação com os dados do mundo ambiente, dissociar, então, arbitrariamente a "interioridade" do organismo de sua adaptação às restrições da "exterioridade" (do mundo real), a ponto de chegar a sustentar que as "aptidões" se forjaram independentemente de sua infraestrutura material (não apenas elas preexistiriam aos órgãos, mas fariam surgir, por uma misteriosa potência demiúrgica, os órgãos correspondentes), coloca-nos diante de uma construção intelectual fantasiosa, cuja finalidade é dar bases biológicas plausíveis à ontologia do *Dasein*. Os especialistas da "lógica da vida", da "lógica dos seres animados" não deixaram de apontar a flagrante vulnerabilidade das teses de Heidegger, bem como os contrassensos que comete quando tenta mobilizar as pesquisas biológicas para validar sua construção ontológica. Em sua comunicação para um colóquio organizado pela Universidade de Tours em outubro de 2002 sobre o tema "Heidegger Para Além do *Humanitas*?", Alain Séguy-Duclot, mestre de conferências nessa universidade, mostrou, através de exemplos precisos, como o filósofo se perdeu em algumas de suas considerações biológicas, chegando a posições que estão em contradição patente com os dados da ciência. Ao trazer o exemplo escolhido por Heidegger (tirado da *Biologia Teórica,* de von Uexküll) para ilustrar a preexistência das aptidões em relação à formação dos órgãos, os protoplasmas, privados de forma e de estrutura, que formam os órgãos que lhes são necessários, para arruiná-los instantaneamente, Alain Séguy-Duclot demonstrou que o exemplo é simplesmente "falso" e que na realidade as coisas acontecem de forma completamente diferente (mesmo os organismos mais simples possuem "organelas permanentes" e os protoplasmas têm uma forma e uma estrutura), para reconsiderar o conjunto da teoria heideggeriana sobre as aptidões criadoras dos órgãos. Sua conclusão sobre esse ponto merece ser citada:

> Se é a aptidão que é criadora dos órgãos determinados, como pretende Heidegger, é difícil compreender como um mesmo órgão pode ter muitas funções heterogêneas e, muito pior, como um órgão pode mudar de função no curso da evolução [...]. Não somente a definição de essência do organismo de Heidegger se construiu a partir de um exemplo falso, o que é lamentável, mas ainda por cima ele dificilmente entra em acordo com a teoria da evolução, sobre a qual repousa toda a biologia moderna. O que é, para o momento, dificilmente aceitável.[50]

Nesse exemplo preciso das relações entre animalidade e humanidade, que escolhemos para ilustrar a continuidade e a descontinuidade entre dois pontos de transição ontológicos, mas também porque Heidegger fez dele o tema de um dos seus cursos mais importantes, a oposição entre o método de Lukács e o do seu antípoda filosófico se expressa com uma relevância particular. É o momento de lançar mão da posição bastante crítica do autor da *Estética* e da *Ontologia do Ser Social* em relação às correntes da psicologia e da filosofia

50. Humanisme et animalité, em Bruno Pinchard (dir.), *Heidegger et la question de l'humanisme: Faits, concepts, débats,* Paris: PUF, p. 340-341.

moderna que alegam a preeminência da "compreensão" sobre a "explicação", a autonomia da "totalidade" sobre os seus "componentes" (seus "elementos"), chegando a construções especulativas muito próximas dos mitos românticos. Do seu ponto de vista, essas correntes desafiam o encadeamento real das categorias: é particularmente o caso da oposição estabelecida por Dilthey entre a *beschreibende Psychologie* (a psicologia descritiva fundada na "compreensão") e a *erklärende Psychologie* (a psicologia explicativa), da celebração do caráter primordial da "estrutura" em relação aos seus elementos na "psicologia da forma" (no *gestaltismo*), da ação de mistificar o inconsciente praticado pelas diferentes variantes da "psicologia profunda"[51].

Quando se trata, por exemplo, de delimitar a intencionalidade estética de uma obra, de identificar e de abarcar seu movimento interior, portanto, de sua "compreensão" (no sentido do *Verstehen* diltheyniano), Lukács se recusa a dissociá-la do plano de fundo sócio-histórico de sua gênese, da interrogação sobre as condições da sua produção, portanto, da dialética entre interioridade e exterioridade. Compreensão e explicação são, a seus olhos, complementares. Para ele, era inconcebível, por exemplo, analisar o *Hyperion* de Hölderlin sem levar em conta a *Weltanschauung* (concepção de mundo) do poeta, sua fidelidade inflexível ao ideal republicano da democracia ateniense, seu jacobinismo e a tragédia que decorria do caráter utópico de suas nostalgias revolucionárias[52]. As interpretações de Heidegger, que rejeitavam completamente essas decisivas implicações sócio-históricas da obra hölderliniana, eram objeto de sarcasmo: Lukács não media suas palavras quando falava de um Heidegger que teria "maltratado o pobre Hölderlin" com suas "análises de linguagem" ("*Sprachanalysen*", as aspas pertencem a Lukács; nesse caso, a ironia nos parece redutora, pois os estudos de

---

51. G. Lukács, *Die Eigenart des Ästhetischen*, v. II, p.12. (Ed. espanhola, *Estética: La Peculiaridad de lo Estético*, v. III, p. 8-9.)
52. G. Lukács, Hölderlins Hyperion, *Deutsche Literatur in zwei Jahrhunderten, Werke*, v. 7, Neuwied/Berlin: Luchterhand, 1964, p. 164-186.

Heidegger sobre Hölderlin teriam outras ambições além das "análises de linguagem", mas, no essencial, Lukács não erra seu alvo, pois se trata de ocultar a substância sócio-histórica da obra hölderliniana)[53]. Por sua vez, Heidegger fez questão de estabelecer uma recusa categórica a todo discurso sobre o "jacobinismo" de Hölderlin, como sugere uma carta endereçada em 1976 a Imma von Bodmershof[54], revelando, assim, o quanto interpretações como as de Lukács e de Pierre Bertaux, os primeiros a situarem a questão do jacobinismo no centro de uma abordagem da obra do poeta, eram estranhas a ele e, para sermos honestos, causavam-lhe uma profunda repugnância.

Se Lukács não deixou de colocar em questão o pensamento de Heidegger, desde seus livros *Existencialismo ou Marxismo?* (1948) e *A Destruição da Razão* (1954), ou no ensaio polêmico *Heidegger redivivus* (1949), até as considerações críticas formuladas na *Estética* (1963) e, sobretudo, em *Para uma Ontologia do Ser Social* (redigida entre 1964 e 1968), é porque a grande recepção desse pensamento mostrava ao pensador húngaro a abominável eficácia e o lugar privilegiado que o pensamento heideggeriano ocupa entre as filosofias antípodas a sua. Visto que um dos objetivos de Lukács, sobretudo na *Destruição da Razão*, era o de fixar o lugar de Heidegger na vasta genealogia do pensamento irracionalista alemão que o livro se propunha a traçar (é por isso que dá tanta importância às relações de Heidegger com Kierkegaard, Dilthey, Simmel, Scheler ou Bergson), podemos nos perguntar se essas análises permanecem pertinentes depois de a publicação de um grande número de textos inéditos na *Gesamtausgabe*, durante as últimas décadas, ter enriquecido consideravelmente o espectro do pensamento heideggeriano e ter permitido uma compreensão mais

---

53. Ver prefácio (Vorwort, 1963), *Deutsche Literatur in zwei Jahrhunderten*, Werke, v. 7, p. 13.
54. M. Heidegger; Imma von Bodmershof, *Briefwechsel 1959-1976*, Bruno Pieger (Hrsg.) Stuttgart: Klett-Cotta, 2000. Cf. a carta endereçada por Heidegger à sua correspondente em 10 de fevereiro de 1976, p. 143-144.

cuidadosa da complexidade de sua gênese. A publicação dos cursos dados por Heidegger durante o período de gestação de sua grande obra, *Ser e Tempo* (1919-1926), assim como de outros textos significativos (manuscritos inéditos, conferências etc.), ofereceu a possibilidade de uma reconstrução bem mais articulada e nuançada da formulação de seu pensamento[55]. Os que serão tentados a julgar que as considerações críticas de Lukács sobre Heidegger, formuladas na *Destruição da Razão* ou nos outros escritos publicados depois da Segunda Guerra (cf. supra), seriam obsoletas, depois da já citada mudança ocorrida no cenário da obra heideggeriana (sem falar das pesadas suspeitas de dogmatismo e de rigidez ideológica que sempre pesam sobre a *Destruição da Razão*), são convidados a uma reflexão mais profunda, livre dos preconceitos correntes, sobre a verdadeira estrutura da obra de Lukács e sobre o alcance real de suas análises. Decerto, nossa confrontação das duas ontologias, a heideggeriana e a lukacsiana, apoia-se essencialmente em *Para uma Ontologia do Ser Social* e não em *Destruição da Razão*, pois foi somente em sua última obra de síntese que Lukács elaborou os fundamentos categoriais do seu pensamento, possibilitando um diálogo condizente com a envergadura das questões levantadas pelo pensamento heideggeriano. Podemos nos lembrar de passagem que na sua *Carta Sobre o Humanismo*, publicada em 1947, o próprio Heidegger considerou um "diálogo frutífero com o marxismo", afirmando a superioridade do pensamento marxista da história sobre o de Husserl ou de Sartre, e o designando, então, como um interlocutor digno de ser enfrentado, partindo do reconhecimento de que "o histórico tem sua essencialidade no Ser"[56]. Dois anos mais tarde, em 1949, um admirador de Heidegger, amigo de longa

---

55. Cf., por exemplo, a notável obra de Theodor Kisiel, *The Genesis of Heidegger's* Being and Time, Berkeley/Los Angeles/London: University of California Press, 1993.
56. M. Heidegger, *Lettre sur l'humanisme*, 3. ed., trad. Roger Munier, Paris: Aubier-Montaigne, 1983, p. 102-103. (Ed. bras., Carta Sobre o Humanismo, em *Marcas do Caminho*, p. 353.)

data também de Lukács, Wilhelm Szilasi, preconizou, em sua intervenção no Congresso Mundial de Filosofia, que se desenrolava em Mendonza, na Argentina, um diálogo entre os dois pensadores que lhe pareciam os mais representativos do momento: Heidegger e Lukács[57]. Se por um instante voltamos à *Destruição da Razão*, foi porque, sem ignorar a forte impressão ideológica deixada sobre esse *Tendenzbuch* (livro de tendência, como era caracterizado por seu autor) pelas condições de sua gênese (o combate contra o nazismo, tendo o livro sido redigido essencialmente durante os últimos anos da guerra; o clima da guerra fria; o posfácio datado de 1953),

---

57. Wilhelm Szilasi, La Philosophie allemande actuelle, *Actas del Primer Congreso Nacional de Filosofia*, tomo I, Mendoza, 30 mar.-9 abr. 1949, Universidad Nacional de Cuyo, p. 496 e 501. A intervenção de Szilasi, impregnada da sua grande admiração pelo pensamento de Heidegger (ele não foi retribuído, a julgar por uma carta enviada em 1º de fevereiro de 1953 para Medard Boss; Heidegger se recusava a considerar como um "filósofo importante" aquele que a Universidade de Friburgo convocou para lhe substituir depois de sua suspensão por causa de seu reitorado nazista), é um depoimento significativo do clima intelectual que reinava na Europa depois da Segunda Guerra Mundial. Ao falar numa virada para uma "metafísica realista" na filosofia do momento, Szilasi afirma desejar um "encontro" filosófico entre aqueles que ele designa como "os dois grandes filósofos contemporâneos", Heidegger e Lukács (ele chega a afirmar que o primeiro, o qual ele frequentava muito à época, seria "muito sensível e aberto" a tal diálogo): permanecemos, contudo, bastante perplexos diante dos traços essencialmente emocionais que encontra para deplorar a ausência desse "encontro", ausência que chama de "a maior tragédia da filosofia alemã"! É verdade que a proximidade estabelecida por ele entre a crítica heideggeriana da subjetividade cartesiana ou kantiana e o "realismo" filosófico do materialismo histórico revela uma séria confusão de espírito, e que o ecletismo da sua abordagem global compromete suas boas intenções. O fato é que sua conferência de Mendoza é um documento significativo para uma dada vontade de abertura que se faz presente no meio filosófico ao qual pertencia Szilasi, aquele da fenomenologia husserliana e do pensamento heideggeriano do Ser. Lembremos, enfim, que Lukács se expressou no seu livro *Existencialismo ou Marxismo?* em termos mais favoráveis sobre a "seriedade" de Szilasi, que ele opunha à versatilidade de Max Scheler (repudiado como "um cínico fabricante de mitos"), submetendo sua orientação fenomenológica à crítica (cf. *Existenzialismus oder Marxismus?*, Berlin: Aufbau, 1951, p. 38. (Trad. francesa, *Existentialisme ou marxisme?*, Paris: Nagel, 1961, p. 77-78.) (Ed. bras., *Existencialismo ou Marxismo?*, trad. José Carlos Bruni, São Paulo: Livraria Editora Ciências Humanas, 1979, p. 72.)

parece-nos que a pesquisa conduzida por Lukács sobre a radicalização progressiva do irracionalismo no pensamento alemão pós-hegeliano, processo paralelo à virada à direita cada vez mais aguda da sociedade alemã, que vai culminar no triunfo do nacional-socialismo, também permite esclarecer particularmente a gênese e o desenvolvimento formativo do pensamento de Heidegger. O que prioritariamente nos interessa no livro de Lukács são os resultados obtidos no plano estritamente filosófico por seu método atinente à história das ideias, suas análises sobre os movimentos que se produziram na base do pensamento alemão à medida que este rejeitava com cada vez mais vigor o hegelianismo e o marxismo, os *topoi* (sintomas de um pensamento) que, assim, se constituíram no caminho de uma radicalização para aquilo que o crítico marxista chama de "a destruição da razão". O vasto panorama da gênese e do desenvolvimento formativo do pensamento heideggeriano, que pode ser traçado a partir da publicação da *Gesamtausgabe*, oferece-nos a surpresa de constatar que a filogênese das ideias praticadas por Lukács se encontra ainda mais confirmada e enriquecida, pois os nexos e os encadeamentos estabelecidos na *Destruição da Razão*, a sua abordagem do caráter regressivo do romantismo filosófico, por exemplo, ou o fato de se ter trazido à tona esclarecimentos sobre o papel funesto assumido pelo *topos* de uma superioridade do "espírito alemão" em relação à via histórica das democracias ocidentais (*topos* que é um dos alvos principais da crítica lukacsiana), encontram uma ilustração esclarecedora no destino do pensamento heideggeriano. O fato de o jovem Heidegger ter se mostrado muito sensível ao *Discurso Sobre a Religião*, de Schleiermacher, e de na mesma época fazer conferências sobre *O Declínio do Ocidente*, de Spengler, do qual utilizou muito Dilthey (não somente no seu primeiro curso de 1919, mas, sobretudo, em *As Conferências de Kassel*, de 1925), de ter testemunhado, no seu curso de 1923, que "o impulso veio de Kierkegaard, mas foi Husserl quem me abriu os olhos", depois de ter admitido pouco antes que "aquele que me acompanhou nas minhas pesquisas foi o jovem Lutero", mas também e principalmente o fato de nunca ter escondido que, em relação ao famoso binômio Hegel-Schelling, sentia afinidades mais profundas com o segundo, ou de que o transcendentalismo kantiano lhe era muito mais próximo que a dialética hegeliana, todas essas conexões que escandalizam a biografia intelectual de Heidegger trazem, a nosso ver, a validação do quadro traçado por Lukács. As tendências de pensamento que se defrontam na história do pensamento alemão depois da revolução hegeliana e marxiana, o consequente surgimento de uma forte reação irracionalista (pensemos na importância capital do momento Nietzsche), expressam-se de modo condensado no trajeto heideggeriano. A atitude dos pensadores sobre a dialética hegeliana, considerada pelo autor da *Destruição da Razão* como a elaboração mais madura e mais evoluída do racionalismo moderno (antes da inversão marxiana*), era, para ele, o padrão para mensurar a história do pensamento alemão. A obstinação com que destacava o antagonismo entre Hegel e o pensamento romântico, a insistência em lembrar as clivagens irredutíveis entre a filosofia hegeliana e a de Schleiermacher ou de Jacobi, sem falar na grande importância que concedia às divergências entre a dialética hegeliana e a dialética schellingiana, a vigilância que testemunhava diante de qualquer tentativa de escamotear a mutação decisiva representada pela passagem de Kant a Hegel e de aproximar exageradamente Hegel a Kant (seu violento combate contra os neo-hegelianos, como Richard Kroner ou Hermann Glockner, culpados, para ele, de semelhantes tendências regressivas, é exemplar), fizeram parte dessa vasta empreitada de *deontologia* do pensamento, destinada a barrar a rota rumo aos deslizes irracionalistas. A evolução de Heidegger traz uma notável confirmação de uma das ideias sobre a qual Lukács estava profundamente convencido:

* O termo marxiano se refere ao pensamento do próprio Marx, ao passo que o termo marxista pode indicar um pensamento posterior a sua obra, com base em Marx (N. da T.).

a atitude dos pensadores alemães em relação à dialética hegeliana foi marcada, ao longo do século XX, pela forte continuidade entre Hegel e Marx. Trata-se de uma rejeição quanto à dialética do primeiro, mas ela foi fortemente inspirada pelo espectro surgido com a dialética do segundo. Ouvimos dizer que Lukács teria majorado de forma indevida o peso de Marx e do marxismo no pensamento contemporâneo (Kolakowski o criticou, em sua "História do Marxismo", por ter feito do marxismo o centro de referência para sua história do pensamento na *Destruição da Razão*, creditando-lhe o estatuto de única filosofia válida), mas se a discussão é limitada ao exemplo do pensamento de Heidegger, somos obrigados a constatar que o trajeto deste último confirma, antes, o que parecia uma tese muito arriscada (a tese sobre o peso do marxismo na história do pensamento contemporâneo). Friedrich de Towarnicki devolve da seguinte maneira a resposta que Heidegger lhe deu para a questão de saber quem dos dois grandes, Hegel ou Schelling, representaria para ele a verdadeira culminância do idealismo clássico alemão: "Hegel será trazido ao primeiro plano e fará sombra a Schelling por tanto tempo quanto o marxismo reinar (*so lang der Marxismus herrscht*)"[58]. Portanto, Lukács não errou na *Destruição da Razão* ao situar Schelling no começo da linha de pensamento que devia resultar, via Kierkegaard, em Heidegger, para que depois este último se entregasse ao nacional-socialismo, sendo essa linha de pensamento constitutiva de uma poderosa reação àquela representada pelo racionalismo dialético de Hegel e Marx.

Lukács viu em Heidegger o resultado de uma linha de pensamento cujas raízes remontavam a Kierkegaard e a Dilthey, dois pensadores que muito marcaram sua própria evolução no seu período de juventude. Ele tinha, portanto, um conhecimento "do interior", por assim dizer, do pensamento deles, e se pôde formular uma crítica severa a suas

---

58. F. de Towarnicki, *A la rencontre de Heidegger: Souvenirs d'un messager de la Forêt-Noire*, Paris: Gallimard, 1993, p. 232. (Col. Arcades).

posições em seu período de maturidade, é porque tanto a "existencialidade" do sujeito kierkegaardiano quanto o conceito diltheyniano de "vida" lhe pareciam profundamente contestáveis em relação à verdadeira concreção do sujeito, tal qual a concebia a partir das aquisições do pensamento de Hegel e de Marx. Não pôde impedir que pensadores bastante influenciados por Husserl e Heidegger, como Jan Patocka, defrontados com as críticas dirigidas a Heidegger, tivessem a impressão de que o filósofo marxista não distinguia a originalidade da abordagem heideggeriana, permanecendo, assim, confinado nas representações tradicionais do sujeito e da consciência, fundadas na relação sujeito-objeto, justamente aquelas que Heidegger teria conseguido questionar radicalmente[59].

Ao redigir um texto para o octogésimo aniversário de Heidegger, o filósofo tcheco pretendia refutar as críticas de Lukács ao pensamento heideggeriano através de uma confrontação com as posições expressas à época por Karel Kosik, o jovem autor marxista de *Dialética do Concreto*[60], posições julgadas como menos dogmáticas e mais compreensivas por Patocka. Conhecedor da obra de Lukács (com lacunas às quais voltaremos), da qual estimava principalmente os escritos de juventude, Patocka se acreditava habilitado para defender seus grandes mestres do pensamento, Husserl e particularmente Heidegger, contra críticas que a seu ver traziam a marca de um marxismo estreito, ou que poderia mesmo sacrificar as exigências de uma verdadeira análise marxista: tratando-se de um pensador honesto (seu papel na

---

59. Jan Patocka, Heidegger vom anderen Ufer, *Durchblicke: Martin Heidegger zum 80. Geburtstag*, Frankfurt: Vittorio Klostermann, 1970, p. 402-403.

60. O livro de Karel Kosik, *Dialektika Konkrétniho*, lançado em Praga em 1967, foi publicado em tradução francesa pela Maspéro em 1970 e 1978, e reeditado pelas Editions de la Passion em 1988. (Ed. bras., *Dialética do Concreto*, trad. Célia Neves; Alderico Toríbio, Rio de Janeiro: Paz e Terra, 1976.) Outra obra de Kosik, a coletânea intitulada *La Crise des temps modernes: Dialectique de la morale*, foi publicada em 2003, também pelas Editions de la Passion.

dissidência tcheca e no movimento iniciado pela Carta 77 foi dos mais importantes), sua posição nos parece emblemática quando se tem em conta as fortes resistências ideológicas encontradas pelo pensamento de Lukács no meio de uma dada *intelligentsia* liberal dos países do Leste, que considerava com muita apreensão a severidade das críticas dirigidas pelo filósofo marxista às correntes de pensamento que dominavam a cena filosófica ocidental. A questão é saber se as teses de Lukács eram tão contestáveis quanto Patocka julgava e se a confiança deste último na fecundidade do existencialismo kierkegaardiano e do pensamento heideggeriano do Ser não estava fundada numa atitude muito pouco crítica face às suas premissas filosóficas, bem como sobre uma cegueira diante do alcance do pensamento hegeliano e marxiano, estes últimos que formavam a trama das críticas de Lukács. Ao falar da influência de Kierkegaard sobre o jovem Lukács, Patocka dizia, por exemplo, que Lukács teria errado ao renegar a herança existencialista no seu período marxista, como teria errado por se dedicar ao realismo ontológico e por se render, assim, à dualidade sujeito-objeto (afirmar a autonomia ontológica do ser e situar o sujeito numa posição secundária), ao passo que a filosofia heideggeriana teria abolido essa dicotomia tradicional e renovado a problemática ontológica por esse viés. Insistimos suficientemente, na primeira parte do nosso texto, nas múltiplas implicações do antagonismo Lukács-Heidegger sobre tais questões, e não é necessário voltarmos a elas. A propósito das críticas dirigidas por Patocka a Lukács, podemos observar que o fenomenólogo tcheco ignorava não apenas o importante ensaio *Heidegger redivivus* (1949), consagrado à *Carta Sobre o Humanismo* (Patocka acusava Lukács de ter considerado somente *Ser e Tempo*, passando em silêncio pela produção do segundo Heidegger, crítica que se mostra pouco fundada), mas não parece ter tomado conhecimento, sobretudo, da *Estética* (1963), onde teria encontrado amplos desenvolvimentos sobre a cotidianidade (problemática muito cara a Patocka), bem como uma crítica esclarecedora das posições de Heidegger. Se o filósofo tcheco tivesse se debruçado sobre a produção teórica do último Lukács (pensamos na *Estética*, por exemplo, pois *Para uma Ontologia do Ser Social* ainda era inédita à época), teria enfrentado dificuldades para justificar a imagem redutora e às vezes simplista que esboçava do adversário de Heidegger. Patocka mostrava simpatia pelo livro de Kosik, pois ainda que devesse admitir o quanto a *démarche* do jovem filósofo marxista era tributária à influência de Lukács, parecia detectar na *Dialética do Concreto* alguma abertura ao pensamento de Heidegger, que acreditava poder opor à posição muito mais "fechada" de Lukács. Esse famoso "fechamento" de Lukács – que Patocka alegava para defender a ideia de que somente através da abertura para a fenomenologia de Husserl e para a "ontologia fundamental" de Heidegger seria possível encontrar a verdadeira alternativa ao marxismo dogmático, ideologia dominante nos países do Leste (nós encontramos situações similares na Iugoslávia, por exemplo, onde um membro do grupo *Praxis*, como o filósofo croata Gajo Petrovic, seduzido pela crítica heideggeriana da técnica, dedicou-se a fundir Marx e Heidegger) – escondia, na realidade, uma posição ontológica decorrente de detida reflexão, e cujas principais articulações seriam desvendadas em *Para uma Ontologia do Ser Social*, e interditava compromissos e um espírito conciliador com os pensamentos adversos por parte do filósofo marxista. Em relação ao discurso de Lukács em obras polêmicas como *Existencialismo ou Marxismo?* ou em *A Destruição da Razão* (evidentemente, discurso que Patocka rebatia seriamente, mas também muitos outros, pois o considerava tributário de esquemas simplistas, expressão da regressão intelectual de Lukács sob ameaça da época stalinista), não queremos negar que haja na *Estética* e na *Ontologia* um discurso mais nuançado e mais elaborado, com tônicas novas, na sequência de um vasto trabalho de pesquisa, mas não nos parece menos incontestável que exista também uma continuidade na *démarche* fundamental, e que é preciso não perder de vista, para além das rudezas de linguagem e do estereótipo de algumas fórmulas polêmicas, a validade substancial das posições de base. Patocka se mostrou persuadido de que a ontologia realista defendida por Lukács não poderia fazer justiça à "abertura" do ser-aí, e que é preciso apelar à *Offenheit* (sinceridade) de Heidegger e à sua teoria inovadora da verdade para dar fundamento a essa dimensão essencial do homem; além disso, estava contrariado pelo fato de que Lukács e, depois, Kosik procuraram revelar o substrato sócio-histórico das descrições heideggerianas da cotidianidade (da *Alltäglichkeit*) e do seu *Existenzial* de base: o impessoal (das *Man*). Para ele, a abordagem inversa seria a única válida, pois somente a partir das análises eidéticas de Husserl e de uma "ontologia fundamental", como a de Heidegger, é que se poderia dar fundamento a qualquer análise sócio-histórica[61].

Quem viveu em um país do Leste europeu na época do "socialismo real" e vivenciou o revestimento de chumbo do "marxismo oficial" (é também o nosso caso), pode compreender o mal-estar sentido por um filósofo como Jan Patocka diante dos estereótipos de pensamento e das frases feitas impostas pela ideologia tornada cânone pela nomenclatura do Partido. Ao falar de Lukács, o filósofo tcheco não deixa de destacar que, pela sua formação filosófica e envergadura intelectual, o marxista húngaro representa "o único ponto" (*die einzige Brücke*) de contato entre o novo mundo do Leste e a cultura ocidental, sendo também Lukács suscetível de se opor à ruptura artificial instaurada entre essas duas tradições pela ideologia oficial[62]. Mas, ao mesmo tempo, Patocka se recusou a aceitar a interpretação do pensamento de Husserl e de Heidegger realizada nos escritos de combate de Lukács, estando convicto de se tratar de uma perversão da própria filosofia lukacsiana. Falar da metafísica do *Dasein* de Heidegger como se esta fosse um "idealismo subjetivo", ou da impossibilidade de uma "terceira via" em filosofia, para além do antagonismo

---

61. J. Patocka, op. cit., p. 402-403 e 409.
62. Ibidem, p. 406.

materialismo-idealismo, assemelhava-se, para ele, a fazer concessões aos dogmas do "marxismo-leninismo". Supomos que se o fenomenólogo tcheco tivesse tomado conhecimento da *Estética* ou da *Ontologia* do filósofo marxista, teria descoberto o vasto construto filosófico que amparava as críticas lukacsianas, tomando conhecimento também da distância abissal que separa o pensador húngaro da vulgata stalinista. Observando o importante papel desempenhado por Patocka na dissidência tcheca, mas, ao mesmo tempo, sem esquecer a atividade oposicionista não menos notável de Karel Kosik, filósofo marxista cuja formação do pensamento teve forte influência de Lukács, como lembra o próprio Patocka, é legitimamente possível nos questionarmos se o pensamento de Heidegger, ao qual Patocka se declarava adepto, era o mais apto a fornecer as bases filosóficas para um movimento de resistência democrático como o desenvolvido na Carta 77, ou se não é, antes, o exemplo de Kosik que merece ser guardado, pois seu marxismo herético e crítico se mostrou perfeitamente coerente com sua resistência antitotalitária.

Sem podermos abordar aqui o problema complexo das relações entre política e filosofia de maneira mais aprofundada, podemos, todavia, observar que a fidelidade de Patocka a uma herança kierkegaardiana e heideggeriana, visível no texto escrito para o aniversário de Heidegger, impediu que compreendesse o verdadeiro potencial emancipador de um pensamento ontológico que encontra suas fontes na dialética hegeliana e marxiana. Contrariamente ao que Patocka afirmava, Lukács não errou o caminho ao se desvencilhar da influência que Kierkegaard pôde exercer sobre seus escritos de juventude (podemos lembrar a passagem do prefácio de 1962 para *A Teoria do Romance* que fala da "kierkegaardização da dialética hegeliana da história", presente nesse escrito redigido durante a Primeira Guerra Mundial). Mas, ao descobrir, depois de um longo processo de amadurecimento filosófico, o alcance das teses de Hegel e de Marx sobre o trabalho como chave da antropogênese, sobre a sociabilidade consubstancial à essência do homem e sobre as vias da emancipação do gênero humano, ele pôde mostrar, ao mesmo tempo, as falhas e os desvios do "pensamento existencial", desmistificar o culto kierkegaardiano da pura interioridade, denunciar a arbitrariedade de uma metafísica do *Dasein*, que violenta a efetiva constituição ontológica do ser-aí, apontar os impasses de um método fenomenológico que substitui o autêntico "retorno às coisas mesmas" (fórmula célebre de Husserl) pelo embasamento nas "intuições de essência", que não possuem verdadeira cobertura ontológica. Os pilares filosóficos da reflexão de Patocka se encontravam seriamente abalados por essa abordagem. Podemos nos perguntar se um ato pela reivindicação dos "direitos humanos", como aquele que Patocka perseguiu corajosamente na ocasião do movimento pela Carta 77, encontraria um fundamento filosófico e ético numa ontologia de tipo heideggeriano se o *ethos* da democracia, promovido em alto e bom tom pelo filósofo tcheco, era compatível com uma filosofia que pretendia ser um questionamento à autonomia do sujeito, e que entregava este último à "potência superior do Ser" (a hostilidade de Heidegger em relação à democracia e ao liberalismo é, porém, notória, e está intimamente associada aos postulados da sua *Seynsphilosophie*[63]). Se a questão fosse a de se opor, no plano filosófico, às práticas ideológicas de um regime totalitário, denunciando os esquemas simplistas de um "marxismo" transformado em ideologia de poder (caução a um "socialismo de caserna"), isso não seria feito buscando apoio numa ontologia do *Dasein*, que se propunha a arruinar a própria ideia de "sujeito" e rejeitava o "humanismo" do pensamento anterior. A verdade é que uma efetiva subversão das práticas do "socialismo real" não podia vir senão de uma *teoria crítica da sociedade*, cujo

---

63. Cf. nosso texto já citado Histoire de l'être et révolution politique, em *Les Temps Modernes*, fev. 1990, em particular p. 118-120, e, mais recentemente, Nicolas Tertulian, Heidegger entre philosophie et histoire contemporaine, *Cahiers Philosophiques*, n. 111, out. 2007, p. 9-15.

87

fundamento filosófico não podia estar em outra coisa diferente de uma *ontologia do ser social*: a herança filosófica de Hegel e de Marx, da qual Heidegger era um adversário dos mais temíveis, precisava ser repensada de forma radical, colocada à prova pelas novas grandes experiências históricas e adequada para servir de fundamento a uma ética. Essa é a tarefa a que Lukács se dedicou durante os últimos dez anos de sua vida. Jan Patocka viu em Thomas Masaryk uma das figuras em que sua atividade poderia se apoiar; já Lukács não partilhava dessa admiração, pois ao lembrar do papel assumido pelo primeiro presidente da República Tcheca na intervenção e na repressão contra a Comuna húngara, ele preferiu buscar nos representantes da democracia radical europeia os verdadeiros precursores do movimento de regeneração social que desejava.

Evidentemente, é indispensável interrogar mais de perto as bases filosóficas de que Lukács se valeu para estabelecer uma recusa incessante não apenas à "ontologia fundamental" e ao pensamento do Ser heideggeriano (lembramos que tampouco Jaspers foi poupado, sem falar na polêmica lukacsiana com o existencialismo francês), mas também à fenomenologia transcendental de Husserl, sobretudo ao método da "redução fenomenológica" e às práticas das "intuições de essência". Por exemplo, a insistência com que atacou e recusou a tese de Heidegger sobre a "derrelição" do homem no mundo (a *Geworfenheit*), inclusive lembrando a forte incidência dessa tese sobre o pensamento de Sartre (para quem o "abandono", e mesmo a forte adesão à ideia de "contingência", não deixam esquecer o impacto de Heidegger), remete, inevitavelmente, à sua própria doutrina da constituição ontológica do ser-aí, da realidade humana, em nome da qual ele se acreditava habilitado para censurar as visões de Heidegger, que, no entanto, designou como representativas também de um vasto setor da literatura contemporânea. Quanto à atitude em relação a Husserl, não podemos deixar de nos impressionar com o grau em que o filósofo marxista se mostrava inflexível no seu distanciamento do idealismo husserliano. Por exemplo, ao lermos a troca de cartas com Ernest Ansermet (o célebre maestro de Genebra enviara para Lukács seu livro em dois volumes, *Os Fundamentos da Música na Consciência Humana*, publicado em 1961 pela La Baconnière à Neuchâtel, obra que reivindicava o apoio da filosofia e da fenomenologia husserliana), vemos, inclusive, Lukács apelar a depoimentos de filósofos como Nicolai Hartmann ou Paul Tillich, a fim de mostrar que sua posição crítica era partilhada por espíritos diferentes do seu[64].

A pertinência das críticas dirigidas por Lukács à fenomenologia de Husserl, mas também à teoria dos valores e à ética de Scheler, ou à "ontologia fundamental" e ao pensamento do Ser de Heidegger, assim como à ontologia fenomenológica de Sartre, não pode ser mensurada sem levarmos em conta os teoremas fundamentais do seu pensamento ontológico, tal como estão expostos em sua *Ontologia do Ser Social*. A questão do "ser-em-si" (*Ansichseiende*), da autonomia ontológica da realidade exterior, reaparecerá como um *leitmotiv* nas polêmicas de Lukács, *leitmotiv* este que não cessará de apontar os resquícios do subjetivismo e do transcendentalismo kantiano nas correntes combatidas. É significativo que nessas considerações sobre Husserl, embora muito sumárias, na introdução do capítulo acerca do existencialismo em sua *Ontologia*, Lukács insistiu principalmente numa certa proximidade entre a abordagem das *Pesquisas Lógicas* e o positivismo contemporâneo, entre o embasamento husserliano no "vivido intencional" e o empiriocriticismo de Mach, o denominador comum sendo justamente a recusa do *Ansichseiende*, da

---

64. Cf. a carta de Lukács a Ernest Ansermet, de 3 de novembro de 1962, que é sequência de uma outra de 16 de setembro de 1962, onde o filósofo, homenageando a "profundidade" e o soberano conhecimento sobre música do musicólogo suíço, afirma que suas qualidades fazem com que o "subjetivismo fenomenológico" seja superado (*überwältigt*). Tendo Ernest Ansermet defendido, em sua resposta, a fenomenologia e seu método, Lukács retoma sua posição na segunda carta, mostrando-se inflexível na expressão de suas divergências filosóficas.

questão "metafísica" da realidade-em-si. Que a aproximação estava longe de ser arbitrária, é o que nos confirma um livro de Hermann Lübbe, antigo professor da Universidade de Zurique, cujo segundo capítulo se chama "Positivismus und Phänomenologie: Mach und Husserl" (Positivismo e Fenomenologia: Mach e Husserl)[65]. Mas nosso objetivo aqui é o de explicitar, sobretudo, essas oposições no campo da "ontologia social", pois é nesse domínio que se situa o centro de gravidade das pesquisas lukacsianas. Uma confrontação Lukács/Heidegger no terreno da "ontologia do ser social" é completamente justificável, se partirmos da constatação de que existe em *Ser e Tempo* uma teoria da sociabilidade do *Dasein*, do *Mitsein* (do ser-com), da *Fürsorge* (da solicitude) e do *das Man* (do impessoal). Um livro denso e rico em percepções como o consagrado por Michael Theunissen à questão do *outro*[66], ajuda-nos nessa empreitada, pois dedica um grande espaço à *Sozialontologie* (ontologia social) de Heidegger e de Sartre, remontando à teoria da intersubjetividade de Husserl para delimitar os fundamentos dessa corrente filosófica que Lukács rejeitava com veemência.

O próprio autor de *Para uma Ontologia do Ser Social* fala de uma ontologia social em Heidegger, em *Ser e Tempo*, já de saída criticando a obra magna da corrente existencial pela ausência de uma ontologia da natureza, o que privaria a analítica do *Dasein* de um melhor embasamento concreto[67]. A crítica de Lukács anuncia divergências radicais entre as duas ontologias sociais, pois seu alcance filosófico ultrapassa a questão das relações entre sociedade e natureza. Podemos lembrar, a título preliminar, que Lukács se distanciava da fenomenologia e da filosofia da existência a partir de uma experiência filosófica crucial, da qual nem Husserl, nem Heidegger, nem Sartre (ao menos no período de *Ser e Nada*) tiraram proveito: a assimilação *in succum et sanguinem* do

---

65. Cf. *Bewusstsein in Gechichten, Studien zur Phänomenologie der Subjektivität Mach-Husserl-Schapp-Wittgenstein*, Friburgo: Rombach, 1972,
66. Cf. *Der Andere*, Berlin/New York: Walter de Gruyter, 1981.
67. G. Lukacs, *Zur Ontologie des gesellschaftlichen Seins*, v. I, p. 378-379, 382.

pensamento de Hegel, a reflexão aprofundada sobre a dialética sujeito-objeto, como o autor da *Fenomenologia do Espírito* pôde elaborar já em seus escritos e cursos do período de Jena (1801-1807). Lukács, em seu livro *O Jovem Hegel*, forneceu um trabalho aprofundado a respeito do desenvolvimento do pensamento hegeliano no período de Jena, centrando-se na questão da exteriorização realizada pelo sujeito e da apropriação posterior daquilo tornado exterior (*die Entäusserung und ihre Rücknahme*), cujo equivalente seria procurado em vão nos pensadores pertencentes à tendência fenomenológica ou existencial. Pôde mensurar, assim, por meio de Hegel (e principalmente de um Hegel lido a partir da crítica de Marx), o peso da objetividade na dialética sujeito-objeto, o alcance do movimento em que o sujeito parece ser levado por uma potência estranha em meio à sua imersão na rede de determinações objetivas; pôde também notar as reverberações desse contato ricamente articulado com a realidade objetiva na arquitetura da subjetividade.

As considerações a respeito da intersubjetividade, presentes em *Para uma Ontologia do Ser Social* (referimo-nos aos desenvolvimentos concernentes à ação do sujeito com a finalidade de influenciar a consciência dos outros sujeitos, ao trabalho de transformação das consciências, para o qual as ideologias fornecem um exemplo eminente), são claramente tributárias dessa herança hegeliana e marxiana, pois o autor não cessa de valorizar e enfatizar a gênese sócio-históricas dessas representações coletivas, o embasamento das relações intersubjetivas num tecido social de contornos precisos. Os diferentes níveis de intersubjetividade (a divisão do trabalho, por exemplo) não se deixam conceber fora das exigências do processo de produção e de reprodução da sociedade. Os capítulos voltados à dialética das relações entre senhor e escravo ou sobre a "consciência infeliz" da *Fenomenologia* de Hegel marcaram muito a reflexão de Lukács, mas não encontramos nenhuma pista deles nos escritos de Husserl e muito menos em Heidegger (o curso deste último sobre a *Fenomenologia* de Hegel não chega a abordá-los efetivamente). Decerto, Lukács está pronto a admitir que o *Dasein* heideggeriano traz, na sua própria constituição, a marca da sociabilidade, que o ser-com (o *Mitsein*) não é um atributo auxiliar, um mero coadjuvante que se sobrepõe a uma solidão originária (é uma ideia à qual o filósofo marxista estava muito atrelado, não podendo se impedir de encontrá-la também na analítica existencial de Heidegger), mas não para de acusar o autor de *Ser e Tempo* de dissociar esse atributo do ser-aí de sua gênese no processo de produção e reprodução da sociedade. O que ele critica em Heidegger é, acima de tudo, o fato de este insistir em descrições dessa sociabilidade (na descrição do impessoal, por exemplo), que aparecem transfiguradas em categorias "ontológicas" (tendo, então, vocação universal), enquanto, na realidade, trata-se apenas de experiências sócio-históricas com um alcance bem determinado. A confrontação com Heidegger, no capítulo da *Estética* dedicado à vida cotidiana e nas páginas da *Ontologia* consagradas ao existencialismo, levanta questões muito legítimas: como o autor de *Ser e Tempo* chega, por exemplo, a identificar a cotidianidade (*die Alltäglichkeit*) com o campo da "queda" (*Verfall*), da inautenticidade e do "decair" (*der Absturz*); com que direito ele identifica o "espaço público" (*die Öffentlichkeit*) com a hegemonia do impessoal (do *das Man*), como se a vida pública não conhecesse mais nada além de indivíduos submetidos às normas alienantes; por que transformar a tensão entre "ipseidade" (*die Selbstheit*) e o impessoal (campo da inautenticidade) numa antinomia de caráter ontológico, tudo isso com o custo de se rejeitar o concreto sócio-histórico e suas determinações circunstanciadas? É incontestável que Lukács tenha encontrado em Heidegger uma problemática familiar; a crítica da reificação (da *Verdinglichung*) e da alienação (da *Entfremdung*) era um motivo comum aos dois pensadores. Conceitos como inautenticidade e autenticidade, ipseidade e "situação-limite" (o ensaio de 1910, "A Metafísica da Tragédia", que fecha *A Alma e as Formas*, faz uso deles em lugares decisivos) também se situavam no centro da reflexão de Lukács: mas foi justamente essa proximidade temática que levou o filósofo marxista a apontar as falhas e os desvios heideggerianos, a estilização pessimista da vida social, identificada forçosamente à zona da inautenticidade, a procura da autenticidade no "ser-para-a-morte", a ausência de conteúdo ético preciso em categorias existenciais como "o chamado da consciência" (*das Gewissen*) ou "a resolução" (*die Entschlossenheit*).

Persuadido de que as instigantes descrições heideggerianas da existência inautêntica (das quais ele reconhecia a força e, dentro de certos limites, a verdade) tiravam sua fonte de uma *Grunderlebnis* (de uma experiência básica vivida), que era aquela de um mundo submetido à lei do nivelamento e da estandardização, do rebaixamento e da manipulação (o conceito de *Durchschnittlichkeit* – de mediocridade – efetivamente ocupa um lugar central na análise heideggeriana da inautenticidade), Lukács interpretava a crítica corrosiva do impessoal como inspirada pelos "reflexos subjetivos" do modo de vida do capitalismo moderno. Ao interpretar os "existenciais negativos" de Heidegger como uma estilização ontológica de uma realidade sócio-histórica bem precisa, Lukács insistia na finalidade dessa "essencialização": chegava-se, assim, à rejeição do concreto sócio-histórico, e as soluções preconizadas pela transição para a existência autêntica se constituíam como uma réplica àquelas amparadas na dialética marxista, método embasado por definição nas categorias e nas determinações do concreto.

Perguntamo-nos se Lukács teria exagerado ao detectar na desvalorização ontológica da "vida pública" (da Öffentlichkeit), efetuada por Heidegger por meio de conotações bastante negativas da existência sob o signo do impessoal, uma réplica à crítica do "fetichismo" desenvolvida por Marx (o conceito de "reificação" – *Verdinglichung* – aparece igualmente em Heidegger, como já nos referimos), chegando a interpretar *Ser e Tempo* como "um grande confronto" (*eine grosse Auseinandersetzung*) com o pensamento marxiano. Pressionado por Karel Kosik, numa carta que lhe foi enviada em fevereiro de 1963, a explicar se podemos considerar que há em *Ser e Tempo* uma réplica às teses sobre a reificação desenvolvidas em *História e Consciência de Classe* (1923), o velho mestre se mostrou muito prudente na sua resposta (a carta de Lukács a Kosik é datada de seis de março de 1963), expressando sua convicção de que lhe parecia mais que plausível que Heidegger tivesse encontrado o marxismo no seu caminho desde o período de elaboração de *Ser e Tempo*. Assim, conservava sua ideia da presença latente de uma réplica ao pensamento de Marx.

Essa visão das coisas parece contradita pela afirmação de Heidegger, presente numa carta enviada a Karl Löwith em abril de 1932, de que ele não conhecia o pensamento de Marx, e não poderia, portanto, pronunciar-se sobre o opúsculo de *Max Weber e Karl Marx*, o qual Löwith fizera chegar até ele. Se Lukács pôde exagerar na sua afirmação acerca de uma possível presença das teses marxianas do fetichismo no horizonte dos desenvolvimentos de Heidegger dedicadas ao impessoal em *Ser e Tempo*, não é menos incontestável que haja fortes polêmicas nas páginas dedicadas ao impessoal, por exemplo, contra aqueles que identificam a existência sob o signo do impessoal com a "ascensão" e a "vida concreta"[68], ou contra aqueles que confiam na ideia de "progresso"[69], ou seja, na possibilidade de abolir o estado instaurado pela queda. A forma como Heidegger mostrou sua ironia em relação ao fantasma do "progresso", isto é, diante da confiança na ação social voltada a mudar o estado das coisas (*die Verfall* – a queda é designada na ontologia do *Dasein* como uma fatalidade ontológica, e não como uma situação transitória, suscetível de modificação), justifica a afinidade estabelecida por Lukács entre o "quietismo" de Heidegger e o de Schopenhauer. A desvalorização ontológica da "vida pública", o recuo para o "em-cada-caso-o-meu" (a *Jemeinigkeit*) e o

---

68. M. Heidegger, *Sein und Zeit*, 5. ed. inalterada, Halle: Max Niemeyer, 1941, p. 178. (Ed. bras., *Ser e Tempo*, trad. Marcia Sá Cavalcante Schuback, Petrópolis: Vozes, 2008, p. 244).
69. Ibidem, p. 176. (Ed. bras., ibidem, p. 241.)

"isolamento" (a singularização, a *Vereinzelung*), efetivamente podem ser observados como posturas schopenhauerianas (mesmo se, é preciso lembrar, no plano especulativo, Heidegger não tivesse a menor estima por Schopenhauer, em contraste com sua admiração por Nietzsche). Foi a partir desses pontos importantes de sua desconstrução crítica do pensamento heideggeriano que Lukács converteu a crítica filosófica numa crítica ideológica, situando, em *Destruição da Razão*, o pensamento heideggeriano da época de *Ser e Tempo* no campo do "pré-fascismo". É impressionante constatar que o capítulo sobre Heidegger da *Destruição da Razão*, obra consagrada precisamente às origens intelectuais do nacional-socialismo, não contém nenhuma referência aos escritos do período nazista de Heidegger (perguntamo-nos se Lukács tinha conhecimento do *Discurso do Reitorado* ou da *Introdução à Metafísica*, curso dado em 1935, este último que inclui a célebre frase sobre "a verdade interna e a grandeza" do nacional-socialismo). A análise lukacsiana está focada exclusivamente nos principais momentos que marcam o percurso do *Dasein*, e é a partir dessa crítica interna dos filosofemas heideggerianos que a incidência desses na prática sócio-histórica é indicada. Em nenhum momento o autor da *Destruição* cai na armadilha de projetar retroativamente em *Ser e Tempo* as posições que Heidegger fixaria a partir de 1933; ao contrário, procura esboçar apenas as consequências para a prática social dos teoremas ontológicos formulados no livro de 1927. Sartre se mostrou muito contrariado em *Questão de Método* pela tese defendida por Lukács em sua obra polêmica, *Existencialismo ou Marxismo?*, de que Heidegger seria convertido ao "ativismo" sob influência de sua adesão ao nazismo: "Heidegger nunca foi 'ativista' – ao menos enquanto se expressou nas suas obras filosóficas", afirmava Sartre, com muita certeza, acusando Lukács de "total incompreensão" do pensamento que submetia à crítica[70]. Estamos no direito de

---

70. J.-P. Sartre, *Questions de méthode*, Paris: Gallimard, 1960, p. 55 (Col. Idées 140). (Ed. bras., *Questão de Método,* trad. Bento Prado Júnior, São Paulo: Difel, 1979, p. 36.)

perguntar se o próprio Sartre, que, devemos lembrar, passou o ano crucial de 1933-1934 na Alemanha, soube do *Discurso do Reitorado* de Heidegger (nunca fez nenhuma alusão), ou mesmo se, mais tarde, teve a curiosidade de ler esse texto, sem falar de outros escritos heideggerianos do período nazista, pois é difícil duvidar do "ativismo" expresso por seu autor quando, em seu famoso discurso, faz um elogio vibrante das prestações de trabalho, do militar etc., ou quando lança mão do conceito de *"Entscheidung"* (de decisão), conceito que não poderia ser mais ativista. Encontramos esse conceito em destaque nos *Beiträge zur Philosophie* (Contribuições à Filosofia), obra redigida nos anos 1936-1938, publicada a título póstumo em 1989, ano do centenário do seu autor. Hoje, à luz dos textos que dispomos, podemos apenas sorrir ao pensar na ingenuidade de Sartre, que ignorava, no momento preciso em que se encontrava em Berlim mergulhado na leitura da principal obra do filósofo (cujas noções vão marcá-lo profundamente), que o mestre pronunciava em Friburgo, ou em Konstanz, discursos de uma combatividade ardente, nos quais ridicularizava as "teorias" e os "programas", terminando seus pronunciamentos nacional-socialistas com apelos no mais puro estilo *völkisch: Herz bei Herz und Mann bei Mann!* (coração a coração e homem a homem)[71]. Portanto, Lukács não se enganou ao falar de uma passagem de Heidegger do quietismo para o ativismo, mesmo que possamos considerar haver um engano seu por não perceber a presença, em *Ser e Tempo* (por exemplo, no famoso parágrafo 74), dos elementos que prefiguravam a estrutura de pensamento que Heidegger só instauraria depois de 1933 (é nesse parágrafo que surgem os conceitos de "comunidade", de "povo", de "destino" etc., que vão ocupar um lugar de destaque nos textos redigidos

---

71. Cf. o discurso pronunciado por Heidegger no final de maio de 1934, diante de seus antigos colegas de classe do colégio de Constance, na ocasião da festa do 25º aniversário de diplomação, em *Reden und andere Zeugnisse eines Lebensweges 1910-1976*, GA, v. 16, p. 279-284. O discurso, que glorificava a comunidade submetida à "vontade do Führer", terminava com o apelo aos participantes para avançarem "lado a lado": *Herz bei Herz und Mann bei Mann!*

depois de 1933). Sartre se mostrou muito recalcitrante diante do "cenário" apresentado por Lukács a propósito das evoluções divergentes de seu pensamento e do de Heidegger: "Que belo romance!", exclamava o autor de *Questão de Método*, diante do quadro esboçado por Lukács (o existencialismo heideggeriano convertido em ativismo nazista, ao passo que o existencialismo de Sartre expressaria, através da exaltação da liberdade, a revolta contra o fascismo), mas não podemos fazer nada além de nos surpreender com tal reação se nos lembrarmos de que o próprio Sartre, nas páginas sobre Heidegger presentes em seu *Diário de uma Guerra Estranha* (redigido em 1940), esclarece seu grande interesse pelo autor de *Ser e Tempo* através de sua posição face aos eventos sócio-históricos da época: Sartre mostra como sua leitura de *O Que É a Metafísica?* e de *Ser e Tempo* foi condicionada pela situação sócio-histórica, pelo "perfil patético da história", e como se efetuou a assimilação do pensamento heideggeriano em função de um estado de espírito que resultava do drama da desfeita e da assunção de seu "destino de francês na França de 1940"[72]. Ao detectar no texto heideggeriano os ecos de um profundo pessimismo histórico, as reverberações de uma "época trágica de '*Untergang*' (declínio) e de desespero para a Alemanha"[73], no fundo Sartre antecipava o diagnóstico formulado por Lukács em *Destruição da Razão*. Evidentemente, o filósofo marxista se mostrou muito mais crítico e severo em seus julgamentos sobre a finalidade ideológica do pensamento de Heidegger, e provavelmente mais de um admirador de Nietzsche ou de Heidegger ficaria perplexo diante da filiação estabelecida por Lukács como conclusão de sua análise: ele chega inclusive a apresentar a ideia de que há certa similitude entre as relações de Heidegger e o nacional-socialismo de Hitler e

---

72. J.-P. Sartre, *Les Carnets de la drôle de guerre*, Paris: Gallimard, 1983, p. 225-230. (Ed. bras., *Diário de uma Guerra Estranha*, trad. Aulyde Soares Rodrigues; Guilherme João de Freitas Teixeira, Rio de Janeiro: Nova Fronteira, 2005, p. 416-422.)
73. Ibidem. p. 229. (Ed. bras., ibidem, p. 412.)

de Alfred Rosenberg* e a relação entre o quietismo de Schopenhauer e o "ativismo contrarrevolucionário" de Nietzsche, entendido que, segundo Lukács, não há somente uma descontinuidade entre o repúdio schopenhaueriano da "vontade" e a exaltação desta por Nietzsche, mas também uma continuidade em sua designação da vontade como a substância metafísica do mundo. O "pré-fascismo" de Heidegger se metamorfosearia no ativismo nazista da mesma forma que a filosofia da abstinência e da passividade de Schopenhauer se transformou no vitalismo frenético de Nietzsche: a descontinuidade não deve esconder uma continuidade para além das aparências superficiais[74].

Certamente dispomos hoje, graças à *Gesamtausgabe* de Heidegger e aos trabalhos aprofundados de exegese, de possibilidades muito maiores para uma verdadeira contextualização histórica do pensamento heideggeriano. Dado o grande número de textos inéditos publicados nesse tempo, dos quais Lukács não poderia fazer a menor ideia, podemos nos perguntar legitimamente se as análises críticas não ganharam muitas rugas e se elas resistem à prova das novas pesquisas, sobretudo no que concerne ao "caso Heidegger", mais precisamente à seriedade e à profundeza do engajamento do filósofo a favor do nacional-socialismo.

Para explorarmos os fundamentos teóricos da recusa imposta por Lukács ao pensamento de Heidegger, poderíamos considerar alternadamente os conceitos heideggerianos de "derrelição" (*Geworfenheit*) ou de "finitude" (*Endlichkeit*), a solução de continuidade postulada em relação ao idealismo clássico alemão (as relações de Heidegger com o pensamento de Kant e de Hegel), a forte resistência do autor de *Para uma Ontologia do Ser Social* à concepção heideggeriana de tempo, em particular contra a desvalorização da concepção hegeliana de tempo como expressão do "tempo vulgar" e a

---

* Ideólogo líder, editor de *Völkischer Beobachter*, jornal do partido nazista. (N. da T.)

74. G. Lukács, *Die Zerstörung der Vernunft*, p. 401. (Ed. espanhola, *El Asalto a la Razón*, p. 400.)

designação *a contrário* do "tempo vivido" (o tempo subjetivo) como modelo da temporalidade autêntica etc. Se, em sua *Ontologia*, Lukács chega a colocar Heidegger na série de pensadores que qualifica como *geistreiche Anreger* (incitador espirituoso), sem "conteúdo filosófico significativo" (os nomes de Schopenhauer e de Nietzsche figuram nessa lista expressiva da singularidade da posição lukacsiana, inflexível na sua crítica do irracionalismo e na sua contestação das hierarquias estabelecidas)[75], é porque ele está pouco disposto a levar a sério no plano filosófico a "revolução heideggeriana" e que, ao contrário, a julga como uma nítida regressão em relação à grande tradição do pensamento clássico. Uma reação parecida pode ser detectada nos textos de Günther Anders sobre Heidegger, nos quais retornam como um *leitmotiv* a oposição de profundidade especulativa dos conceitos do grande idealismo alemão e o seu estreitamento, e mesmo sua degenerescência, na reflexão heideggeriana[76].

Se tomarmos como exemplo um dos pilares da metafísica heideggeriana do *Dasein*, a tese sobre a "derrelição" do homem, poderemos tentar estabelecer as razões da recusa constante expressa por Lukács em relação a essa maneira de apreender a *conditio humana*. Em sua descrição da *Geworfenheit*[77], Heidegger insiste no fato de que o ser-aí estaria entregue a uma dupla heteronomia, à influência de um existente que não é ele próprio e que ele não domina ("dessen das Dasein als freies Selbst nicht mächtig ist", portanto, podemos dizer: "Das Dasein ist in das Seiende geworfen"[78])

---

75. Idem, *Zur Ontologie des gesellschaftlichen Seins*, v. I, *Werke*, v. 13, p. 421. (Ed. bras., *Para uma Ontologia do Ser Social I*, p. 129.)
76. Cf. Günther Anders, *Über Heidegger*, München: C.H. Beck, 2001.
77. As páginas mais eloquentes sobre esse existencial heideggeriano podem ser encontradas no curso dado durante o semestre de inverno de 1928-1929, com o título *Einleitung in die Philosophie*, publicado no volume 27 da *Gesamtausgabe* (GA), sem falar nos parágrafos correspondentes em *Ser e Tempo*, em particular os numerados 29 e 38. [O curso foi publicado no Brasil com o título de *Introdução à Filosofia*, traduzido por Marco Antonio Casanova, São Paulo: Martins Fontes, 2008. (N. da T.)].
78. M. Heidegger, *Einleitung in die Philosophie*, GA, v. 27, p. 329. (Ed. bras., *Introdução à Filosofia*, p. 351.)

e aos poderes que jazem no seu próprio Si-mesmo[79] e cujo domínio também lhe escapa. A tônica é dada ao estado de "abandono" do homem frente às realidades que lhe transcendem (*Preisgegebenheit*), sobre o fato de a realidade ser "atravessada" (*durchwaltet*) por forças que lhe escapam, pois, entregue à "potência superior" (*Übermacht*) dessa dupla heteronomia (é o sentido exato da "derrelição", da *Geworfenheit*), o Si-mesmo não pode senão registrar essa situação primordial através de suas tonalidades afetivas (sua *Befindlichkeit*, seu estado afetivo, seus *Stimmungen*, suas tonalidades), sem poder alimentar a ilusão de que uma conduta racional, orientada por um fim (um "*Wohin*"? transparente), permitir-lhe-ia escapar de tal situação. Não é difícil de entender que Lukács não partilhariade tal visão das coisas, pois sua antropologia filosófica, que buscava no trabalho a situação inicial inerente ao ser-no-mundo (dimensão ocultada pela metafísica do *Dasein*), valorizava a presença de uma mistura inextricável de autonomia e de heteronomia nessa forma primordial da relação sujeito-objeto, que é o ato do trabalho. O sujeito, no sentido de Lukács, se é "trespassado", como o Si-mesmo heideggeriano, pelos poderes do existente, não se concebe, porém, como entregue à sua "potência superior" (retomamos, ponto a ponto, as fórmulas heideggerianas), mas dedica-se ao domínio dessas potências, sente-se corresponsável por sua ação, utilizando os nexos causais objetivos para inscrever a teleologia dos seus objetivos, impondo então a marca da sua autonomia no jogo de forças heterônomas. Lukács refuta energicamente a tese heideggeriana de que o "de onde" (o *Woher*) e o "para onde" (o *Wohin*) estariam envolvidos na obscuridade[80] (essa afirmação está destinada a amparar a ideia da existência do Si-mesmo como "derrelicto"), estando a descrição

---

79. Ibidem, p. 326. (Ed. bras., ibidem, p. 347.)
80. M. Heidegger, *Sein und Zeit*, p.134: "Das pure 'dass es ist' zeigt sich, das Woher und Wohin bleiben im Dunkel" (Este puro "o que é" se mostra, mas seu "de onde" e seu "para onde" permanecem na obscuridade). (Ed. bras., *Ser e Tempo*, p. 194.)

lukacsiana do trajeto do homem fundada em uma dialética entre teleologia e causalidade, dialética que implica a transparência dos dois pontos terminais da corrente, do ponto de partida e do ponto de chegada.

Nada melhor para ilustrar o hiato aberto entre as duas ontologias, a de Lukács e a de Heidegger, que a forma oposta pela qual os dois pensadores se remetem à grande herança do idealismo clássico alemão, portanto, à filosofia de Kant e de Hegel e, mais globalmente, ao conjunto da metafísica ocidental. Sobre este último ponto, basta lembrar a virulência das críticas dirigidas por Heidegger ao ego cartesiano, matriz da egologia transcendental (de Kant a Husserl), refratária, em suas veleidades, de transparência racional, e sua afirmação presunçosa da autonomia do sujeito na profundeza abissal do Ser e na "finitude" da derrelição; ao passo que Lukács não deixou de celebrar em Descartes a estrela guia da filosofia moderna, fazendo do antagonismo Descartes-Pascal um dos paradigmas do conflito entre racionalismo e irracionalismo[81]. O afastamento de Heidegger quanto à herança de Kant e de Hegel girara, por um bom tempo, em torno do tema da "finitude" (*die Endlichkeit*), tema fundamental de seu pensamento, intimamente associado ao tema da derrelição, da *Geworfenheit*. Nesse sentido, podemos lembrar que a análise consagrada pelo autor de *Ser e Tempo* a Kant, no seu livro *Kant e o Problema da Metafísica* (1929), culminou na ideia de que Kant teria recuado diante da sua própria descoberta genial, exposta na primeira edição da *Crítica da Razão Pura*, sobre a imaginação transcendental como fonte fundadora da metafísica (fundada, portanto, na "finitude" como consubstancial à *conditio humana*, pois, na interpretação de Heidegger, a imaginação transcendental é uma atividade que expressa por excelência a "finitude" do homem), e teria feito concessões, finalmente, na segunda edição da *Crítica*, ao preconceito acerca da superioridade

---

81. G. Lukács. *Die Zerstörung der Vernunft*, p. 91s. (Ed. espanhola, *El Asalto a la Razón*, p. 90-91.) O antagonismo Pascal-Descartes é evocado antes em *Existencialismo ou Marxismo?*.

do "entendimento" (*Verstand*), escamoteando, assim, o tema da finitude em detrimento de uma faculdade que abre ao homem a perspectiva tranquilizante do acesso ao infinito. Já observamos suficientemente as páginas em que Heidegger formula suas críticas a Kant e a Hegel pela pretensa ocultação do problema da finitude feita por estes, embora esse ressentimento contra os conceitos fundadores do idealismo clássico alemão (as críticas de Heidegger visam o conceito kantiano de "pessoa" e, em sua prolongação, o conceito hegeliano de "espírito" e de "espírito absoluto"[82]) explicite um dos traços mais fortes do seu pensamento, em que a clivagem com o pensamento de Lukács, grande herdeiro da tradição clássica, se expressa com uma pungência particular. Se o motivo da "finitude" nos parece associado àquele da *Geworfenheit*, é porque a desconfiança inata de Heidegger em relação aos pensamentos que confiam na capacidade do homem de transgredir os limites que lhe são dados e de se apropriar das possibilidades inscritas no *infinito* do real (Kant é visado em primeira instância, mas Hegel, situado na continuidade do primeiro, é exposto a críticas ainda mais vivas), mostra tudo que o separa do idealismo clássico e o coloca na filiação oposta: a de Kierkegaard e do pensamento de caráter teológico. Justamente o tema da "finitude" do homem é central nessa última linha de pensamento. As críticas dirigidas primeiramente a Kant por ter esquivado a realidade da finitude, ou ainda mais, por ter se desinteressado pela "finitude incompreendida" para buscar suas referências na vocação do homem pelo "infinito", e, num segundo momento, em uma sequência lógica, a Hegel, que, segundo Heidegger, teria chegado, na sua filosofia, a uma "presunçosa infinitude" (*angemasste Unendlichkeit*)[83], mostram que Lukács e Günther Anders não se enganaram ao apontar no autor de *Ser e Tempo* uma ruptura em relação à filosofia clássica

---

82. M. Heidegger, *Die Grundbegriffe der Metaphysik: Welt-Endlichkeit-Einsamkeit*, GA, v. 29-30, p. 305-306. (Ed. bras., *Os Conceitos Fundamentais da Metafísica: Mundo-Finitude-Solidão*, p. 240-241.)

83. Ibidem, p. 306. (Ed. bras., ibidem, p. 241.)

alemã e uma regressão em relação ao humanismo e sua vocação universalista. É bastante revelador que o elogio heideggeriano à "finitude"[84] venha acompanhado de uma recusa *à dialética*: "Eindlichkeit macht die Dialektik unmöglich, erweist sie als Schein" (A finitude torna a dialética impossível, revela-a como aparência), escreve Heidegger[85], explicitando assim aquilo que impulsiona sua animosidade contra o pensamento dialético: como ele poderia apoiar um pensamento que confiava no poder das mediações e na dialética da imediaticidade e da mediação para traçar a via da ultrapassagem daquilo dado (portanto, daquilo "finito"), e para afirmar a capacidade do sujeito de se elevar acima da sua pura "particularidade" alcançando o *universal*, tantas afirmações que contradizem a própria essência do heideggerianismo, para o qual, não podemos nos esquecer, a soberania do sujeito era um mero engodo, uma triste reminiscência cartesiana, com o *Dasein*, na sua substância profunda, entregue à "potência superior" do destino do Ser? Não nos surpreende, portanto, ver Heidegger concluir seu repúdio à dialética e ao idealismo clássico alemão com fórmulas provocadoras dirigidas contra as categorias mais elementares do pensamento racional, a começar pela exigência da "consequência", seguida pelo princípio de causalidade, a exigência da coerência etc. "Zur Endlichkeit gehört – nicht als Mangel und nicht als Verlegenheit, sondern als wirkende Kraft – In-Konsequenz" (A finitude comporta, não como defeito ou como embaraço, mas como força ativa, a in-consequência) – dizia Heidegger, que parecia postular o ilogismo da existência como consubstancial à sua fecundidade; a afirmação da finitude lhe parecia evidentemente justificar o questionamento dos próprios princípios da racionalidade, até mesmo a formulação de enunciados

---

84. Lembremos que o "ser-para-a-morte", designado em *Ser e Tempo* como um *Existenzial* da autenticidade, é a expressão por excelência da finitude.
85. M. Heidegger, *Die Grundbegriffe der Metaphysik: Welt-Endlichkeit-Einsamkeit*, GA, v. 29-30, ed. cit., p. 305-306. (Ed. bras., *Os Conceitos Fundamentais da Metafísica. Mundo-Finitude-Solidão*, p. 240-241.)

que foram concebidos como desafios para as certezas admitidas: "Zur Endlichkeit gehört Un-folge, Grund-losigkeit, Grund-verborgenheit" (A finitude comporta o desconexo, o imotivado, a inaparência – a obscuridade – das razões)[86]. Início de 1930, o irracionalismo se fixava com força no discurso heideggeriano...

Sobre a dialética da finitude e a abertura ao infinito (Cassirer já havia recusado vivamente a posição de Heidegger a propósito disso, na ocasião do famoso debate de Davos e no seu artigo sobre o livro heideggeriano consagrado a Kant), Lukács apenas podia se mostrar fiel à tradição do grande idealismo alemão, não somente àquele de Kant e Hegel, mas também ao de Schiller e Goethe[87]. A superação da pura "particularidade" é um *leitmotiv* do pensamento do último Lukács, que censura as sociedades do capitalismo moderno por petrificarem os indivíduos no estado da pura particularidade, cultivando o evanescente, o descartável, os *hobbys*. A cisão entre *indivíduo* e *cidadão* anuncia esse estado de coisas. A ênfase axiológica positiva visa à conjunção entre a singularidade e a universalidade, a inscrição das ações individuais na realidade do *gênero humano*, a ascensão da *Gattungsmässigkeit* (da "especificidade do gênero humano"), mais precisamente a elevação ao nível de gênero, segundo a máxima de Horácio, *tua res agitur*. Compreendemos, então, a vivacidade da reação negativa de Lukács diante da fixação heideggeriana no estado de pura contingência: a página de *Ser e Tempo* onde

86. Ibidem. (Ed. bras., ibidem.)
87. Os célebres versos de Schiller: "aus dem Kelche dieses Geisterreiches/ schäumt ihm seine Unendlichkeit" (Do cálice que acolhe o reino dos espíritos/ De seu infinito a espuma se lhe oferece), escolhidos por Hegel à guisa de conclusão para a sua *Fenomenologia do Espírito*, são citados com destaque no livro *O Jovem Hegel*: cf. G. Lukács, *Der junge Hegel*, Berlin: Aufbau 1954, p. 514 e 622. (Trad. francesa, *Le Jeune Hegel*, v. II, Paris: Gallimard, 1981.) Quanto a Goethe, seu apotegma: "Willst du ins Unendliche schreiten, geh nur im Endlichen nach allen Seiten" (Se você quer percorrer o infinito, percorra o finito em todas as direções) não podia senão suscitar a plena adesão do dialético Lukács. (Ed. espanhola, *El Joven Hegel*, trad. Manuel Sacristán, Barcelona: Grijalbo, 1970, p. 437.)

Heidegger focaliza a análise – em termos particularmente eloquentes, sobre o puro *Da* do *Dasein* (o puro "aí" do "ser-aí"), sobre uma realidade humana condenada ao "o que" da sua existência (à sua pura *Dassheit*), despojada das referências do "de onde" e do "para onde", o autor falando da *unerbittliche Rätselhaftigkeit* (do enigma impiedoso) na qual essa existência nua é petrificada (*entgegenstarrt*)[88] – justifica, pelos seus próprios vocábulos, a reprovação do *irracionalismo* do autor de *Ser e tempo*.

É verdade que diversas vezes Heidegger se ocupou em refutar a acusação de irracionalismo, repudiando particularmente os que tentaram estabelecer uma filiação entre sua valorização dos lados mais "negativos" da *conditio humana* (ele se referia aos que se mostraram chocados por sua insistência no "cuidado", na morte, na consciência da finitude etc.) e o pessimismo de um Schopenhauer ou o conteúdo da antropologia cristã (a doutrina do "pecado original", por exemplo). Sua irritação era dirigida contra os que opunham às suas descrições sombrias a "serenidade" da ética de um Goethe e, não sem habilidade, ele ridicularizava os espíritos "honestos" e "bem pensantes", os "*philosophische Biedermänner*" (probos filósofos), que se permitiam

---

88. M. Heidegger, *Sein und Zeit*, p. 136. (Trad. francesa, *Être et temps*, trad. E. Martineau, Paris: Authentica, 1985, p. 114.) (Ed. bras., *Ser e Tempo*, p. 195.) Emil Lask, o pensador neokantiano de quem Lukács esteve próximo nos anos de sua estadia em Heidelberg (1912-1914), e que também marcou o pensamento do primeiro Heidegger, introduzira o conceito de *logische Nacktheit* (de existência despida de vestimenta lógica), que pôde encontrar repercussão em Heidegger. Wilhelm Szilasi, já mencionado acima, que foi igualmente um ouvinte dos cursos de Lask em Heidelberg, consagrou um texto significativo ao conceito laskiano de *logische Nacktheit*, publicado num volume de homenagem a Karl Löwith intitulado *Natur und Geschichte: Festschrift zum 70 Gebutrtstag von Karl Löwith* (Stuttgart-Vaihingen: W. Kohlhammer, 1967). Szilasi, muito sensível ao pensamento de Heidegger, é uma testemunha privilegiada para estudar tal matriz comum às duas filosofias antagônicas, a de Lukács e a de Heidegger. (Vide também o texto de Szilasi sobre o poder da imaginação, publicado em 1965 no volume de homenagem a Lukács pelo seu octogésimo aniversário, onde os nomes de Heidegger e de Lukács às vezes aparecem associados: cf. *Festschrift zum 80 Geburtstag von Georg Lukacs*, Frank Benseler [Hrsg.], Berlin: Luchterhand, 1965.)

lembrar que em sua "metafísica do *Dasein* não havia lugar para o 'amor'"[89]. A falta de complacência pode efetivamente ser uma qualidade eminente do discurso filosófico, mas ninguém era obrigado a se dobrar sem críticas ao que Adorno chamava, não sem justificação, de um *pronunciamento*, ou, para Jaspers, um modo de pensamento "naturalmente alienado, ditatorial, desprovido de comunicação"[90]. É difícil permanecer indiferente às conotações da expressão utilizada por Heidegger na página já mencionada de *Ser e Tempo* para definir o "o que" da existência: falar do "enigma impiedoso" (*unerbittliche Rätselhaftigkeit*) dessa existência em sua pura originaridade remete a um fatalismo ontológico que pode ser um presságio de uma evolução assustadora. Valorizar a irredutibilidade dessa situação originária, como Heidegger fez através de sua *Stimmung* (sua tonalidade afetiva) particular, face à ação da vontade ou ao trabalho da razão, é algo que efetivamente remete à metafísica schopenhaueriana, e Lukács não se enganara ao sugerir tal aproximação. Os ataques desferidos por Heidegger contra o pensamento puramente "contemplativo", o pensamento que sobrevoa, estavam longe de ser inocentes, pois não podemos deixar de notar que suas críticas visavam o pretenso caráter "tranquilizador" (*beruhigend*) desse pensamento, crítica que, conforme vimos, ele dirigia inclusive ao pensamento de Kant.

A animosidade de Heidegger contra o pensamento que busca transmitir *segurança*, contra os discursos filosóficos julgados confortantes justamente por se esquivarem do risco e do pavor (só há desprezo por aqueles que se comprazem na *Gefahrlosigkeit*, no "conforto reposto da

---

89. M. Heidegger, *Einleitung in die Philosophie*, GA, v. 27, p. 327. (Ed. bras. *Introdução à Filosofia*, p. 349).

90. Jaspers definia assim o espírito do pensamento de Heidegger, na sua carta enviada em 22 de dezembro de 1945 a Oehlkers, membro da comissão de expurgo instituída junto à Universidade de Friburgo. Cf. Hugo Ott, *Martin Heidegger: Eléments pour une biographie*, Paris: Payot, 1990, p. 343.

ausência de perigo"[91]), contra os espíritos contaminados pela "clareza" (*Leichtigkeit*) e pelo hedonismo (a *Genussfähigkeit* é colocada, em *Ser e Tempo,* entre as formas de existência *inautêntica*[92]), encontra uma das suas expressões mais fortes nas páginas do curso de 1929-1930, onde Heidegger se descontrola com o estado das coisas na sociedade de Weimar (a qual definhava) ao celebrar de forma premonitória a "severidade" e o caráter "grave"[93]. Portanto, Lukács estava absolutamente certo ao destacar (foi o primeiro a fazê-lo) o papel desempenhado por esses ataques brutais contra o pensamento da "segurança" na criação de uma atmosfera favorável à ascensão poderosa do fascismo: ele o fez nas páginas sobre Ernst Jünger na *Destruição da Razão,* a propósito dos anátemas lançados pelo autor de *O Trabalhador* contra o mundo "burguês", denunciado por seu espírito apegado à "segurança"; foi nesse contexto que Lukács lembrou da contribuição da filosofia de Jaspers (com suas pontas afiadas contra as *Gehäuse,* os habitáculos, as estruturas fechadas, que eram, para Jaspers, as objetivações em geral e as instituições em particular) e de Heidegger na subversão do pensamento

---

91. M. Heidegger. *Die Grundbegriffe der Metaphysik...*, p. 245 (Ed. bras., *Os Conceitos da Metafísica*, p. 193.). Noutro texto, já citamos uma das proposições mais reveladoras desse curso, que expressa bem o fervor "não conformista" e "antiburguês" do futuro reitor nacional-socialista: "Primeiramente, é necessário invocar de novo o que é suscetível de lançar o terror no ser-aí" ("*unserem Dasein einen Schrecken einzujagen*"), p. 255. Cf. Nicolas Tertulian, Histoire de l'être et révolution politique, *Les Temps Modernes*, n. 523, fev. 1990, p. 122.

92. Idem, *Sein und Zeit*, p. 43. (Trad. francesa, op. cit. p. 54.) (Ed. bras., *Ser e Tempo*, p. 86.)

93. Winfried Franzen foi o primeiro a mostrar a filiação entre essas páginas e o engajamento a favor do nacional-socialismo, alguns anos mais tarde. Cf. seu texto Die Sehnsucht nach Härte und Schwere: Über ein zum NS-Engagement disponierendes Motiv in Heideggers Vorlesung "Die Grundbegriffe der Metaphysik" von 1929/30, na coletânea *Heidegger und die praktische Philosophie*, Annemarie Gethmann-Siefert; Otto Pöggeler (Hrsg.), Frankfurt: Suhrkamp, 1988, p. 78-92.

da "segurança" e na promoção dos indivíduos embriagados pelo pavor e pelo perigo[94].

Somos obrigados a constatar que o vocabulário utilizado por Heidegger nesse momento decisivo de seu trajeto intelectual traduzia uma disposição de espírito familiar àquela de todos que foram estudados ao se tratar da gênese dos movimentos de extrema direita na Alemanha, na Itália ou noutros lugares: as críticas enfurecidas contra os que se compraziam no conforto e no hedonismo; a crítica à mediocridade da existência segura; a reivindicação da experiência capital da guerra (Heidegger faz referência a ela expressamente na sequência do seu elogio singular do "apavorante"[95]); a celebração do "sacrifício" como constitutivo da "historicidade originária" (*ureigene Geschichtlichkeit*)[96]; e, sobretudo, o apelo à assunção do "fardo"[97], do "peso" e da "severidade", do estado de urgência (o desaparecimento desse sentimento de urgência – *das Ausbleiben der Bedrängnis* – é designado como o maior perigo[98]) – esse conjunto articulado pelo discurso heideggeriano mostra que a fórmula do "pré-fascismo", escolhida por Lukács para situar historicamente o pensamento do primeiro Heidegger[99], longe de ser um simples expediente polêmico contra o autor de *Ser e Tempo*, toca efetivamente um aspecto essencial da função ideológica do último.

Mas aquilo de mais interessante das considerações de Lukács nos parece residir no fato de elas partirem da *estrutura interna* do pensamento heideggeriano, abrindo

94. G. Lukács, *Die Zerstörung der Vernunft*, p. 423. (Ed. espanhola, *El Asalto a la Razón*, p. 424-425.) É inútil dizer que Lukács não pôde conhecer o curso heideggeriano de 1929-1930 (publicado em 1983). Ainda mais impressionante é a justeza de suas intuições, que encontram uma ampla confirmação nos desenvolvimentos heideggerianos desse curso.
95. M. Heidegger. *Die Grundbegriffe der Metaphysik…*, p. 255-256. (Ed. bras., *Os Conceitos Fundamentais da Metafísica*, p. 200-201.)
96. Ibidem. p. 259, (Ed. bras., ibidem, p. 204.)
97. Ibidem, p. 248 e 255. (Ed. bras., ibidem, p. 196 e 200.)
98. Ibidem, p. 254. (Ed. bras., ibidem, p. 200.)
99. G. Lukács, Heidegger redivivus, *Existenzialismus oder Marxismus?*, Berlin: Aufbau, 1951, p. 160; idem, *Die Zerstörung der Vernunft*, p. 407, 412, 416. (Ed. espanhola, *El Asalto a la Razón*, p. 415 e s.)

caminho para responder às questões recorrentes na vasta literatura crítica sobre essa filosofia: um dos maiores objetivos de suas análises é efetivamente o de mostrar como o pensamento de Heidegger se constituiu numa réplica aos teoremas fundadores do racionalismo clássico e moderno, desgastando as bases desse pensamento até elaborar uma "ontologia" e um pensamento do Ser que, para Lukács, são apenas uma antropologia filosófica disfarçada e, sobretudo, uma espécie de "teologia sem Deus" (Lukács utiliza com frequência a expressão "ateísmo religioso"), cuja função ideológica seria a de fornecer uma contrapartida à poderosa ascensão do pensamento dialético, trazendo, concomitantemente, um sucedâneo para a crise das religiões tradicionais. A estrutura "teológica" do pensamento heideggeriano, e em particular sua filiação kierkegaardiana, ocupam um lugar central nas análises de Lukács.

Antes de abordar a questão controversa das relações do pensamento de Heidegger com a religião, é preciso lembrar que Lukács pôde descobrir nos escritos de Heidegger (sobretudo em *Ser e Tempo*) um conjunto de motivos e de temas de reflexão que eram familiares aos dois pensadores, pois tratava-se de uma conceitualização de experiências e de situações existenciais que ele mesmo havia, *mutatis mutandis*, atravessado em alguns períodos do seu trajeto intelectual, ainda que sua interpretação viesse a tomar uma orientação completamente oposta. Se pensarmos, por exemplo, no famoso conceito de *transzendentale Obdachlosigkeit* (desamparo transcendental), formulado em *A Teoria do Romance* e destinado a figurar a perda das raízes e dos laços seguros por parte do homem moderno, não podemos deixar de lembrar da experiência descrita por Heidegger sob o nome de *Unzuhause* (sem-abrigo), correlacionada à "inospitalidade" (*Unheimlichkeit*), características da existência "inautêntica" (do impessoal), ou da situação de *Heimatlosigkeit* (apatricidade), da qual nos fala a *Carta Sobre o Humanismo*. Hans-Georg Gadamer também nos falou uma vez, na ocasião de uma conversa em Heidelberg, no início dos anos de 1980, da repercussão considerável que *A Teoria do Romance* de Lukács tivera entre as pessoas de sua geração quando publicada (em 1916 numa revista, em 1920 em forma de livro). É inútil insistir, por outro lado, na forte presença em comum, nos escritos de Heidegger e de Lukács, dos conceitos de alienação e de reificação[100]. Porém, mesmo antes do surgimento desses conceitos em seus escritos do período de 1919-1923 (a verdade é que no seu famoso estudo que forma o núcleo de *História e Consciência de Classe*, Lukács fala exclusivamente da *reificação – die Verdinglichung –* subentendendo o processo mais vasto da *alienação – die Entfremdung –* enquanto em Heidegger reencontramos, a partir de seus cursos de 1919 e de 1921 e de seu manuscrito sobre Aristóteles, que data de 1922, as duas expressões), podemos assinalar a forte presença, nos dois manuscritos lukacsianos de sua estética de juventude (o de 1912-1914, intitulado *Philosophie der Kunst*, e principalmente no capítulo intitulado "Das Wesen der ästhetischen Setzung" da "estética de Heidelberg", datada de 1916-1918), do conceito de *Erlebniswirklichkeit* (realidade efetiva da experiência vivida), que podemos considerar como uma antecipação direta do conceito de "vida cotidiana", que desempenhou um papel de primeiro plano na grande *Estética* e na *Ontologia* do último Lukács, e também sob a denominação de *Alltäglichkeit* (cotidianidade) em *Ser e Tempo* de Heidegger.

Quando apresentamos a ideia de que é possível estabelecer aproximações entre as considerações do jovem Lukács, no seu manuscrito da *Estética de Heidelberg*, sobre o "pragmatismo" da experiência cotidiana, e as que Heidegger desenvolveria sobre o tema do "ser-no-mundo" em *Ser e Tempo*, insistindo na influência que Emil Lask pôde exercer entre os dois pensadores, Hans Georg Gadamer se mostrou muito sensível a esse jogo de semelhanças e reagiu publicamente à nossa conjectura,

---

100. Sobre este assunto, conferir nossos dois textos: Le Concept d'aliénation chez Heidegger et Lukacs, *Archives de Philosophie*, n. 56, jui.-sep., 1993, p. 431-443 e Aliénation et désaliénation: Une confrontation Lukacs-Heidegger, *Actuel Marx*, Paris: PUF, n. 39, p. 29-54.

após ter tomado conhecimento do capítulo dedicado à estética de juventude de Lukács em nosso livro *György Lukács: Etapas de Seu Pensamento Estético*[101]: o autor de *Verdade e Método* se empenhou em nos fazer saber também oralmente que, se por um lado ele sempre foi mais do que cético diante da tese de Lucien Goldmann que trata de uma pretensa influência exercida por *História e Consciência de Classe* de Lukács sobre a gênese de *Ser e Tempo* de Heidegger (Gadamer dizia que assegurou a Goldmann, quando ocorreu um encontro entre os dois, que essa tese é pura fantasia, pois Heidegger jamais teria se interessado, ao menos no período de elaboração de *Ser e Tempo*, pelo livro marxista de Lukács), em contrapartida, ao tomar conhecimento de nossos desenvolvimentos sobre Lask e sua influência no jovem Lukács, bem como sobre a proximidade de seus posicionamentos com a visão do primeiro Heidegger, ele esteve prestes a admitir que realmente exista uma matriz comum ao pensamento dos dois antagonistas, Heidegger e Lukács[102].

Tratando-se aqui do problema especial do caráter cripto-teológico do pensamento de Heidegger, levantado por Lukács tanto em *A Destruição da Razão* quanto no capítulo sobre o existencialismo de *Para uma Ontologia do Ser Social*[103], devemos insistir numa das características mais marcantes do pensamento de Lukács, que está na base de suas notáveis

---

101. N. Tertulian, *Georg Lukacs: Etapes de sa pensée esthétique*, Paris: Le Sycomore, 1980. (Ed. bras.: *Georg Lukács: Etapas de Seu Pensamento Estético*, trad. Renira Lisboa de Moura Lima, São Paulo: Editora Unesp, 2008.)

102. Gadamer afirmou sua concordância com nossas considerações, referindo-se ao capítulo sobre a estética de Heidelberg de nosso livro (cf. *Georg Lukacs: Etapes de sa pensée esthétique*, p. 107-156, sobretudo as páginas 109-116, que tratam da influência de Lask; ed. bras., A Estética da Juventude, p. 119-166 e A Influência de Lask, p. 121-127, em *Georg Lukács: Etapas de Seu Pensamento Estético*.) numa comunicação consagrada às fontes e à gênese do pensamento de Heidegger, reproduzida com o título de "Erinnerungen an Heideggers Anfänge", em *Dilthey-Jahrbuch*, Göttingen: Vandenhoeck & Ruprecht, 1986, p. 13-26 (a referência ao nosso livro e interpretação está na página 24).

103. G. Lukács, *Die Zerstörung der Vernunft*, p. 409-412 (Ed. espanhola, *El Asalto a la Razón*, p. 410-413.). *Zur Ontologie des gesellschaftlichen Seins*, v. I, p. 388-391. (Ed. bras., *Para uma Ontologia do Ser Social I*, p. 92-95.)

críticas ao renascimento da religião no pensamento contemporâneo em geral e às afinidades de Heidegger com a estrutura religiosa do pensamento em particular: referimo-nos à *Diesseitigkeit*, à vigorosa reivindicação de um pensamento da imanência, eminentemente terrestre, liberado efetivamente das intervenções transcendentes, um pensamento que se recusa a confiar noutras forças além daquelas tiradas da própria humanidade do homem, portanto, retiradas de uma dialética estritamente intramundana. Pouca atenção foi dada, entretanto, ao considerável interesse do último Lukács em confrontar a religião. Tanto sua teorização estética quanto a ontológica não podem, porém, ser compreendidas fora dessa queda de braços com as interpretações religiosas do mundo, o que é marcante, sobretudo, na *Estética* e na *Ontologia*.

Em sua primeira juventude, Lukács frequentou muito os escritos dos grandes místicos, interessando-se especialmente pelas doutrinas dos heréticos da mística cristã (São Francisco de Assis ou Sebastião Franck, o autor dos *Paradoxa*, e especialmente *Sermões*, de Mestre Eckhart, pensador a quem ele dedicou, até o fim da sua vida, uma imensa admiração), mas igualmente pela mística indiana ou pela mística judaica (em particular pelo hassidismo, de que tomou conhecimento através de Martin Buber). O pensamento religioso fez parte desde cedo de seus interesses centrais e não nos surpreendemos por ele conceder um lugar tão amplo e importante para o confronto com esse pensamento nos seus escritos finais, que fazem a síntese de sua reflexão, ainda que, evidentemente, sua posição tenha se tornado a de um grande pensador materialista. Ao mesmo tempo, devemos precisar que já o primeiro Lukács, autor do ensaio sobre "A Metafísica da Tragédia" (1910), que coroa sua coletânea de ensaios *A Alma e as Formas*, ofereceu uma opção firme a favor de um *pensamento da imanência*, pois ele chegava a dissociar, no seu ensaio, em termos contundentes, a *tragédia* da *mística*, ao sublinhar enfaticamente a oposição entre a afirmação da "força ética", que busca suas fontes na "pura interioridade" da alma e na sua confrontação com os "limites", na primeira, e a dissolução de

Si-mesmo no Um-todo, até a anulação de toda diferenciação, no êxtase da segunda. "A via do místico é abnegação, a do trágico, o combate"[104]. A conexão íntima entre a celebração da "ética" do "homem trágico" e um pensamento da pura imanência não escapou a Ernst Bloch que, nas páginas do seu primeiro grande livro consagradas à tragédia, *O Espírito da Utopia* (1918), não deixou de observar, com pesar, a desaparição do "questionamento transcendente" no ensaio de seu amigo György Lukács, dificilmente se resignando, o pensador da utopia, à extinção do impulso místico num "século de irreligião e de ateísmo heroico ativo"[105].

O elogio lukacsiano da tragédia – expressão literária superlativa a seu ver –, de uma ética da pura "imanência humana" (Lukács desenvolverá amplamente, em sua grande *Estética*, este ponto de vista a propósito da oposição entre alegoria e símbolo, apontando justamente as linhas de cisão entre a atividade estética e a fé religiosa), não o impediu, sobretudo durante sua juventude, de se mostrar muito receptivo também ao "drama não trágico", sobre o qual publicou um texto notável, parte de um ensaio mais amplo[106]. A dialé-

---

104. G. Lukács, *L'Ame et les formes*, tradução francesa de Guy Haarscher, Paris: Gallimard, 1974, p. 256. (Ed. espanhola, *El Alma y las Formas*, trad. Manuel Sacristán. Barcelona: Grijalbo, 1975, p. 254.)
105. E. Bloch, *L'Esprit de l'utopie*, trad. francesa Anne-Marie Lang; Catherine Piron-Audard, Paris: Gallimard, 1977, p. 265-271. Lukács menciona, numa carta endereçada a Frank Benseler em 24 de novembro de 1961, essa tomada de posição polêmica de Bloch em relação à sua "Metafísica da Tragédia", admitindo que fora formulada com "o maior respeito"; esse lembrete estava destinado a fazer valer a precocidade de suas divergências, remontando ainda, segundo Lukács, ao período de Heidelberg, enquanto Bloch teria pretendido que eles funcionassem à época em perfeita sintonia, como "vasos comunicantes" (a importante carta de Lukács a Benseler, que pontua a história de suas relações com Bloch, está reproduzida no volume *Objektive Möglichkeit*, Rüdiger Dannemann; Werner Jung [Hrsg.], Opladen: Westdeutscher, 1995, p. 87-89).
106. O texto foi publicado em 1911 na *Die Schaubühne* com o título "Das Problem des untragischen Dramas"; a versão integral se encontra reproduzida com o título *Die Ästhetik der "Romance" Versuch einer metaphysischen Grundlegung der Form des untragischen Dramas*, no final do pequeno livro editado pelos Arquivos Lukács intitulado *Heidelberger Notizen 1910-1913; eine Textauswahl*, Budapeste: Akademiai Kiado, 1997, p. 203-229.

tica interna do fato religioso, que residia, a seu ver, na relação entre a existência "criatural" e a transcendência (a polaridade *Diesseitigkeit-Jenseitigkeit* – imanência-transcendência – está no centro de suas considerações), encontrava-se no horizonte de suas análises consagradas ao drama não trágico. Lukács se apoiava em um grande número de exemplos para circunscrever a especificidade do *romance* (o qual é sinônimo de drama não trágico), tais quais: o teatro indiano, a maior parte dos dramas de Eurípides, Calderon, algumas peças do último período de Shakespeare (especialmente *A Tempestade*), os dramas de Corneille e de Racine, que têm como centro a figura do mártir etc. Alguns anos mais tarde, um curto ensaio sobre a peça *Ariadne auf Naxos*, de Paul Ernst, apareceria, onde Lukács se mostrou muito receptivo a esse "drama da graça" (*Gnadendrama*), portanto, a uma forma dramática que rompia com a tragédia e a "ética absoluta" (esta última constituía o fundamento metafísico da tragédia) a favor de um *principium stylisationis* fundado nas relações entre a existência criatural e o princípio divino, portanto, de inspiração religiosa[107].

É necessário relembrar esses elementos históricos para mostrar que Lukács estava bem situado, através da sua própria experiência intelectual, para compreender a dialética interna do pensamento heideggeriano e, particularmente, suas afinidades com o espírito da religião e com a especulação teológica. É preciso acrescentar às observações precedentes a forte presença de Kierkegaard no pensamento do jovem Lukács, que esteve entre os primeiros na Europa a testemunhar um grande interesse por seus escritos; já evocamos esse aspecto (o manuscrito de um estudo sobre a crítica de Kierkegaard a Hegel, redigido ao longo do período em que o marxista húngaro esteve em Heidelberg, perdeu-se), mas

---

107. Cf. G. Lukács, Ariadne auf Naxos, em Werner Mahrholz (Hrsg.), *Paul Ernst zu seinem 50. Geburtstag*, München: Müller, 1916, p. 11-28. O texto está reproduzido em K.A. Kutzbach (Hrsg.), *Paul Ernst und Georg Lukacs Dokumente einer Freundschaft*, Emsdetten: Lechte, 1973-1974, p. 53-62.

aqui não se trata de insistir no fato de que o aprofundado exame ontológico consagrado pelo último Lukács à especificidade da "necessidade religiosa" e à fenomenologia do fato religioso, sobre o plano de fundo de uma comparação com a atividade científica, filosófica ou estética, está amplamente amparado em seus estudos dos escritos kierkegaardianos. A dualidade existência "criatural" (*die Kreatürlichkeit*) – manifestação transcendente, a dissociação entre o gênio artístico e o gênio religioso, entre a ética puramente imanente (a vocação eminentemente terrestre) da tragédia e a ética religiosa, fundada por definição na transcendência, são amplamente inspiradas pela leitura de Kierkegaard (a oposição traçada por este último entre as figuras de Agamenon e de Abraão em seu célebre ensaio sobre o "gênio" e o "apóstolo" é trazida à tona por Lukács em pontos chave da sua *Estética*[108]). Após ressaltar a notável análise consagrada ao "drama não trágico" e à inspiração religiosa como o *principium stylisationis* da última, deve-se observar que essas ideias já estavam presentes no jovem Lukács e que existe uma continuidade marcante entre o espírito do ensaio de juventude, "A Metafísica da Tragédia", com seu elogio vibrante de uma ética puramente intramundana, e as páginas da *Estética* da maturidade e da *Ontologia*, nas quais defende, de modo decidido, o princípio de uma filosofia eminentemente "terrestre", sem nenhuma concessão à transcendência. Assim, retornamos às próprias raízes da profunda clivagem entre os pensamentos de Heidegger e de Lukács, voltando-nos, dessa forma, ao principal escopo das críticas do segundo endereçadas ao primeiro. As fortes reservas nutridas pelo último Lukács em relação à filosofia de Kierkegaard e ao modo de pensar estabelecida por ele (sobretudo através da sua crítica virulenta a Hegel e ao hegelianismo – Lukács chega a qualificar como "frequentemente sofísticos" os argumentos dirigidos pelo pensador dinamarquês contra a dialética hegeliana) figuram

---

108. G. Lukács, *Die Eigenart des Ästhetischen*, v. II, p. 746-749 e 824-825. (Ed. espanhola, *Estética: La Peculiaridad de lo Estético*, v. IV, p. 445-447 e 525-526.)

como plano de fundo da rejeição a Heidegger, à metafísica do *Dasein* e à *Seynsphilosophie* do último. Resta, assim, que os lineamentos interiores ao pensamento heideggeriano prolongam, sob uma forma sublimada e radicalizada, os motivos fundamentais do pensamento kierkegaardiano.

A fenomenologia da vida religiosa, esboçada por Lukács, tem como ponto de partida a pesquisa relacionada aos tormendos da singularidade do si-mesmo, à busca de uma saída através do salto na transcendência: ele designa como característica da "necessidade religiosa" o fato de o indivíduo permanecer fixado no nível da sua pura "particularidade", procurando, assim, uma solução para as contradições de sua existência no apelo à intervenção de uma força transcendente, esquivando-se, pois, de superar a particularidade pela via da pura imanência, mais precisamente pelas múltiplas mediações que lhe são oferecidas pela ação das instâncias puramente terrestres. A singularidade que se objetiva nas criações da arte ou nas obras científicas, por sua vez, define-se justamente por esse tipo de superação da mera particularidade, pela elevação através do jogo de forças estritamente imanentes ao nível da universalidade.

O pensamento de Heidegger, sua antropologia filosófica que girava em torno dos conceitos de "derrelição", de "finitude", de "singularidade isolante" (*Vereinzelung*), as soluções que ele apresentava da passagem da "inautenticidade" para a "autenticidade", seu elogio kierkegaardiano do instante (*der Augenblick*) e particularmente sua concepção do *tempo*, embasada na rejeição da concepção hegeliana do tempo, relegada, assim, ao campo do "tempo vulgar", o tempo vivido (do tempo subjetivo) tendo sido elevado à dignidade da "temporalidade autêntica", sem falar da forte discriminação postulada entre o "ente" e o "ser", a ponto de afirmar a "potência superior do Ser" (*die Übermacht des Seyns*), reavivava em Lukács a lembrança de suas leituras dos "escritos edificantes" de Kierkegaard – tudo isso levou o autor de *Para uma Ontologia do Ser Social* a considerar esse pensamento como o *inverso* do seu, dando ênfase particular ao caráter cripto-teológico do pensamento heideggeriano. Se o marxista não pôde permanecer insensível à proximidade de algumas análises heideggerianas em relação aos temas centrais de sua própria reflexão (diversas vezes ressaltou a força e o caráter surpreendente das descrições heideggerianas da existência nivelada e manipulada, mencionando o caráter "apaixonado" dessas análises[109] que visavam os fenômenos denunciados por ele próprio em sua crítica à *reificação* e à *alienação*), vimos, no entanto, que não pôde fazer nada além de repelir a ideia de *Geworfenheit* (derrelição), cujas afinidades com as interpretações religiosas da condição humana foram destacadas em *Para uma Ontologia do Ser Social*. A ideia heideggeriana de uma "nadidade do fundamento" (*die Nichtigkeit des Grundes*), que é uma característica estrutural da *derrelição*, e mais globalmente a ontologização do Nada, que aparece na célebre lição inaugural de 1929, *O Que É a Metafísica?*, apenas inspiravam repugnância em um pensador que não atribuía à *negação* qualquer alcance ontológico, persuadido de que a positividade do ser não deixa lugar para zonas de puro não ser, para um nada *objetivo*, portanto.

A severa desaprovação de Lukács das especulações heideggerianas sobre o Nada provém não apenas de seu ceticismo em relação às bases de um pensamento que buscava nas tonalidades afetivas (nos *Stimmungen*), como a angústia, o tédio (*die Langeweile*) ou o sentimento de vacuidade (*die Leergelassenheit*), que revelariam as realidades ontológicas fundamentais (sabemos que Heidegger evocou, na sua conferência inaugural de 1929, os dois primeiros estados afetivos como provas da presença do Nada), mas resulta também, e principalmente, da sua embasada resistência face à legitimidade ontológica da categoria do Nada. Sobre o primeiro ponto – os *Stimmungen* elevados à dignidade de operadores ontológicos, de categorias que operam no próprio real –, Lukács se limita a lembrar que Heidegger apenas prolonga a tradição kierkegaardiana, pois é preciso procurar no autor de *O Conceito de Angústia* e de *Temor e Tremor* a

---

109. Ibidem, v. I, p. 70. (Ed. espanhola, ibidem, v. I, p. 72)

paternidade do método. Mas, no que diz respeito ao alcance especulativo do conceito de Nada, é preciso observar que o último Lukács se engajou numa polêmica inédita em seus escritos anteriores contra qualquer tentativa de conceder ao conceito de "negação" outro valor que fosse não o de um procedimento epistemológico, questionando vigorosamente não apenas a famosa tríade situada por Hegel no começo de sua *Lógica*, Ser-Nada-Devir, mas recusando com ainda mais força o desenvolvimento de Engels, quem no *Anti-Dühring* teria retomado sem espírito crítico o conceito hegeliano de "negação da negação" e o teria revestido com a poderosa heurística de uma lei dialética universal.

Não apenas o conceito de Nada não tem lugar na ontologia de Lukács (nem na de Nicolai Hartmann), mas também assistimos, nos seus últimos escritos, em particular nos *Prolegômenos Para uma Ontologia do Ser Social*, redigidos um ano antes da sua morte, a uma verdadeira ofensiva contra as tentativas de conceder à negação o estatuto de categoria ontológica, munida de autonomia no sistema das categorias do ser. Por que essa obstinação contra uma categoria usada por pensadores com o peso de Spinoza (autor da célebre fórmula: *omnis determinatio est negatio*) ou de Hegel (que falou da identidade do Ser e do Nada no início da sua *Lógica* e que exaltou, sobretudo, "a potência do negativo")? Será porque Heidegger hipertrofiou o papel do Nada, atribuindo-lhe funções constitutivas na estrutura do ser-aí (vide supra) e revestindo-o de potências ontológicas (*das Nichts selbst nichtet* – é o próprio Nada que nadifica – segundo a famosa fórmula de *O Que É a Metafísica?*[110]) e porque Sartre foi fortemente marcado pelos desenvolvimentos heideggerianos, a ponto de situar o Nada no centro do seu tratado ontológico fenomenológico? Nas páginas sobre Heidegger de sua *Ontologia*, Lukács designa o Nada heideggeriano

---

110. M. Heidegger, *Was ist Metaphysik?*, em *Wegmarken*, Frankfurt: Vittorio Klostermann, 1967, p. 11. (Ed. francesa, *Qu-est-ce que la métaphysique?*, trad. Henry Corbin, *Questions I*, p. 61.) (Ed. bras., *O Que É Metafísica*, em *Marcas do Caminho*, p. 124.)

como um equivalente ontológico do *Deus absconditus* kierkegaardiano, portanto, como uma transposição "ateia" de um conceito teológico[111], divulgando assim as razões de sua desconfiança contra a hiperbolização da negatividade. Afirmar a negação como uma categoria objetiva do ser-em-si seria, a seu ver, sinônimo de arruinar a pura imanência do mundo (a *Diesseitigkeit*), pois, segundo Lukács, as forças que encarnam a "potência do negativo" não deixam de trazer a marca da positividade e do caráter *afirmativo*; não há lugar para a emergência de uma negatividade autônoma, o que significaria a suspensão da positividade do ser.

A recusa da legitimidade ontológica do conceito de Nada, em geral, e contra a "negação da negação" em particular, é justificada através de um estreito exame crítico da famosa tríade hegeliana que inaugura *A Ciência da Lógica*: Ser-Nada-Devir. É um dos exemplos privilegiados dentre os escolhidos pelo autor de *Para uma Ontologia do Ser Social* para atingir um dos seus objetivos teóricos maiores: colocar novamente em questão o logicismo hegeliano, o caráter hierárquico-teleológico da ontologia de Hegel. O objetivo é fazer valer, no polo oposto, a radicalidade da inversão operada por Marx, a quem é creditado o mérito de ter lançado os fundamentos de uma ontologia que em nenhum momento infringe os princípios da pura imanência e não faz nenhuma concessão ao teleologismo ou ao providencialismo no pensamento da história. Engels, em compensação, por não ter conseguido se isentar completamente da influência do hegelianismo, filosofia que marcou muito profundamente sua formação, é objeto de críticas pontuais, mas às vezes muito severas, o que em nada prejudicou a admiração que Lukács lhe dedica em seus elogios. O fervor com que Engels retomou a tese hegeliana sobre a "negação da negação" no *Anti-Dühring*, assim como o fato de ter feito este princípio figurar entre as três grandes leis

---

111. G. Lukács, *Zur Ontologie des gesellschaftlichen Seins*, v. 1, p. 389. (Ed. bras., *Para uma Ontologia do Ser Social*, v. 1, p. 24.)

universais da dialética na sua *Dialética da Natureza*, suscita em Lukács as mais fortes objeções[112].

Certamente, é preciso distinguir a recusa estabelecida por Lukács à ontologização do Nada em Heidegger (a seu ver, expressão de uma estrutura teológica do pensamento, mais precisamente de uma "teologia sem Deus" ou de um "ateísmo religioso") de sua crítica à presença do Nada na tríade hegeliana que forma o início da *Lógica*. Observamos que os argumentos contra a especulação hegeliana sobre este tema se encontram em consonância com as críticas formuladas por Nicolai Hartmann a propósito da mesma tríade famosa. De forma mais global, podemos nos perguntar legitimamente se não foi o autor de *Der Aufbau der realen Welt* (1940) e do *Teleologisches Denken* (1951), crítico implacável do logicismo e do teleologismo, que inspirou Lukács em suas reservas contra a transferência da categoria lógica e epistemológica da negação ao nível da categoria ontológica. As semelhanças entre as posições de Hartmann e de Lukács a propósito desse tema são efetivamente impressionantes[113].

A fim de explicar o grande interesse do último Lukács pela crítica do logicismo e do teleologismo, bem como sua particular sensibilidade às contribuições de Nicolai

112. Lukács defendeu seu ponto de vista a respeito do peso da herança hegeliana no pensamento de Engels ao sublinhar, por outro lado, a emancipação do jovem Marx da influência hegeliana, numa carta a Emilio Bottigelli, um marxista francês que empreendera um trabalho sobre o jovem Engels e que conversou por correspondência com Lukács acerca desse tema. A carta em que o último dá sua opinião sobre as diferenças da fisionomia intelectual dos dois fundadores do marxismo, buscando sua origem em suas relações bem distintas com Hegel e o movimento dos jovens hegelianos, data de 8 de janeiro de 1960 (pode ser consultada nos Arquivos Lukács de Budapeste). A ideia é retomada em *Prolegomena zur Ontologie des gesellschaftlichen Seins*, v. 1, p. 125 (Ed. bras., *Prolegômenos Para uma Ontologia do Ser Social*, p. 157-158.)

113. Cf. nosso estudo Nicolai Hartmann et Georg Lukacs: Une alliance féconde, *Archives de Philosophie*, 2003, t. 66, Cahier 4, Hiver, p. 663-698, particularmente a p. 670 para a crítica do logicismo nos dois pensadores. (Texto presente nesta coletânea sob o título "Hartmann e Lukács: Uma Aliança Fecunda" [N. da T.].)

Hartmann sobre esse capítulo, precisamos nos voltar para a direção que ele intencionava dar a seu projeto, a saber, restituir o sentido autêntico do marxismo. Pode parecer paradoxal que tenha encontrado num pensador cuja formação não devia nada a Marx nem ao marxismo os instrumentos intelectuais de que se serviu para combater o que lhe parecia uma distorção perigosa do sentido do pensamento do fundador do marxismo. Pois a crítica ao logicismo (hegeliano, mas também neopositivista) apresentava não apenas um interesse teórico para Lukács (o capítulo sobre Hegel de *Para uma Ontologia do Ser Social* se encarregou de fazer valer detalhadamente este interesse), mas também uma importante finalidade prática: parece-nos evidente que o último Lukács estabelecia uma conexão entre a transposição de uma interpretação teleológica e logicista da história para o marxismo e a abordagem monolítica e dogmática da política, cujo exemplo mais claro nos é dado pelas práticas stalinistas no movimento comunista. É difícil explicar de outra forma as advertências contra o fascínio exercido sobre os marxistas (alguns muito ilustres, como Engels) pelo belo espetáculo da sucessão de caráter teleológico das categorias (dos níveis do ser) na lógica hegeliana, cuja "negação da negação" não é, para Lukács, outra coisa além de um exemplo (é o que o autor de *Para uma Ontologia do Ser Social* vai chamar de "falsa ontologia" de Hegel, esforçando-se para distingui-la cuidadosamente da genial "verdadeira ontologia" encarnada pelas "determinações reflexivas" da "lógica da essência").

A obstinação de Lukács contra a ideia de que podemos ver a "negação da negação" como um princípio constitutivo no devir do real, ou seja, como uma generalização induzida do movimento interno das coisas (suas críticas visam Hegel, mas, sobretudo, marxistas como Engels, que teriam se deixado seduzir pela fascinante fórmula hegeliana), efetivamente se explica por razões relacionadas à história particular do marxismo e de sua incidência na *Weltanschauung* comunista. Numa página dos *Prolegômenos Para uma Ontologia do Ser Social*, que dá sequência a suas longas considerações críticas sobre a negação da negação, o autor explicita as raízes de sua animosidade: os marxistas por muito tempo teriam se deixado subjugar por uma interpretação necessitarista da história, em que a emergência do socialismo aparecia como uma fatalidade histórica, sem considerar a complexidade do processo, em particular a complicada dialética entre possibilidade e necessidade, o caráter alternativo das soluções possíveis, o caráter aberto do percurso histórico. Ao falar da "fascinação" exercida por uma visão da história em que a sucessão de suas formações obedeceria a uma lógica ternária de uma perfeita simetria (negação da negação), mas que o devir real estava longe de assegurar, Lukács se refere à atração que tal síntese grandiosa do movimento da história podia ter sobre espíritos confrontados com o empirismo raso e tacanho das interpretações correntes. Ele determina de forma significativa seu raciocínio, acrescentando que a experiência histórica (o autor faz uma alusão clara às práticas do "socialismo real") se encarregou de desmentir contundentemente tais fantasmas, tais ilusões teleológicas, sendo a "revolução real" obrigada a dissipar o esquema sedutor e simplista da "negação da negação"[114]. A astúcia da história mostrou uma imagem bem mais realista do devir da sociedade do que aquela da bela simetria da "negação da negação".

No plano especulativo, a refutação da "negação da negação" como princípio ontológico serve a Lukács como uma ponte para demonstrar aquilo que lhe parecia ser a grande falsa tendência do pensamento hegeliano, intimamente associada, a seu ver, à sua profunda verdade: a subordinação da ontologia à lógica, isto é, da vontade de assegurar a supremacia da lógica sobre todas as formas de abordagem do real e de suas categorias. É o momento de lembrar que encontramos também em Heidegger um questionamento reiterado do

114. G. Lukács, *Prolegomena zur Ontologie des gesellschaftlichen Seins*, v. I, p. 125-126. (Ed. bras., *Prolegômenos Para uma Ontologia do Ser Social*, p. 157-158.)

lugar central concedido à lógica na fundação da metafísica: basta considerar as conclusões de seu livro sobre Kant e sua interpretação da *Crítica da Razão Pura* para constatarmos que, para Heidegger, o grande mérito da obra kantiana foi de ter "abalado" a supremacia da razão e do entendimento, logo, do primado da "lógica" no seio da metafísica (sabemos que para o autor de *Kant e o Problema da Metafísica* é a imaginação transcendental, e não o entendimento e a razão, que detém o papel de faculdade principal no sistema kantiano). Para nosso propósito, é muito significativo que, na sequência da afirmação supramencionada, Heidegger lembra de sua tese favorita segundo a qual, na segunda edição da *Crítica da Razão Pura*, Kant teria revisto sua descoberta capital, concedendo a supremacia, dessa vez, ao entendimento, preparando, assim, o terreno para a filosofia hegeliana, onde (e não podemos deixar de destacar o tom fortemente crítico na observação heideggeriana) "a metafísica se tornou mais radicalmente que nunca uma 'lógica'"[115]! Quanto a Nicolai Hartmann, foi ele quem primeiro submeteu a uma crítica coerente a primazia da lógica nas relações entre a ontologia, a teoria do conhecimento e a lógica, questionando o "logicismo" e reivindicando, com argumentação abundante, o status de disciplina filosófica fundamental para a ontologia. Sua influência sobre a "virada" de Lukács para a ontologia nos parece incontestável.

Quando evoca a célebre tríade hegeliana Ser-Nada-Devir e a forma como Hegel designa o terceiro termo como uma negação da negação, portanto como a síntese dialética dos dois primeiros, Lukács não experimenta nenhuma dificuldade para mostrar que postular um Ser privado de qualquer determinação (*ein bestimmungloses Sein*) – primeiro termo da tríade hegeliana – não é outra coisa senão uma pura construção especulativa, desprovida de uma correspondência no real, um fantasma conceitual sem o menor alcance

---

115. M. Heidegger, *Kant und das Problem der Metaphysik*, GA, v. 3, p. 243-244. (Trad. francesa, *Kant et le problème de la métaphysique*, trad. Alphonse de Waehlens; Walter Biemel, Paris: Gallimard, 1953, p. 299. [Col. TEL].)

ontológico (já está entendido que definimos ontologia, seguindo os passos de Aristóteles, como a ciência do "existente como existente"). O Ser sempre está estruturado e articulado, sempre determinado, portanto, as categorias são justamente "princípios do Ser", e não "essencialidades lógicas" (Nicolai Hartmann). O postulado hegeliano de um *"bestimmungsloses Sein"*, de um Ser indeterminado, investido da função de começo absoluto, situado na base da pirâmide lógica hegeliana, é um exemplo iminente da dialética puramente conceitual, sem ancoragem na experiência e nos dados empíricos, que caracteriza a "falsa ontologia" de Hegel (Lukács). Sobre esse ponto essencial, existe uma convergência perfeita entre a crítica de Lukács e o repúdio expresso por Nicolai Hartmann em relação à construção especulativa hegeliana[116]. Podemos mencionar brevemente que Heidegger também remete à tese hegeliana sobre a identidade entre o Ser e o Nada, porém, o faz para aprová-la, e não para questioná-la, pois essa referência está destinada a estruturar sua própria especulação sobre o Nada como revelador da finitude do Ser e como foco da transcendência do *Dasein*[117] (a fórmula de Sartre, segundo a qual o homem "faz eclodir o nada no mundo", é profundamente inspirada por Heidegger), especulação que certamente não tem mais nada a ver com Hegel. Para Lukács, a tríade inaugural da Lógica hegeliana, tendo a negação da negação como motor, é um enorme artifício especulativo (Lukács emprega a expressão "Wundermittel", um meio miraculoso) destinado a legitimar uma interpretação lógico-teleológica do ser e de seu devir (do ser indeterminado ao ser plenamente determinado),

---

116. Nicolai Hartmann expôs suas críticas de forma muito convincente na parte final de seu texto "Hegel und das Problem der Realdialektik", publicado primeiramente em tradução francesa na *Revue de Métaphysique et de Morale* (1931) e, alguns anos depois, na sua versão original em *Blätter für deutsche Philosophie* (1935). O texto foi reproduzido no segundo volume dos *Schriften* de Hartmann (Berlin: Walter de Gruyter, 1957, p. 323- 346; a crítica da tríade hegeliana nas páginas 343-344).

117. M, Heidegger, *Was ist Metaphysik?*, p. 17. (Trad. francesa, *Qu'est-ce que la metaphysique?*, p. 69. (Ed. bras., *O Que É Metafísica?*, p. 130.)

ao passo que Nicolai Hartmann fala de uma dialética puramente conceitual, da qual não podemos contestar "o desenvolvimento lógico íntegro" (*logisch integren Duktus*), mas que é o exemplo por excelência de uma "dialética irreal" (da *Unreellität der konstruktiven Dialektik*), à qual nada corresponde no plano ôntico. Agora podemos compreender melhor porque o último Lukács investiu tanta energia no combate contra o "logicismo" e contra a interpretação teleológica da história. Se ele não deixa de celebrar o gênio de Hegel por ter desenvolvido em todos os níveis a ideia da processualidade do ser e de suas categorias (é o núcleo de sua "verdadeira ontologia"), por outro lado o repreende com não menos vigor por ter fechado essa excelente interpretação histórica nos confins da tese sobre a identidade sujeito-objeto, tratando os diferentes níveis do ser e da multiplicidade de suas determinações como níveis lógicos que se articulam para uma finalidade predeterminada, aquela em que a objetividade se dissolve no ponto culminante da subjetividade, logo, na identidade sujeito-objeto.

Lukács tinha substanciais razões pessoais, ligadas à sua biografia intelectual, para fazer valer o caráter insustentável da tese da identidade sujeito-objeto, pedra angular do idealismo clássico alemão. Sua obra de juventude, *História e Consciência de Classe*, culminou na tese de que o proletariado mundial é a encarnação histórica da identidade sujeito-objeto, e o Lukács maduro não deixou de destacar como essa transposição de um dos axiomas do idealismo hegeliano e schelliniano para o marxismo estava ligada ao seu messianismo e sectarismo revolucionários da época, ao estado de exaltação que dominava sua consciência naqueles anos em que o fantasma da iminência da revolução mundial parecia ser uma realidade.

Não há, portanto, outras razões além das estritamente filosóficas que ensejem um exame crítico da *Lógica* hegeliana por parte do último Lukács (seu livro *O Jovem Hegel* não considera uma crítica desse porte), buscando nas articulações internas dos encadeamentos categoriais hegelianos os traços do teleologismo, interpretação do mundo que se tornou o principal objeto de crítica por parte do autor de *Para uma Ontologia do Ser Social*. Perguntamo-nos se devemos ver nessa obstinação em negar, por exemplo, qualquer alcance ontológico à categoria da negação (reconhecendo-lhe legitimidade somente enquanto operação lógica ou epistemológica), e, em geral, nesse furor contra o sistema lógico hegeliano, em que o encadeamento das categorias se articula em vista de uma apoteose final, uma forma de acertar as contas com seu próprio passado filosófico, aquele das posições defendidas no seu livro mais famoso, *História e Consciência de Classe* (1923). Esse livro foi efetivamente renegado pelo autor da *Estética* e de *Para uma Ontologia do Ser Social*, em razão daquilo que o velho Lukács chamou de *ein Überhegeln Hegels* ("ser mais hegeliano que Hegel")[118], mais precisamente por ter dado espaço ao fantasma hegeliano da identidade Sujeito-Objeto e ainda por ter levado esse último ao paroxismo com a exaltação da parúsia, da presença proletária. Não há lugar para o utopismo no pensamento maduro de Lukács, que, em seu livro sobre Hegel, mas também e principalmente em sua *Ontologia*, não deixa de valorizar o caráter fundamentalmente antiutópico do pensamento de Hegel e de Marx[119]. O messianismo e o utopismo que haviam animado seu livro de juventude pertencem, para ele, definitivamente ao passado. Não acolheria senão com um sorriso de compaixão os diferentes bajuladores de seu livro de juventude, e podemos imaginar sua reação se tivesse tomado conhecimento daqueles que exaltam o "romantismo revolucionário" de *História e Consciência de Classe*; ele que havia sido tomado de horror por esse conceito depois que os stalinistas e os jdanovistas apresentaram-no como um componente central do "realismo socialista" (numa carta de junho

---

118. G. Lukács, Vorwort, *Geschichte und Klassenbewusstsein, Werke, Frühschriften II*, Neuwied/Berlin: Luchterhand, 1968, p. 25. (Trad. francesa, Préface, *Histoire et conscience de classe*, Paris: Minuit, 1967.) (Ed. bras., Prefácio, *História e Consciência de Classe*, trad. Rodnei Nascimento, São Paulo: Martins Fontes, 2003, p. 25.)

119. Idem, *Zur Ontologie des gesellschaftlichen Seins*, v. II, p. 458.

de 1961 a Ernst Fischer, que compartilhava certo entusiasmo pelo "romantismo", Lukács lembra dos tristes efeitos literários do "romantismo vermelho" – da *rote Romantik* – fazendo evidente alusão à literatura soviética da época). Trata-se de um Lukács que recolocou seus pés no chão ao deparar-se com a astúcia da história, alguém sóbrio graças à terrível experiência stalinista, alguém aprendendo com sua própria experiência de ator e de vítima do movimento comunista o quão complicado se mostra o caminho da emancipação. Assim, o autor se lança no final de sua vida contra o necessitarismo e o teleologismo na interpretação da história. Experimentou por dentro a futilidade dos esquemas teleológicos e das visões triunfalistas, cuja característica principal é relegar os obstáculos e os desvios à insignificância, em nome da confiança em uma saída predeterminada: o advento fatal do socialismo é, portanto, um conjunto de experiências vividas que devem ser decifradas por trás das advertências do último Lukács contra a deturpação do marxismo em um necessitarismo histórico, do qual o teleologismo hegeliano talvez tenha sido a expressão especulativa mais acabada. Compreendemos, então, porque o retorno ao pensamento autêntico de Marx passava, para ele, por uma vasta operação de crítica das interpretações teleológicas do devir histórico, interpretações que tinham o "logicismo" como principal instrumento teórico. O rigor com o qual Lukács disseca os diferentes teoremas de Hegel (o que é feito no capítulo sobre Hegel da *Ontologia*, mas também nas seções dos *Prolegômenos*) a fim de mostrar como os esquemas de caráter teleológico tornam o devir real inflexível, apresenta uma dupla face: teórica e prática. Mostra que em Hegel os diferentes níveis ontológicos perdem sua autonomia em detrimento de uma espetacular visão hierárquico-teleológica, em que os níveis inferiores do ser não parecem ter outra função além de antecipar a emergência do nível superior: esse gênero de considerações, largamente inspiradas também pelas análises similares de Nicolai Hartmann, tem um incontestável interesse teórico (elas ilustram os efeitos negativos do primado da lógica sobre a ontologia). Mas, por trás de seu alcance teórico, é preciso descobrir o que podemos chamar de sua finalidade prática, pois acreditamos não exagerar ao afirmar que no horizonte de Lukács estavam as distorções provocadas em vários marxistas pelas interpretações necessitaristas da história, com seus corolários: a ocultação das mediações, a cegueira frente às articulações concretas e as desigualdades no desenvolvimento, a fascinação exercida por uma sequência retilínea e lógico-hierárquica das etapas da história. Nesse sentido, a *Ontologia* de Lukács contém pela primeira vez críticas severas dirigidas a Engels (várias vezes, Marx é usado contra seu amigo e colaborador; por exemplo, quando são evocadas as relações entre o "lógico" e o "histórico", Engels estava inclinado a identificá-los e até mesmo a subordinar o segundo ao primeiro, ao passo que esse tipo de "hegelianização" do processo histórico não existiria, segundo Lukács, em Marx, sendo o último um crítico impiedoso do logicismo hegeliano desde sua juventude[120]). Mas é preciso, sobretudo, lembrar a designação, à primeira vista surpreendente, do stalinismo como um "hiperracionalismo" nas conversas de Lukács com Istvan Eörsi[121], em que o funesto monolitismo stalinista (a absolutização da via soviética como paradigma do combate pelo socialismo) é considerado como o efeito de uma racionalização excessiva da história, verdadeira recusa em apreender a tessitura real da sociedade, sua complexidade e a multiplicidade de suas articulações e mediações.

É preciso, portanto, considerar esse horizonte histórico particular de um filósofo marxista confrontado com múltiplas perversões do pensamento que reivindica para compreendermos a ofensiva lukacsiana contra o logicismo e o teleologismo. Quando ele protesta, por exemplo, contra o caráter artificial do conceito de "organismo geológico"

---

120. Ibidem, v. 1, p. 644. (Ed. bras., *Para uma Ontologia do Ser Social*, p. 373.)
121. Idem, *Gelebtes Denken: Eine Autobiographie im Dialog*, Frankfurt : Suhrkamp, 1981, p. 170s. (Trad. francesa, *Pensée vécue: Mémoires parlées*, por Jean-Marie Argélès, Paris: L'Arche Editeur, 1986, p. 145s.) (Ed. bras., *Pensamento Vivido: Autobiografia em Diálogo*, trad. Cristina Alberto Franco, Santo André: Estudos e Edições Ad Hominem, 1999, p. 105.)

formulado por Hegel na *Lógica*, atribuindo a falta de sentido ontológico desse tipo de formação conceitual à irreprimível tendência hegeliana a buscar em cada nível do ser a antecipação do nível superior[122] (é o que Lukács chama de logicismo ou de teleologismo hegeliano, que implica uma violação da real sucessão ontológica – as constelações geológicas não remetem de forma alguma à ideia de "organismo", sendo prova disso o fato de numerosos planetas realmente não conhecerem a emergência de organismos), é preciso ler nas entrelinhas uma contestação a uma perversão do pensamento que aprisiona a história em esquemas de caráter apriorístico. A virada lukacsiana para a ontologia deve, então, ser entendida à luz de sua oposição à *manipulação*, pois, a seu ver, o primado no plano estritamente filosófico da teoria do conhecimento ou da lógica pode se tornar uma caução, uma garantia para que se submeta o real a esquemas mentais, logo, esse primado pode dar ensejo a práticas manipuladoras (suas críticas, lembramos, visam o logicismo hegeliano, mas especialmente o logicismo neopositivista). A reconstrução da ontologia tem como finalidade restituir à história sua complexidade, sua densidade e seu caráter *aberto*, situando a epistemologia e a lógica em seus devidos lugares, os quais não podem deixar de estar subordinados à ontologia. Se, então, o estudo dos escritos ontológicos de Nicolai Hartmann foi, para o último Lukács, uma descoberta benéfica, é porque encontrou neles uma crítica muito penetrante às deformações introduzidas no pensamento pelas interpretações logicistas e teleologicizantes do ser: foi Hartmann quem apontou a função homogeneizante da lógica, confrontada com a extrema heterogeneidade da tessitura do real, a distância que separa o caráter de *abreviação* do conceito em relação à multiplicidade das determinações do real, o caráter sedutor, mas indefensável, dos encadeamentos finalistas de Hegel (para este, o ser-em-si não tem

---

122. Idem, *Prolegomena zur Ontologie...*, p. 136. (Ed. bras., *Prolegômenos Para uma Ontologia do Ser Social*, p. 181-182.)

outra função além de preparar a emergência do ser-para-si; *das Ansichseiende* converge necessariamente, na lógica de Hegel, num *das Fürsichseiende*)[123]. Só podemos repetir: há uma confluência entre as páginas sobre Hegel da ontologia lukacsiana e as considerações de Hartmann sobre a coexistência em Hegel de uma *reelle* e uma *unreelle Dialektik*, tudo isso com a importante nuance de que no horizonte dos desenvolvimentos de Lukács é onipresente a crítica precoce exercida por Marx em relação ao logicismo hegeliano.

Aparentemente distanciamo-nos muito, com essas considerações, de Heidegger e de seu pensamento do Ser, mas não podemos nos esquecer do lugar importante que o confronto com Hegel e com o pensamento dialético ocupa no trajeto intelectual do autor de *Ser e Tempo*. Até poderíamos nos arriscar a estabelecer algumas semelhanças entre a crítica heideggeriana do "idealismo absoluto" hegeliano (no qual o filósofo de Friburgo apontava o acabamento supremo da filosofia da "consciência" e da metafísica da "subjetividade", um paroxismo da submissão do Ser ao Pensamento) e a crítica lukacsiana da identidade Sujeito-Objeto (portanto, a uma filosofia que concebe o Pensamento como perfeitamente coextensivo ao Ser, atribuindo ao Espírito virtudes demiúrgicas), ou mesmo os ataques deflagrados por Nicolai Hartmann contra o *Vernunftidealismus* hegeliano, que submeteria a autonomia ontológica do ser à potência soberana da lógica. Perguntamo-nos se não reencontramos em Heidegger um incessante questionamento do primado da "lógica" na constituição da metafísica (suas críticas têm em vista as teorias "logicistas" da verdade, as que atribuem ao "julgamento" o papel preeminente na apreensão do verdadeiro), posição que podemos descobrir, *mutatis mutandis*,

---

123. Ver sobre esse tema, ao lado do já citado texto *Hegel und das Problem der realen Dialektik*, o notável estudo anterior, *Aristoteles und Hegel*, conferência que data de 1923, cujo texto figura também nos *Kleinere Schriften II*, Berlin: Walter de Gruyter, 1955, p. 214- 252, assim como nas páginas consagradas à dialética em *Der Aufbau der realen Welt*, talvez o melhor livro de Nicolai Hartmann.

na teoria do conhecimento de Nicolai Hartmann, que se recusa a identificar o ato de conhecimento com a apreensão "lógica" do mundo (a lógica estabelece as normas do pensamento correto, mas o conhecimento ultrapassa largamente a esfera da lógica) ou nas críticas dirigidas por Lukács ao logicismo hegeliano ou neopositivista.

* * *

Explorar a oposição entre a ontologia de Lukács (e de Hartmann) e o pensamento do Ser de Heidegger é uma operação que ganha sentido se conseguimos mostrar como as profundas divergências filosóficas (por exemplo, sobre a questão primordial do "sentido do ser", para retomar a fórmula inaugural de *Ser e Tempo*) levam a pontos de vista diametralmente opostos da *conditio humana*, os quais trazem consigo consequências de grande alcance no plano histórico-social. Certamente podemos analisar o fascinante trajeto intelectual dos dois pensadores em suas articulações puramente filosóficas, abstraindo seu engajamento *in politicis*, abstendo-nos de um exame crítico iminentemente filosófico; isso, no entanto, seria retirar artificialmente o pensamento de sua caracterização e de sua função concreta na história, caracterização e função essas que, nos dois casos, foram consubstanciais ao movimento interior do pensamento desses autores (ainda que Heidegger vá defender a ideia de que a filosofia é desprovida de vocação prática: seu vigoroso engajamento político em 1933, cuja conexão com os conceitos fundamentais de sua filosofia não pode deixar de ser mostrada, invalida desde já essa afirmação.)

Se tomarmos a questão do tempo como exemplo, questão sobre a qual as críticas de Lukács em relação a seu antagonista foram expressas com uma acuidade particular, chegaremos a conclusões de importante alcance também para o que concerne o engajamento diametralmente oposto de ambos na história. A dicotomia heideggeriana tempo vulgar-temporalidade autêntica foi submetida a um severo exame crítico pela primeira vez (ao que saibamos) por

Lukács, que recusou vigorosamente a identificação heideggeriana do tempo hegeliano com o tempo vulgar, tendo o autor de *Ser e Tempo*, segundo Lukács, procedido de modo mais que ilegítimo, quando o tempo subjetivo (o "tempo vivido") é elevado à dignidade da temporalidade autêntica. Sabemos que na seção final de seu livro de 1927, Heidegger reduz o *tempo objetivo*, tal qual analisado por Hegel na *Enciclopédia* e em outros escritos, ao *tempo vulgar*, reservando ao *Dasein* (o ser-aí) e à sua emergência no mundo a instauração da temporalidade autêntica. A prioridade ontológica do *Dasein* e de sua temporalidade específica (associada ao Cuidado, à finitude e ao ser-para-a-morte, características da existência autêntica) em relação ao *tempo mundano* (ao *Weltzeit*), portanto, ao tempo objetivo, é uma tese que se torna, aos olhos de Lukács, a expressão eloquente de uma falaciosa inversão das relações ontológicas reais, sintetizando aquilo que há de arbitrário na construção. Para Lukács, seria inconcebível aceitar essa degradação ontológica do tempo objetivo, ou, para retomarmos a expressão hegeliana, utilizada por Heidegger, do tempo histórico-mundial; seria inaceitável reservar o privilégio da historicidade autêntica à emergência do *Dasein*, induzindo, assim, a uma "subjetivação" da temporalidade originária. Poderíamos dizer que a refutação lukacsiana da concepção heideggeriana do tempo sintetiza o conjunto de suas discordâncias fundamentais quanto ao pensamento de seu antípoda. Como ele poderia aceitar a ideia de que a inscrição do sujeito (do *Dasein*, para Heidegger) no tempo mundano (no histórico-mundial, *an das Welt-Geschichtliche*) fosse identificada a um ato de "perda de si" (*Verlorenheit*)[124], ou seja, a um ato essencialmente alienado, como se a apropriação do tempo objetivo e a assimilação de suas determinações fosse sinônimo dos atos marcados por uma "queda", pela *Verfall*, pela separação do *Dasein* de sua temporalidade originária e pela ocultação de seu ser autêntico, o ser-para-a-morte? A "objetivação" pode

---

124. M. Heidegger, *Sein und Zeit*, p. 390. (Ed. bras., *Ser e Tempo*, p. 483.)

ser reduzida à "reificação" ou à "alienação"? Lukács é considerado um especialista quando se traz à tona este tema; Heidegger, assim, utiliza em seu raciocínio conceitos mais que familiares ao autor de *História e Consciência de Classe*, que se dedicou por muito tempo aos problemas tratados pela obra-prima de seu adversário. Podemos imaginar qual foi a reação de Lukács quando se deparou com passagens onde Heidegger considerava a "má 'objetivação'" da subjetividade, que era, a seu ver, a "reificação"[125], se nos lembramos do lugar de destaque ocupado pela questão da reificação em seu pensamento e a importância capital concedida à compreensão do erro que cometera em seu livro de juventude ao identificar a objetivação do sujeito com sua reificação e, de maneira mais geral, com sua alienação. Lukács voltaria a encontrar no texto heideggeriano uma variante "existencial" de seu erro de matriz hegeliana levada ao extremo (é de Hegel que tirou a identificação da objetivação do espírito com sua "alienação"), e não deixou de observar maliciosamente, no prefácio redigido em 1967 para a reedição de seu livro *História e Consciência de Classe*, que foi justamente "esse equívoco fundamental e grosseiro" que certamente "contribuiu em muito para o êxito de *História e Consciência de Classe*"[126].

Lukács não poupou críticas à concepção heideggeriana do tempo. Trata-se efetivamente de um capítulo fundamental do pensamento do autor de *Ser e Tempo*, pois a distinção entre a temporalidade originária e a temporalidade vulgar,

---

125. Ibidem, p. 420 (Ed. bras., ibidem, p. 516]. A reificação, a *Verdinglichung*, é explicitamente visada em duas outras passagens de *Ser e Tempo* (p. 46 e 437) que prenderam muito a atenção de comentadores como Georg Mende ou Lucien Goldmann, a ponto de chegarem a considerar o livro de Heidegger como uma réplica de *História e Consciência de Classe*, publicado quatro anos antes. Sobre a inconsistência dessa conjectura, cf. nossos dois textos já citados, *O Conceito de Alienação em Heidegger e Lukács* e *Alienação e Desalienação em Heidegger e Lukács* (O primeiro, texto que fecha esta coletânea).
126. G. Lukács, Vorwort, *Geschichte und Klassenbewusstsein*, Werke, Frühschriften II, p. 26. (Ed. bras., Prefácio, *História e Consciência de Classe*, p. 26.)

entre a historicidade autêntica e a historicidade inautêntica, desempenhava um papel essencial na saída preconizada para reencontrar "o sentido do Ser". O próprio título da obra indicava a importância primordial concedida à questão do Tempo (sem querer dar provas de uma mente mal intencionada e nos expor à acusação de querer apressar as coisas, não podemos nos impedir de lembrar as propostas que Heidegger teria feito a Karl Löwith em 1936, na ocasião de seu encontro em Roma: seu antigo discípulo tendo lhe dito que seu engajamento favorável ao nacional-socialismo estava na essência de sua filosofia, Heidegger o aprovou "sem reservas", acrescentando "que sua noção de historicidade era o fundamento de seu 'engajamento' político"[127]). O que há de tão terrível na noção heideggeriana de historicidade, que foi capaz de levá-la a consequências tão inesperadas? Examinando a dualidade heideggeriana de tempo vulgar (para o qual, como vimos, Heidegger designava Hegel como o representante mais acabado) e de historicidade autêntica, Lukács contesta energicamente a rejeição heideggeriana do tempo objetivo (o mesmo que Hegel analisou magistralmente, em conexão íntima com o espaço, e que Nicolai Hartmann designou como *Realzeit*), que é relegado ao campo da inautenticidade. Essa rejeição seria necessária sob pretexto de que o tempo objetivo absolutizaria o presente, sendo, portanto, por definição, uma *Jetzt-Zeit*, êxtase temporal à deriva do único tempo primordial: o futuro. Não há nenhuma razão substancial, afirma Lukács, para desvalorizar ontologicamente o tempo objetivo (Bergson já havia inaugurado a recusa do tempo objetivo, o tempo "horário", privilegiando a *duração*, o fluxo da pura interioridade, de forma que Heidegger não fazia mais que prolongar o desenvolvimento bergsoniano, apesar de suas pretensões contrárias, ao disfarçar a temporalidade do *Dasein* com o privilégio ontológico de ser a "temporalidade originária").

---

[127]. K. Löwith, *Ma vie en Allemagne avant et après 1933*, Paris: Hachette, 1988, p. 77.

O hegeliano-marxista Lukács reagiu vivamente quando se deparou com as passagens onde Heidegger trata o sujeito submetido à "história mundial", à *Weltgeschichte*, como desprovido de sua temporalidade originária, de sua finitude, estando imerso, absorto na dispersão e no nivelamento. Seria a imersão na imanência do mundo, a busca pela apropriação de suas determinações, sinônimo de um ato de alienação? Lukács lembra, muito oportunamente nesse momento de sua análise, o pensamento de Kierkegaard, a aguda dissociação operada pelo filósofo dinamarquês entre a "ética" e a "história mundial", reivindicando a emancipação radical da primeira da tutela da segunda. Este pensamento constituía, para Lukács, a antecipação direta da dualidade heideggeriana: o caráter existencial do *Dasein* (existência autêntica), e o homem como simples "átomo", absorto nas engrenagens do mundo (existência inautêntica)[128].

A contração do mundo no horizonte do *Dasein*, seguindo assim o trajeto do sujeito kierkegaardiano, e a identificação da "história mundial" (da *Weltgeschichte* hegeliana) com o campo da impessoalidade e da "perda de si", confluem no discurso heideggeriano, em particular quando associa a submissão ao *impessoal* (o mundo do nivelamento e da inautenticidade) com a submissão ao *Welt-Geschichtliche* (ao mundo conformado de acordo com a história mundial, ou, segundo a tradução *sui generis* de Martineau, ao "mundo-historial"*): a filiação kierkegaardiana é incontestável e Lukács opõe os exemplos de Goethe e Hegel a essa degradação ontológica do "histórico-mundial" e a essa retração da existência autêntica à ipseidade fixada no "ser-para-a-morte". Quanto ao primeiro, ele lembra que Fausto só chega à solução das grandes questões éticas ao se confrontar com o "grande mundo" figurado na segunda parte da tragédia. Hegel é evocado para

---

128. G. Lukács, *Die Zerstörung der Vernunft*, p. 409-412. (Ed. espanhola, *El Asalto a la Razón*, p. 410-413.)

* *Mondo-historial* no original (N. da T.).

lembrar que encara a "história mundial" (a *Weltgeschichte*) como o cenário ideal à consumação da ética[129].

* * *

A questão do "sentido do Ser", designada por Heidegger desde a introdução de *Ser e Tempo* como a questão crucial do pensamento (da "ontologia fundamental" tal como preconizada à época), encontra-se também no centro da reflexão de Lukács, sendo a *Ontologia* concebida como um vasto preâmbulo para a elaboração de uma ética, cujo escopo seria justamente a resposta à questão do "sentido da vida". É preciso notar que Heidegger, fiel a seu modo de pensar, sempre recusou a se engajar na via da *reflexão ética* (Lévinas lhe reprova vivamente essa recusa programática, enquanto outros intérpretes, como Frederick Olafson, nos Estados Unidos, ou Jean-Luc Nancy, na França, vão se encarregar de provar a existência de uma ética heideggeriana), ao passo que o percurso do pensamento de Lukács é inconcebível sem se ter em mente a *finalidade ética* desse modo de pensar. Certamente, a fórmula que encontramos entre seus papéis, "*Keine Ethik ohne Ontologie*" (não há ética sem ontologia), explicita a forma como o autor concebeu o projeto de elaborar sua Ética, como o autor se vê diante da pungente necessidade de assegurar a seus teoremas éticos um sólido fundamento ontológico, enraizando, assim, sua visão acerca de emancipação do gênero humano (o fecho de sua ética) em um pensamento rigorosamente articulado e estruturado sobre a história[130]. Ao voltarmos ao confronto com as posições de Heidegger, podemos observar que Lukács não se mostrou insensível à acuidade com a qual *Ser e Tempo* situou a questão do "ser-para-a-morte" no centro da analítica do *Dasein*. Na sua *Ontologia*, reconhece sem hesitação o alcance dessa problemática; o essencial da

---

129. Ibidem, p. 410 (Ed. espanhola, ibidem, p. 411.)
130. Cf. N. Tertulian, Le Grand projet de l'Ethique, *Actuel Marx, Ethique et Politique*, n. 10, 1991, p. 81-96.

crítica dirigida a Heidegger, assim, diz respeito ao fato de esse autor ter se esquivado da questão que parece se mostrar intimamente associada à questão da morte: aquela sobre o "sentido da vida", questão, segundo Lukács, pungente ao nos confrontarmos com a realidade incontornável da morte (entre suas anotações, conservadas nos Arquivos Lukács de Budapeste, encontramos ainda uma ou várias folhas nas quais ele esboçou suas reflexões sobre a questão da morte e sobre a maneira de afrontá-la, problema que evidentemente lhe parecia familiar e atual na época).

A resposta lukacsiana para a questão do "sentido do ser" (mais precisamente do sentido da existência humana, pois seu antiteleologismo o levava a rejeitar *a limine* a ideia de um finalismo do ser) era a de um *dialético* por excelência. Ao tomar os indivíduos como um dos dois polos essenciais da vida social (o outro sendo a totalidade resultante da multiplicidade de suas ações), o filósofo situava no centro de sua reflexão a questão das *mediações* que asseguram a transição do plano da pura singularidade (da "particularidade") àquele em que as ações dos indivíduos adquirem o alcance do gênero (da *Gattungsmässigkeit*), inscrevendo-se numa dimensão que é a da história do gênero humano (Lukács utiliza a fórmula de Horácio, *tua res agitur*, para circunscrever essa inserção da singularidade na história do gênero).

É evidente que no pensamento do último Lukács os conceitos de gênero humano (*menschliche Gattung*), de consciência e de autoconsciência do gênero humano (*Selbstbewusstsein der Menschengattung*), de especificidade do gênero humano em-si e de especificidade do gênero humano para-si (*Gattungsmässigkeit an-sich* e *Gattungsmässigkeit für--sich*) conformam o eixo de sua reflexão. Podemos imaginar a profunda contrariedade, senão a estupefação, de um pensador como Louis Althusser, se tivesse tomado conhecimento desse vigoroso ressurgimento dos conceitos humanistas na interpretação do pensamento de Marx. Os esforços do autor para validar a imagem de um Marx que teria se desembaraçado do humanismo dos escritos de juventude estariam, de uma só vez, comprovados como vis, e Lukács não deixou de destacar em *Para uma Ontologia do Ser Social* o que havia de arbitrário nas tentativas de opor ao Marx "humanista" da juventude o Marx "cientista" da maturidade (a alusão a Althusser, nunca nomeado, é clara): a continuidade entre os dois era afirmada com ênfase por um pensador a quem não poderíamos negar um conhecimento profundo da obra do autor do Capital. Mas Althusser estava tão apegado a uma representação demasiado tacanha e primária da atividade teórica de Lukács que se permitiu ignorar totalmente os grandes trabalhos filosóficos de seu contemporâneo, chegando até a proferir julgamentos que beiram a má-fé e que, ao fim, lançam uma luz singular sobre a confusão na qual permanecia seu próprio pensamento. Basta ler sua conferência pronunciada em Granada em 1976, intitulada "A Transformação da Filosofia", para nos depararmos com uma frase em que o autor de *Pour Marx* associa Lukács e Stálin a uma mesma estirpe e matriz intelectuais. O autor os denuncia por ter "aberto totalmente as vias a uma filosofia marxista produzida como filosofia", portanto, por ter cultivado o fantasma de um discurso filosófico autônomo, concebido como um sistema fechado de categorias (o famoso "materialismo dialético", canonizado por Stálin, fornecia aos olhos do último Althusser o exemplo mais representativo disso)[131]. Tanto em 1976, ao fazer sua conferência em Granada, quanto mais tarde, quando redigiu os outros textos, reunidos sob a forma de entrevistas intituladas Filosofia e Marxismo, ou mesmo em sua correspondência com Fernanda Navarro, Althusser não mostra a menor familiaridade com os escritos de Lukács, autor que ele se aventura a rejeitar, contudo, com desdém. Perguntamo-nos se é necessário atribuir à sua ignorância, ou ao seu espírito sectário (num texto anterior ele já havia recusado Lukács sob pretexto de que este último estaria impregnado por um "hegelianismo vergonhoso", o que se

---

131. L. Althusser, La Transformation de la philosophie, *Sur la philosophie*, Paris: NRF/Gallimard, 1994, p. 173 (Col. L'Infini).

ligaria ao fato de ter sido um aluno de Dilthey e de Simmel[132]), a razão de relacionar a fidelidade de Lukács às grandes tradições do pensamento sistemático, o de Aristóteles e de Hegel, à pobreza e ao simplismo do catequismo do "materialismo dialético" elaborado por Stálin. O que será que teria impedido Althusser de abrir a *Estética* ou *Para uma Ontologia do Ser Social*, obras de um filósofo que se reivindicava da mesma matriz de pensamento que a sua, antes de lançar seus propósitos arrogantes (lembremos que o jovem Althusser foi escutar, em fevereiro de 1949, a conferência dada por Lukács em Paris, na Sociedade Francesa de Filosofia, sobre seu livro recentemente publicado na Suíça, *O Jovem Hegel*, e que até se pôs a difundir o resumo do texto da conferência, redigido por ele próprio, dentre os membros do círculo de Politzer da Escola Normal Superior)? Mas essa esquiva de um pensamento no qual pressentia uma forte ameaça ao seu próprio desenvolvimento "anti-humanista" privou Althusser do conhecimento de uma filosofia de que, por um lado, teria até se sentido próximo, mas, por outro lado, o teria impedido de ir por caminhos filosóficos os mais deploráveis. Sobre o primeiro ponto, das proximidades entre os dois discursos filosóficos, podemos apenas sinalizar, de modo fugaz, a profunda hostilidade comum em relação ao teleologismo e às filosofias providencialistas da história (podemos até observar, nesse sentido, que Althusser precedeu Lukács no repúdio da "negação da negação" hegeliana enquanto lei da dialética, sendo o primeiro a recriminar seu caráter eminentemente

---

132. Idem, *Pour Marx*, Paris: François Maspero, 1966, p. 114, nota. (Ed. bras., *Análise Crítica da Teoria Marxista*, trad. Dirceu Lindoso, Rio de Janeiro: Zahar, 1967, p. 100, nota 30.) Tendo em conta vereditos desse gênero, tanto sumários quanto absurdos, dos quais podemos inferir no máximo o profundo ressentimento em relação ao historicismo hegeliano, sem falar do desprezo diante de Dilthey ou Simmel (poderíamos efetivamente nos perguntar em que os estudos marxistas de história da literatura e da filosofia de Lukács estão marcados por um "hegelianismo vergonhoso", cujas origens remontariam a uma herança intelectual de Dilthey ou Simmel), Althusser contribuiu para o ostracismo do qual o pensamento de Lukács foi objeto no meio da esquerda comunista francesa durante décadas.

teleológico). No entanto, devemos enfatizar em seguida que há um abismo entre os dois filósofos, pois Lukács não pensou em criticar a própria dialética devido a seu pretenso caráter teleológico (era uma das teses mais impressionantes de Althusser); ao contrário, ele desenvolveu uma notável dissociação entre a falsa ontologia (aquela efetivamente carregada de teleologismo) e a verdadeira ontologia de Hegel (a ontologia dialética fundada nas "determinações reflexivas" expostas em seu encadeamento pelo autor da *Ciência da Lógica* na seção sobre a Lógica da Essência). Se Althusser tivesse se dado o trabalho de percorrer o capítulo sobre Hegel de *Para uma Ontologia do Ser Social* (disponível sob a forma de um pequeno volume autônomo desde o início dos anos de 1970), seus fortes preconceitos antidialéticos e anti-hegelianos teriam sido submetidos a uma dura prova. Quanto ao súbito interesse do último Althusser pelo pensamento de Nietzsche e principalmente de Heidegger, vemos o filósofo marxista em plena confusão quando, por exemplo, chega a situar Heidegger entre os filósofos materialistas, aproximando de forma surpreendente o *es gibt* do Ser heideggeriano ao mundo dos átomos de Epicuro[133]. Podemos, por outro lado, apontar que essas aproximações, no mínimo inesperadas (ainda que não seja a primeira vez que, a despeito das evidências, seja feita uma tentativa de aproximar o Ser heideggeriano do materialismo marxiano e de metamorfosear a "vida" celebrada por Nietzsche num princípio materialista), são efetuadas em nome de uma ideia à qual o último

---

133. Encontramos na página 42 de *Sur la philosophie* uma lista dos pensadores que Althusser considera como pertencentes a "uma tradição materialista não reconhecida pela história da filosofia": Demócrito, Epicuro, Maquiavel, Hobbes, Rousseau (o do segundo *Discurso*), Marx e Heidegger. Na página precedente, nos é confiado que Heidegger "se junta à inspiração de Epicuro". O fato de que o filósofo alemão nunca testemunhou a menor simpatia pela "linha de Demócrito" (Althusser) ou pelo pensamento de Epicuro – e por causa! –, não inquieta de forma alguma Althusser. Este vai desenvolver suas ideias num texto autônomo intitulado "A Corrente Subterrânea do Materialismo de Encontro", datado de 1982 e reproduzido no primeiro tomo de seus *Escritos Filosóficos e Políticos*. (*Ecrits philosophiques et politiques,* Paris: Stock/IMEC, 1994, p. 539-580).

Althusser se mostrava muito ligado e que, à primeira vista, não deixava de ter legitimidade filosófica. O autor de *Ler o Capital* se mostrava decidido a acertar suas contas com o necessitarismo e o teleologismo na interpretação da história, considerados como formas de idealismo filosófico. Com essa finalidade, ele busca desembaraçar a filosofia das questões sobre a Origem ou o Fim do mundo. Epicuro lhe parecia legitimamente um grande precursor da ideia da contingência do mundo, e já havia sido designada por Marx, em sua dissertação, a tese sobre o clinamen (declinação) no movimento dos átomos como um poderoso argumento contra a ideia de um mundo regrado pela necessidade absoluta. Notamos que essa valorização do antinecessitarismo de Epicuro em Marx foi amplamente usada por Ernst Bloch[134] e por Lukács[135] em suas contestações paralelas sobre a interpretação unilateral do marxismo como um "determinismo". Althusser não fazia mais que retomar essa via, buscando fundar, por seu turno, uma filosofia da liberdade.

Mas convocar Heidegger em apoio à sua defesa de um "materialismo aleatório" (a última revelação filosófica de Althusser) significa, ainda, inscrever seu pensamento no interior de uma linha filosófica que remonta a Demócrito e a Epicuro, continua com Maquiavel, Hobbes, Rousseau, e chega a Marx (todos eles pensadores por quem o autor de *Ser e Tempo* não mostra senão um total desinteresse, ou mesmo uma franca hostilidade). Isso mostra até que ponto o último Althusser perdeu suas bases e o quanto chegou, em sua vontade de desdogmatizar o marxismo, a um estado em que os critérios para distinguir o espírito de diferentes filosofias lhe eram completamente estranhos. A maneira como ele pretendia liquidar Lukács, com uma só sentença,

---

134. E. Bloch, Epikur in der Dissertation von Karl Marx oder ein subjektiver Faktor im Fall der Atome (1967), *Philosophische Aufsätze*, GA, v. 10, Berlin: Suhrkamp, 1969, p. 526-531.
135. Cf. G. Lukács, *Prolegomena zur Ontologie des gesellschaftlichen Seins* in *Zur Ontologie...*, v. 1. (Ed. bras., *Prolegômenos Para uma Ontologia do Ser Social.*)

ou ainda mais, a forma como inscrevia o pensamento deste último na linha dogmática do "materialismo dialético" stalinista, não faz outra coisa além de agravar seu caso, pois mostra a desorientação em que caiu sua reflexão no final de seu trajeto intelectual. Os fatos de que ele chega a fazer o elogio da "não filosofia"[136], de que o ex-devoto do marxismo como "ciência" proclama no final a recusa da "via de uma ontologia ou metafísica materialista"[137], de que via com muito horror qualquer discurso sistemático fundado em um encadeamento rigoroso das categorias (ele o identifica de modo equivocado com o necessitarismo e o teleologismo, seus dois principais alvos de ataque), de que procura a saída na promoção da ideia de *contingência* para o centro da filosofia, de que defende a noção de *encontro aleatório*, chegando até a testemunhar o entusiasmo pela derrelição heideggeriana e por sua emancipação da tirania da causalidade[138], mostram, a nosso ver, os efeitos devastadores de uma desdogmatização do marxismo que vira as costas às grandes construções intelectuais de pensadores como Bloch ou Lukács. Os dois autores se debruçaram sobre uma empreitada de reconstrução sistemática do pensamento de Marx, empreitada que, no final, resulta na elaboração de uma *ontologia* (em Bloch, *Experimentum Mundi* e, em Lukács, *Para uma Ontologia do Ser Social*). Trata-se, pois, justamente daquilo que o último Althusser – convertido para a "não filosofia" – parecia não querer mais ouvir falar: uma "filosofia" baseada numa renovação da doutrina das categorias.

Será que podemos levar a sério a semelhança estabelecida por Althusser entre o Nada heideggeriano e o vazio que Epicuro teria postulado antes que surgissem os átomos que formam o mundo, se sabemos muito bem que o Nada heideggeriano, assim como o Ser, não tem nenhuma relação com qualquer cosmologia ou hipótese sobre a gênese do mundo? A heterogeneidade entre o materialismo de

---

136. L. Althusser, *Sur la philosophie*, p. 177.
137. Ibidem, p. 173.
138. Ibidem, p. 41.

Epicuro e as especulações heideggerianas sobre o Ser e o Nada é evidente. Althusser leva seu jogo de semelhanças até o ponto de tentar desacreditar a ideia de que a famosa expressão heideggeriana sobre o Ser, *es gibt*, (há), encontraria a inspiração em Epicuro, que teria postulado a existência do mundo sem apelar à ideia de uma Causa primordial[139]: realizando tal aproximação, o filósofo francês oculta completamente a incompatibilidade fundamental entre um *pensamento materialista*, que faz da autonomia ontológica do mundo e de suas categorias que o estruturam (para o qual a causalidade é fundamental) sua pedra angular, e o pensamento de um filósofo que afirma *expressis verbis* que o *Dasein* é pré-requisito para a surgimento do *Ser*, recusando como não procedente a questão da realidade do mundo exterior.

Com esse exemplo, podemos mensurar os efeitos funestos dos preconceitos althusserianos endereçados à legitimidade de uma "ontologia materialista" (cf. supra) e podemos ter ideia também do imbróglio filosófico no qual se perdeu ao se recusar a tomar conhecimento da grandiosidade do trabalho realizado nessa via por seus contemporâneos, Lukács e Bloch. Se tivesse se debruçado sobre os escritos destes, teria constatado que uma ontologia fundada no princípio da historicidade do ser e de suas categorias, que praticasse um método ontológico-genético de análise das estruturas, considerando a heterogeneidade dos diferentes complexos sociais e a desigualdade de seu desenvolvimento, situava-se no antípoda do "materialismo dialético" de tipo stalinista, cujo monolitismo e o reducionismo repugnavam Lukács e Bloch não menos que a ele próprio. Podemos ir ainda mais longe e dizer que as queixas contra o necessitarismo e o teleologismo na interpretação da história, tratados nos últimos escritos de Althusser, teriam sido encontradas, expressas com vigor, nos trabalhos ontológicos de Lukács e de Bloch, pois os dois pensadores,

---

139. Ibidem.

defrontados com o estrago provocado pelas perversões do pensamento de Marx, sentiram necessidade de repensar as categorias fundantes da história, desembaraçando-as das escórias do stalinismo e restituindo ao concreto histórico sua verdadeira densidade e complexidade.

Althusser acreditou encontrar uma saída para a "crise do marxismo" apresentando a ideia de um "materialismo aleatório", como se a reabilitação da ideia de *contingência* fosse a panaceia para libertar o pensamento de Marx do fardo do necessitarismo e do teleologismo. Vimos que Lukács e Bloch compartilhavam o projeto de restituir uma imagem do pensamento de Marx que faz justiça à dialética da necessidade e da contingência (do acaso) no desenrolar da história, o que explica o elogio comum de ambos à dissertação sobre Epicuro e Demócrito elaborada pelo jovem Marx, na qual viram uma antecipação do pensamento do Marx da maturidade sobre a história: ambos celebraram, na interpretação marxiana do *clinamen* epicurista, oposta pelo jovem Marx ao determinismo estrito do movimento dos átomos em Demócrito, uma apreensão mais maleável do movimento histórico, apreensão essa que concedia o devido lugar ao "princípio enérgico" (à "declinação", ao livre movimento subjetivo), bloqueando a via para a absolutização da necessidade, portanto, ao determinismo unívoco. Lukács se dedicou a destacar nos seus *Prolegômenos Para uma Ontologia do Ser Social* as diferenças que existiriam entre a abordagem da história em Engels, que estaria muito apegado a uma interpretação necessitarista (a afirmação de Engels de que se Napoleão não tivesse existido podemos estar certos de que algum outro general teria preenchido o mesmo papel histórico, servia de exemplo a Lukács para ilustrar essa abordagem necessitarista e reducionista da história), e a forma de Marx abordar a história, que valorizava a importância do papel das contingências (das particularidades dos atores sociais) no resultado dos eventos históricos, desaprovando explicitamente a "mistificação" da necessidade (Lukács cita, em apoio a suas considerações, a carta bem conhecida de Marx para Kugelmann sobre a Comuna de Paris). A tendência de Engels a exagerar no peso da necessidade é recriminada por Lukács também noutras ocasiões (por exemplo, a propósito das relações entre o "lógico" e o "histórico", em que Lukács novamente atribui à exagerada submissão de Engels à sua formação hegeliana sua tendência a dissolver o histórico no lógico, diferentemente de Marx, que desde sua juventude teria se emancipado do "logicismo" hegeliano).

Althusser se enganou muito ao considerar Lukács como um representante do encerramento do marxismo num sistema fechado, regido por um necessitarismo acanhado, em cuja origem se encontraria "algumas frases infelizes de Engels sobre a matéria e o movimento"[140]. Basta abrir o texto autobiográfico de Lukács, intitulado *Pensamento Vivido*, para encontrarmos uma crítica explícita da orientação impressa no marxismo por Engels e, em seguida, por alguns marxistas social-democratas da Segunda Internacional, orientação que consistia numa hipertrofia do peso da necessidade na sucessão dos eventos históricos (Lukács falava de um forte destaque dado à "necessidade lógica", alusão também à "negação da negação", alvo de suas críticas), ao precisar que "sem essa deformação o stalinismo não teria sido possível": ele opôs a tal necessitarismo a abordagem muito mais flexível e circunstanciada da "necessidade" em Marx[141], o que o levou a formular, nas pegadas de Nicolai Hartmann, o conceito de *Wenn-Dann Notwendigkeit* (necessidade do se-então, logo, *necessidade relativa*). Althusser, que ignorava esse debate, prosseguia seu monólogo filosófico num percurso que não podia dar frutos, sobretudo ao formular seu conceito de "materialismo aleatório". Efetivamente, ele fazia justiça ao papel da contingência; no entanto, isso se

---

140. Ibidem, p. 173.
141. G. Lukacs, *Pensée vécue: Mémoires parlés*, Paris: L'Arche Editeur, 1986, p. 147-148. (Ed. bras., *Pensamento Vivido: Autobiografia em Diálogo*, trad. Cristina Alberto Franco, Santo André: Estudos e Edições Ad Hominem, 1999, p. 107.)

dava sem considerar o peso importante das outras categorias do real (essência-fenômeno, por exemplo), em primeiro lugar da própria categoria de *necessidade*, a qual exigia ser repensada (cf. supra), mas não se deixava abolir. Sem querer prolongar aqui essa discussão, limitamo-nos a observar o quão diferentes, e mesmo opostas, são as escolhas filosóficas feitas por esses pensadores que se reivindicavam da mesma matriz, a doutrina de Marx, e que se viram confrontados com a mesma situação histórica e com as dramáticas consequências ideológicas dessa. A degenerescência do socialismo num "socialismo de caserna", com suas bem conhecidas tendências autoritárias e totalitárias, foi acompanhada pela metamorfose do marxismo num instrumento de poder destinado a dar suporte às práticas do "socialismo real", o que se traduziu na preeminência de um pensamento fechado sobre a história, encerrado no monolitismo, uma forma pervertida do hegelianismo, que tinha o necessitarismo e o teleologismo como atributos especulativos.

Lukács reagiu a essa situação exigindo uma crítica radical do stalinismo, em todos os planos, inclusive o filosófico, como condição preliminar para um renascimento do "verdadeiro marxismo", cuja reconstrução ele propôs através da edificação de uma "ontologia crítica" (a fórmula pertence a Nicolai Hartmann), tendo como convicção que as bases do pensamento de Marx são de natureza ontológica. Althusser acreditou poder encontrar o antídoto para a perversão necessitarista ou teleologista do marxismo na promoção de um "materialismo aleatório", mas em seu entusiasmo pela ideia da contingência do mundo, persuadido de que o conceito de "ontologia materialista" é sinônimo de dogmatismo, mostrou-se mais sensível às teses de Heidegger e de Nietzsche, descobrindo afinidades inesperadas com a *Geworfenheit* (derrelição) ou os *Holzwege* (os caminhos que não levam a lugar nenhum) heideggerianos, ou com a crítica nietzschiana dos além-mundos. Pudemos ver o austero partidário do marxismo como "ciência rigorosa" ser subitamente seduzido pela "abertura do Ser" heideggeriana e sua "pulsão original"[142], justapondo serenamente os nomes de Nietzsche e de Heidegger aos de Epicuro, Spinoza e de Marx, unificados sob o signo de "filosofias não religiosas"[143], persuadido de que a crítica heideggeriana ao "logocentrismo" nos afastaria da busca vã pela Origem ou pela Finalidade do mundo[144]. A distância entre Lukács e Althusser se mostra abissal: o primeiro se apoiou na tradição da *Metafísica* de Aristóteles e da *Lógica* de Hegel para reconstruir a ontologia enquanto "doutrina das categorias"; a ideia althusseriana de considerar a dialética "mais que duvidosa, e mesmo nefasta, isto é, mais ou menos teleológica"[145], o teria feito sorrir, enquanto o potencial emancipador do pensamento de Heidegger ou de Nietzsche não lhe pareceria ter uma base real. Ainda que o próprio Althusser tenha se mostrado finalmente laçado pela leitura de Heidegger (ele relata sua irritação diante do "seu lado de cura", já tendo falado antes de "uma espécie de cura escorregadia e refinada"[146]), seus textos dão depoimento das conexões que intencionava estabelecer entre Marx e Heidegger, em nome da ideia de uma "contingência transcendental" do mundo e de um pensamento que chamava de "materialismo do *encontro*", Heidegger lhe parecendo um aliado de peso na recusa da ideia da existência de "um *Sentido* anterior ao mundo". Mas, ao estabelecer essas ligações inesperadas (associar Marx e Heidegger sob o signo do "materialismo"!), Althusser permaneceu cego e surdo à única via fecunda de reconsiderar as filosofias idealistas da história, que prendiam o devir na ideia de um "Fim da história" ou de um "*Sentido* prévio ao mundo": a fim de denunciar o logicismo e o teleologismo, Lukács se voltou para uma "ontologia crítica", seguindo Nicolai Hartmann ao estabelecer um sistema de categorias suscetível a abarcar a

---

142. L. Althusser, *Sur la philosophie*, p. 41.
143. Ibidem, p. 59.
144. Ibidem, p. 57.
145. Carta de Althusser para Francesca Navarro, de 8 de abril de 1986, ibidem, p.127-128.
146. Ibidem, p. 114 e 123, cartas de 11 de outubro de 1984 e de 7 de abril de 1985.

riqueza do concreto histórico (cuja conexão entre "substrato" e "determinação" fornece as bases ao materialismo), desimpedindo o caminho para um pensamento *aberto* sobre a história, sem compromisso possível com um pensamento do Ser que vira as costas para a apreensão categorial do mundo, em nome de uma "superação da metafísica", e que preconiza um "outro Começo", sinônimo do fim do domínio da Razão.

Heidegger e Althusser, se for possível associar sob o signo de um comum *repúdio ao humanismo* dois pensadores que, contudo, não deveriam ser aproximados em nada, pelo quão opostas são as tendências a que pertencem (a receptividade aos escritos de Heidegger testemunhada por Althusser no final de seu percurso é um episódio que ilustra, no máximo, a fragilidade de seu pensamento), não conseguiram, se confrontados com o desenvolvimento do pensamento de Lukács, lograr sucesso em seu projeto de *desconstrução do sujeito*, mais precisamente de aniquilar a *filosofia da subjetividade*. Podemos notar brevemente que Mikel Dufrenne não errou ao consagrar um capítulo a Heidegger no seu livro-manifesto dirigido contra o estruturalismo contemporâneo, intitulado *Pour l'Homme*, onde consagra capítulos a Lévi-Strauss, Foucault, Althusser etc., questionando sua *démarche* comum anti-humanista. A trajetória filosófica de Lukács está evidentemente situada em oposição a essas tendências[147]. Lembramos que os textos originais que compõem a produção filosófica do pensador depois da Segunda Guerra Mundial têm início com a redação de uma monografia consagrada à categoria da particularidade, intitulada *Über die Besonderheit als Kategorie der Ästhetik* (Sobre a Particularidade Como Categoria da

---

147. Numa carta enviada em 26 de fevereiro de 1968 ao brasileiro Carlos Nelson Coutinho, Lukács designou o estruturalismo como "o maior obstáculo hoje" para o desenvolvimento do marxismo, e remeteu à "muito boa crítica" feita a esta corrente de ideias por Henri Lefebvre num texto publicado em *L'Homme et la Société* (o texto aparece retocado e ampliado no volume de Lefebvre intitulado *Positions: contre les technocrates*, Paris: Gonthier, 1967). A carta a Coutinho pode ser encontrada no volume *Lukács e a Atualidade do Marxismo*, 2002, São Paulo: Boitempo, p. 153.

Estética), redigida no ano 1954-1955, publicada em italiano em 1957 com o título *Prolegomeni a una estetica marxista*, mas sob a forma final em alemão somente em 1967. Esse foco do interesse na particularidade como esfera das mediações entre a singularidade e a generalidade não teve outro interesse além do puramente epistemológico (ainda que Lukács tenha sido o primeiro a efetuar uma pesquisa monográfica sobre essa categoria), mas forneceu ao autor os requisitos para que continuasse a analisar não apenas a especificidade da atividade estética (sua *Estética* consagra um capítulo, o décimo segundo, à "particularidade como categoria da estética"), mas também considerações importantes para o terreno da ética, uma vez formuladas as distinções entre o Direito, a moralidade e a ética justamente a partir da tríade generalidade-singularidade-particularidade. A valorização da categoria de *mediania* (de meio-termo) em Aristóteles (em alemão, *die Mitte*) e de seu papel de mediação entre os extremos, o grande alcance da categoria de *fronésis* (a prudência), o hiato que se abre nesse sentido entre a ética aristotélica e a ética kantiana (na qual Lukács reprova severamente o "dogmatismo", tomando o imperativo categórico como a tirania da generalidade, isento de mediações e de delicados elos intermediários)[148], esse conjunto de teses lukacsianas divulga a orientação geral de seu pensamento: ele não deixa de buscar as mediações entre a singularidade dos indivíduos e sua inscrição em determinações sempre mais gerais. Ao designar, por exemplo, a legalidade como a esfera da generalidade (da *Allgemeinheit*), a moralidade como a esfera da consciência puramente subjetiva (da *Einzelheit*), atribui à ética a vocação da síntese entre os dois extremos, o terreno da verdadeira realização da personalidade.

Não podemos nos esquecer que um ponto culminante da *Estética* lukacsiana é o capítulo intitulado "Vom

---

148. Cf. o subcapítulo intitulado Besonderheit, Vermittlung und Mitte (Particularidade, Mediação e Mediania) no segundo volume da *Estética* de Lukács: *Die Eigenart des Ästhetischen*, v. II, p. 193 em diante. (Ed, espanhola, *Estética: La Peculiaridad de lo Estético*, v. 3, p. 199-233.)

Individuum zum Selbstbewusstsein der Menschhengattung"
(Do Indivíduo à Autoconsciência do Gênero Humano), em
que o conceito chave do pensamento do último Lukács, o de
gênero humano (e não mais o de proletariado e sua missão
universal, no qual culminava o caráter neófito – *Neophytentum* – do marxista de *História e Consciência de Classe*),
chega a ocupar o primeiro plano: a característica das verdadeiras obras de arte é fazer ressonar uma *vox humana* de
alcance universal, que dá ao receptor o sentimento expresso
pelas palavras de Horácio (numa versão levemente modificada em relação à original): *nostra causa agitur*[149]. O esforço
teórico de Lukács se volta para a reconstrução da cadeia
de mediações que unem a singularidade dos indivíduos,
através de suas determinações familiares, classistas e nacionais, à realidade do gênero humano. Este último, portanto,
teria existência autônoma, como um *corpus* de qualidades
submetidas ao desenvolvimento histórico, mas, ao mesmo
tempo, não emergiria senão por meio da multiplicidade das
ações individuais, que trazem a marca das determinações
intermediárias entre o indivíduo e o gênero, a da família,
da classe ou da nação. A fórmula hegeliana do "universal
concreto" ou do "universal singular" (é o título que Sartre
deu para sua conferência sobre Kierkegaard) encontra uma
aplicação privilegiada na síntese entre o individual (o particular) e o universal realizado pelas obras de arte. O mérito
de Lukács é de ter tentado dar um conteúdo concreto para
a ideia de universalidade, circunscrevendo a esfera da generalidade humana (da *Gattungsmässigkeit*) ao mostrar sua
conexão com o conjunto das determinações "inferiores", das
camadas intermediárias entre a singularidade dos indivíduos e a universalidade do gênero. Em *Para uma Ontologia
do Ser Social* ele introduz a distinção entre o gênero humano
em-si e o gênero humano para-si, o primeiro representando
a totalidade das qualidades e aptidões necessárias para a
perpetuação do *status quo* social (ou seja, para a reprodução

---

149. Ibidem, v. I, p. 610. (Ed. espanhola, ibidem, v. I, p. 300.)

da espécie humana num dado momento de sua história), e o segundo conformando o conjunto de qualidade e de faculdades destinadas a promover a emancipação dos indivíduos, a passagem da heteronomia para a autonomia, portanto, destinadas a prefigurar o reino da liberdade.

Será que podemos nos arriscar a estabelecer uma relação qualquer entre o apelo heideggeriano para acabar com o domínio do *ente* (*das Seiende*) e se abrir ao *Ser* (*das Sein*), instituir, então, um "outro Começo" depois de suportado por séculos o reino da "metafísica", sinônimo, para Heidegger, do "esquecimento do Ser" (*Seinsvergessenheit*), enfim, se libertar da hegemonia do "espírito da Técnica", que daria lugar a outra apreensão do Ser, resultado de outro "envio destinal"[150], e a resposta lukacsiana para as interrogações sobre o destino do gênero humano, que designa as etapas do trajeto que leva do reino da necessidade ao da liberdade, denunciando, com não menos vigor que Heidegger, o domínio da "manipulação" na vida dos indivíduos (Heidegger fala de *Machenschaft*, da dominação das maquinações ou das "construções artificiais", das "armações"), mas que, diferentemente do filósofo alemão, apoia seu diagnóstico e suas soluções numa análise diferenciada do concreto histórico, isto é, numa abordagem categorial do ser social, confiando um papel de primeira ordem à ética, e não à "teologia disfarçada", que é a mistagogia do Ser?

Podemos, no máximo, forçando um pouco as coisas, dizer que em Lukács também há uma busca de "transcendência", mas num sentido que não tem nada a ver com o Ser heideggeriano (é preciso lembrar que, em *Ser e Tempo*, Heidegger falou do *Ser* como um *transcendens schlechthin* – "*O ser é o transcendente por excelência*"[151]). Desde sua primeira

---

150. Cf., nesse sentido, a carta enviada por Heidegger a Elisabeth Blochmann em 3 de março de 1947, em *Martin Heidegger-Elisabeth Blochmann, Briefwechsel 1918-1969*, Marbach am Neckar: Dt. Schillerges, 1989, p. 93.
151. M. Heidegger, *Sein und Zeit*, p. 38. (Trad. francesa de Emmanuel Martineau, *Être et temps*, Paris: Authentica, 1985, p. 48.) (Ed. bras., *Ser e Tempo*, p. 78.)

juventude, o filósofo marxista estava preocupado com o que chamaria mais tarde de "ubiquidade" das obras de arte[152], sua capacidade de transcender o *hic et nunc* histórico de sua gênese, a mistura *sui generis* de extrema individuação e de poder de irradiação universal. O profundo apelo histórico, consubstancial ao seu pensamento (quantas vezes não ouvimos críticas de "sociologismo" ou de excesso de contextualização histórica dirigidas a seus estudos de história da literatura e da filosofia!) vinha acompanhado de uma sensibilidade particular para o que poderíamos chamar de "acento transcendental" das verdadeiras obras de arte (tomamos de empréstimo essa expressão do filósofo romeno Lucian Blaga), por sua capacidade de quebrar os limites espaço-temporais e de se elevar a um nível que é o da substância humana em sua universalidade. A ética e a estética de Lukács gravitam em torno desses processos em que a subjetividade singular chega, através de múltiplas mediações, a realizar atos cujo alcance diz respeito à realidade do gênero humano em sua universalidade, processos esses que são, assim, suscetíveis de ser incorporados ao patrimônio da substância humana na sua indestrutibilidade (nos quais, então, todos os indivíduos podem se reconhecer segundo o princípio: *tua res agitur*). É preciso notar que o conceito de "substância humana", que retorna como um *leitmotiv* nos escritos do último Lukács, precedido às vezes pelo epíteto "indestrutível" (*unzerstörbar*), é inconcebível não apenas na escrita de Heidegger, mas também na de Adorno ou Althusser, pois os dois últimos, por razões evidentemente diferentes, e até mesmo opostas, rejeitá-lo-iam como uma recaída no antigo e obsoleto "humanismo" (Adorno não deixou, por exemplo, de polemizar com a fidelidade de Lukács às categorias clássicas do humanismo, como a de "indivíduo" ou de "individualidade", lembrando-lhe, em

---

152. G. Lukács, *Die Eigenart des Ästhetischen*, v. II, p. 328. (Ed. espanhola, *Estética: La Peculiaridad de lo Estético*, v. III, p. 341.)

nome do ensinamento de Marx, da relatividade histórica dessas categorias, logo, de sua realidade transitória[153]).

Nesse contexto, não é inútil observar que Lukács procurou na fenomenologia das produções literárias, e mesmo na retomada das distinções clássicas entre o agradável e o belo, pontos de apoio para suas reflexões sobre os diferentes níveis da subjetividade, e, mais particularmente, para a dissociação entre a subjetividade confinada ao nível da particularidade (trata-se da mera singularidade ou da mera individuação, ou da subjetividade presa aos limites classistas ou nacionais) e a subjetividade que se explicita como portadora de qualidades de valor universal. Temos em vista as distinções operadas em diferentes pontos de sua *Estética* entre as produções subsumidas sob a categoria de *Belletristik* (as Belas Letras), expressões de uma subjetividade estética que não chega a se içar ao nível da universalidade (permanecem confinadas num particularismo sociológico, como é o caso do drama burguês na aurora da nova época, antes da aparição de Lessing ou de Schiller), e as verdadeiras obras literárias, que carregam a marca daquilo que transcende a mera particularidade, trazendo consigo mais precisamente uma força de irradiação que rompe os limites do *hic et nunc* histórico. No caso destes últimos, a subjetividade estética se torna a expressão da autoconsciência do gênero humano, atingindo um nível de substancialidade que ultrapassa qualquer forma de particularismo.

Basta comparar essa dialética entre o particular e o universal, que, nas análises de Lukács, torna-se também uma

---

153. Cf. A carta aberta a Rolf Hochhuth, enviada em 1967 por Adorno a título de réplica a um texto de homenagem a Lukács, publicado pelo escritor alemão com o título bastante contestável, segundo Adorno, de "A Salvação do Homem", em *Die Rettung des Menschen*, na *Festschrift zum achtzigsten Geburtstag von Georg Lukács p*ublicada na ocasião do octogésimo aniversário do esteticista húngaro (Frank Benseler [Hrsg.], Berlin: Luchterhand, 1965). A carta foi reproduzida na coletânea de textos de Adorno intitulada *Zur Dialektik des Engagements* (Berlin: Suhrkamp Taschenbuch, p. 179-186), em francês no volume de Adorno *Notes sur la littérature* (Paris: Flammarion, 1984, p. 421-428).

dialética entre a existência inautêntica e a existência autêntica (a existência estagnada no nível da "particularidade", privada da dimensão da substancialidade, frequentemente é, a seu ver, o produto da manipulação generalizada, no mundo moderno) e as considerações de Heidegger sobre as relações entre inautenticidade e autenticidade, que dominam os desenvolvimentos sobre a ipseidade (*Selbstheit*) em *Ser e Tempo*, para – novamente – ter-se a dimensão da profunda clivagem entre os dois pensamentos.

A filosofia da subjetividade de Lukács culmina numa ética, o absoluto (se pudermos usar aqui esse conceito da filosofia tradicional) converge, para ele, no processo de sinergia das aptidões e das faculdades numa unidade superior; não é por acaso que um capítulo essencial de sua *Estética* traz um título inspirado por um verso de Goethe, "O Homem Como Núcleo ou Casca" (*Der Mensch als Kern oder Schale*), pois, tratando-se da atividade estética ou da atividade ética, ele busca sua realização no cerne da personalidade, designada como a "substancialidade moral", *conditio sine qua non* também da "substancialidade estética". Heidegger, como vimos, sempre se recusou a reconhecer o mérito da disciplina chamada ética, considerando que o pensamento do Ser basta a si mesmo para responder às interrogações sobre o *humanitas* do *homo humanus*. A afirmação proferida na *Carta Sobre o Humanismo*, de que "As tragédias de Sófocles [...] abrigam mais originalmente o *ethos* propriamente dito do que as lições de Aristóteles sobre a Ética"[154], apesar de sua aparente profundidade, está longe de ser convincente: o tratamento sistemático de questões de ética por Aristóteles, sobretudo na Ética a Nicômaco (da qual, além disso, o próprio Heidegger tirou sua inspiração para sua metafísica do *Dasein*), continua como uma aquisição insubstituível para a história do pensamento, e a comparação com o *ethos* difundido pelas tragédias de

---

154. M. Heidegger, *Lettre sur l'humanisme*, p. 144-145. (Ed. bras., Carta Sobre o Humanismo, *Marcas do Caminho*, p. 367.)

Sófocles, com o objetivo de depreciar a "ética" enquanto disciplina sistemática, não acerta seu alvo.

A discussão que se centrou, há alguns anos, nas páginas da revista *Inquiry*, no tema das relações do pensamento de Heidegger com a ética, após a publicação do livro de Frederick A. Olafson[155], seguida de um longo relatório publicado com o título de *Heidegger and Ethics*, assinado por Herman Philipse, autor de uma importante obra sobre a questão do Ser em Heidegger[156], e de uma resposta de Olafson, permitiu mostrar o caráter muito problemático das tentativas de estabelecer uma ética a partir dos teoremas teológicos da analítica heideggeriana do *Dasein*. Se Herman Philipse chegou a falar dos "efeitos desastrosos" que as posições principiológicas de Heidegger tiveram sobre as análises da ética[157] foi porque a recusa do autor de *Ser e Tempo* em considerar as pesquisas de antropologia, de sociologia ou de psicologia para edificar sua analítica do ser-aí excluía, aos olhos do filósofo holandês, qualquer possibilidade de elaborar uma ética, inconcebível sem a inclusão dos dados da experiência sintetizados pelas diferentes ciências humanas. O esforço de Olafson, no qual Philipse reconhece certa coerência em sua tentativa de reconstruir uma ética heideggeriana a partir do conceito de *Mitsein* (ser-com), vai de encontro ao que o autor de *Heidegger's Philosophy of Being* designa como contradições internas, verdadeiras antinomias, que dilaceram o pensamento heideggeriano do ponto de vista da ética. Philipse questiona com insistência o que ele chama de "decisionismo individualista", que resulta, segundo ele, da concentração heideggeriana da existência autêntica na ipseidade, e de sua compatibilidade com o deslocamento do centro de gravidade para as realidades supraindividuais, como "o povo", o "destino" (a partir do famoso parágrafo

---

155. Cf. *Heidegger and the Ground of Ethics: A Study of Mittsein*, Cambridge: Cambridge University Press, 1998.
156. Cf. *Heidegger's Philosophy of Being: A Critical Interpretation*, Princeton: Princeton University Press: 1998.
157. H. Philipse, Heidegger and Ethics, *Inquiry*, n. 42, p. 439-474.

74 de *Ser e Tempo*), até o elogio do *Führer* nos discursos de 1933-1934 (em que o autor afirmava que o "indivíduo, onde está, não vale nada", "o destino de nosso povo no seu Estado é a realidade suprema") e a celebração do Ser, que por sua transubjetividade representa, para o intérprete, uma forma profunda de heteronomia. Sobre a questão da autonomia e da heteronomia, fundamental para a ética, o pensamento de Heidegger parece estar permeado de antinomias, e o texto *Heidegger and Ethics* termina com a conclusão severa que tanto Heidegger quanto seu comentador Olafson são *degenerate fundamentalists* (fundamentalistas degenerados), que não conseguem fornecer bases seguras ao ato ético[158].

Para nossa confrontação Lukács-Heidegger, esse debate acerca da possibilidade de formular uma ética a partir das posições heideggerianas é interessante na medida em que nos permite precisar a oposição entre, de um lado, uma ontologia do ser social, que chega a esboçar uma teoria da gênese dos valores morais através de uma via puramente dialética e sem nenhuma concessão à transcendência, valores que, para Lukács, são impensáveis sem a distinção entre a "especificidade do gênero humano em-si" e a "especificidade do gênero humano para-si", portanto, sem um conceito rigorosamente intramundano do *humanitas* do *homo humanus*, e, de outro lado, um pensamento do Ser que, ao ir contra a corrente da tradição hegeliana e ao recusar categoricamente a dialética, avança na busca do *humanitas* se movendo entre os extremos da ipseidade (da *Selbstheit*) – vide as análises da existência autêntica em *Ser e Tempo* – e a "comunidade do povo" (a *Volksgemeinschaft*), procurando apoio na transcendência do Ser ou do Acontecimento (*das Ereignis*), amparo mítico de uma conversão para o "outro Começo".

O desafio lançado por Heidegger ao "humanismo", em nome da promessa de atingir um pensamento muito mais elevado do *humanitas* do *homo humanus* graças à sua ancoragem na transcendência do Ser, finalmente se revela como

---

158. Ibidem, p. 468.

uma mensagem vazia de conteúdo, dado a indeterminação fundamental que marca a misteriosa transcendência do Ser, sobretudo no plano ético. Quando, em 1933, Benedetto Croce, filósofo do liberalismo e iminente figura do antifascismo europeu, soube da adesão de Heidegger ao nacional-socialismo e tomou conhecimento de seu famoso *Discurso do Reitorado*, registrou sua reação nas cartas enviadas ao seu amigo Karl Vossler e num parecer, marcado pela acidez, publicado em sua revista *La Critica*[159]. A carta a Vossler de 9 de setembro de 1933 estabelece uma relação entre o que lhe parecia ser a vacuidade última dos filosofemas hiedeggerianos e o sucesso que esse tipo de pensamento encontra: "*il vuoto e generico ha sempre del successo*" (o vácuo e o genérico sempre têm sucesso), escrevia Croce[160], expressando sua recusa visceral a uma filosofia que substitui a reflexão acerca das atividades do espírito no concreto histórico (ele apontou em Heidegger a ausência de uma reflexão acerca do direito, da moral, da ética, da história etc.) por especulações de caráter abissal sobre o "sentido do Ser".

Lukács, diferentemente de Croce, voltou-se para a ontologia na fase final de seu pensamento, portanto, voltou-se para um pensamento sobre o ser e suas categorias fundadoras. Compartilha, assim, a exigência croceana de um pensamento da imanência, eminentemente terrestre, ancorado no concreto histórico. Faz isso, porém, partindo de um rigoroso materialismo filosófico, ao contrário do que se dá em Croce. A tese que queremos defender, a título de conclusão, é que a ontologia lukacsiana, mais especificamente seu pensamento a respeito do ser e de suas categorias, oferece um dos melhores instrumentais para *desmitologizar* o pensamento heideggeriano, ou, mais precisamente, para restituir o pensamento do ser ao terreno da concretude histórica, retirando da famosa e drástica disjunção heideggeriana entre o ser e o ente sua legitimidade filosófica (Adorno já havia

---

159. A resenha de Croce do *Discurso do Reitorado* está publicada em *La Critica*, 1934, p. 69-70, e reproduzida no volume *Conversazioni Critiche*, V, Bari: Laterza, 1951

160. *Carteggio Croce-Vossler*, Napoli: Bibliopoli, 1991, p. 362.

empreendido uma operação crítica salutar como essa[161], mas seu pensamento estava carregado de preconceitos antiontológicos prejudiciais[162]), e traçando cuidadosa e acuradamente os contornos de uma ética, ponto em que o pensamento heidegerriano evidentemente deixa a desejar.

Poderíamos argumentar que o gesto filosófico decisivo do último Lukács, de se voltar para um pensamento sobre o ser, com um decidido protesto contra o eclipse que esconde essa problemática primordial no pensamento contemporâneo (o neopositivismo de um Carnap era visado em primeiro plano), não tinha outro sentido além de reencontrar o movimento de pensamento iniciado muito antes por Heidegger, que denunciara o "esquecimento do Ser" como consubstancial ao pensamento metafísico. O autor ainda havia questionado especialmente a hegemonia do pensamento instrumental e puramente operacional, como Lukács também faria, reivindicando o retorno à *die Sache des Denkens* (à causa do pensar)[163]. Já dissemos que a crítica da *manipulação* (Heidegger falava da proliferação das *Machenschaften*, maquinações ou "armações") é uma característica comum aos dois pensamentos. Além disso, Lukács não hesitou em reconhecer o *Grunderlebnis* heideggeriano (a "vivência fundamental", a experiência que dá fundamento, o ponto de partida da especulação filosófica) como um "protesto" contra a proliferação da reificação no mundo moderno[164], e Sartre

---

161. Cf. T.W. Adorno. *Ontologie und Dialektik*, Berlin: Suhrkamp, 2002. (Trata-se do curso dado na Universidade de Frankfurt em 1960-1961.) Cf. também *Negative Dialektik*, Berlin: Suhrkamp, 1966 (a seção intitulada *Ser e Existência*). (Ed. bras., *Dialética Negativa*, trad. Marco Antonio Casanova, Rio de Janeiro: Jorge Zahar, 2009.)

162. Sobre este ponto preciso, cf. nosso texto intitulado Adorno e Lukács: Polêmicas e Mal-Entendidos, presente nesta coletânea.

163. Cf. M. Heidegger. *Zur Sache des Denkens*, Tübingen: Max Niemeyer, 1969, em particular o capítulo intitulado Das Ende der Philosophie und die Aufgabe des Denkens (texto de uma conferência lido na Unesco em 1964), onde a crítica da cibernetização da existência antecipa diretamente a posição similar de Lukács.

164. G. Lukács. *Zur Ontologie des gesellschaftlichen Seins*, v. II. (Ed. bras., *Para uma Ontologia do Ser Social I*.)

viria a falar, em *Questão de Método*, de um existencialismo como um "protesto idealista contra o idealismo"[165].

Mas Lukács expressou sem ambiguidade o caráter vão do projeto de desenvolver um pensamento do Ser que voltasse suas costas para a riqueza das categorias adquiridas na história da metafísica ocidental, em nome de um retorno à originalidade da apreensão do Ser no pensamento dos pré-socráticos. Sua admiração pelo pensamento destes últimos não era menor que a de Heidegger (suas razões para isso estão expostas numa página de sua *Ontologia*), mas não cogitou fazer disso o pretexto para questionar o legado das categorias acumuladas na história do pensamento, e menos ainda pensou em identificar a metafísica, sinônimo de "doutrina das categorias" tanto para ele quanto para Nicolai Hartmann, com um "pensamento do ente" que teria levado ao "esquecimento do ser" (é a caracterização da metafísica formulada pelo último Heidegger). Se aceitamos a ideia de que é possível considerar o pensamento do ser em Lukács como um poderoso instrumento para *desmitologizar* o pensamento de Heidegger (tomamos essa fórmula emprestada de um filósofo norte-americano, John Caputo, autor de um livro intitulado *Demythologizing Heidegger*, mas a usamos num sentido bem diferente), foi porque o ser em Lukács aparece saturado de categorias e de concreção histórica, estruturado e ricamente articulado, ao passo que o Ser heideggeriano reivindica uma misteriosa independência quanto ao ente, o que levou Karl Löwith, por exemplo, a levantar a questão da coerência do pensamento de seu mestre, pois encontrou em Heidegger, a propósito das relações entre Ser e ente, fórmulas essencialmente contraditórias[166]. A respeito da questão do ser social, vimos

---

165. J-.P. Sartre. *Questions de méthode*, p. 22. (Ed. bras., *Questão de Método*, p. 18.)

166. K. Löwith, Heidegger: Denker in dürftiger Zeit, *Sämtliche Schriften*, n. 8, Stuttgart: J.B. Metzler, 1984, p. 160-164. Lukács não deixou de destacar o alcance da análise de Löwith, as formulações contraditórias de Heidegger sobre um ponto capital de seu pensamento (as relações entre o ser e o sendo), parecendo-lhe reveladoras pelas incertezas, e mesmo a

que basta comparar o *Mitsein* (o ser-com) heideggeriano com as análises lukacsianas da especificidade do ser social para se ter noção de tudo o que separa uma abordagem genético-ontológica, que analisa a intersubjetividade e suas múltiplas formas através de sua ancoragem no processo de produção e de reprodução da sociedade, de uma abordagem "fenomenológica" que chega, pelo viés da "essencialização", a uma representação empobrecida e abstrata da sociedade. O desprezo de Heidegger pela sociologia se voltará contra ele próprio: sabemos, por meio do depoimento totalmente confiável de Max Müller, discípulo e interlocutor do filósofo de Friburgo, que Heidegger estigmatizava a sociologia e a psicologia como "formas de pensamento decadentes, produzidas pelas grandes cidades" (*grossstädtisch-dekadenten Denkweisen*), culpando a primeira por fazer da história um "sistema a-histórico", e a segunda por substituir a história e suas exigências pelas "nossas representações"[167]. A *démarche* de Lukács se situa no polo oposto à de Heidegger: o capítulo sobre a alienação de *Para uma Ontologia do Ser Social* é rico em referências aos trabalhos de sociologia de David Riesman (*La Foule solitaire*), de Wright-Mills, de W.H. Whythe, ou aos de um "economista esclarecido" como John K. Galbraith, enquanto o culto à "originalidade" (da *Gleichursprünglichkeit*) de Heidegger, que seduziu tantos espíritos refinados, a ponto de aprisioná-los numa admiração beata, se comprazia numa grande indiferença em relação à "ciência que não pensa".

O pensamento do último Lukács, justamente porque remonta aos fundamentos do ser social, da atividade estética ou da atividade ética (trata-se do autor do último grande *sistema filosófico*, numa época em que o fim do pensamento

---

arbitrariedade de seus fundamentos especulativos. Cf. o posfácio de Lukács para *Die Zerstörung der Vernunft*, p. 659 (Ed. espanhola, *El Asalto a la Razón*, p. 675.)

167. Cf. M. Müller, Ein Gespräch mit Max Müller, em *Freiburger Universitätsblätter*, Heft 92, jun. 1986, número intitulado *Martin Heidegger: Ein Philosoph und die Politik*, p.16.

sistemático não para de ser proclamado), é o mais apto a desmistificar o discurso a respeito da existência de uma "ética originária" em Heidegger, acerca do caráter "transitivo" de seu Ser ou sobre a necessidade de um "outro Começo" que substituiria a arquitetura categorial da metafísica. A imagem de um Lukács como pensador confinado à "prática", que não chega a se emancipar dos imperativos do combate proletário, imagem alegada, por exemplo, por Kostas Axelos no prefácio escrito há quase cinquenta anos para a edição francesa de *História e Consciência de Classe*, obra à qual o autor do prefácio opunha o "horizonte planetário" do pensamento de Heidegger, que levantaria um "grande e grave problema" que "por nenhum instante Lukács toca"[168], ficou terrivelmente ultrapassada. Se for verdade que os heideggerianos permanecem completamente ignorantes quanto ao discurso filosófico do último Lukács, preferindo ruminar seus antigos estereótipos filosóficos e cultivar os fantasmas de um Heidegger "pensador planetário", não é menos certo que a empreitada lukacsiana de retomar os fundamentos categoriais do ser social e edificar, assim, a base sólida para uma ética, permite lançar uma nova luz, um esclarecimento crítico singular sob as pretensões exorbitantes do pensamento heideggeriano. Perguntamo-nos, por exemplo, no que toca os fundamentos basilares à ética (vimos que autores como Frederick Olafson, Jean-Luc Nancy ou Joanna Hodge defendem a existência de uma ética heideggeriana), o que devemos pensar nos anátemas lançados por Heidegger sobre os *valores* e a legitimidade de uma *filosofia dos valores*, ambos rejeitados com gestos de desprezo, após tomarmos conhecimento das teses de Lukács sobre o *agir teleológico* como núcleo da vida social e os *valores* como horizonte consubstancial ao pôr teleológico (*teleologische Setzung*). Ao definir a sociedade como um "complexo de complexos" e mapear os diferentes tipos de

---

168. K. Axelos, prefácio a *Histoire et conscience de classe*, datado do Natal de 1959, em G. Lukacs, *Histoire et conscience de classe*, Paris: Editions de Minuit, 1960, p. 6-7.

pores teleológicos (de intencionalidade), dos quais destaca a especificidade do desenvolvimento desigual – econômico, jurídico, moral, ético –, Lukács mostra o lugar insubstituível dos *valores* na arquitetura da subjetividade, centros de referência e fatores de polarização de cada tipo de agir. Basta comparar a ontologia social ou o pensamento sobre a história de Heidegger com os de Lukács para nos darmos conta das carências, para não falar da vacuidade, a que é levado o primeiro pela expulsão forçada da categoria do *valor*. Mesmo quando o que está em questão são distinções concernentes às categorias mais específicas da vida social, como aquela entre a solicitude substitutivo-dominadora (*einspringende Fürsorge*) e a solicitude antecipatório-libertadora (*vorsspringende Fürsorge*), desenvolvidas por Heidegger no parágrafo 26 de *Ser e Tempo*, a partir da justíssima tese básica sobre o ser-com (*Mitsein*) como existencial básico da vida social, a ausência de consideração de categorias como o *interesse* ou o *valor* priva a análise da verdadeira concreção histórica, pois os motivos e as finalidades desse agir comum são suprimidos.

Nunca saberemos o que Heidegger pensava, por exemplo, da dialética hegeliana do senhor e do escravo, desenvolvida na *Fenomenologia do Espírito* (trata-se, contudo, de uma relação exemplar no interior do ser-com, do *Mitsein*), ao passo que Lukács forneceu, em *O Jovem Hegel*, uma análise bem convincente das páginas hegelianas que prefiguram claramente as análises marxianas. Os conceitos de classes sociais e antagonismo de classe estariam fora do campo do *Mitsein* heideggeriano, com as consequências dessa rejeição se tornando tangíveis nos discursos feitos diante dos estudantes do ano de 1933, em que as chamadas inflamadas para o "serviço de trabalho" e as tentativas de dar um conteúdo para o conceito de "nacional-socialismo" acompanhavam regularmente as precauções contra as contaminações marxistas do conceito de socialismo e contra os fantasmas da existência das classes sociais. Era esperado que a *Volksgemeinschaft* (comunidade do povo) a que Heidegger fazia votos supostamente enterrasse definitivamente a divisão da sociedade em classes sociais[169].

As carências, para não falar da vacuidade, da ética heideggeriana, aparecem sob uma luz particular quando se tem em mente o plano de fundo das considerações acerca da ontologia lukacsiana e de uma ontologia do ser social, edificada sobre o fundamento de uma ontologia da natureza (a especificidade dessas duas regiões ontológicas, sua continuidade e sua profunda heterogeneidade estão no centro da *Ontologia* de Lukács, enquanto, segundo a observação penetrante de Löwith, a ontologia de *Ser e Tempo* é uma "ontologia sem cosmologia"[170]), que se desenvolve também como uma fenomenologia da subjetividade e que analisa a dialética dos afetos e das faculdades até as sínteses da "especificidade do gênero humano em-si" (mobilização das faculdades para assegurar a reprodução do *status quo* social) e a "especificidade do gênero humano para-si" (totalização das faculdades destinadas a assegurar a emancipação do gênero humano e a realização dos indivíduos). Só nos resta retornar a uma pergunta formulada antes: qual é a origem (a gênese ontológica) do *impessoal* enquanto "ditadura" da alienação (da "publicidade"), se não nos contentamos com o postulado heideggeriano de que se trata de uma constante ontológica do *Dasein*, e se queremos substituir os processos visados por esse fenômeno na história real das sociedades, analisando, assim como faz Lukács, as condições de possibilidade do surgimento da reificação e da alienação? Qual conteúdo concreto tem o conceito heideggeriano de "autenticidade" se não nos contentamos em circunscrevê-lo à esfera do "ser-para-a-morte" e em suprimir por meio da força as noções de *agir teleológico* e, sobretudo, de *valor*?

---

169. Dentre muitos outros textos da época, cf. o discurso aos estudantes pronunciado no dia 1º de fevereiro de 1934 e publicado no jornal *Der Alemanne*, reproduzido na coletânea de Guido Schneeberger, op. cit., p. 201-202, onde o ataque contra a concepção marxista do trabalho e contra o conceito de classe social é abertamente formulado.
170. K. Löwith, Heidegger: Denker in dürftiger Zeit, op. cit., p. 152.

Quem não se impressiona com o caráter vago, para não dizer com a indeterminação ontológica de conceitos fundamentais como: "o povo" (que aparece no parágrafo 74 de *Ser e Tempo*, mas que vai proliferar em seus escritos dos anos de 1930, até fórmulas encantadoras do tipo: *Das Wesen des Volkes gründet in der Geschichtlichkeit der Sichgehörenden aus der Zugehörigkeit zu dem Gott*[171]); o "destino" (*das Schicksal*), o "destino coletivo" (*das Geschick*) ou o "chamado destinal" (*die Schickung*); a "nobreza do ser" (*der Adel des Seins*)[172] ou "a disputa da Terra e do Mundo" (*der Streit der Erde mit der Welt*); ou ainda o conceito de história do Ser (*Seynsgeschichte*), se os comparamos com o rigor dos conceitos formulados em *Para uma Ontologia do Ser Social*, fundados na experiência e nos dados da pesquisa, na análise da gênese e do meio ontológico particular a partir de suas condições de possibilidade, chegando, assim, progressivamente, a traçar o esboço de uma futura ética.

Quando Lukács fala do ser, ele visa, em primeiro lugar, o *Ansichseiende* (ser-em-si), destacando fortemente seu caráter transubjetivo (logo, a autonomia das cadeias causais em relação aos atos de pôr teleológico), seguindo seus progressivos estratos (ser inorgânico, ser orgânico, ser social) até chegar aos diferentes níveis da subjetividade (portanto, tendo em mente a distinção entre objetivação e exteriorização), atingindo os pontos culminantes do gênero humano em-si e do gênero humano para-si. O próprio Heidegger também afirma a transubjetividade do Ser, mas condiciona sua revelação ao surgimento do *Dasein*, fazendo, de forma contraditória, da presença da subjetividade a condição de emergência do Ser. Em Lukács, podemos falar de uma autofundação categorial do ser, que

---

171. M. Heidegger, cf. o parágrafo 251, intitulado Das Wesen des Volkes und Dasein, em *Beiträge zur Philosophie*, GA, v. 65, p. 398-399: "A essência do povo se funda na historicidade da possessão de si que engendra a fidelidade ao deus"; ou, um pouco antes, a fórmula: "*das noch nicht volkhafte 'Volk'*" (o povo que ainda não atingiu sua essência de povo).
172. Ibidem.

se estrutura pelo seu movimento interno, enquanto o Ser heideggeriano é uma presença mítica, que se revela e se esconde, e cuja função é fornecer uma garantia especulativa para a transcendência do *Dasein*. O pensamento de Lukács é *par excellence* um pensamento da imanência (sua vocação é, de forma indefectível, *terrestre*, mundana; é um pensamento da *Diesseitigkeit*), o de Heidegger desemboca no fantasma de um último Deus, revelando assim seu caráter cripto-teológico.

A *Ontologia* de Lukács abre as portas para uma teoria da gênese dos afetos, seguindo a fenomenologia da subjetividade até uma teoria da gênese dos *valores*, com o objetivo de circunscrever a especificidade da *atividade ética*, cuja vocação, a seu ver, é para organizar o mundo dos afetos, para hierarquizá-los introduzindo neles a coerência. A catarse é um tema comum ao seu pensamento estético e à sua ética. Heidegger se orgulha e se glorifica por ter derrubado os conceitos de "individualidade", de "pessoa", de "gênio", de "espírito", numa palavra, o pensamento da subjetividade, ao entregar o *Dasein* à "potência superior do Ser".

Vimos que o pensamento estético e ético do último Lukács se foca nas transições do estado de pura "particularidade" (os indivíduos presos à sua singularidade, sem laços com os rumos do gênero) a um estado em que suas ações trazem a marca da fórmula *tua res agitur*, inscrevem-se na história da comunidade do gênero, adquirem a marca de uma *humanitas* que diz respeito à emancipação ou à decadência da espécie humana enquanto tal. O homem como "núcleo", de maneira oposta ao homem como "casca" (para retomarmos a metáfora de Goethe), é aquele que chega a fazer valer a "nuclearidade" (*die Kernhaftigkeit*) de sua personalidade, essa zona essencial em que o indivíduo singular se junta à qualidade do gênero: o antigo teórico do "eu trágico", que no seu ensaio de juventude sobre "A Metafísica da Tragédia" (1910) se apoiou no "eu inteligível" de Kant, e no seu diálogo *Sobre a Pobreza do Espírito* (1912), sobre figuras exemplares como o Abraão de Kierkegaard ou o príncipe

Míshkin de Dostoiévski, permaneceu fiel ao seu elogio da tragédia, que, a seu ver, encarna o mundo das essências, a subjetividade levada ao paroxismo de sua autoafirmação. Na *Ontologia*, Lukács evoca o caso dos indivíduos que perdem a sua essência, que não chegam a descobrir sua natureza essencial, não chegam a realizar, portanto, "a lei" de sua personalidade, "*das Gesetz, wonach du angetreten*", segundo uma fórmula célebre de Goethe. Ele acaba desenvolvendo uma reflexão acerca das questões de moral prática a partir dessa dialética da singularidade e da universalidade, como no caso em que, ao final de suas notas autobiográficas intituladas *Pensamento Vivido*, ele opõe a *vaidade* e a *curiosidade*, a primeira como exemplo de traço psíquico que "fecha os seres humanos em sua particularidade" (que teria a "frustração" como seu inverso, mas sempre um exemplo do confinamento na particularidade), e a segunda, se for "autêntica", exemplo da abertura para a alteridade, portanto, de uma "arte de viver" não mais particular[173]. Quando compara a conduta de Antígona, inflexível em sua fidelidade às suas condutas éticas, à de sua irmã Ismênia, pronta a se dobrar diante das injunções de Creonte, de Electra e de Crisóstomo, ou a figura de Nora à de Madame Alving nas duas peças de Ibsen, ou, ainda, quando elogia figuras como Sócrates, Jesus ou Hamlet, é sempre o caráter representativo dessas figuras para a "especificidade do gênero humano para-si" que está em questão, sempre se trata do caráter exemplar para uma ética do homem integral.

Uma filosofia que se dedicou a destruir as próprias bases de uma filosofia da subjetividade, sob pretexto de que essa não faz justiça ao verdadeiro *humanitas* do *homo humanus*, como a de Heidegger, não poderia fazer nada além de impedir o caminho a qualquer tentativa de elaboração de uma ética, inconcebível, como mostra o exemplo de Lukács, fora de uma *ontologia da consciência*. Um pensamento do Ser,

---

173. G. Lukács, *Pensée vécue: Mémoires parlées*, p. 238. (Ed. bras., *Pensamento Vivido: Autobiografia em Diálogo*, p. 170.)

que testemunha uma cegueira, não apenas em relação à verdadeira natureza do ser biológico (vimos as consequências do antidarwinismo heideggeriano) mas ainda, e principalmente, quanto à constituição do ser social (vimos também o quanto falta uma real ancoragem sócio-histórica aos conceitos de "povo", "destino" ou "chamado destinal" e "história do Ser"), não poderia fazer nada além de procurar apoio na especulação sobre "o conflito da Terra e do Mundo", sobre o "Quadripartido" (*das Geviert*) ou sobre a passagem do "último Deus". Se pensarmos, por exemplo, na forte presença da Terra (*die Erde*) no pensamento de Heidegger, a partir de seu texto *A Origem da Obra de Arte*, e o significado que deve ser atribuído à enigmática confrontação entre o Mundo e a Terra (*der Streit der Welt und der Erde*), que reaparece como um *leitmotiv* nos *Beiträge*, perguntamo-nos qual conteúdo é preciso dar às forças telúricas às quais nos remete o conceito de *die Erde*, e qual pensamento sobre a história se deixa construir a partir desse misterioso combate entre o Mundo e a Terra. Ao mesmo tempo, não devemos esquecer que a ofensiva heideggeriana contra a autonomia e a autodeterminação do sujeito (já presente na explicitação do conceito de derrelição, cf. supra), cujo termo correlativo é a "potência superior do Ser", é acompanhada de uma forte recusa da dialética, estigmatizada pelo autor de *Ser e Tempo*, em termos de particular virulência, como "a ditadura da ausência de questão" (*Diktatur der Fraglosigkeit*), em cuja rede "qualquer questão é sufocada" (*In ihrem Netz erstickt jede Frage*)[174]. O *Renascimento de Hegel* (*Hegel-Renaissance*) suscita as mais vivas inquietações do filósofo, que dirige sua ira à "metafísica de Hegel" e, sobretudo, à "dialética marxista". Para entendermos, "o método da mediação dialética [...] escorrega furtivamente ao lado dos fenômenos", incapaz de apreender a "essência da técnica moderna", portanto, da "sociedade industrial"[175]. Trata-se do alvo privilegiado de

---

174. M. Heidegger, Zeichen [1969], em *Denkerfahrungen 1910-1976*, Berlin: Vittorio Klostermann, 1983, p. 151-152.
175. Ibidem.

um pensador que sonha em abolir o reino da modernidade. Compreendemos, assim, que, a partir desses filosofemas, a "democracia", assim como o "liberalismo", excrescências do reino da subjetividade, não podia ser outra coisa senão abominada, e que Heidegger não abandonara seu antigo combate dos anos de 1930 e 40 contra o "americanismo" e o "bolchevismo"[176].

A intensa animosidade contra a "sociedade industrial" (uma passagem dos *Beiträge* funde "industrialismo", "capitalismo" e "marxismo" sob o mesmo signo), a recusa da "dialética sujeito-objeto" (o idealismo clássico alemão, como promotor dessa dialética, é posto em descrédito[177]) e a obsessão com o marxismo são traços que justificam o encaixe de Heidegger na tradição da crítica romântica da modernidade, lembrando inevitavelmente os severos julgamentos de pensadores como Croce ou Lukács em relação à grande responsabilidade histórica do movimento romântico e sua crítica conservadora da modernidade, na emergência de correntes como o fascismo ou o nacional-socialismo no século xx. Não é inútil estabelecer um paralelo entre a reação contra a Revolução Francesa e contra o pensamento das Luzes, ou o frenesi nacionalista pangermânico de grandes românticos como Görres, Von Arnim, Adam Müller, e a recusa dos pensamentos do progresso, a *Aufklärung*, e evidentemente ao marxismo, em primeiro plano, por filósofos como Klages, Heidegger, Gehlen ou Baeumler, os quais se apoiaram, todos, na tradição romântica para encampar seu apoio ao nacional-socialismo (o jovem Heidegger havia falado do "grande Görres" e, mais tarde, mostrou-se fascinado pelas especulações teosóficas de Schelling, se confiarmos em Hans-Georg Gadamer[178]). Se decidirmos

---

176. Cf. N. Tertulian, Heidegger entre philosophie et histoire contemporaine, *Cahiers Philosophiques*, n. 111, outono de 2007, p. 9-15.

177. M. Heidegger. *Beiträge zur Philosophie*, parágrafo 104, "*Der deutsche Idealismus*", p. 203.

178. A referência à Görres é reportada por Hugo Ott em seu livro *Martin Heidegger: Unterwegs zu seiner Biographie*, Frankfurt/New York: Campus, 1988, p. 64. (Trad. francesa, *Martin Heidegger: Eléments pour une biographie*,

deixar por um momento as especulações "puras" sobre o *Dasein* e sobre a diferença ontológica, a fim de estabelecer a fisionomia das personagens que tiveram o apoio de Heidegger no concreto histórico, não poderemos nos impedir de tirar certas conclusões do elogio feito a figuras como Albert Leo Schlageter e Horst Wessel, ambos membros do partido nazista, canonizados por seu movimento, ou do julgamento positivo sobre "a sabedoria" de uma figura como Christoph Steding, um de seus antigos alunos, autor de um livro acerca do Reich publicado em 1938, livro que pretendia ser uma "metafísica do nacional-socialismo" (segundo a fórmula de Günther Anders)[179]. A leitura do discurso pronunciado no dia 26 de maio de 1933 pelo reitor Heidegger, a fim de celebrar a figura heroica do antigo membro dos Corpos Francos, Albert Leo Schlageter, derrubado sob as balas dos ocupantes franceses da Ruhr, possivelmente permite entrever uma resposta à questão da forma como é preciso compreender o elogio heideggeriano da Terra, antigo tema romântico poderosamente reatualizado pelo pensador do "enraizamento" (*Bodenständigkeit*). "Estudante de Friburgo", dirigia-se o reitor à plateia, "difunda com sua vontade a força que abafa as montanhas natais deste herói! [...] de rocha primitiva e de granito são as montanhas entre as quais esse jovem filho de camponês cresceu. Há muito tempo elas contribuem para a firmeza da vontade"[180].

Paris: Payot, 1990, p. 67.) Gadamer evoca a fascinação exercida pela especulação teosófica de Schelling sobre Heidegger, em seu texto *Sein Geist Gott* em *Heideggers Wege*, p. 159. (Trad. francesa, *Les Chemins de Heidegger.*)

179. A admiração por Horst Wessel é expressa na carta endereçada por Heidegger a Maria Scheler, a viúva de Max Scheler, no dia 7 de março de 1933, carta descoberta pelo norte-americano Iain D. Thomson e reproduzida em seu livro *Heidegger on Ontotheology*, Cambridge/New York: Cambridge University Press, 2007, p. 144. A caracterização de Cristoph Steding está na carta enviada pelo filósofo à sua esposa no dia 29 de fevereiro de 1939, em *Mein liebes Seelchen!: Briefe Martin Heideggers an seine Frau Elfride, 1915-1970*, München: DVA, 2005, p. 203.

180. M. Heidegger, *A la mémoire de Albert Leo Schlageter*, em Guido Schneeberger, *Nachlese zu Heidegger*, p. 48. (Trad. francesa, François Fédier em *Le Débat*, n. 48, jan.-fév de 1988, p. 179.) O tradutor francês, familiar ao

Ainda podemos buscar na tradição romântica as origens da adesão a um *particularismo nacional*, que, no período após 1933, levou Heidegger a estabelecer as clivagens profundas entre os "espaços" de diferentes povos e culturas, o que não deixa de lembrar as teses de Spengler ou a *païdeuma* de Frobenius, mas também de remeter à doutrina intitulada *Grossraum gegen Universalismus* (Grande Espaço Contra o Universalismo), que Carl Schmitt desenvolveria alguns anos depois. A frase abaixo, extraída do protocolo do seminário dado por Heidegger durante o inverno de 1933-1934, com o subtítulo de Über Wesen und Begriff von Natur, Geschichte und Staat [Sobre Essência e Conceito de Natureza, História e Estado], revela sua receptividade à tese da heterogeneidade dos espaços de vida e de cultura (a clivagem "povo eslavo-espaço germânico" vai adquirir, posteriormente, ressonâncias sinistras), mas é acima de tudo portadora de uma reflexão sobre a história judia que não deixará de agravar as suspeitas sobre seus preconceitos antissemitas: "A um povo eslavo, a natureza de nosso espaço alemão se manifestará diferentemente que a nós; ao nômade semita, ela sem dúvida jamais se manifestará"[181].

Se nos lembrarmos de que Heidegger recriminou a ideia de uma "razão lógica universal" (*allgemeine logische Weltvernunft*)[182] e de que era pouco simpático ao "movi-

embelezamento das coisas heideggerianas, travestiu a biografia de Schlageter ao afirmar que "os nazistas se apropriaram de sua lembrança [...] sem que ele mesmo tenha pertencido de perto ou de longe ao movimento"; a verdade, que evidentemente constrange os membros da seita do filósofo, é que Schlageter se juntou ao NDSAP – o partido nacional-socialista – em 1922, em Berlim, e chegou a ir escutar Hitler em Munique na ocasião de uma reunião em que o *Führer* se dirigia aos Corpos Francos e à organização Heinz. Cf. Jay W. Bird, *To Die for Germany Heroes in the Nazi Pantheon*, Blomington/Indianapolis: Indiana University Press, 1990, p. 20.

181. A frase em questão é citada por Frédéric Postel numa de suas intervenções reproduzidas no dossiê Heidegger, Política e Filosofia, do número consagrado pela revista *Cahiers Philosophiques* a este respeito (n. 111, outubro de 2007), p. 87.

182. Cf. O relatório enviado à Universidade de Munique sobre o filósofo neokantiano Richard Hönigswald, datado de 25 de junho de 1933, em GA, v. 16, *Reden und andere Zeugnisse eines Lebensweges*, p. 132.

mento do espírito das Luzes e da francomaçonaria tal como se manifestam hoje"[183], compreenderemos que a filiação estabelecida por Lukács, assim como por Croce, entre a tradição romântica e certo *antiuniversalismo* do irracionalismo alemão moderno é totalmente fundamentada[184]. Sobre esse ponto, também a oposição entre os pensamentos de Lukács e de Heidegger se manifesta com clareza. O fato de o pensamento do último Lukács culminar num elogio da *Gattungsmässigkeit* (da especificidade do gênero humano) expressa vivamente tal contraste.

Vimos que, nos seus últimos grandes trabalhos, Lukács mobilizou todas as suas forças intelectuais para dar um conteúdo tangível ao conceito de *universalidade humana*, retirando-a da esfera de uma vaga retórica e a enraizando rigorosamente no devir sócio-histórico (sua obra sempre busca distanciar-se dos discursos abstratos sobre a *conditio humana*). A distinção entre o caráter "mudo" do gênero nas espécies animais e o papel decisivo da linguagem na constituição de uma intersubjetividade dinâmica nas sociedades humanas preenche, nesse sentido, uma função fundadora. *Para uma Ontologia do Ser Social* culmina numa reflexão sobre o que considera os três resultados mais significativos do desenvolvimento da economia: a redução do tempo de trabalho destinado a assegurar a reprodução física dos indivíduos, o recuo das barreiras naturais e a socialização cada vez mais acentuada das atividades; temos, assim, a integração (a unificação) das diferentes sociedades em uma economia-mundo[185], possibilitando que a humanidade inte-

---

183. M. Heidegger, *Hölderlins Hymne, "Der Ister", Sommersemester 1942*, GA, v. 53, p. 108-109.
184. Sobre as origens românticas de certos temas do pensamento heideggeriano, cf. Philippe Lacoue-Labarthe, *Heidegger: La politique du poème*, Paris: Galilée, 2002, p. 164s.
185. Cf. Hans Heinz Holz; Leo Kofler; Wolfgang Abendroth, Gespräche mit Georg Lukacs em Georg Lukacs, *Autobiographische Texte und Gespräche*, Werke, v 18, Bielefeld: Aisthesis, 1966, p. 322-324. (Trad. francesa, *Entretiens avec Georg Lukacs*, Paris: Maspero. (Ed. bras., *Conversando Com Lukács*, trad. Giseh Vianna Konder, Rio de Janeiro: Paz e Terra, 1969, p. 121-122.)

grada se torne, então, a base tangível da autoconsciência do gênero humano.

Na *Estética*, em dado momento, ele afirma que é somente numa humanidade unificada pelo socialismo que a consciência do gênero humano pode se tornar uma realidade cotidiana, somente depois que as barreiras sociais ou nacionais tiverem sido abolidas[186]. Assim, ele não deixa de reivindicar o universalismo de certo pensamento estoico, das tradições das Luzes, do *Fausto* de Goethe ou da *Fenomenologia* de Hegel para celebrar a presença tangível de uma *humanitas* de caráter universal. Essa é a razão de não apreciar nem um pouco a crítica ao "socratismo" em Nietzsche (a Sócrates como antecipador do racionalismo das Luzes), enquanto para Heidegger a exaltação nietzschiana do "dionisíaco" (princípio antinômico ao pensamento de Sócrates) foi um fator catalisador para a evolução de seu pensamento[187]. É também a razão pela qual a passagem da *Carta Sobre o Humanismo* onde Heidegger afirma a superioridade do "pensamento de Hölderlin" sobre "o puro cosmopolitismo de Goethe"[188], suscita seu mais vivo protesto, sendo igualmente inconcebível ao autor aceitar a ideia de um Hölderlin situado no "além" do humanismo[189]. Lukács aponta, então, as reverberações de um antiuniversalismo nas teses de Heidegger (o tom pejorativo sobre o *Weltbürgertum*, o "cosmopolitismo" de Goethe, não lhe escapou), cujos efeitos funestos na história alemã não passaram despercebidos.

---

186. G. Lukács, *Die Eigenart des Ästhetischen*, v. I, p. 585. (György Lukács. *Estética: La Peculiaridad de lo Estético*, vol. II, p. 260-261.)
187. Cf. as páginas do curso Os Conceitos Fundamentais da Metafísica, Mundo-Finitude-Solidão, consagradas à influência de Nietzsche sobre Spengler, Klages, Max Scheler e Leopold Ziegler, e sobre o alcance do princípio do dionisíaco. Otto Pöggeler acreditou poder identificar aí a primeira manifestação de uma virada em direção a Nietzsche.
188. M, Heidegger, *Lettre sur l'humanisme*, p. 100-101. (Ed. bras., Carta Sobre o Humanismo, *Marcas do Caminho*, p. 352.)
189. G. Lukács, Heidegger redivivus, *Existentialismus oder Marxismus?*, p. 162-163.

NICOLAI HARTMANN E GYÖRGY LUKÁCS: UMA ALIANÇA FECUNDA

A julgar pelas correntes que dominam atualmente a cena filosófica, a orientação para a ontologia enquanto ciência filosófica fundamental inaugurada nas primeiras décadas do século XX por Nicolai Hartmann, e retomada quase no mesmo momento por Heidegger, não parece ter dado os resultados esperados.

O pensamento de Hartmann é cada vez mais relegado ao esquecimento (o recente *Dictionnaire des Philosophes* [Dicionário dos Filósofos], *Encyclopaedia Universalis*, de 1998, não o menciona), e Heidegger abandonou voluntariamente o conceito de "ontologia fundamental" no âmbito de sua crítica geral da metafísica. A grande obra póstuma de György Lukács, *Para uma Ontologia do Ser Social*, é sua obra menos conhecida[1]. Roman Ingarden, que, ao se dis-

1. Maurizio Ferraris, diretor de um laboratório de ontologia na Universidade de Turin publicou, nas edições Guida de Nápoles, ▶

173

tanciar do idealismo transcendental de Edmund Husserl, seu mestre, elaborou um grande livro de ontologia realista em três volumes, *Der Streit um die Existenz der Welt* (Controvérsia Acerca da Existência do Mundo), não parece ter marcado muito os espíritos (seu nome também não figura no *Dictionnaire des Philosophes*).

Nicolai Hartmann aparece cada vez mais como um solitário no cenário filosófico contemporâneo. Paradoxalmente, são suas próprias qualidades que progressivamente o arrastaram para a sombra: o espírito sóbrio, rigoroso, extremamente controlado de sua *démarche*, sua vigilância em relação a toda forma de embriaguez do pensamento, sua resistência aos preconceitos e aos mitos que impregnavam as correntes filosóficas do século.

Somente Lukács parece ter se interessado por seu pensamento, tendo lhe consagrado um importante capítulo em *Para uma Ontologia do Ser Social*. Seu interesse manifesta uma solidariedade profunda com um pensador não conformista. O etos do pensamento de Hartmann foi o de uma deontologia radical, de um trabalho crítico de colocar à prova rigorosamente os fundamentos e as suposições da reflexão filosófica, trabalho sintetizado na fórmula: "ontologia crítica".

Um Encontro Aparentemente Insólito

Lukács encontrou Nicolai Hartmann relativamente tarde. Aparentemente tomou conhecimento de suas obras fundamentais de ontologia somente no início dos anos de 1960, depois de ter acabado sua *Estética*. Mas o efeito desse encontro não foi pouco importante. Numa entrevista concedida no outono de 1963 ao jornalista alemão Günther Specovius, Lukács fala de Hartmann como o "mais importante pensador da Alemanha da última metade desse século"

▷ uma pequena síntese chamada *Ontologia* (2003), que dedica um grande espaço à filosofia analítica, mas onde *Para uma Ontologia do Ser Social* de Lukács sequer é mencionado.

(*den bedeutendsten Denker Deutschlands im letzten halben Jahrhundert*[2]). Esse encontro pode parecer insólito se pensarmos na distância que separa um pensador engajado nos combates políticos e ideológicos do século, de um filósofo que se consagrou a um trabalho solitário e a uma carreira exclusivamente acadêmica.

De fato, foi Wolfgang Harich, filósofo marxista da então Alemanha oriental, antigo estudante de Hartmann em Berlim durante a Segunda Guerra Mundial, quem chamou a atenção de Lukács para a obra de seu professor, numa longa carta de 5 de setembro de 1952. Em sua resposta de 16 de setembro de 1952, Lukács confessa que conhece "muito pouco" Hartmann[3], mas ainda assim lembra que havia assistido à sua conferência em Berlim, em 1931, no Congresso-Hegel, que lhe causou uma impressão muito positiva. Ele lembra também que as críticas dos neo-hegelianos (provavelmente Georg Lasson, editor dos escritos de Hegel) haviam se voltado contra Hartmann graças à sua interpretação – orientada para a objetividade – da dialética hegeliana, interpretação que contradizia as tendências dominantes do neo-hegelianismo da época[4]. Mas a leitura

2. Günther Specovius, Gespräch mit Georg Lukács, mss. p. 13 (em posse dos *Arquivos-Lukács* em Budapeste).
3. Wolfgang Harich; Georg Lukács, *Briefwechsel*, em *Deutsche Zeitschrift für Philosophie*, v. 45, n. 2, 1997, p. 281-285.
4. Testemunho sobre a recepção crítica da conferência de Hartmann no Congresso-Hegel de 1931 no artigo publicado por Karl-August Wittfogel, o futuro autor de *Despotismo Oriental*, na revista *Linkskurve* (ano III, n. 11, nov. 1931, p. 17s), onde o autor cita a "reprimenda" pronunciada por Georg Lasson. A resenha do congresso publicada nos *Kant-Studien* destaca a importância da contribuição de Hartmann, sem mencionar a retratação reivindicada por Lasson (ninguém menos que o presidente do Congresso). O texto da conferência de Hartmann não figura nas *Atas* do Congresso (cf. *Verhandlungen des zweiten Hegelkongresses vom. 18. bis 21 Oktober 1931 in Berlin*, 1932, J.C.B. Mohr, Paul Siebeck, Tübingen). O editor das Atas, o filósofo holandês B. Wigersma, expressa, no prefácio do volume, seu arrependimento por tal omissão, ao explicá-la pelo fato de que o texto da conferência havia sido confiado pelo autor à *Revue de Métaphysique et de Morale*, onde chegou a ser publicada em tradução francesa em dezembro de 1931. Wigersma acrescenta que sequer obteve de Hartmann um resumo de sua conferência. Devemos ver nesses reveses ▶

do livro de Hartmann sobre Hegel (obra publicada em 1929, segundo volume do trabalho realizado em 1923 sobre *A Filosofia do Idealismo Alemão*), leitura motivada pela conferência do Congresso-Hegel, foi, escreve Lukács a Harich, muito decepcionante. A monografia sobre Hegel publicada por Hartmann em 1929 é, com efeito, uma exposição sem muita relevância do pensamento hegeliano, e de menor interesse que o estudo intitulado "Hegel und das Problem der Realdialektik" (Hegel e o Problema da Dialética Realista), publicado em 1935 no *Blätter für Deutsche Philosophie* (Jornal de Filosofia Alemã) e retomada posteriormente no *Kleinere Schriften II* (Escritos Menores)[5]. Este estudo retoma no essencial a conferência de 1931. Contudo, Lukács jamais cita esse texto, que aparentemente não leu (nem à época, nem mesmo mais tarde, o que poderia explicar sua visão um pouco inexata das relações entre o pensamento de Hartmann e a dialética hegeliana; nós retomaremos este ponto).

Na realidade, Lukács começou a se interessar pelo pensamento de Hartmann, especialmente por seus trabalhos de ontologia, no momento em que ele mesmo sentiu a necessidade de dar bases categoriais sólidas a seu pensamento sobre a sociedade e sobre as diferentes atividades do espírito (a arte, a ciência, a religião), fundando sua filosofia marxista em uma teoria geral das categorias do ser. Na sua *Estética* (1963), às vezes cita obras de Hartmann como *Das Problem des geistigen Seins* (O Problema do Ser Espiritual) (1933) ou o opúsculo *Teleologisches Denken* (O Pensar Teleológico) (1951), sem contar, evidentemente, as numerosas referências, por vezes polêmicas, à *Estética* (1953). Também é perceptível que conhecia a *Filosofia da Natureza* de Hartmann. Foi somente depois da conclusão da *Estética*, e com

---

▷ uma repercussão das divergências presentes no Congresso, às quais a carta de Lukács a Harich faz referência. Na França, o texto de Hartmann também foi reproduzido no volume *Études sur Hegel* (Paris: Armand Colin, 1931), que inclui as contribuições publicadas no número sobre Hegel da *Revue de Métaphysique et de Morale* (cf. supra).

5. Berlin: Walter de Gruyter, 1957.

o começo dos trabalhos preparatórios da *Ética*, que Lukács se debruçou seriamente sobre os grandes livros de ontologia de Hartmann. As *Versuche zu einer Ethik* (Notas Preparatórias à Ética), que nos permitem penetrar no processo de formação do pensamento lukacsiano dos anos 1960-1964, contêm um bom número de referências significativas a obras como *Zur Grundlegung der Ontologie* (Do Fundamento da Ontologia) (1935), *Möglichkeit und Wirklichkeit* (Possibilidade e Realidade) (1938), *Der Aufbau der realen Welt* (A Construção do Mundo Real) (1940) ou *Philosophie der Natur* (Filosofia da Natureza) (1950)*.

A leitura desses livros de caráter ontológico foi, para Lukács, um tipo de revelação. Ele descobriu, não sem entusiasmo, um pensador que produzia argumentos críticos de grande pertinência contra a fenomenologia de Husserl e de seus discípulos, contra o neopositivismo e o pragmatismo e, especialmente, contra a analítica existencial e o pensamento do Ser de Heidegger. Hartmann se tornou um aliado de peso para o seu próprio combate filosófico. Mas, para se apropriar verdadeiramente do pensamento de Hartmann, Lukács teve que operar uma mudança de perspectiva e realizar nada menos que uma reavaliação da filosofia do século xx. A princípio, foi necessário se libertar de uma representação excessivamente maniqueísta do desenvolvimento da "filosofia não marxista", cedendo à evidência de que filósofos completamente estranhos ao pensamento de Marx e ao combate proletário poderiam trazer consigo avanços importantes na reflexão filosófica.

Aliás, podemos nos perguntar se Lukács, apesar da notável compreensão que manifesta e o julgamento relativamente equilibrado que emite a respeito de Hartmann no capítulo de *Para uma Ontologia do Ser Social* dedicado a ele, não se prendeu a certos esquemas de pensamento inaptos a fazer plena justiça à sua obra.

* Os quatro títulos correspondem às edições alemãs que, acrescidas de *Das Teleologische Denken*, formam a tradução feita pelo Fondo de Cultura Económica da *Ontologia* de Hartmann (N. da T.).

Idealismo Inteligente ou Materialismo Inteligente?

É muito chocante ver, por exemplo, que Lukács escolheu colocar como epígrafe do capítulo dedicado a Hartmann uma fórmula bem conhecida de Lênin, extraída dos *Cadernos Filosóficos*: "o idealismo inteligente está mais próximo do materialismo inteligente do que o materialismo burro"[6]. Evidentemente, ele acreditou que assim prestava uma homenagem ao pensamento de Hartmann, indicando a proximidade de alguns dos seus pontos de vista com o materialismo ontológico marxista, mas relegava Hartmann à esfera do idealismo, certamente "inteligente", mas idealista assim mesmo.

Ora, se existe no século XX um pensador que, nos campos da ontologia e da gnosiologia, desenvolveu uma crítica impiedosa do idealismo filosófico, desvelando sem concessões as próprias raízes dos seus erros e o perseguindo em suas últimas trincheiras, é certamente Nicolai Hartmann. Já no início dos anos de 1920, Paul Natorp expressou, em carta, sua surpresa de ver o jovem filósofo – que até então considerava como pertencente ao círculo da Escola de Marburgo – acusar sua teoria "idealista" do conhecimento como sendo "subjetivista"[7].

6. György Lukács, *Zur Ontologie des gesellschaftlichen Seins*, v. I, Darmstadt: Luchterhand, 1972, p. 421. (Ed. bras., *Para uma Ontologia do Ser Social*, v. I, trad. Carlos Nelson Coutinho; Mario Duayer; Nélio Schneider, São Paulo: Boitempo, 2012, p. 129.)

7. A carta de Natorp a Görland, de 30 de dezembro de 1921, foi reproduzida por Helmut Holzhey no seu livro *Cohen und Natorp v. II. Der Marbourger Neukantianismus in Quellen* (Basel/Stuttgart: Schwabe & Co, 1986, p. 495). Uma carta endereçada por Natorp a Husserl no dia 29 de janeiro de 1922 se relaciona, no mesmo sentido, com o livro publicado pouco antes por Nicolai Hartmann: a obra *Gründzüge einer Metaphysik der Erkenntnis* (1921) marcaria o distanciamento definitivo de Hartmann das posições da Escola de Marburgo (cf. *Edmund Husserl Briefwechsel, v. V, Die Neukantianer*, Dordrecht: Kluwer, 1994, p. 143-144). A guinada de Hartmann rumo a uma ontologia realista é efetivamente traduzida por uma nítida tomada de distância em relação ao neokantismo da Escola de Marburgo (à qual ele teria pertencido desde sua chegada à Alemanha em 1907), depois, em relação à fenomenologia de Husserl, da qual ele ▶

Lukács levou tempo para apreciar a singularidade do percurso de Hartmann entre seus contemporâneos. A experiência traumatizante da vitória do nazismo na Alemanha o levara, depois dos anos de 1930, a denunciar a poderosa emergência das correntes irracionalistas, cuja irrupção preparava o terreno para o triunfo da *Weltanschauung* (visão de mundo) nacional-socialista e, num primeiro momento, a negligenciar as orientações de pensamento que não se inscreviam diretamente no campo desse combate. Isso explica a pouca atenção que dedicaria nos anos de 1930 e 1940 ao pensamento de Hartmann (ele o reconhece, a propósito, *expressis verbis* na carta de 16 de setembro de 1952 enviada a Harich). Pior ainda, seu manuscrito redigido em Moscou em agosto de 1933, pouco depois de ter deixado apressadamente a Alemanha, e publicado depois de sua morte com o título de *Wie ist die faschistische Philosophie in Deutschland entstanden?* (Qual é a Filosofia Fascista Criada na Alemanha?) (Budapeste, 1982), contém uma referência a Hartmann no mínimo contestável, senão totalmente errônea. Não se trata de recusar a legitimidade do combate de Lukács contra o neo-hegelianismo da época (ainda mais quando neo-hegelianos como Glockner ou Haering passariam com armas e bagagens para o campo do nacional-socialismo), mas é preciso admitir que, no ardor da polêmica, ele errou o alvo

▷ sofrera influência. É chocante observar que Husserl ficou impressionado com as qualidades do discurso filosófico de Hartmann: na sua resposta a Natorp, datada do dia 1º de fevereiro de 1922, ele faz grandes elogios ao livro sobre a "metafísica do conhecimento" de Hartmann, qualificada de "monumental", destacando "a pressa violenta" do autor para se livrar da "filosofia transcendental", a da Escola de Marburgo, assim como a de Husserl. Este último expressava seu desejo de ver, no futuro, Hartmann submeter sua própria posição a uma crítica não menos radical, ou seja, aquela da "ontologia crítica" (na carta de Husserl, ibidem, p. 148). Suas expectativas serão frustradas: o estudo publicado por Hartmann na *Festschrift* para Natorp (1923), sob o título de *Wie ist kritische Ontologie überhaupt möglich?*, demonstrou a irreversibilidade da guinada ontológica do seu pensamento. Husserl mudou de opinião e até chegou a qualificar Hartmann como "vigarista" (*Blender*), numa carta para Ingarden alguns anos mais tarde (carta de 9 de abril de 1927). Cf. E. Husserl, *Briefe an Roman Ingarden*, Den Haag: Martinus Nijhoff, 1968, p. 39.

ao falar de Hartmann e de Cassirer como pensadores pertencentes à geração jovem da Escola de Marburgo que, sob influência da fenomenologia, teriam evoluído em direção a um "*lebensphilosophisch gefärbten Neuhegelianismus*" (um neo-hegelianismo camuflado de "filosofia da vida")[8]. É evidente que em 1933 Lukács estava pouco a par da verdadeira orientação de pensamento de Hartmann, que nunca foi nem para a *Lebensphilosophie* (Filosofia da Vida), nem para o neo-hegelianismo, mas, ao contrário, desviou-se desses pela fenomenologia para consolidar sua orientação no sentido da ontologia (começada ainda antes da Primeira Guerra Mundial), a julgar por sua correspondência com Heimsoeth (que cobre justamente o período 1910-1920). A afirmação de Lukács é tão mais surpreendente (engana-se também sobre Cassirer) que, em sua carta a Harich, ele lembrava tanto a impressão favorável retirada da conferência de Hartmann no Congresso-Hegel em 1931, quanto os "duros ataques" dos quais Hartmann havia sido objeto por parte dos "dirigentes neo-hegelianos" do Congresso.

Em *Destruição da Razão* (1954), o julgamento sobre Hartmann é um pouco mais nuançado; Lukács admite que ele era "o único filósofo moderno que teve uma atitude positiva com respeito à dialética"[9]. Mas o filósofo marxista se mostrou sempre obcecado pelo próprio combate contra o irracionalismo, até mesmo acreditando que Hartmann lhe fazia concessões. Ele utilizava uma afirmação efetivamente contestável de Hartmann, presente em seu livro sobre Hegel: o pensamento dialético não se deixaria "aprender", ele é um "dom", como o "gênio do artista". Lukács critica Hartmann por ter, assim, aproximado Hegel de Schelling e de sua teoria "aristocrática do conhecimento" (alusão à "intuição

---

8. G. Lukács, *Wie ist die faschistische Philosophie in Deutschland entstanden?*, Budapeste: Akademiai Kiado, 1982, p. 194.
9. Idem, *Die Zerstörung des Vernunft*. Berlin: Aufbau, 1955, p. 454. (Ed. espanhola, *El Asalto a la Razón: Trayectoria del Irracionalismo desde Schelling hasta Hitler*, trad. Wenceslao Roces, Barcelona: Grijalbo, 1972, p. 400.)

intelectual"), calando-se a respeito da afirmação explícita de Hegel sobre o caráter eminentemente transmissível do pensamento dialético (a universalidade do método intimamente associada à sua profunda racionalidade)[10]. Mas essa crítica, por mais pertinente que seja sobre um ponto particular (Lukács iria reiterá-la no fim de seu capítulo sobre Hartmann em *Para uma Ontologia do Ser Social*), não justifica, do nosso ponto de vista, as palavras severas da *Destruição da Razão* sobre as concessões que Hartmann teria feito às correntes irracionalistas da época (Lukács emprega o forte termo de "capitulação", p. 455)[11]. Mais uma vez se trata, com efeito, de um desconhecimento da orientação dominante do pensamento de Hartmann (Lukács admitiu que conhecia "muito pouco" do conjunto de seus escritos à época), que o situava fundamentalmente na oposição das correntes filosóficas incriminadas pelo filósofo húngaro com justo vigor.

A verdadeira aproximação de Lukács com o pensamento de Hartmann data, como já indicamos, do período de elaboração de sua *Estética* e, sobretudo, da gênese de *Para uma Ontologia do Ser Social*. Certa dificuldade para situar de forma exata a posição de Hartmann em relação ao grande antagonismo filosófico entre materialismo e idealismo se expressa, ainda, no capítulo da *Ontologia* em que, como vimos, pelo *motto* escolhido, Lukács parecia propenso a situá-lo do lado

---

10. Ibidem, p. 454-455. (Ed. espanhola, ibidem, p. 465.)
11. Ao seguir a argumentação de Hartmann exposta numa página de "Hegel und das Problem der Realdialektik", onde trata da superioridade da dialética em relação aos métodos habituais de abordagem do real (indução, dedução, análise etc.), podemos nos dar conta do quanto Lukács desconsiderava o verdadeiro sentido de suas propostas. Se lhe ocorria dizer que o gênio de Hegel se expressava em sua extraordinária capacidade de apreender o real nas suas mais finas articulações, mais que na explicação discursiva de seu método, é porque ele queria marcar a distância entre a "profunda produtividade espiritual" da dialética praticada pelo mestre e a exposição metodológica que ele podia oferecer. Não há, aqui, qualquer concessão ao irracionalismo; Hartmann manifesta pura e simplesmente sua convicção de que o pensamento *in actu* é superior à teorização do método. (N. Hartmann, Hegel und das Problem der Realdialektik, em *Kleinere Schriften II*, p. 326-332).

do "idealismo inteligente" (*kluger Idealismus*). E o fato de que, em alguns de seus escritos, Hartmann reivindicou uma posição "para além do idealismo e do realismo" (*jenseits von Idealismus und Realismus*), não resolve as coisas. Lukács o criticava por compartilhar o preconceito corrente entre os "professores alemães", que empregavam o conceito de "realismo" no lugar daquele mais comprometedor de "materialismo". Sem dúvidas, Lukács tinha razão em afirmar que a recusa de escolher entre idealismo e materialismo é uma posição indefensável; mas, na medida em que identificava na "neutralidade" defendida por Hartmann um "idealismo enrustido" (*verdrängter Idealismus*)[12], era a sua própria posição que se tornava discutível. Os argumentos produzidos não são negligenciáveis; mesmo assim, a prudência e a circunspecção se impõem quando se trata de atribuir um "idealismo enrustido" ao grande crítico do idealismo filosófico que Hartmann foi. Na verdade, a posição de Hartmann não se reduz à aceitação do molde das categorias tradicionais, e exige um exame específico adaptado às suas particularidades.

Lembramos que uma das razões do grande interesse de Lukács pelo pensamento de Hartmann foi a indiferença intransigente do filósofo alemão em relação à religião, sua hostilidade de princípio às interpretações teístas ou panteístas do ser. A refutação das especulações religiosas sobre a natureza do ser em Hartmann estava intimamente associada às suas críticas à ontologia tradicional, a seu ver, ainda profundamente impregnada de teleologismo.

Lukács compartilhava sem reservas da orientação de Hartmann para um rigoroso pensamento da imanência (*Diesseitigkeit*), fundamentado exclusivamente nos dados da experiência e sem qualquer concessão ao antropomorfismo ou ao teleologismo. O que Lukács combatia era a posição claramente expressa pela primeira vez pelo cardeal Bellarmino: este preconizava uma coexistência entre

---

12. G. Lukács, *Zur Ontologie des gesellschaftlichen Seins*, v. I, p. 427. (Ed. bras., *Para uma Ontologia do Ser Social*, v. I, p. 135.)

a ciência e a religião, concedendo à primeira o reinado do mundo sensível, mas reservando à segunda as questões metafísicas. A profunda animosidade de Lukács contra o neopositivismo moderno foi ditada justamente pela caução que o último trazia a esse dualismo, pois, ao interditar por princípio todo questionamento "metafísico", o neopositivismo deixava as portas escancaradas à religião para que respondesse às grandes questões da ontologia. Hartmann estava distante de todo "cientificismo" ou "positivismo", mas sua aproximação das questões metafísicas permanecia embasada exclusivamente nas certezas dos fenômenos mundanos, sem nenhum flerte com a transcendência (no sentido idealista ou religioso do termo)[13].

Hartmann condenava na ontologia tradicional seu caráter "dogmático" e "construtivo", pois ela subordinava o concreto aos grandes princípios unificadores (o *Lógos*, o "*noûs*" aristotélico, Deus ou a Providência), que não seriam derivados da experiência, mas resultariam de uma projeção teleológica na imanência do mundo. Buscando traçar as origens dos preconceitos teleológicos, Hartmann descobre-as na identificação ilícita entre a forma dos fenômenos (a *forma substantialis*, segundo a terminologia de Aristóteles) e sua essência lógica, portanto, numa logicização indevida do real, o que minimiza o papel decisivo do substrato (da matéria) na constituição da forma. Chega, assim, a instituir

---

13. Hartmann também defendeu, no domínio da ética, um ponto de vista estreitamente vinculado a um pensamento da imanência, opondo-se a todo apelo à "transcendência" para fundar o reino dos valores (cf. seu volumoso livro sobre a *Ética*). A defesa da autonomia dos valores, contra toda imisção da religião nas questões da ética, suscitou a viva reação de Rudolf Otto, autor do célebre *O Sagrado* que, no fim de sua vida (ele morreu em 1937), redigiu um texto destinado a defender a "teonímia" dos valores contra Hartmann, mais precisamente a fundamentação religiosa dos valores éticos. Hartmann não julgou necessário responder a essa crítica, ele provavelmente a julgou demasiado tributária de um "*a priori* religioso". O texto de Rudolf Otto foi publicado postumamente em 1940 com o título *Freiheit und Notwendigkeit: Ein Gespräch mit Nicolai Hartmann über Autonomie und Theonomie der Werte*, Tübingen: J.C. Mohr (Paul Siebeck), 1940.

a preeminência das enteléquias (do mundo das essências, das *eidè*) sobre a matéria, ou seja, a uma racionalização e a uma homogeneização finalista do real que encontramos na base de todas as interpretações teleológicas do mundo[14].

A crítica ao logicismo feita por Hartmann impressionou muito Lukács. Ao defender a tese de que a lógica é uma homogeneização do real, que está longe de esgotar seu substrato (ela é a ciência das leis do pensamento, que é um espelho do real, mas que não o desposa integralmente), Hartmann não cessou de afirmar a heterogeneidade que funda o real em relação a toda apreensão cognitiva ou lógica, ou, para dizer de forma mais simples, a irredutibilidade do ser ao saber. A ideia de um *intellectus infinitus* que esteja intimamente associado à representação teológica do mundo era contestada, assim, na sua própria raiz, pois ela não seria mais que uma hipertrofia da interpretação logicizante do real.

As teses que formam o eixo da "ontologia crítica" de Hartmann – o primado da *ratio essendi* sobre a *ratio cognoscendi*, do substrato (a matéria) dos fenômenos sobre sua determinação, da *intentio recta* (o olhar dirigido para o objeto) sobre a *intentio obliqua* (o olhar dirigido para a reflexão) etc. – têm por fundamento a afirmação da autonomia ontológica do ser-em-si (*das Ansichseiende*).

Podemos compreender sem dificuldade que Lukács tenha se sentido contemplado em suas opções filosóficas pela descoberta dos grandes trabalhos ontológicos de Hartmann. A virada em seu pensamento, depois de o autor ter se dado conta do caráter insustentável de certas teses de *História e Consciência de Classe* (em particular da tese idealista da identidade sujeito-objeto), encontrou uma confirmação de peso nas tomadas de posição simétricas de Hartmann contra a ontologia idealista de Hegel e, sobretudo, contra a herança do neokantismo (corrente na qual se inscrevia

---

14. Cf. N. Hartmann, *Wie ist kritische Ontologie überhaupt möglich?* [1923], em *Kleinere Schriften*, III, Berlin: Walter de Gruyter, 1958, p. 285.

também o pensamento do jovem Lukács) ou contra o neopositivismo moderno.

É legítimo nos perguntarmos se Lukács se orientaria, no fim de seu percurso intelectual, em direção à ontologia enquanto ciência filosófica do ser e de suas categorias sem o impulso decisivo dos escritos de Hartmann. Lembramo-nos da surpresa de Paul Ricoeur ao tomar conhecimento da orientação de Lukács para a ontologia através da obra de Nicolai Hartmann. Interessado pelo tema, ele aceitou publicar um estudo que lhe havíamos confiado sobre Lukács (György Lukács e a Reconstrução da Ontologia na Filosofia Contemporânea)[15]. A fonte dessa surpresa é bem

15. Georges Lukács et la reconstruction de l'ontologie dans La philosophie contemporaine, *Revue de Métaphysique et Morale*, avr. 1978. Paul Ricoeur foi, ao lado de Jean Wahl e de Stanislas Breton, o filósofo francês que mais contribuiu, depois da Segunda Guerra Mundial, para a divulgação da verdadeira face da filosofia de Hartmann na França. As páginas que lhe são consagradas no Apêndice redigido por Ricoeur para a terceira edição da *História da Filosofia Alemã*, de Emile Bréhier, publicada em 1954, estão entre as mais compreensivas escritas na França sobre a filosofia alemã. Na mesma época, Jean Wahl ofereceu na Sorbonne vários anos seguidos de curso dedicado às grandes obras de ontologia de Hartmann. Publicados pelo Centre de Documentation Universitaire na série *Les Cours de Sorbonne*, seus cursos reconstroem atentamente o pensamento ontológico de Hartmann. Stanislas Breton é, dentre os filósofos franceses, aquele que desenvolveu a mais vasta atividade para a difusão e exame analítico do pensamento de Hartmann, do qual ele tomara conhecimento num campo de prisioneiros, na Áustria. Seu livro, *Etre spirituel: Recherches sur la philosophie de Nicolai Hartmann*, publicado em 1962 pelas Editions Vitte de Lyon, que prolonga as reflexões disseminadas nos diversos escritos anteriores, publicados nos *Giornale di Metafisica*, *Revue Thomiste*, *Doctor Communis* etc., torna transparente a arquitetura das construções teóricas hartmannianas, levantando, ao mesmo tempo, questões sobre pontos nevrálgicos. Podemos observar que as interrogações de Stanislas Breton tocam nos mesmos aspectos da obra de Hartmann que vão suscitar a reação crítica de Lukács: a legitimidade ontológica de um "ser ideal", que duplicaria o ser real, a existência de um "céu axiológico sobre as nossas cabeças", a identificação megárica da possibilidade com a possibilidade realizada etc. Não se trata aqui de esboçar um quadro completo da recepção do pensamento de Hartmann na França. É preciso admitir que foi muito limitada, sobretudo porque a maior parte das obras não foi traduzida. Fazemos questão de lembrar brevemente dois episódios não desprovidos de significado. O primeiro concernente ao▶

compreensível, pois não era evidente, à primeira vista, que um pensador que se reivindicava não apenas de Marx, mas também de Lênin, pudesse engajar todas as suas forças, no fim de sua vida, numa ciência filosófica aparentemente tão especulativa e desprendida das contingências da luta política como a ontologia. Podemos lembrar *en passant* que, mesmo no campo da pesquisa marxista, as vozes recusaram

▷ eco encontrado pelo texto de Hartmann sobre Hegel, publicado no fim de 1931 na *Revue de Métaphysique et de Morale* v. 38, p. 285-316, junto a Georges Bataille e Raymond Queneau. Os dois escritores produziram um artigo na *La Critique Sociale*, n. 5, em março de 1932, revista dirigida por Boris Souvarine, com o título de "La Critique des fondements de la dialectique", inspirando-se largamente na interpretação hartmanniana da obra de Hegel. Segundo um depoimento ulterior de Raymond Queneau, a maior parte do artigo foi redigida por Bataille. Admite que Bataille e ele também fossem influenciados pela "fenomenologia husserl-heideggeriana". Podemos nos perguntar se Hartmann, que havia indicado que as atividades do espírito eram o terreno da dialética hegeliana, teria recusado por princípio a ideia de uma dialética da natureza, contestada pelos dois autores. O artigo atingiu uma repercussão inesperada. No número seguinte, a revista publicou uma carta de Karl Korsch que critica os dois autores por "superestimar demasiadamente nosso bravo ideólogo burguês, Nicolai Hartmann", cuja interpretação de Hegel não lhe parece pertinente. Lukács não era da mesma opinião. Marxista independente, Karl Korsch não estava, como podemos notar, imune ao sectarismo. O segundo episódio diz respeito a um artigo particularmente brilhante, mas não menos contestável, consagrado por Jules Vuillemin à epistemologia de Hartmann e publicado na revista *Dialectica* com o título "La Dialectique négative dans la connaissance et l'existence (Note sur l'épistémologie et la métaphysique de Nikolaï (*sic*) Hartmann et de Jean-Paul Sartre)", Neuchâtel, v. 4, n. 1, 1950, p. 21-42. Esse artigo certamente teria mergulhado o autor dos *Principes d'une Métaphysique de la connaissance* no estupor. O notável epistemólogo francês apresentou o pensamento de Hartmann como um "irracionalismo irredutível" e como uma "dialética negativa", logo, como uma filosofia trágica que ele aproximava da filosofia da contingência e do nada de Sartre. Os dois pensamentos seriam "fenomenologias do Fracasso, uma espécie de anti-Hegel, de inversão de todas as aspirações otimistas que animaram o século XIX" (p. 39). Na realidade, tudo separa a ontologia crítica de Hartmann e seu pensamento das aporias do conhecimento da "ontologia existencial": teremos a ocasião de mostrar que o conceito de "irracional" possui em Hartmann uma função eminentemente crítica e gnosiológica, que não tem nada em comum com o "mistério ontológico" dos filósofos irracionalistas. O ensaio de Vuillemin conserva a importância de um depoimento insólito sobre os avatares de Hartmann na França.

violentamente (a de Wilhelm Raymund Beyer, antigo presidente da Associação-Hegel, por exemplo) o que lhes parecia ser uma empreitada predestinada ao fracasso: demonstrar que o pensamento de Marx está ancorado numa ciência do ser e de suas categorias.

As convergências entre Lukács e Nicolai Hartmann intrigaram alguns de seus contemporâneos (Ernst Bloch, por exemplo, não escondia sua perplexidade)[16]. Já tocamos na questão: como se efetuou a junção entre duas tendências que parecem relacionar-se de modo perfeitamente heterônomo e que, de toda forma, pela força das coisas, desenvolveram-se de maneira totalmente independente uma da outra? O programa de Hartmann, de reabilitar a "metafísica" num século mais propício a proclamar seu fim, não parecia se cruzar necessariamente com um pensamento, o de Marx, que fazia do concreto histórico e social e da desmetafisicação do pensamento os pilares da reflexão.

16. Cf. Ernst Bloch kommentiert, Gelebtes Denken, em *Ernst Bloch und Georg Lukács: Dokumente zum 100. Geburtstag*, 1984 Budapest: MTA Filzofiai Intezet, p. 314-315. Ernst Bloch sempre reconheceu Hartmann como seu antípoda. A maneira como Hartmann articulava sua teoria dos níveis do ser (os *strata*) com seu rigoroso encadeamento contrariou muito Bloch, que não via nela nada além do prolongamento de um epígono da teoria aristotélica das categorias (ou, pior, uma retomada das classificações hierárquicas de Boutroux). Bloch, com seu pensamento utópico, e com seus ímpetos e seus impulsos místicos, não podia senão se insurgir contra um pensamento de fria lucidez. Hartmann queria estabelecer uma topologia do ser e Lukács se identificava plenamente com esse projeto. Bloch descobria nisso um gosto "reacionário" pela ordem e se espantava que seu amigo pudesse procurar aliança com um "filisteu liberal". Wolfgang Harich, grande admirador de Hartmann que nunca levou a sério o marxismo de Bloch, travou discussões exaltadas a respeito desse assunto com o autor de *l'Esprit d'Utopie* (ambos dirigiam a *Deutsche Zeitschrift für Philosophie*, até a prisão de Harich, em 1956, e a exclusão de Bloch por Walter Ulbricht). É, sobretudo, a concepção hiperobjetiva do tempo proposta por Hartmann que incomodava Bloch: desenvolvendo a ideia de uma pluralidade de temporalidades, ele se confrontava com um pensamento, compartilhado aliás por Lukács, segundo o qual o "tempo vivido" ou o "tempo medido" não prejudicavam em nada a preeminência do "tempo real" (*Realzeit*). Precisamente sobre este ponto cf. E. Boch, *Tübinger Einleitung in die Philosophie*, 1970, Berlin: Suhrkamp, p. 136-137.

A Teoria do Conhecimento

Por mais paradoxal que isto possa parecer, Lukács não encontrou na "ontologia crítica" de Hartmann somente o principal estímulo para sua tentativa de reconstruir o pensamento de Marx sobre uma base ontológica, mas também uma poderosa confirmação da justeza de certas teses de caráter ontológico e gnosiológico defendidas por Lênin no *Materialismo e Empiriocriticismo* (1907). Essa afirmação pode chocar aqueles que compartilham o preconceito amplamente difundido, segundo o qual *Materialismo e Empiriocriticismo* é o livro de um filósofo pedante, escrito por um autor que combateu Mach, Avenarius e seus discípulos russos em nome de uma epistemologia muito primária (a famosa "teoria do reflexo", rechaçada por Sartre ou Merleau-Ponty).

Certamente não se trata de minimizar a distância que separa, sobre o plano da tecnicidade filosófica, a gnosiologia de Hartmann (de um grande refinamento conceitual) da forma mais rude e mais sumária que Lênin expunha, no fervor da polêmica contra os empiriocriticistas, suas teses sobre o materialismo filosófico. No entanto, salta aos olhos a existência de convergências incontestáveis entre as duas abordagens gnosiológicas. Wolfgang Harich se deparou com essas coincidências, e talvez tenha sido um dos primeiros, pois quando era um jovem estudante de Hartmann, por volta do fim da guerra, ele tomou conhecimento da obra de Lênin.

A fim de justificar essa aproximação inesperada, é preciso lembrar das teses incansavelmente defendidas por Hartmann, desde seu primeiro grande livro sobre a teoria do conhecimento, *Gründzüge einer Metaphysik der Erkenntnis* (de 1921, e na tradução francesa *Les Principes d'une métaphysique de la connaissance*, de 1945), até a conferência realizada um ano antes de sua morte, em 1949, diante da Kant-Gesellschaft de Munique, intitulada *Die Erkenntnis im Lichte der Ontologie*, e publicada na *Kleinere Schriften I*.

Hartmann sempre insistiu nesse caráter independente, nesse "transcender" do ato de conhecimento em relação à realidade, mais precisamente sobre o fato de que o ato, o processo cognitivo, visa por definição uma realidade que lhe é não só definitivamente exterior, mas que manifesta uma indiferença absoluta, na sua soberana autonomia ontológica, em relação à abordagem cognitiva. Ele não deixa de retomar a questão da distância que separa, de um lado, o ser-em-si e, de outro, as representações da consciência, não podendo as últimas aspirar nada além de aproximações sucessivas junto ao primeiro, sem jamais chegar a esgotá-lo na infinidade de suas determinações. As distinções sutis operadas por Hartmann entre o "objeto" recortado pela abordagem cognitiva no tecido do real e o caráter "trans-objetivo" do ser em sua autarquia ontológica, entre as zonas cobertas da "inteligibilidade" e a que permanece provisória ou mesmo definitivamente "trans-inteligível", não fazem outra coisa senão ilustrar sua tese fundamental sobre a irredutibilidade do ser ao saber. É preciso, ao mesmo tempo, ter em vista que o "irracional" de que fala, conceito destinado a significar a incomensurabilidade do ser em relação à realidade cognitiva, possui um caráter eminentemente gnosiológico. Segundo a expressa menção de Hartmann, o ser não opõe nenhuma resistência de princípio à sua abordagem racional (portanto, não se trata mesmo de uma irracionalidade ontológica), mas trata-se somente de fazer valer a tensão sempre renovada entre a finitude inerente a nossos instrumentos de conhecimento e o caráter inesgotável do ser-em-si.

Curiosamente, Lukács nunca faz referência ao grande tratado de gnosiologia de Hartmann (Wolfgang Harich foi o primeiro a notá-lo, num livro ainda inédito, consagrado ao seu antigo professor)[17]. Tampouco ele cita os três volumes

17. Redigimos este estudo antes de tomar conhecimento da obra de Wolfgang Harich, *Nicolai Hartmann: Leben, Werke, Wirkung*, publicada postumamente no ano 2000, aos cuidados de Martin Morgenstern, pela Königshausen & Neumann, Würzburg. Pudemos, no entanto, consultar outro manuscrito de Harich, intitulado *Nicolai Hartmann: Grösse und Grenzen*, onde se encontra formulada a observação supramencionada. As convergências entre nossos pontos de vista concernentes às relações entre Hartmann e Lukács foram satisfatoriamente observadas por Harich em uma ▶

dos *Kleinere Schriften*. No entanto, o estudo atento das obras de caráter ontológico de Hartmann, permeadas por numerosas reflexões de ordem epistemológica, foi suficiente para se familiarizar também com a orientação fundamental de sua gnosiologia. Lukács pôde descobrir assim amplo acordo entre o pensamento de Hartmann e os princípios fundadores de uma gnosiologia materialista. A salvaguarda da autonomia do ser em relação à sua representação, a recusa de identificar a representação ou o conceito da coisa com a própria coisa, o caráter assintótico da abordagem cognitiva, através de tentativas, de aproximações e de esboços são o *leitmotiv* do pensamento de Hartmann. Essa constatação nos dá o direito de levantar uma questão inconveniente: como Lênin defende seu materialismo a não ser afirmando ininterruptamente, ao longo de seu livro, a independência do real em relação à sua representação (donde sua proposição de distinguir um conceito *filosófico* da matéria, que significaria precisamente a autonomia ontológica do real, dos conceitos científicos da matéria, submetidos inevitavelmente à variação histórica), o caráter secundário do reflexo da coisa em relação à primazia da coisa em si, o caráter absoluto do conteúdo objetivo da representação, distinto do caráter relativo de seus contornos e de sua forma? Será que é tão difícil perceber as similitudes entre as duas gnosiologias de Hartmann e Lênin, mesmo se, temos dito, a elaboração da primeira é mais fina e mais complexa?

▷ carta que nos enviou em Paris, no fim dos anos de 1980. Ele havia tomado conhecimento de diversos de nossos estudos consagrados à obra de Lukács, em particular o publicado em abril de 1985 na revista *Merkur* com o título "Die Ontologie von Georg Lukács", onde um espaço importante é concedido às relações entre a ontologia de Hartmann e a de Lukács. Entre um momento e outro, em 2004, Martin Morgenstern publicou em Würzburg, pela Königshausen & Neumann, uma edição do manuscrito de Harich com o título *Nicolai Hartmann: Grösse und Grenzen. Versuch einer marxistischen Selbsverständigung*. Harich fez valer seu acordo com nossas considerações a respeito da influência fecunda de Hartmann na análise lukacsiana das duas ontologias que coexistem no sistema hegeliano, criticando vivamente a opacidade testemunhada pelos antigos alunos de Lukács sobre as relações entre o pensador alemão e o filósofo marxista (cf. p. 241).

Lukács foi alvo da ira dos marxistas dogmáticos, do gênero de Wilhelm Raymund Beyer, por ter tentado mostrar que a ontologia como ciência do "ser enquanto ser", e não a epistemologia ou a lógica, oferece o verdadeiro fundamento de um pensamento materialista da natureza e da sociedade[18].

Nicolai Hartmann lhe forneceu um apoio importante com sua tese sobre a primazia do "ser-em-si" (*das Ansichseiende*), assim como com suas teses mais específicas que entendem as categorias como *princípios do ser* (*Seinsprinzipien*), e não como entidades lógicas (*logische Wesenheiten*), ou a respeito do condicionamento necessário das categorias por seu substrato (por sua matéria). Por outro lado, cumpre lembrar que certos críticos de Lukács, de Morris Watnick a Leszek Kolakowski, sem esquecer (sobre este ponto preciso) Merleau-Ponty, energicamente colocaram em questão a aceitação da gnosiologia de Lênin tal como ela está exposta em *Materialismo e Empiriocriticismo*, ao denunciá-la como uma capitulação diante das exigências da ortodoxia comunista. Ora, à luz das considerações expostas acima, parece que as coisas se apresentam de forma diferente: a virada ontológica do pensamento de Lukács remonta, na realidade, a seu contato com os *Manuscritos Econômico-Filosóficos* de Marx, descobertos em Moscou, graças a Riazanov, no início dos anos de 1930. Sua adesão à teoria do conhecimento, exposta por Lênin, não lhe pareceu estar em desacordo com sua descoberta dos *Manuscritos* de Marx, mas o contrário. Seu reencontro tardio com o pensamento de Hartmann dá conforto quanto à correta fundamentação de sua evolução filosófica.

Lukács várias vezes indicou porque os *Manuscritos* de 1844 foram para ele uma revelação que lhe permitiu se libertar de seus preconceitos hegelianos. Ele descobriu em Marx a afirmação da prioridade ontológica da *objetividade* (*der*

---

18. Cf. W.R. Beyer, Marxistische Ontologie: eine Modeschöpfung des Idealismus, *Vier Kritiker: Heidegger, Sartre, Adorno, Lukacs*, Köln: Pahl-Rugenstein, 1970, p. 195s. ; e, do mesmo autor, Zauberformel Gesellschaftsontologie em Wilhelm Arnazus et all, *Materialismus, Wissenschaft und Weltauschauung im Fortschritt*, Köln: Pahl-Rugenstein, 1976.

Gegenständlichkeit) em relação à atividade da subjetividade. A afirmação dessa prioridade coloca em questão a tese de Hegel que identificava a objetividade com a exteriorização da subjetividade (mais precisamente da consciência-de--si, do *Selbstbewusstsein*). "*Ein ungegenständliches Wesen ist ein Unwesen.*"[19] Essa fórmula lapidar de Marx, cujas conotações feuerbachianas parecem evidentes, marcou Lukács desde sua primeira leitura dos *Manuscritos* de 1844; ela teria exercido sobre ele um efeito libertador, ultrapassando a cegueira dos pontos de vista herdados de seu antigo idealismo filosófico. Objetividade (*Gegenständlichkeit*) e objetivação (*Vergengenständlichung*) são, no entanto, duas coisas distintas. Lukács se dá conta de que cometeu um erro grave ao identificar a objetividade com a objetivação das coisas por um sujeito. Além disso, "objetivação" está longe de ser sinônimo de "alienação" ou de "reificação", dado que numerosas atividades oriundas de objetivações não possuem um caráter alienante. A objetividade possui uma existência independente de todo ato de objetivação.

A Aproximação Feuerbach-Hartmann

Não foi por acaso que Lukács fez, na introdução do seu capítulo dedicado a Hartmann, uma aproximação muito surpreendente, mas não menos esclarecedora, entre o papel de Feuerbach no pensamento do século xix e o de Hartmann na filosofia do século xx. O materialismo do primeiro encontraria seu equivalente no "ontologismo" do segundo. A firmeza irretocável com que Hartmann defendeu seu projeto ontológico contra as orientações que dominavam o pensamento de seu tempo lembraria a intensidade com que Feuerbach afirmou seu materialismo rigoroso contra

19. "Um ser não-objetivo é um *não-ser*". Sublinhado por Marx. *Ökonomich-philosophische Manuskripte*, Berlin: Dietz, 1982 (Mega 1,2); (Ed. bras., *Manuscritos Econômico-Filosóficos*, trad. Jesus Ranieri, São Paulo: Boitempo, 2004, p. 127.)

a exacerbação idealista e subjetivista no hegelianismo de sua época.

A comparação entre Hartmann e Feuerbach está destinada a destacar principalmente certa similitude nos posicionamentos filosóficos de ambos, sem ocultar tudo o que os diferencia, tanto no plano da biografia como no da envergadura do pensamento. Mas, para Lukács, é marcante a energia com que os dois pensadores sustentaram contra ventos e marés a autonomia ontológica do ser-em-si (ele fala de sua "impressionante perspicácia e sensibilidade para o real") ao edificarem, cada um deles, uma obra à contracorrente. O isolamento de seus desenvolvimentos filosóficos, a coragem com que desafiam os preconceitos dominantes, não deixa de expressar, segundo Lukács, os limites do pensamento desses autores. Os dois filósofos teriam parado na metade do caminho, pois quando se trata do pensamento sobre a história e sobre a sociedade, eles não teriam conseguido içar sua reflexão ontológica ao nível desejado. Assim como ele não poupa seus elogios à imponente *Filosofia da Natureza* ou ao opúsculo consagrado ao *Pensamento Teleológico* (*Teleologisches Denken*), obras onde a *démarche* ontológica de Hartmann pôde fazer valer sua fecundidade, ele também se mostra severo em relação ao livro em que o filósofo tem em conta a vida do espírito e suas objetivações históricas, *Das Problem des geistigen Seins* (O Problema Ser Espiritual) (1933). O ponto de vista demasiado convencional de Hartmann sobre a sociedade e a história[20], e pior, a cegueira diante de suas equações mais complicadas, não deixam de lembrar a Lukács os limites e os obstáculos da abordagem de Feuerbach em questões de história, sociais ou éticas (limites indicados com vigor por pensadores que não escondiam, no entanto, sua dívida para com ele: Marx e Engels). A mistura *sui generis* de força ou mesmo de grandeza (quando eles procuram respostas para a questão ontológica fundamental)

---

20. Contemporâneo de grandes crises históricas, desde a Primeira Guerra Mundial até o desmantelamento do regime nazista, nos seus escritos, contudo, ele faz poucas considerações notáveis sobre estes eventos capitais.

e de reflexão limitada, senão de cegueira (quando eles tocam a ontologia do ser social), traduziria, tanto num quanto noutro, certa carência que caracterizaria a *intelligentsia* alemã diante das questões pungentes da sociedade e da política.

Convergências Entre Lukács e Hartmann

As reservas apontadas, às quais retornaremos, não diminuem em nada, como poderemos notar, a admiração de Lukács por essa *démarche* ontológica basilar. Se já trouxemos à tona a hipótese de que é ao contato com a "ontologia crítica" de Hartmann que ele deve sua decisão de assentar sobre o terreno da ontologia e de suas categorias o seu próprio pensamento (mesmo se a "virada ontológica" de sua reflexão é muito anterior), é porque nos seus escritos dos anos de 1940 ou 50 o conceito de "ontologia" era usado com uma conotação pejorativa. Basta ler, por exemplo, o capítulo final de *Existencialismo ou Marxismo?* (Original alemão em Aufbau-Verlag em 1951, três anos depois da tradução francesa publicada por Nagel.) para constatar que, à época, a orientação para a "ciência da ontologia" era atribuída por Lukács exclusivamente à vertente de pensamento iniciada por Husserl e Heidegger. E ele não deixava de incriminar essa orientação como uma forma de "pseudo-objetividade", pois lhe parecia evidente que a fenomenologia, ao buscar apreender as essências na sua objetividade, não deixava o terreno da intencionalidade da consciência[21]. Foi graças aos escritos de Hartmann, portanto, que Lukács se "reconciliou" com a "ciência da ontologia", e chega a ser curioso constatar que seu interesse pela "nova ontologia" do filósofo alemão também estava ligado à crítica radical realizada por ela à "ontologia fenomenológica" de Husserl e de Heidegger.

---

21. G. Lukács, *Existentialismus oder Marxismus?*, Berlin, Aufbau, 1951, p. 133-134. (Ed. bras., *Existencialismo ou Marxismo?*, trad. José Carlos Bruni, São Paulo: Livraria Editora Ciências Humanas, 1979, p. 213.)

A "ontologia crítica" de Hartmann, ao afirmar fortemente a prioridade ontológica da realidade na sua consistência objetiva, sua densidade e mesmo sua dureza (*die Härte*, expressão utilizada com frequência na sua escrita) em relação a toda atividade reflexiva, revela-se um instrumento formidável na luta contra o behaviorismo, o pragmatismo ou o ficcionalismo (correntes que têm em comum algum "relativismo epistemológico"), sem falar do neopositivismo ou da "filosofia analítica", que reduzem o real ao que é logicamente exprimível ou quantificável. A ontologia deve constante e necessariamente levar em conta as aquisições da ciência (a *philosophia prima* é, na realidade, segundo Hartmann, *philosophia ultima*), mas ela deve recusar-se a ser uma simples *ancilla scientiae*, como era na Idade Média a *ancilla theologiae*. A ciência, assim como a atividade cognitiva em geral, é apenas uma modalidade de abordagem do real (evidentemente essencial), mas Hartmann pretende conceder um lugar importante também ao que ele chama de "os atos emocionais de caráter transcendente" (*die emotional-transzendenten Akte*), que representam uma abordagem do real bem distinta daquela puramente cognitiva (cf. *Zur Grundlegung der Ontologie*, III, 2ª seção). Se Lukács se interessou tão vivamente pela ontologia a partir do início dos anos de 1960, dentre outras razões é porque ele via com maus olhos a ascensão do neopositivismo e da filosofia analítica no cenário da filosofia contemporânea. O renascimento da ontologia lhe parecia uma reação salutar face ao expansionismo dessas correntes; tratava-se de mostrar que o real não se deixa reduzir ao que é mensurável e quantificável em termos científicos. A formidável emergência da manipulação do real (inclusive certamente a dos indivíduos) até dissolvê-lo em equações, com consequências temíveis para a *psyché* humana (é o triunfo da "razão funcionalista", denunciado também por Habermas), pedia uma reação destinada a fazer valer a riqueza qualitativa do real na multiplicidade de suas categorias. Dessa forma, a ontologia aparecia como o símbolo da resistência à empreitada da "razão instrumental", à hegemonia do "cientificismo" e da reificação.

Lukács não ignorava que a ontologia existencial de Heidegger em *Ser e Tempo* era igualmente nutrida por um ímpeto de rebelião contra a empreitada da reificação e contra a instrumentalização técnica da existência humana. Se ele apreciava tanto as análises consagradas por Hartmann aos "atos emocionais de caráter transcendente", é porque, avançando no terreno de predileção da filosofia existencial (lembramo-nos do papel decisivo atribuído por Heidegger aos *Stimmungen*, as "disposições afetivas"), ele propõe uma análise extremamente sóbria e lúcida da afetividade e da multiplicidade dos atos emocionais, análise fundada na concrescência da afetividade com uma realidade que tem sua própria consistência objetiva e sua própria densidade. Lukács se encontra perfeitamente no método de Hartmann, pois ele mesmo aspirava desenvolver uma ontologia da afetividade em uma base eminentemente realista, contrariamente às construções especulativas, à forte conotação ideológica de um Scheler ou de um Heidegger.

Podemos lembrar, a título de exemplo, a profunda desconfiança expressa por Lukács em relação aos estados afetivos, como o medo e a esperança (*Furcht und Hoffnung*). Uma subjetividade fixada nos estados afetivos de medo ou de esperança parecia-lhe assentada num excesso de indeterminação, estranha à abordagem lúcida do real e mais inclinada a ilusões ou fantasias. Lukács se apoiava na grande tradição da ética, que vai de Epicuro a Spinoza, aquela que questionava as "afecções más" (segundo a fórmula de Spinoza), pois não são guiadas pela luz da razão. Spinoza visava explicitamente o medo e a esperança num teorema famoso de sua *Ética*: "As afecções de esperança e de medo não podem ser boas por si mesmas" (Proposição XLVII, Quarta parte). E o autor da *Ética* explicava no escólio seguinte: "Quanto mais nos esforçamos por viver sob a conduta da razão, menos seremos dependentes da esperança, mais nos liberaremos do medo, comandaremos a fortuna tanto quanto possível e nos esforçaremos por dirigir nossas ações com os conselhos seguros da

Razão"[22]. O fato de que Goethe tenha retomado a crítica de Spinoza contra essas "más afecções", por exemplo, caracterizando o filisteu como aquele que vive perpetuamente sob o signo "do medo e da esperança" (*Was ist ein Philister / Ein hoher Darm / Mit Furcht und Hoffnung ausgefüllt / Dass Gott erbarm*), conforta Lukács em sua posição crítica[23].

Encontramos uma posição similar em Hartmann, que também desconfia do impasse a que leva o excesso de subjetivismo. Quando analisa, na *Zur Grundlegung der Ontologie*, os estados afetivos do medo e da esperança, ele alerta contra os efeitos perversos de uma afetividade sem referências no real, afetividade que gera uma atividade fantasmática, que funciona no vazio[24]. Sua crítica se torna ainda mais contundente quando a angústia é transformada no principal revelador da nossa situação no mundo. Como se pode fazer de uma disposição afetiva caracterizada justamente por uma crispação, um fechamento na indeterminação, pelos tormentos de uma imaginação desprendida de qualquer ancoragem no real, o próprio fundamento da liberdade humana? Aqui, Hartmann se desvencilha vigorosamente de Heidegger, reprovando-lhe por ter feito da angústia o fundamento da existência autêntica[25].

Lukács se regozija pela recusa de Hartmann em apoiar uma ontologia do sujeito baseada em existenciais eminentemente negativos: nada justifica, aos olhos desses dois filósofos, os privilégios com que Heidegger revestia a preocupação ou a angústia, sem falar do *ser-para-a-morte*. As divergências com Heidegger têm uma origem que diz

---

22. Benedictus de Spinoza, *Ética*, Obra Completa IV, trad. J. Guinsburg; Newton Cunha, São Paulo: Perspectiva, 2014, p. 315 (Col. Textos 29.)
23. Cf. G. Lukács, *Die Eigenart des Ästhetischen*, v. 1, Newied: Luchterhand, 1963, p. 177-178. (Ed., espanhola, *Estética: La Peculiaridad de lo Estético: Cuestiones Previas y de Principio*, trad. Manuel Sacristán, Barcelona: Grijalbo, 1966, p. 188-189.) ("Que es un filisteo?/ Una tripa vacia/ Rellenada con temor y esperanza/ Para que Dios se apiade".)
24. N. Hartmann, *Zur Grundlegung der Ontologie*, 4. ed., Berlin: Walter de Gruyter, p. 180-181. (Ed. espanhola, *Ontologia*, tomo I, p. 225-226.)
25. Ibidem, p. 182. (Ed. espanhola, ibidem, p. 226s.)

respeito à fundamentação. Lukács, assim como Hartmann, pretende construir uma ética da liberdade e da autenticidade fundada em uma antropologia realista em que a subjetividade apareça inscrita na multiplicidade de seus condicionamentos. A tradição epicurista e spinosista está muito presente em Lukács, por exemplo, quando ele afirma que um verdadeiro pensamento da liberdade e da integralidade do homem está intimamente associado ao triunfo de um olhar "desantropomorfizador" sobre o mundo. A ausência de preconceitos religiosos e de concessões a fantasmas teleológicos é um traço comum a Lukács e a Hartmann. Quando este último se levanta contra aqueles que cultivam a complacência para com certas situações-limite – hipertrofiando, por exemplo, a angústia diante da morte –, ele evoca a atitude sóbria e lúcida dos filósofos que se defrontaram com o mesmo problema com um olhar sem ilusões, sem flertes com o transcendente[26] (Hartmann não o nomeia explicitamente, mas certamente pensa de novo em Epicuro).

A "ontologia crítica" de Hartmann é um fenômeno muito singular na filosofia alemã entre as duas guerras. O pensamento do ser em Hartmann não se afirma somente em oposição explícita à "metafísica do *Dasein*" e à filosofia do Ser de Heidegger, mas ele contém também críticas solidamente fundadas contra o método fenomenológico enquanto tal, sem esquecer os ataques contra certos aspectos do pensamento de Max Scheler (por exemplo, contra seu "realismo voluntário" – *voluntativen Realismus* – que lhe parece demasiadamente antropomorfizante, tendendo a considerar o real exclusivamente sob o signo do vivenciar a resistência, do *Widerstandserlebnis*[27]).

A base consensual entre Lukács e Hartmann se estabelece justamente a partir da ideia de que uma ontologia do sujeito (no caso de Lukács trata-se de uma "ontologia do ser social") não pode ser desenvolvida senão a partir de uma

---

26. Ibidem, p. 181-183. (Ed. espanhola, ibidem, p. 226s.)
27. Ibidem, p. 169-170. (Ed. espanhola, ibidem, p. 212.)

teoria geral do ser e de suas estruturas categoriais. Lukács encontrou Hartmann, como vimos, no momento em que estabeleceu o projeto que embasaria suas pesquisas: fundar sua reflexão, através de sua *Estética* e de *Para uma Ontologia do Ser Social*, sobre uma teoria das categorias do ser, e demonstrar, na mesma ocasião, a vocação universal do pensamento de Marx. Tratava-se de fazer valer a ontologia subjacente a esse pensamento, mostrando que ela oferece a chave para uma rigorosa abordagem categorial da multiplicidade das atividades humanas, até mesmo de suas formas mais sutis. A confiança naquilo que chamamos de "abordagem categorial" é efetivamente um traço comum a Lukács e a Hartmann. Lukács chegava a pensar com carinho no sonho de ter em torno de si uma equipe de pesquisadores, que consagrariam seus esforços a estudar sistematicamente as categorias importantes; numa carta a seu editor Frank Benseler, lamentava ser obrigado a prosseguir sozinho por tanto tempo no estudo de uma só categoria (por exemplo, a da "particularidade", *die Besonderheit*); um trabalho coletivo teria permitido um avanço muito mais rápido!

Heidegger, Scheler e Husserl

A recusa ao pensamento de Heidegger aparece de forma particularmente surpreendente nessa perspectiva. Uma das principais censuras que Hartmann lhe faz na sua *Ontologia* é de ter subordinado o pensamento do Ser a uma metafísica existencial do *Dasein*, movendo, assim, o centro gravitacional da reflexão ontológica de uma abordagem livre de preconceitos do ser e de suas categorias para a esfera necessariamente derivada da vida dos homens e de seus tormentos existenciais[28].

As objeções de Hartmann colocam em questão os próprios fundamentos da *démarche* heideggeriana. O filósofo do

---

28. Ibidem, p. 40-41. (Ed. espanhola, ibidem, p. 92-93.)

Ser é censurado por ter falhado na justa apreensão da questão do ser. Hartmann confronta enfaticamente Heidegger no que diz respeito à legitimidade de sua questão primordial: com que direito ele faz da questão do "sentido do Ser" (*der Sinn des Seins*) o propósito fundamental da reflexão ontológica? Não seria evidente que, antes de se interrogar sobre o "sentido do Ser", é preciso elucidar a questão do ser enquanto tal? Não se trataria de um desvio do questionamento ontológico, transferindo uma questão primordial para as questões necessariamente derivadas? O Ser por si mesmo, nota Hartmann, é indiferente à questão do "sentido", pois este último só surge no momento em que um sujeito (mesmo que seja um "sujeito lógico") emerge e coloca essa questão.

A suspeita que Hartmann e, *mutatis mutandis*, Lukács cedem demais em sua *démarche* ontológica a certo "objetivismo" – pois os dois reprovam Heidegger por ter ocultado a realidade fundamental do ser-em-si (*das Ansichseiende*) – dissipa-se quando levamos em conta o fato de que ambos, e Lukács mais que Hartmann, desenvolvem sua reflexão sobre o ser e seus diferentes níveis tendo no espírito, como finalidade última, uma teoria da especificidade do homem. O problema da liberdade, e, de forma mais geral, as questões sobre ética, ocupam perpetuamente o horizonte dos dois pensadores. A força com que destacam a heteronomia inata ao ser homem do homem é apenas o preâmbulo de um verdadeiro pensamento da liberdade.

Existe uma carta interessante de Hartmann para Heinz Heimsoeth, datada de 27 de fevereiro de 1935 (ano em que publica *Zur Grundlegung der Ontologie*). Nessa carta, o filósofo reconstrói para seu amigo o momento da "virada ontológica" de seu pensamento[29]. O projeto de elaborar uma ontologia remonta a mais de trinta anos, escreve Hartmann, mas era diferido sem cessar, ainda que quase a cada ano ele

---

29. A carta ainda é inédita. Ela foi anunciada junto a outros documentos por Frida Hartmann, viúva do filósofo, a Wolfgang Harich. Pudemos tomar conhecimento dela ao acompanhar as pesquisas sobre as relações de Harich com o pensamento de Hartmann.

refizesse um esboço. A virada decisiva, mais precisamente a passagem verdadeira da *intentio obliqua* à *intentio recta*, teria sido sua confrontação com a "metafísica do homem" de Max Scheler, no momento em que elaborava sua *Ética* (1ª edição, em 1926). Hartmann provavelmente faz alusão à crítica do "personalismo" de Scheler, bem como da "metafísica personalista" em geral, desenvolvidas nessa obra. Ele faz questão de precisar que se refere aos trabalhos de Scheler publicados até então (1926), e não a seu último livro, *Die Stellung des Menschen im Kosmos*, publicado depois da morte do autor, em 1928. Para Hartmann, é a necessidade de fazer justiça, no plano ontológico, ao fenômeno de *liberdade* – ausente em Scheler, segundo ele – que teria sido o catalisador de sua virada ontológica. Essa afirmação é muito surpreendente. Podemos efetivamente nos questionar por que a necessidade de fundar o trabalho da subjetividade nas suas formas mais evoluídas (a auto-afirmação pelos atos de liberdade) impeliria Hartmann a se voltar para um pensamento do ser-em-si, em que a trans-subjetividade e a transinteligibilidade são os atributos constitutivos. Responder a essa pergunta exigiria esclarecimentos sobre a forma como Hartmann desenvolve sua teoria da liberdade, fundando-a na relação entre a teleologia dos atos humanos e as redes causais objetivas, de encontro tanto ao determinismo quanto ao indeterminismo. Essa crítica a Scheler deve nos deter por um instante. Na sua *Ética*, Hartmann contesta a tese de Scheler sobre o caráter "inobjetivável" dos atos da pessoa, ou a afirmação de que a pessoa não se deixaria apreender nem enquanto *objeto*, nem enquanto *sujeito*. Na sua carta a Heimsoeth, ele questiona a "metafísica dos valores" de Scheler (não sua "parte fenomenológica", à qual ele devia muito), pois ao afirmar os valores como dados imanentes à pessoa, o autor de *Formalismus in der Ethik und die materiale Wertethik* ocultaria de forma inaceitável o papel constitutivo da subjetividade na afirmação dos valores. A defesa da "objetividade" da pessoa (a necessidade de apreendê-la em seu múltiplo enraizamento no real) é, para Hartmann, o passo necessário para a compreensão da pessoa também enquanto "sujeito".

Essas críticas à fenomenologia de Husserl, ao personalismo metafísico de Scheler ou à metafísica do *Dasein* e do pensamento do Ser de Heidegger foram mais ou menos relegadas ao esquecimento, pois foram justamente esses pensadores que ocuparam por muito tempo a cena filosófica contemporânea. Lukács foi praticamente o único a fazer valer, em *Para uma Ontologia do Ser Social*, mas também em outros textos, a pertinência dessas críticas, testemunhando sua profunda solidariedade com o combate "à contracorrente" do filósofo alemão (é preciso considerar também o eco que as críticas de Hartmann contra o "relativismo epistemológico" e contra a exploração neopositivista dos resultados da ciência moderna encontraram em Lukács; críticas em que o último encontrou um sólido apoio para seu próprio combate contra o neopositivismo contemporâneo)[30].

As questões colocadas por Hartmann aos fenomenólogos tocam os próprios fundamentos do método destes. Ele lembra, por exemplo, a importância da distinção entre o "objeto intencional" e o "objeto real", sublinhando a não coincidência entre ambos, sempre em nome da distância que separa a representação do real do próprio real. Com o mesmo espírito, mostra os limites de um método que, por princípio, se estabelece na "fenomenalidade" das coisas e em sua apreensão através dos "atos" da consciência, ao se esquecer que o ser demanda, na sua autarquia ontológica, a transposição da superfície fenomenal e o mergulho do olhar nas profundezas trans-fenomenais. A famosa "intuição da essência" assim como a prática da "redução" tampouco são agraciadas por Hartmann. O autor da "ontologia crítica" não confia nas "evidências" da consciência pura, exigindo, por princípio, o confronto das "essências" obtidas graças à "redução fenomenológica" com as essências trazidas à

---

30. G. Lukács, *Die Eigenart des Ästhetischen*, v. II, p. 819. (Ed. espanhola. *Estética: La Peculiaridad de lo Estético*, p. 520.)

tona por meio do exame crítico do real. A suspensão dos resultados da ciência não lhe parece o método certo (ainda que reconheça que as aquisições científicas devam ser submetidas à prova do controle crítico), pois assim se priva, sob pretexto de reconquistar uma visão "pura" das coisas (o famoso olhar "sem preconceitos" reivindicado pelos fenomenólogos), de um instrumento essencial na abordagem do real e de suas determinações trans-subjetivas[31]. Numa carta enviada imediatamente após a guerra, em 1945, ao seu tradutor francês, Raymond Vancourt, Hartmann reiterou as reprovações feitas a Husserl, a propósito dos resultados das ciências positivas: a "caça às essencialidades" lhe parecia, nessas condições, um retorno ao antigo "realismo dos universais"[32], ao passo que dava prioridade ontológica ao real no seu devir e na sua múltipla individuação (as essências inscritas na imanência do real, estritamente condicionadas pelo seu substrato, o *Sosein* – o ser-assim – pelo *Dasein* – o ser-aí das coisas).

Lukács vai partilhar sem reservas as observações críticas de Hartmann a propósito do cripto-idealismo da "ontologia fenomenológica". Em 1962, durante sua troca de cartas com Ernest Ansermet, o célebre maestro e musicólogo suíço, a respeito do livro *Les Fondements de la musique dans la conscience humaine* (Os Fundamentos da Música na Consciência Humana), que este acabara de publicar, Lukács se refere duas vezes a Hartmann e à sua crítica da fenomenologia para apoiar suas próprias objeções ao método de Husserl e de seus sucessores. As cartas de Lukács de 16 de setembro e de 3 de novembro de 1962 alertam Ansermet contra os erros do método que serviu de fundamento filosófico ao livro deste (o artigo sobre Ansermet publicado por Lukács no *Diário de Genebra*, alguns meses depois, retoma as mesmas objeções),

---

31. Cf. o parágrafo Wissenschaftskritik und Phänomenologie, em *Zur Grundlegung der Ontologie*, p. 214-216. (Ed. espanhola, *Ontologia*, tomo I, p. 268-270.)
32. Cf. N. Hartmann, *Les Principes d'une métaphysique de la connaissance*, tomo I, prefácio do tradutor, p. 12.

e insistem no caráter contestável das "intuições de essência" obtidas pela ação de "colocar entre parênteses" o mundo real, e sobre o perigo de ocultação das mediações concretas na apreensão estritamente fenomenológica do real.

As críticas de Hartmann a Heidegger, dessa vez no que tange a um pensamento que em *Ser e Tempo* fundava a *démarche* de uma "ontologia fundamental", eram ainda mais severas. Já mencionamos algumas dessas objeções no início. Ao mesmo tempo que apreciava a agudeza de algumas análises de Heidegger no seu primeiro grande livro[33], Hartmann estimava pouco o pensamento heideggeriano do Ser. Se Lukács não via em Heidegger nada além de um *geistreiches Anreger* (incitador espirituoso), que se recusava a situar na continuidade da grande tradição especulativa da filosofia do passado[34], Hartmann, por sua vez, o caracterizava mais como "um profeta, um apóstolo, um 'Paracleto', um *homo religiosus*... demasiado preso a Kierkegaard para conseguir encontrar a grande linhagem filosófica que vai de Platão a Kant, passando por Descartes"[35].

Heidegger não fica devendo; talvez tenha sido o primeiro a dar testemunho de sua hostilidade ao filósofo que era, enquanto pensador, seu oposto. Encontramos referências negativas às posições de Hartmann nos seus cursos dos anos de 1920, tanto a seu "realismo epistemológico" (*erkenntnistheoretischen Realismus*[36]), quanto à sua tese sobre a filosofia tendo como vocação essencial formular "questões"

---

33. Em particular, a descrição ontológica da utensilidade, da *Zuhandenheit*, da manualidade, ou das características existenciais do impessoal, do *das Man*, que ele tratava nos seus livros *Zur Grundlegung der Ontologie* e *Das Problem des geistigen Seins*.
34. G. Lukács, *Zur Ontologie des gesellschaftlichen Seins*, v. I, p. 421 (Ed. bras., *Para uma Ontologia do Ser Social*, p. 129.)
35. Hartmann, em suas cartas de 1945 para Raymond Vancourt, citadas por este último no prefácio supramencionado de *Les Principes d'une métaphysique de la connaïssance*, p. 28-29.
36. M. Heidegger, *Grundprobleme der Phänomenologie*, em GA, v. 24, p. 87. (Curso do semestre de verão, 1927.) (Ed. bras., *Os Problemas Fundamentais da Fenomenologia*, trad. Marco Antônio Casanova, Petrópolis: Vozes, 2012, p. 96.)

(cuja solução poderia revelar-se aporética)[37]. A presunção de Heidegger ia longe; numa carta para Karl Jaspers, datada de 20 de dezembro de 1931, ele utiliza uma expressão particularmente depreciativa para designar aquele que havia obtido a cadeira de filosofia Ernst Troeltsch na Universidade de Berlim (cadeira que em dado momento fora cobiçada pelo próprio Heidegger que, tendo recebido notícias das reservas que iam de encontro a sua pessoa, decidiu-se pela retirada de sua candidatura para evitar uma recusa)[38].

Ignorávamos até uma data recente a reação de Heideger às críticas severas de Hartmann na *Ontologia*. Com a publicação, em 1991, do curso dado por Heidegger no primeiro semestre de 1941, tivemos a resposta. De forma bastante inabitual, Heidegger cita *in extenso*, em duas páginas inteiras, as considerações críticas de Hartmann a seu respeito. Sua resposta pretendia ser breve e contundente, mas o que percebemos é, sobretudo, sua irritação. As críticas de Hartmann são atribuídas ao seu espírito "professoral" por excelência (com todas as conotações pejorativas que a expressão implica: *Philosophie-Gelehrsamkeit*), ancorada nos preconceitos da metafísica tradicional. Heidegger não via nelas nem mais nem menos que um "espectro" do passado. Ao ser contestado nos próprios fundamentos de seu pensamento, ele evita entrar numa discussão sobre esse campo. Prefere formular anátemas (aparentando surpresa de ver aquele que se passa por um dos grandes filósofos do mundo falar como "*ein verhemmter Schullehrer*", um mestre-escola tacanho), em vez de responder às questões de seu contraditor. No final de 1945, ao receber Maurice de Gandillac, Heidegger, muito irritado, deplorava junto de

---

37. Cf. idem, *Einleitung in die Philosophie*, GA, v. 27, p. 386. (Curso do semestre de inverno, 1928-1929.) (Ed. bras., *Introdução à Filosofia*, trad. Marco Antônio Casanova, São Paulo: Martins Fontes, 2008, p. 414.)

38. M. Heidegger; K. Jaspers, *Briefwechesel, 1920-1963*, Klostermann: Pieper, 1990 p. 144. Heidegger fala de Hartmann com ressentimento, sem nomeá-lo: "*Statt dessen ist nur ein Belangloser mehr zu den dortigen Überflüssigen hinzugekommen*" (acrescentaram uma insignificância a mais às superficialidades já existentes).

seu hóspede francês "a incompreensão" de Hartmann ao seu respeito, mas nunca evocando o fundo do problema.

As convergências de Lukács e Hartmann a propósito de Heidegger apresentam como raiz comum a concepção que os dois primeiros têm, muito diferente do último, do que deve ser um verdadeiro pensamento do ser. Decerto, as análises de Lukács (na *Destruição da Razão*, no estudo publicado em 1949, *Heidegger redivivus*, ou nas páginas sobre o "existencialismo" de *Para uma Ontologia do Ser Social*) são mais aprofundadas e mais desenvolvidas que as considerações de Hartmann. No entanto, existe uma nítida convergência de fundo entre os dois, apesar das diferenças resultantes da maior ênfase dada por Lukács. Tomemos um exemplo: a atitude deles concernente à "analítica do *Dasein*" presente em *Ser e Tempo* (assim como em outros escritos da mesma época). Lukács enfatiza frequentemente seu exame crítico sobre uma das mais famosas teses heideggerianas: a definição da condição do homem como "derrelição" (*Geworfenheit*). A antropologia existencial de Heidegger efetivamente concede um lugar privilegiado à ideia de que o homem é primordialmente um ser "abandonado" no mundo (Heidegger fala de sua *Preisgegebenheit*[39]), entregue, na sua contingência estrutural, às potências do mundo (tanto as exteriores quanto as escondidas nele mesmo), sem os vínculos e as amarras que lhe ofereciam os pontos de referência de um "aonde" e um "para onde". É precisamente essa pretensa ausência de fundamento da existência humana (a *Nichtigkeit*, a nulidade), donde resultaria sua finitude consubstancial, que é vigorosamente contestada por Lukács. Este sempre lembra que o trajeto do homem se inscreve necessariamente num perímetro, num campo de determinações a partir das quais constrói suas próprias determinações futuras. Ao entregar o *Dasein* a uma situação de pura contingência e injustificabilidade (Todo e qualquer

---

39. Cf. a alínea Preisgegebenheit als Geworfenheit, em *Einleitung in die Philosophie*, GA, v. 27, p. 328-331. (Ed. bras, "Estar entregue como o ter-sido-jogado", em *Introdução à Filosofia*, p. 350-354.)

Dasein pode também não ser, escreve Heidegger, ao explicar seu conceito de "derrelição"[40]), Heidegger não faz, segundo Lukács, nada além de secularizar a antiga representação religiosa do homem como existência "criatural", que tem necessidade do apelo à transcendência para sua salvação. "A derrelição é o ato criador de um deus que não existe" – escreve Lukács[41].

A antropologia genética de Lukács (e, *mutatis mutandis*, a de Hartmann) ressalta a concretude do mundo onde o ser-aí do homem (o *Dasein*, segundo a terminologia heideggeriana) inscreve seu trajeto existencial, insistindo na gênese real de suas aptidões e atividades através do *trabalho*, assim como na orientação não menos determinável de seus atos. O *Woher* (de onde) e o *Wohin* (para onde) da teleologia humana, longe de desaparecerem no nevoeiro impenetrável da indeterminação, como quer a *Geworfenheit* heideggeriana ("Esse caráter de ser do *Dasein*, velado no seu 'de onde' e no seu 'para onde'", no *Ser e Tempo*), são perfeitamente determináveis e orientáveis por uma antropologia que restitui ao homem seu verdadeiro quadro sócio-histórico.

Ainda que Hartmann nunca tenha se confrontado com o pensamento heideggeriano da condição "derrelita", suas considerações críticas – na *Ontologia* – a propósito da primazia da "preocupação" em Heidegger encontram as de Lukács num ponto essencial. Hartmann se mostra não menos reticente que Lukács em relação à imagem do homem entregue à potência superior do Ser, do homem oprimido no nível cotidiano por potências anônimas, vivendo num estado de deslocamento, de apatricidade, em meio a um mundo privado de sentido. O surgimento da autenticidade lhe parece um dado irracional (Hartmann fala do "milagre da abertura [...] rumo à clareira e à liberdade"

---

40. Ibidem, p. 331. (Ed. bras., ibidem p. 354.) ("Vielmehr kann jedes Dasein auch nicht sein" [N. da T.]).
41. G. Lukács, *Zur Ontologie des gesellschaftlichen Seins*, v. I, p. 389. (Ed. bras., *Para uma Ontologia do Ser Social I*, p. 94.)

em Heidegger[42]), tanto que a verdadeira situação do homem, em circunstâncias que ele próprio não criou, mas que estão susceptíveis de modificação em um sentido favorável a ele mesmo, não é considerada. Hartmann reprova em Heidegger sua complacência com respeito a situações muito particulares de desalento, daí certa "unilateralidade" de suas descrições (*"Und vollends mit Ontologie hat das nicht viel zu tun"* – "E em tudo e por tudo, isso não tem muito a ver com ontologia" – exclama ele[43]). Restituir ao mundo sua consistência objetiva e sua densidade real (sua "concreção sócio-histórica", teria dito Lukács), ao apreendê-lo na multiplicidade de suas determinações categoriais, representa, tanto para Hartmann quanto para Lukács, a única via que leva a uma verdadeira ontologia do sujeito.

Lukács Crítico de Hartmann

A influência do pensamento de Hartmann sobre Lukács foi certamente mais importante do que a filosofia marxista quis admitir. Encontramos os ecos da sagacidade com que Hartmann procurou e questionou, por exemplo, o "teleologismo" nos grandes sistemas do passado (de Aristóteles a Leibniz e Hegel) em *Para uma Ontologia do Ser Social*. É contundente o paralelo entre as críticas do caráter hierárquico-teleológico da sucessão das categorias no pensamento hegeliano, feitas por Hartmann, e as considerações sobre o mesmo tema, formuladas por Lukács em diferentes pontos de sua obra. Poderíamos levar ainda mais longe as similitudes, mostrando, por exemplo, como a tese lukacsiana sobre a coexistência de "duas ontologias" no pensamento de Hegel, uma "falsa" e outra "autêntica" (a primeira caracterizada por um "logicismo" de caráter teleológico, a segunda,

---

42. Cf. N. Hartmann, Der Gegenstand der "Sorge", *Zur Grundlegung der Ontologie*, p. 198. (Ed. espanhola, El Objeto de la "Cura", *Ontologia*, tomo I, p. 248.)
43. Ibidem.

por uma apreensão aprofundada das categorias do real), vai perfeitamente ao encontro da discriminação operada por Hartmann entre uma *"reelle"* e uma *"unreelle Dialektik"* em Hegel[44].

É certo que Lukács lia Hartmann e integrava suas aquisições ontológicas de uma forma um tanto quanto pessoal, em função de sua própria experiência filosófica e ideológica. Sua idiossincrasia para as interpretações teleológicas da história humana não tinha apenas raízes filosóficas, como em Hartmann. Ele remeteu a substância dos argumentos de Hartmann para além do próprio pensamento do segundo, operando certa inflexão ideológica. Mais precisamente, ele intentava reagir contra a longa hegemonia de uma "filosofia da história" de tipo hegeliana no interior do marxismo. Tratava-se de questionar uma interpretação demasiado retilínea e unidirecional da história da sociedade, orientada de forma unívoca para um fim inscrito na imanência do processo histórico.

Lukács e Hartmann se levantaram juntos contra uma homogeneização da história "pelo alto", que retirava dos diferentes patamares da evolução sua autonomia substancial. A tese de Hegel, segundo a qual cada fase do processo histórico encontra sua "verdade" na fase superior, era o alvo da crítica de ambos. Em Lukács, essa crítica filosófica se desdobrava numa crítica ideológica contra a hiper-racionalização da história, praticada por vulgarizadores autointitulados marxistas que chegaram a ocultar a densidade e a imprevisibilidade da marcha da história em nome de um necessitarismo justificado por finalidades políticas. A reabilitação da ideia de heterogeneidade do tecido histórico (a sociedade é um "complexo de complexos" em que, além de sua interdependência com os outros, cada complexo

---

44. Cf. G. Lukács, particularmente o capítulo Hegels falsche und echte Ontologie, em *Zur Ontologie des gesellschaftlichen Seins*, v. I, p. 468-558 (Ed. bras., A Falsa e a Autêntica Ontologia de Hegel, *Para uma Ontologia do Ser Social I*, p. 181-280); N. Hartmann. Hegel und das Problem der Realdialektik, em *Kleinere Schriften II*, p. 336s.

tem sua legalidade autônoma) está apoiada, em Lukács, nas ideias similares de Hartmann sobre o plano da teoria geral das categorias, em *Der Aufbau der realen Welt*. Nesse sentido, a ideia de uma "necessidade teleológica" do socialismo era refutada explicitamente por Lukács. Para ele, o socialismo só existia como uma possibilidade, e exigia que ela fosse recolocada no contexto real do processo histórico.

Mas se Lukács encontrou em Hartmann um interlocutor privilegiado para refundar o pensamento de Marx enquanto ontologia crítica, não é menos incontestável que ele se desvencilhou vivamente de outros aspectos de seu pensamento. Quanto mais apreciava a impermeabilidade de Hartmann às "modas" filosóficas, mais se desanimava com seu excessivo desprendimento e sua reserva distante sobre as crises e convulsões que abalavam a sociedade contemporânea. A "não contemporaneidade" hartmanniana representava, para Lukács, uma contrapartida negativa desse pensamento. E o filósofo marxista não deixaria de sublinhar o caráter geralmente demasiado "professoral" de uma filosofia afastada dos problemas mais pungentes da história e da ideologia contemporâneas.

Ao falar com certa brutalidade da "cegueira" (*Blindheit*) de Hartmann em relação à "real peculiaridade da história[45]" e das carências estruturais de seu pensamento sobre a sociedade (ele fazia alusão a *Das Problem des geistigen Seins*), Lukács notou a distância radical que separava seu próprio projeto de ontologia social, da interpretação muito convencional e, sob alguns aspectos, anacrônica da vida social proposta por Hartmann. Quanto mais ele se mostrava entusiasta, por exemplo, do peso determinante concedido por Hartmann – na sua ontologia da natureza – às "estruturas dinâmicas" (*dynamische Gefüge*), o que, aos olhos de Lukács, permitiria abolir o antigo dualismo entre "coisas" e "energias imateriais", e abriria a via de uma interpretação puramente

---

45. G. Lukács, *Zur Ontologie...*, v. 1, p. 125. (Ed. bras., *Para uma Ontologia...*, p. 154.)

imanente do desenvolvimento da natureza, por outro lado, mais ele se mostrava decepcionado por sua abordagem da ontologia do espírito. A distinção entre um estrato da "alma" e um estrato do "espírito objetivo", o segundo elevando-se sobre o primeiro, distinção que servira a Hartmann de fundamentação para sua teoria da vida social, era, para Lukács, nula e sem efeito, na medida em que o psiquismo humano adquiriria assim uma espécie de autonomia ontológica em relação ao contexto sócio-histórico. Sem falar no fato de que Hartmann pouco se preocupava com a gênese do psiquismo, ou seja, com a passagem da vida puramente orgânica àquela da "alma", negligenciando o papel decisivo do trabalho na emergência da vida psíquica do homem.

A teoria dos "valores" considerados como entidades ideais de caráter supra-histórico suscitava em Lukács uma reação não menos severa. Uma concepção dinâmico-genética da substância humana não poderia se conciliar com um apriorismo dos valores. Para Lukács, a gênese dos valores está ligada à história social do gênero humano, e a perenidade de alguns dentre eles não é outra coisa senão a expressão da continuidade das aquisições da humanidade. Não há lugar na sua visão para valores concebidos como astros imóveis no céu do espírito, sem gênese e sem devir (a tese radical defendida pelo absolutismo e objetivismo axiológico de Hartmann).

Geralmente, Lukács recusava a tese de Hartmann sobre a existência autônoma de um "ser ideal" dotado de um estatuto ontológico bem distinto do ser real (ele pensava nas verdades matemáticas, às quais ele associava, sob o signo do apriorismo, o mundo dos valores[46]). O marxista tinha dificuldades, o que é compreensível, para aceitar a existência de um reino ontológico autônomo, marcado pelo selo da *irrealidade*, que teria desenvolvido sua legalidade interna sem ser tocado pela existência do mundo real: era o caso,

---

46. Cf., por exemplo, G. Lukács. *Versuche zu einer Ethik*, Budapeste: Akademiai Kiado, 1994, p. 113.

segundo Hartmann, do universo matemático, paradigma desse ser *sui generis* que era o "ser ideal". O problema do estatuto ontológico das verdades matemáticas é um problema particularmente árduo. Hartmann admitia que as leis matemáticas estivessem inscritas no mundo real (as aplicações da matemática em física, biologia etc., são a prova disso, como as origens empíricas da geometria ou do cálculo aritmético), mas isso não lhe parecia suficiente para questionar a ideia de uma autonomia ontológica do universo matemático. A "matemática pura", bem distinta da "matemática aplicada", é, para ele, a expressão tangível dessa autonomia. Os exemplos dos números ou das geometrias não euclidianas lhe serviam de ponto de apoio para sua tese sobre a capacidade das matemáticas de transgredir o real, ao se constituírem num universo caracterizado por certa "indiferença" em relação aos dados do mundo real[47].

Lukács acusa Hartmann de ignorar o alcance do conceito de *mimesis* para definir o estatuto das verdades matemáticas, ao arguir que as matemáticas não são a única ciência que constitui um "meio homogêneo", com uma legalidade própria, situada por definição à distância do tecido heterogêneo da realidade física. Mas ele apenas postula o caráter de *mimesis* dos teoremas matemáticos, sem arriscar-se a produzir uma demonstração em regra. Dito isso, ele tem razão de se interrogar sobre a legitimidade da instauração de um "ser ideal", com um estatuto autônomo em relação ao "ser real", e de questionar Hartmann sobre a forma como esse "ser ideal" poderia permear e conformar o ser real, sem ser considerado como uma expressão sublimada desse último (ou seja, sobre a forma pela qual os matemáticos se inscrevem na imanência do real).

Lukács tirou de Hartmann um bom número de argumentos para seu projeto de "nova ontologia". Sua concepção de um ser "desreificado" (exposta principalmente

---

47. N. Hartmann, *Zur Grundlegung der Ontologie*, p. 258. (Ed. espanhola, *Ontologia*, tomo I, p. 311.)

nos *Prolegômenos Para uma Ontologia do Ser Social*), que abole o dualismo entre coisas e energias, encontra apoio na tese de Hartmann sobre a prioridade dos "complexos dinâmicos" na arquitetura ontológica do mundo. Sua aspiração a um pensamento da *pura imanência*, depurado de qualquer forma de transcendência, encontrava igualmente apoio sólido na tese de Hartmann, segundo a qual não existe teleologia emancipada da causalidade, pois o surgimento de um "pôr teleológico" (inclusive as mais sutis iniciativas da consciência) se efetua sempre a partir de cadeias causais bem circunscritas. A concepção da liberdade como escolha de caráter alternativo se inscreve nessa constelação de ideias. Em compensação, Lukács se separa de Hartmann principalmente nas questões tocantes à *ontologia do sujeito*. Por exemplo, quando toma partido pela concepção aristotélica da possibilidade contra a da escola de Mégara, defendida por Hartmann. Aristóteles utilizava contra a escola de Mégara o exemplo seguinte: um arquiteto que provou suas aptidões, mas que está condenado à inatividade, não perdeu por isso a possibilidade de construir. Para Hartmann, como para a escola de Mégara, a única possibilidade digna desse título é aquela que se torna efetiva. Isso era reduzir o campo das possibilidades às possibilidades realizadas, o que, para Lukács, era inaceitável, pois isso voltava a excluir a emergência das possibilidades cuja realização é diferida até a reunião das condições concretas para sua atualização. O exemplo é significativo. Lukács se distingue aqui de uma concepção que julga muito limitada (identificação da possibilidade com a efetividade), pois ela não faz justiça à inventividade e à criatividade do sujeito, à emergência, na interioridade do sujeito, das aptidões e disposições cuja realização permanece suspensa. E ele não deixa de ressaltar a capacidade do homem de transgredir o dado, capacidade que está na base da pungência teleológica da práxis humana.

Ao lançarmos os olhos sobre o diálogo crítico de Lukács com o pensamento de Hartmann, podemos, no entanto, interrogarmo-nos acerca da pertinência da crítica que ele formula nas conclusões do capítulo consagrado ao filósofo alemão na sua *Ontologia*: será verdade que existe no autor do brilhante estudo denominado "Aristóteles e Hegel" (trata-se do texto de uma conferência dada em 1923, reproduzida no segundo volume dos *Kleinere Schriften*) um certo "recuo" (Lukács fala de uma "certa timidez", *gewisse Ängstlichkeit*) diante das questões autenticamente dialéticas, o que o levaria a procurar uma saída antes ao lado da dialética de Aristóteles, portanto, ao lado da aporética, do que ao lado da dialética hegeliana, que, ao afrontar corajosamente as contradições, não enrijecia as antinomias, mas buscava sempre soluções nas sínteses unificadoras? Certamente não é surpreendente ver Lukács tomar partido pelo *racionalismo dialético*, pois *O Jovem Hegel* e *A Destruição da Razão* foram obras elaboradas nessa perspectiva, mas podemos recear que ele tenha formulado um julgamento muito apressado sobre Hartmann, quando acredita ver este "se esquivando" das soluções autenticamente dialéticas[48]. O paradoxo está no fato de ter sido justamente a crítica hartmanniana da hipertrofia do racionalismo no logicismo hegeliano que encontrou um poderoso eco na *Ontologia* de Lukács; as coisas foram tão longe que vimos Lukács, que sempre se apoiou no elogio hegeliano da Razão (em *Realismo Crítico Hoje* ele lança mão das proposições hegelianas: "*Wer die Welt vernünftig ansieht, den sieht sie auch vernünftig an; beides ist in Wechselbestimmung*", "Se vocês consideram o mundo como racional, ele também os considera como racionais. Entre ele e vocês, a determinação é recíproca"[49]), tomar distância nos seus *Prolegômenos Para uma Ontologia do Ser Social* em relação ao famoso teorema hegeliano do *Prefácio* à *Filosofia do Direito*: "O que é racional é real, e o que é real

---

48. G. Lukács, *Zur Ontologie des gesellschaftlichen Seins*, v. I, p. 465-466. (Ed. bras., *Para uma Ontologia do Ser Social I*, p. 178-179.).

49. G. Lukács, *Probleme des Realismus I: Essays über Realismus, Werke*, v. 4, Neuwied: Luchterhand, 1971, p. 529. (Ed. francesa, *La Signification présente du réalisme critique*, trad. Maurice de Gandillac, Paris: Gallimard, 1960, p. 141.) (Ed. bras., *Realismo Crítico Hoje*, trad. Ermínio Rodrigues, Brasília: Coordenada, 1969, p. 115.)

é racional."[50] Ele afirma que *racionalidade* é sinônimo de *necessidade* em Hegel, porém, insistiu muito, ao falar das categorias modais, em mostrar que a realidade (a realidade efetiva, *die Wirklichkeit*) não se dissolve na *necessidade*, que é apenas *uma* de suas modalidades. É o seu anti-necessitarismo que o leva a se distanciar de Hegel, até lhe reprovar a absolutização da Razão. Mas foi justamente em Hartmann que ele encontrou um apoio importante para essa desmitologização da Razão, pois os escritos do filósofo alemão são perpassados pelo questionamento da *"Weltvernunft"* (Razão do mundo) hegeliana como princípio demiúrgico do real. Não podemos deixar de observar que, enquanto o autor da *Metafísica do Conhecimento* alega enfaticamente a presença do *irracional*, justamente para fazer valer a finitude da razão e os limites inerentes a seu trabalho de apreensão do real (sem nenhuma concessão ao relativismo, ao agnosticismo ou ao misticismo), Lukács, por sua vez, mantém o silêncio sobre esse tema central da especulação hartmanniana. Mas, ao mesmo tempo, ele compartilha sua crítica das ambições exageradas dos grandes sistemas racionalistas, aparentando subscrever a tese de Hartmann sobre a irredutibilidade do real à sua apreensão racional. Cumpre precisar que, para Hartmann, razão e racionalidade são atributos da atividade cognitiva e lógica do sujeito, ao passo que Lukács, na *Destruição da Razão*, parte do princípio de uma racionalidade *in re*, imanente ao real, que na *Ontologia* se concretiza no princípio de uma *coesão das categorias*, do seu encadeamento dialético. Seja como for, parece-nos difícil ratificar o julgamento de que Hartmann se recusaria a afrontar as grandes questões dialéticas: como vimos, Lukács reconheceu, ainda na *Destruição da Razão*, a singularidade da posição do autor alemão, favorável à dialética hegeliana no cenário da filosofia alemã da época.

---

50. Idem, Prolegomena zur Ontologie..., *Zur Ontologie...*, v. I, p. 150-151. (Ed. francesa, *Prolégomènes à l'ontologie de l' être social*, Paris: Delga, 2009, p. 209.) (Ed. bras., *Prolegômenos Para uma Ontologia do Ser Social*, trad. Lya Luft; Rodnei Nascimento, Boitempo, São Paulo, 2010, p. 197.)

O elogio da aporética aristotélica tropeça principalmente na vontade de não retroceder diante das antinomias, de não precipitar suas soluções através de construções artificiais, como demonstrou com pertinência sua posição ambivalente sobre a dialética hegeliana, posição cuja substância o próprio Lukács assimilou.

Questões de Ética

Resta formular algumas observações a respeito das repercussões da *Ética* de Hartmann no pensamento de Lukács. Encontramos, nos *Versuche zu einer Ethik*, algumas referências à *Ética* do filósofo alemão (cuja primeira edição data de 1926, mas que Lukács parece não ter lido antes do início dos anos de 1960). Apesar do caráter extremamente elíptico dessas notas, podemos antever certas reações características de Lukács. Quanto mais ele ia ao encontro de Hartmann na sua crítica da ética kantiana, ou, ao contrário, nos seus julgamentos positivos sobre a "*mesotes*" da ética aristotélica (na sua *Estética*, Lukács havia explicitamente homenageado o senso prático da ética de Aristóteles em oposição à estreiteza formalista da ética kantiana), mais ele se mostrava reticente em relação à tese fundamental de Hartmann sobre o apriorismo dos valores éticos e sua localização num "em-si ideal". Lukács não subestimou o alcance da defesa que Hartmann faz da objetividade dos valores éticos, mas escreveu, numa ficha intitulada "Ad Hartmann", "*Apriori unhaltbar*"[51] (*a priori* insustentável), marcando firmemente, assim, sua distância em relação à tese fundamental da *Ética* de Hartmann. Se nos lembramos do ponto de vista genético-ontológico de Lukács sobre a substância humana, compreendemos que, para ele, a tese de Hartmann sobre o caráter ideal e imóvel do mundo dos valores não fazia justiça à profunda historicidade e nem à pungência criadora da vida moral do

---

51. Idem, *Versuche zu einer Ethik*, p. 128.

gênero humano. O reino dos valores não conhece gênese na *Ética* de Hartmann, ele é apreendido pela consciência ética como *um dado apriorístico*, subtraído, separado do devir e das vicissitudes da história (para Hartmann, é somente a consciência receptiva que é inscrita na história a uma distância maior ou menor do reino imóvel dos valores). Para Lukács, a objetividade dos valores éticos se explica pela *continuidade* da substância humana, ela mesma concebida como uma realidade em eterno devir, de onde surgem, em circunstâncias variáveis, as *condutas éticas*. Historicidade e durabilidade se associam intimamente na concepção lukacsiana da substância humana. Em compensação, Lukács se mostra muito favorável às críticas feitas por Hartmann à *reine Sollensethik* (pura ética do dever) de Kant, considerando a *riqueza concreta* da vida ética em oposição ao moralismo abstrato. Uma nota intitulada "Ethik des Umwegs"[52] (Ética do Descaminho) mostra que Lukács foi muito sensível aos argumentos de Hartmann sobre os fins da atividade ética manifestos na viva intersubjetividade dos indivíduos, e não na busca de um rigorismo ético abstrato. O objetivo da sinceridade se encontra, segundo Hartmann, na abertura compreensiva para o outro, e não na busca do ideal abstrato de sinceridade[53]. Essa tomada de posição contra o rigorismo formalista da ética do puro dever é aclamada por Lukács, que compartilha visivelmente a crítica de Hartmann contra Kant em nome da verdadeira concreção da vida ética.

Wolfgang Harich acreditou poder detectar as repercussões da *Ética* de Hartmann nas considerações sobre os conflitos dos valores morais, formuladas por Lukács no seu ensaio de 1963 dedicado à peça de Lessing, *Minna von Barnhelm*[54]. É bem possível que Lukács tenha se mostrado receptivo às análises consagradas por Hartmann aos *Wertkonflikte* (conflitos de valores). Mas exatamente esse

---

52. Ibidem, p. 126.
53. N. Hartmann, *Ethik*, 4. ed., Berlin: Walter de Gruyter, 1962, p. 256-257.
54. W. Harich, *Nicolai Hartmann: Leben, Werk, Wirkung*, p. 46.

ensaio de Lukács faz valer, numa análise extremamente fina e nuançada dos conflitos éticos da época do *Aufklärung*, o extraordinário senso *histórico* de seu autor, sua capacidade de fixar a especificidade histórica da vida espiritual de uma época, profunda sensibilidade para a história que faltava ao protagonista da *Philosophia perennis* e ao teórico da intemporalidade dos valores éticos, que era Hartmann.

Confrontação Com Heidegger

Voltemos, a título de conclusão, ao antagonismo Hartmann-Heidegger e às perspectivas de um renascimento da ontologia de Hartmann através de sua retomada crítica na obra de Lukács. O pensamento ontológico de Hartmann seria suscetível de encontrar uma atualidade, depois de permanecer oculto por décadas devido à grande audiência de Heidegger? Dito que a empreitada teórica de Lukács, da qual *Para uma Ontologia do Ser Social* repousa sobre vários teoremas fundamentais de Hartmann, ultrapassa o pensamento do último em direção a novos horizontes (sob a inspiração de Marx), será possível estabelecer o pensamento de Lukács no plano da ontologia como a alternativa mais convincente ao pensamento do Ser de Heidegger e, assim, obter o lugar que lhe é de direito na cena filosófica contemporânea?[55]

Podemos observar que a obra póstuma de Heidegger, *Contribuições à Filosofia* (redigida entre 1936 e 1938), está permeada de alusões e referências críticas a Hartmann. Antes de responder, no seu curso de 1941, *Metaphysique des*

---

55. Já tentamos situar o lugar geométrico da ontologia de Lukács em relação aos pensamentos de Hartmann e de Heidegger no texto supramencionado da *Revista de Metafísica e de Moral*, e principalmente numa conferência dada na Sociedade Francesa de Filosofia, com o título de *Ontologie de Georges Lukács* (cf. *Bulletin de la Société Française de Philosophie*, Paris, 78, v. 4, 1984, p. 129-158). As afinidades entre os pensamentos de Lukács e de Hartmann também são evocadas no texto *La Pensée du dernier Lukács*, publicado na revista *Critique*, Paris, n. 517-518, 1990, p. 594-616.

deutschen Idealismus (*Schelling*), às críticas de Hartmann, formuladas na *Ontologia*, Heidegger lança, em *Contribuições à Filosofia*, ataques contra seu rival da época. Que ele tenha visto muito cedo Nicolai Hartmann como um adversário que precisaria abater, não resta dúvidas. Em 1923, mal havia sido nomeado *Extraordinarius* em Marburgo e já confiava a Jaspers sua decisão de passar, através de sua simples presença, "um susto" em Hartmann, professor titular na mesma universidade. A expressão em alemão é ainda mais forte: "ich werde ihm... die Hölle heiss machen" (eu vou [...] esquentar o inferno para ele). Ele anunciava que uma "tropa de choque" (*Stosstrupp*) composta por dezesseis pessoas viria de Friburgo para essa missão[56]. A metáfora marcial diz muito sobre o estado de espírito de Heidegger. Gadamer, que era muito próximo de Hartmann na época, iria se mostrar seduzido pelo ensinamento de Heidegger, abandonando seu antigo mestre. O artigo severo que publicou na revista *Logos*, sobre o tratado de epistemologia de Hartmann, talvez não seja isento da influência de Heidegger (mesmo se, mais tarde, Gadamer dirá que o redigiu antes de ser subjugado por Heidegger). Era, no mínimo, a convicção do próprio Heidegger, que escrevia, em 23 de agosto de 1923, para Karl Löwith: "Ele [...] escreve agora uma resenha sobre a *Metafísica* de Hartmann – mas as ideias vêm de mim"[57].

Heidegger se torna, tanto nos seus cursos como na sua correspondência, cada vez mais agressivo e depreciativo para com Hartmann. À medida que seus contemporâneos podiam se deixar perder por certos traços comuns, mais ele faz questão de marcar tudo o que o separa da ontologia de Hartmann. Efetivamente, a virada para um pensamento

---

56. M. Heidegger; K. Jaspers, *Briefwechsel 1920-1963*, Frankfurt/München: Klostermann/Piper, 1990, carta de 14 de maio de 1923, p. 41. (Trad. francesa, Paris: Gallimard, 1996, p. 35.)

57. O artigo de Gadamer foi publicado com o título de Metaphysik der Erkenntnis: Zu den gleichnnamigen Buch von Nicolai Hartmann, *Logos*, v. XII, 1923-1924, Tübingen: Mohr-Siebeck, p. 330-355. A carta de Heidegger a Löwith é citada por Jean Grondin no seu livro *Hans-Georg Gadamer: Eine Biographie*, Tübingen: Mohr-Siebeck, 1999, p. 92.

do ser se produziu nos dois sobre a tela de fundo de uma crítica virulenta do neokantismo, assim como, *mutatis mutandis*, do idealismo transcendental de Husserl (Heidegger escreveu a Jaspers, ainda em 26 de dezembro de 1926 que *Ser e Tempo*, dedicado a Husserl, é de fato escrito "contra Husserl"[58]). Quando Heinrich Rickert publicou, em 1930, uma obra destinada a mostrar que é possível elaborar uma ontologia a partir da teoria neokantiana do julgamento, fazendo polêmica tanto com o realismo ontológico de Hartmann quanto com a especulação heideggeriana[59], Heidegger recebeu o livro apontando a incompatibilidade do logocentrismo de Rickert (que fazia do *Logos* a via de acesso ao Ser) com sua própria ontologia fundamental, que dava prioridade à transcendência do Ser para além de toda apreensão lógica; e, para evitar qualquer confusão com a posição de Hartmann, ele o ataca vivamente: "O que Nicolai Hartmann, no entanto, persegue sob o título de 'ontologia' – escreve ele à Rickert – não tem nada além do 'nome' em comum com minhas tentativas [...] Mesmo com muita boa vontade, eu nunca pude aprender o que quer que fosse com seus escritos"[60]. Um ano mais tarde, ao agradecer o helenista Julius Stenzel por intervir a seu favor na discussão que seguiu uma conferência dada por Hartmann diante da *Kant-Gesellschaft* de Berlim, ele se mostra irônico sobre a tentativa de Hartmann de se diferenciar de seu pensamento, concluindo de forma lapidar: "No entanto, essa espécie de filosofia me parece cada dia mais insignificante."[61] A verdade é que Hartmann, ao responder às intervenções de Julius Stenzel e de Heinz Heimsoeth nas conclusões do debate,

---

58. Cf. *Briefwechsel 1920-1963*, Frankfurt/München: Klosterman/Piper, 1990, p. 71

59. Cf. H. Rickert, *Die Logik des Prädikats und das Problem der Ontologie*, Heidelberg: Carl Winter, 1930.

60. M. Heidegger, Heinrich Rickert, *Briefe 1912 bis 1933 und andere Dokumente*, Aus den Nachlässen herausgegeben von Alfred Denker, Frankfurt: Vittorio Klostermann, 2002, p. 69-70. (carta de 26 nov. 1930)

61. Briefe Martin Heideggers an Julius Stenzel (1928-1932), em *Heidegger Studies*, Zurich, n. 17, 2001, (carta de 10 dez. 1931)

havia pontuado a grande distância que separa seu pensamento do ser de uma abordagem ditada pelas "tendências ideológicas determinadas" (*bestimmten weltanschauliche Tendenzen*), refutando secamente a "ontologia fundamental" de Heidegger (um pensamento da "ipseidade" – da *Jemeinigkeit* – parecia-lhe mais próximo do idealismo que de uma verdadeira ontologia)[62].

Em *Contribuições à Filosofia*, Heidegger deixou transparecer melhor as razões de sua animosidade, em passagens que visam Hartmann explicitamente ou nas entrelinhas. Queria desvalorizar a qualquer custo um pensamento que, ao fazer do ser e de suas categorias o fundamento da reflexão filosófica (de uma "nova ontologia"), podia ofuscar a própria "revolução" heideggeriana. Acusou Hartmann especialmente de permanecer nos moldes da "tradição", de levar a filosofia ao limite da confusão com sua "metafísica" do conhecimento e com seu método "aporético"; em sua opinião, faltava a Hartmann principalmente radicalidade, cego para a "vontade do pensar" (*denkerischen Willen*), que se fazia presente em *Ser e Tempo*[63]. Preconizando ultrapassar a "ontologia" enquanto tal, que em última instância não seria outra coisa que uma "onto-teologia", portanto ligada à "metafísica" (Hartmann teria sido culpado por querer apenas corrigir os erros da antiga "ontologia", conservando suas aquisições, *ihre Richtigkeiten*[64]), Heidegger colocava a tônica no deslocamento do centro de gravidade do pensamento, o que formava o próprio cerne de sua "revolução". Segundo ele, a "questão condutora" do pensamento (*die*

---

62. Heidegger havia tomado conhecimento do texto da conferência de Hartmann dado em 28 de maio de 1931, intitulado *Zum Problem der Realitätsgegebenheit*, graças à sua publicação no opúsculo *Philosophische Vorträge der Kant-Gesellschaft*, brochura 32, Berlin: Pan-Verlaggesellschaft, em 1931. A conferência tratou pela primeira vez do tema dos "atos emocionais de caráter transcendental" numa abordagem que era evidentemente oposta à de Heidegger.
63. M. Heidegger, *Beiträge zur Philosophie* (vom Ereignis), GA, v. 65, Frankfurt: Vittorio Klostermann, 1989, p. 72-74, 94, 173, 205, 278.
64. Ibidem, p. 205.

Leitfrage), aquela que havia dominado a filosofia de Platão e de Aristóteles, devia ceder o lugar à "questão fundadora" (*die Grundfrage*), que visava o Ser na sua profundeza abissal. Nicolai Hartmann, cuja cegueira diante dessa mutação não poderia ser perdoada, evidentemente nunca tomou conhecimento dessas críticas. Mas pôde conhecer as posições de Heidegger por meio de seus escritos publicados à época, assim como por seus estudantes, que também frequentavam os cursos de seu adversário. Aliás, na carta para Raymond Vancourt, citada por este no seu prefácio à tradução dos *Grundzüge*, ele expõe de forma muito clara sua opinião extremamente crítica sobre o pensamento de Heidegger.

Hartmann estava persuadido de que a construção de uma "nova ontologia" (*Neue Wege der Ontologie* é o título de um texto sintético publicado em 1942) passa necessariamente pela reconstrução crítica de uma "doutrina das categorias", até mesmo por cercar a riqueza do ser na multiplicidade de seus níveis. Seu método de pensamento se apoiava nos dados da experiência e nas aquisições da ciência, para afrontar as "aporias" surgidas no caminho da reflexão. As especulações heideggerianas sobre os temas do "Nada", do "outro Começo", do "abismo do Ser", certamente o teriam deixado impassível. Quanto aos anátemas lançados por Heidegger contra ele nas *Contribuições*, acusando-o de se mover sempre sobre os trilhos do "neokantismo invectivado de boa graça[65]" (*gern beschimpften Neukantianismus*), eles o fariam sorrir, dado que sua obra se construiu sobre uma polêmica contínua contra o transcendentalismo kantiano e neokantiano.

Poderíamos, a rigor, estabelecer certos pontos de proximidade entre os dois pensamentos, por exemplo, entre a crítica da "metafísica" em Heidegger e a crítica do apriorismo e do dedutivismo da ontologia tradicional em Hartmann, ou entre a vontade heideggeriana de emancipar o pensamento

---

65. Mas Heidegger visava simultaneamente seu antigo discípulo Oskar Becker e seu conceito de "para-transcendência", e até mesmo seu amigo Jaspers, que também teria permanecido prisioneiro dos esquemas neokantianos. Ibidem, p. 205 e 72.

do Ser da tutela do logocentrismo e o combate de Hartmann e de Lukács contra o "logicismo" (neokantiano, neopositivista), mas seus pontos de partida eram opostos: Heidegger afirmava alto e forte que seu pensamento parte da penúria (*die Not*) do mundo contemporâneo, e via no "salto no Ser" (*Sprung im Sein*) a única saída possível, enquanto Hartmann permanecia fiel – no seu exame dos fundamentos da existência – à sua "ontologia crítica", impávida diante de todo entusiasmo pela transcendência e pelas especulações abissais.

A clivagem entre os dois filósofos é também evidente no plano sócio-histórico, como mostram suas diferentes condutas face à revolução nacional-socialista. É conhecida a afirmação de Ernst Nolte, segundo a qual o engajamento de Heidegger em 1933, seguido pelo seu distanciamento em 1934, tem um valor filosófico maior que a justeza de atitude constantemente distante e altamente estimável de Hartmann; mas isso não passa de um belo paradoxo[66]. A reserva de Hartmann quanto a *Weltanschauung* nacional-socialista decorria da própria essência de seu pensamento. Ele não podia apoiar uma ideologia que exasperasse e transpusesse brutalmente para a política certos temas da *Lebensphilosophie* (por exemplo, a oposição entre vida e espírito, *leitmotiv* da filosofia de Klages, transformada em rejeição da "civilização ocidental"); ele sempre foi um adversário determinado dessa corrente de pensamento (que, por outro lado, desempenhou um papel não desprezível na formação de Heidegger). Uma carta de 5 de maio de 1938 para seu amigo Heinz Heimsoeth, que, à diferença de Hartmann, havia abraçado a causa do nacional-socialismo, trata dos diferentes rumos tomados por seus pensamentos, ponderando, porém, a filiação diltheyniana do pensamento de Heimsoeth (a carta é inédita, mas nós pudemos consultá-la nos papéis de Wolfgang Harich).

---

66. E. Nolte, Philosophie und Nationalsozialismus, em Annemarie Gethmann-Siefert und Otto Pöggeler (Hrsg.), *Heidegger und die praktische Philosophie*, Berlin: Suhrkamp, 1988, p. 355.

Resta explorar um outro capítulo sobre as relações de Hartmann com seu colega na Universidade de Berlim, Alfred Baeumler, ideólogo titulado do regime nazista. Segundo certas testemunhas, Baeumler teria tramado um atentado contra Hartmann, antes mesmo de 1933, para colocar um fim na sua "influência fatal" sobre os estudantes berlinenses[67].

Sobre a forma como Nicolai Hartmann atravessou a época do nacional-socialismo e, mais globalmente, sobre sua posição relativa aos grandes eventos sócio-históricos de seu tempo, falta uma pesquisa mais aprofundada. Longe de estarmos em condições de iniciar aqui uma investigação desse porte, podemos nos limitar a levantar a trajetória particular de um filósofo que, sem poder contornar a terrível coerção do totalitarismo nazista, manteve certa roupagem nos seus ensinamentos e publicações, evitando a fidelidade demasiado vistosa às exigências do poder. Os requisitórios erigidos contra Hartmann por autores como Wolfgang F. Haug e seu rival Thomas Laugstien, ou nos Estados Unidos por Hans Sluga, acusando-o de ter apoiado o poder de Hitler na sua conferência de abertura para o congresso organizado em Magdeburg, em novembro de 1933, pela *Deutsche Gesellschaft für Philosophie*, repousam em uma falsificação flagrante dos propósitos do filósofo. O espírito dessa conferência, cujo texto, intitulado "Sinngebung und Sinnerfüllung" (Sentido e Intenção*), está reproduzido

---

67. Cf. Christian Tilitzki, *Die deutsche Universitätsphilosophie in der Weimarer Republik und im Dritten Reich,* parte 1, Berlin: Akademie, 2002, p. 549. Este episódio chocante – o projeto de suprimir fisicamente Hartmann – é narrado por um próximo de Baeumler, Wilhelm Kütemeyer, numa carta de 6 de maio de 1931 para o editor da publicação *Der Brenner*, Ludwig von Ficker. Baeumler, que à época já estava muito engajado a favor do nazismo, incomodado pela nomeação de Hartmann como professor na Universidade de Berlim, na primavera de 1931, enquanto, segundo ele, a nova geração precisava de outros mestres, como ele, por exemplo, havia declarado que era necessário encontrar um homem a mando da SA para essa tarefa. A carta de Kütemeyer está reproduzida no terceiro volume da correspondência de Ludwig von Ficker (*Briefwechsel 1926-1939*, Innsbruck: Haymon, 1991, p. 196).

* Em tradução livre (N. da T.).

no primeiro volume dos *Kleinere Schriften*, nada tem em comum com os slogans da ideologia nazista. Titular da mais importante cadeira de filosofia na Universidade alemã da época, a de Berlim, é certo que Hartmann não podia escapar da ação do regime, que sujeitava as ciências humanas em geral, e a filosofia em particular, a seus objetivos de propaganda. Podemos citar, a título de exemplo, a ação iniciada nos primeiros anos da guerra pelas altas instâncias do poder nazista, a fim de respaldar no terreno ideológico a cruzada contra as democracias ocidentais e contra o bolchevismo: os historiadores, os romanistas, os juristas e, evidentemente, os filósofos foram mobilizados para redigir publicações destinadas a glorificar a causa alemã (Frank-Rutger Hausmann publicou uma enquete aprofundada sobre o que foi chamado à época de "ação Ritterbusch", segundo o nome do jurista de Kiel, principal protagonista da ação; mas principalmente a volumosa obra em dois grandes volumes de Christian Tilitzki, acima citada que traz numerosas informações sobre a atividade dos universitários alemães durante o Terceiro Reich). A missão de convocar os filósofos para redigir textos destinados a ilustrar o florescimento da filosofia alemã foi confiada a Nicolai Hartmann, figura de primeira ordem da Universidade de Berlim. Em 1942, surge em Stuttgart, pela editora Kohlhammer, uma volumosa coletânea intitulada *Systematische Philosophie*, com um breve prefácio de Hartmann, que assina também uma das contribuições marcantes do volume, o texto intitulado "Neue Wege der Ontologie". Pudemos observar o tom digno do prefácio, que somente faz uma vaga alusão às circunstâncias históricas, evitando mencionar explicitamente o Terceiro Reich e seu combate, apesar de o trabalho ter sido encomendado com essa finalidade.

Decerto, as informações que possuímos mostram que Hartmann não estava perfeitamente "acima das disputas", mesmo se a imagem que se depreende do conjunto é a de um filósofo enclausurado no "autismo", no mundo próprio de seus livros de ontologia (portanto, de uma *philosophia perennis*, para além das contingências), dedicado inteiramente à sua vocação, nadando deliberadamente contra a corrente, orgulhoso de sua "não contemporaneidade" (a expressão *Unzeitgemmässigkeit* é utilizada convenientemente numa carta para seu amigo Heinz Heimsoeth). Podemos, no entanto, saber que Hartmann estava entre os participantes (mas não entre os oradores!) numa reunião convocada em Praga em novembro de 1944 (a derrocada alemã estava mais que iminente!), onde os filósofos foram convidados a apresentar comunicações dedicadas ao bolchevismo, ao marxismo soviético e seu caráter funesto, no âmbito de uma ação ideológica iniciada pelo *staff* Rosenberg. Theodor Haering, autor conhecido de uma volumosa monografia sobre Hegel, nazista convicto, estava entre os oradores. Frank Rütger Hausmann relata, no seu livro sobre a "Aktion Ritterbusch", a carta enviada por Hartmann a Haering (datada de 9 de dezembro de 1944), em que o filósofo berlinense, desculpando-se por ter deixado a reunião de Praga de repente, diz estar arrependido por ter perdido os comentários sobre Stálin na conferência de Haering, pois estava preocupado em esclarecer o conteúdo do *Diamat* (fórmula usada para designar o "materialismo dialético" na sua versão soviética). Ele se propunha a interrogar Haering sobre esse assunto e acrescenta que passou os três dias de sua estadia em Praga a percorrer os textos soviéticos, mencionando o nome de Bukharin: seu julgamento é ambivalente, pois se ele não esconde que considera essa "rica literatura... um pouco loquaz" (*etwas redselige*), ela lhe parece recheada de muitas "sutilezas" (*Spitzfindigkeiten*, que pode também ter o sentido de "argúcias"[68]). O episódio tinha algo de picante: o filósofo parecia absorto a ponto de esquecer-se de si mesmo em suas especulações ontológicas (soubemos, pelo livro de Tilitzki, que ele não era exatamente um santo próximo ao representante titular do

---

68. F.-R. Hausmann, Deutsche Geisteswissenschaften, *Zweiten Weltkrieg: die "Aktion Ritterbusch"*, Dresden: Dresden University Press, 1998, p. 243.

clã Rosenberg, encarregado de dirigir a cruzada ideológica contra o "perigo bolchevique", Heinrich Härtle[69]), mas ainda assim estava presente numa reunião organizada pelas instâncias dirigentes da propaganda nazista, sem, contudo, figurar na lista dos conferencistas e sem fazer a menor intervenção nos debates. Podemos reter o detalhe de que ele estudava a literatura filosófica soviética (ele esperava de Haering, com quem, segundo Hausmann, tinha excelentes relações, esclarecimentos sobre Stálin e seu "materialismo dialético"!) e que se interrogava a respeito do teor filosófico do marxismo soviético. E tudo isso em Praga, a apenas algumas semanas do desabamento da ocupação alemã e a alguns meses da derrocada do Terceiro Reich! Era efetivamente uma figura à parte no cenário da filosofia alemã: em 1945, numa Berlim em ruínas, arrasada pelos bombardeios, Hartmann prosseguia impávido a redação de sua *Estética*, como se o desastre que o cercava não pudesse afetar o curso de sua meditação.

Lukács, autor da *Destruição da Razão*, interessou-se muito pouco pela biografia política de Hartmann (aliás, as fontes a respeito são pobres), mas aproveitou muito de sua herança filosófica em *Para uma Ontologia do Ser Social*. Devemos destacar, ao mesmo tempo, que, enquanto pensador que seguia a linha de Marx, sua reflexão ontológica abordava territórios que Hartmann nunca explorou: a questão da ideologia ou a problemática da *alienação* enquanto tais estão mais ou menos ausentes na obra de Hartmann. Este, aliás, nunca considerou escrever uma ontologia do *ser social*: por maior que seja o peso do *espírito objetivo* na sua apreensão do *ser espiritual* (cf. *Das Problem des geistigen Seins*), não estava em questão, para Hartmann, reconstruir a gênese do ser social a partir do trabalho como "fenômeno originário". Para Heidegger, em compensação, o problema da *alienação* sempre foi central. Um confronto

---

69. C. Tilitzki, op. cit, p. 1144. Tilitzki fala da surpreendente presença de Hartmann em Praga, justamente porque Härtle teria se expressado mais que desfavoravelmente sobre ele antes.

Lukács-Heidegger ultrapassa o âmbito dessas considerações[70]. Mas podemos dizer com certeza que as soluções propostas pelos dois filósofos para a "penúria" do mundo contemporâneo, para retomar o conceito heideggeriano, eram antípodas. Ambos preconizavam uma renovação radical da questão do ser, mas enquanto Heidegger o buscava numa reviravolta total do pensamento tradicional e num "outro Começo", aberto em direção ao acontecimento (*das Ereignis*), Lukács se situava no prolongamento do *humanismo*, distinguindo, na sua *Ontologia*, entre "a especificidade do gênero humano em si" (*Gattungsmässigkeit an-sich*) e a "especificidade do gênero humano para si" (*Gattungmässigkeit für-sich*). Tratava-se, portanto, para Lukács, de atualizar a tese de Marx sobre a passagem do reino da necessidade para o reino da liberdade. A concepção de Hartmann acerca da liberdade, fundada na dialética entre teleologia e causalidade, servia ao marxista como um trampolim para um pensamento mais elaborado e mais articulado sobre o plano sócio-histórico do reino da liberdade.

---

70. Cf. nosso texto "O Conceito de Alienação em Heidegger e Lukács", presente nesta coletânea, publicado no original em *Archives de Philosophie*, n. 56, jul.-set. 1993, p. 431-443.

ADORNO E LUKÁCS: POLÊMICAS E MAL-ENTENDIDOS[1]

A formação filosófica de Theodor Adorno foi fortemente marcada pelo pensamento de György Lukács. Sobretudo dois livros deixaram traços permanentes em sua obra, *A Teoria do Romance* e *História e Consciência de Classe*. Os conceitos de *zweite Natur* (segunda natureza) ou de *transzendentaler Ort* (lugar transcendental), formulados no primeiro livro (sem falar no de *transzendentale Obdachlosigkeit*, desamparo transcendental), ou de *Verdinglichung* (reificação), elaborados por Lukács, foram fecundos para o pensamento adorniano. Numa carta a Alban e Hélène Berg, datada de 21 de junho de 1925, o jovem Adorno comenta a

1. Texto publicado em *Lukacs Jahrbuch*, Bielefeld: Aisthesis, 2005, n. 9, com o título de Lukacs-Adorno Polemiken und Missverständnisse, p. 69-92. Na França, o texto foi publicado na revista *Cités*, n. 22, Paris: PUF, 2005. Na Itália, na trimestral *Marxismo oggi*, Milano: Teti Editore, n. 2, 2004, p. 103-126).

influência da dialética marxista de Lukács. Ao relatar a visita que fizera a Viena, fala de sua admiração por Lukács e o designa como aquele "que me influenciou intelectualmente mais que qualquer outro" (*der geistig mich tiefer fast als jeder andere beeinflusst hat*)[2].

O relato da mesma visita, que foi feita alguns dias antes, está presente em uma carta a seu amigo Siegfried Kracauer, e também dá mostras de uma forte impressão. O retrato que ele delineia de Lukács remete, em alguns detalhes, àquele de Naphta traçado por Tomas Mann em *A Montanha Mágica*. Mas o conjunto assume uma tonalidade diferente: Adorno se impressiona pelo "olhar magnífico, insondável" (*wunderbaren, unergründlichen Augen*) e, sobretudo, pela mistura de timidez e de "aparência modesta" (*Unscheinbarkeit*). Mas o encontro também deixou transparecer sérias divergências filosóficas entre o já célebre marxista e o jovem promissor, prefigurando os conflitos vindouros. Aliás, em sua carta a Alban e Hélène Berg, Adorno não escondia certo rancor referente às suas divergências. A julgar por seu relato, em 1925, Lukács já se distancia do idealismo filosófico pressuposto por sua concepção de história em *Teoria do Romance* (no prefácio de 1962, na reedição do livro, ele precisaria o tributo pago à *Geistesgeschichte*, ("História do Espírito", à Dilthey). O pensamento de Marx, dizia ele a Adorno, permite uma interpretação mais concreta e melhor articulada da história (uma *Verinhaltlichung* da história). Mas é, acima de tudo, a ideia de uma dialética imanente ao próprio "objeto" – portanto, de caráter transubjetivo – que aparentemente muito havia contrariado Adorno; ele anota, na margem dessa tese apresentada por Lukács: "*was ich nie begreifen werde*" (o que eu jamais poderei compreender). Podemos perceber aí o germe da futura rejeição ao realismo ontológico de Lukács. Outros motivos para o seu espanto vêm à tona em sua carta a Kracauer. A propósito do tema

---

2. T.W. Adorno, Alban Berg, *Briefwechsel 1925-1935*, Henri Lonitz (Hrsg.), Frankfurt: Suhrkamp, 1997, p. 17-18.

da religião, o apego de Lukács às posições de Feuerbach, acompanhado, no entanto, de certas reservas em relação aos limites do filósofo na compreensão da lógica hegeliana, também parece ter desconcertado o jovem Adorno, que laconicamente observou: "horrível!" (*grauenhaft!*). Ao trazer a discussão para um artigo de Bloch, que, manifestando expressamente seu entusiasmo por *História e Consciência de Classe*, havia falado do "agnosticismo" de Lukács, Adorno constata que o termo não era aprovado por seu interlocutor; até aqui não há nada de surpreendente, Lukács não partilhava dos impulsos místicos e abertura ao transcendente por parte de Bloch. As críticas severas dirigidas à Kierkegaard (o filósofo que, alguns anos mais tarde, tornar-se-ia tema da tese de habilitação do autor de *A Dialética Negativa*) também chamaram a atenção de Adorno. No entanto, podemos perceber que Lukács não renegava completamente a crítica kierkgaardiana à filosofia de Hegel (ele observou sutilmente que as percepções de Kierkegaard tocavam no que Hegel desprezou de forma panlogística acerca do alcance real de sua própria dialética[3]).

Ainda segundo Adorno, Lukács teria reconhecido, ao longo do encontro em Viena, que as críticas dirigidas pela III Internacional à *História e Consciência de Classe* tinham uma justificativa, ainda que o pensamento dialético desenvolvido no livro tivesse conservado, a seu ver, todo seu valor heurístico. Assim, como dizia a Kracauer, Adorno se sentiu abalado por aquilo que lhe parecia insano (*Irrsinn*) por parte de Lukács, mas essa confissão também lhe revelou a "grandeza humana" e o "caráter trágico" do filósofo.

Esse testemunho de Adorno é bastante desconcertante, pois não se concilia facilmente com um texto redigido por Lukács na mesma época (exatamente ao longo do ano de 1925) em resposta às críticas de Deborine e Rudas, os representantes da ortodoxia da III Internacional. Ora, esse

---

[3]. A carta de Adorno a Kracauer foi reproduzida por Rolf Tiedemann nas notas que acompanham o curso de Adorno intitulado *Ontologie und Dialektik,* Frankfurt: Suhrkamp, 2002, p. 384-385.

texto, recentemente descoberto, inclui uma refutação ponto a ponto dessas críticas[4].

Quatro décadas mais tarde, mais precisamente em novembro de 1965, na introdução de seu curso intitulado *Vorlesung über Negative Dialektik* (Preleção Sobre Dialética Negativa), Adorno evocou o antigo encontro de Viena diante de seus estudantes, dessa vez com o objetivo de dar crédito à imagem de um outro Lukács, incessantemente retomada em seus escritos e cursos desde seu retorno à Alemanha, após o exílio norte-americano. Ainda que continuasse a apreciar os livros de juventude do filósofo, *Die Seele und die Formen* (A Alma e as Formas), *Die Theorie des Romans* (Teoria do Romance) e *Geschichte und Klassenbewusstsein* (História e Consciência de Classe), não lhe restava muito da antiga admiração; Lukács tornara-se, para ele, após o alinhamento do pensamento do último às exigências da ortodoxia comunista, a encarnação de uma regressão teórica. O episódio de Viena, com as críticas da III Internacional e a suposta aceitação por Lukács de sua procedência, pesou, então, com toda sua força sobre a interpretação de Adorno, que via aí a expressão simbólica da rendição do pensamento aos imperativos heterônomos[5].

Remontando às origens filosóficas de suas divergências com Lukács (ao menos crendo fazê-lo), Adorno o censurava pela capitulação diante de certo "objetivismo" em seu pensamento sobre história (a sujeição às chamadas "tendências objetivas" desta), cujo corolário seria o abandono da irredutibilidade do sujeito. É surpreendente ver Adorno evocar, nesse sentido, o combate do jovem Hegel contra a "positividade" das instituições, como símbolo da não resignação do sujeito diante da história institucionalizada[6]. No entanto,

---

4. Originalmente intitulado *Chvostismus und Dialektik*, esse texto foi traduzido para o francês com o título *Dialectique et spontanéité*, Paris: Passion, 2001.
5. T.W. Adorno, Vorlesung über Negative Dialektik, em Rolf Tiedemann (Hrsg.), *Nachgelassene Schriften* IV, v. 16, Frankfurt: Suhrkamp, 2003, p. 31-32.
6. Ibidem.

lembramo-nos de que em seu livro *O Jovem Hegel*, Lukács valorizou enfaticamente a significação eminentemente política e antiteológica do combate do jovem Hegel contra a "positividade", sublinhando justamente o alcance emancipador de sua defesa da subjetividade. O argumento de Adorno sobre esse ponto parece, então, pouco convincente: longe de celebrar a preeminência da objetividade da história sobre as aspirações da subjetividade, Lukács rendeu homenagem ao jovem Hegel, defensor da irredutibilidade do sujeito.

A distância tomada por Lukács em relação a seus escritos de juventude não cessou de alimentar o furor polêmico de Adorno. Ele chega mesmo a estabelecer um paralelo entre os destinos de Heidegger e de Lukács: no segundo período de suas atividades, ambos teriam perdido as intuições férteis presentes nos seus escritos de juventude. No seu curso dos anos 1960-1961, *Ontologie und Dialektik* (Ontologia e Dialética), Adorno justificou essa aproximação invocando a orientação voltada para um "objetivismo extremo" que caracterizaria tanto o pensamento do Ser de Heidegger quanto o realismo ontológico de Lukács. O "antissubjetivismo", que, segundo Adorno, caracterizava o pensamento do último Heidegger, possuía uma raiz comum ao materialismo dialético do último Lukács, a saber, uma exorbitante, desmesurada necessidade de autoridade (*massloses Autoritätsbedürfnis*), sentida por intelectuais que, diante da tormenta do século, agarraram-se de forma sectária a fantasmas reconfortantes (o Ser, para o primeiro, e as tendências objetivas da história, para o segundo[7]).

Se as observações de Adorno sobre o tema do antissubjetivismo do pensamento de Heidegger após a *Kehre* (virada) são, em geral, pertinentes (mesmo se o autor de *Ser e Tempo* seguramente tivesse recusado fórmulas como "objetivismo extremo" ou "objetivismo mitológico" aplicados a seu pensamento), o questionamento simétrico da

---

7. Idem, Ontologie und Dialektik, (1960-1961), em Rolf Tiedemann (Hrsg,), op. cit., v. 7, p. 200-201.

ontologia de Lukács, porém, repousa sobre fundamentos muito mais contestáveis. Teria Lukács sacrificado em sua obra de maturidade as principais aquisições de sua obra de juventude, chegando, como Adorno dizia a seus estudantes, a usurpar uma reputação que não era devida a outra coisa senão às obras escritas antes de 1925? A empreitada de demolição da obra de maturidade de Lukács, perseguida com obstinação por Adorno, depois de 1950, nos seus escritos e cursos (e até nas suas cartas privadas, como aquela enviada a Thomas Mann em 3 de junho de 1950, na qual ele critica violentamente *O Jovem Hegel*), aparece agravada por uma deficiência: nem a *Estética*, nem a *Ontologia do Ser Social*, as obras em que Lukács forneceu as expressões mais cabais de seu pensamento, entraram no campo visual do autor da *Dialética Negativa*. É verdade que a *Ontologia*, na sua versão integral, foi publicada depois da morte de Adorno, mas as ideias diretrizes da obra já apareciam nas *Conversas** de Lukács com Abendroth, Kofler e Holz, livro publicado em 1967 pela editora Rowohlt, portanto, dois anos antes da morte do filósofo da Escola de Frankfurt. Um único eco das posições ontológicas defendidas pelo último Lukács poderia eventualmente ser detectado num curso dado por Adorno em 1968 sob o título *Einleitung in die Soziologie* (Introdução à Sociologia)[8]. De resto é preciso confiar numa antiga aluna de Adorno, Elisabeth Lenk, que acaba de publicar sua correspondência com o professor[9]. Na introdução de seu livro, ela lembra que o slogan "Abaixo Lukács!" (Haut den Lukács!) dominava os meios em torno de Adorno à época de seus estudos (os anos de 1960). Ela também constata, com melancolia, que nesses últimos tempos pode-se escutar na universidade alemã o slogan: Abaixo Adorno!

---

* Livro publicado no Brasil com o título *Conversando Com Lukács*, tradução de Giseh Vianna Konder, pela editora Paz e Terra, Rio de Janeiro, 1969. O título em francês, *Conversations*, permite o jogo de palavras utilizado pelo autor. (N. da T.)
8. Frankfurt: Suhrkamp, 1993, p. 130.
9. T.W. Adorno; Elisabeth Lenk, *Briefwechsel 1962-1969*, Elisabeth Lenk (Hrsg.), München: Text + kritik, 2001, p. 21. (Col. Dialektische Studien).

No imaginário filosófico de Adorno, Lukács era designado como o pensador que, de uma maneira antinômica à sua, havia subsumido seu pensamento à lei da positividade histórica, *id est*, à disciplina do Partido Comunista, mantendo uma confiança obsoleta na racionalidade da história e recuando diante das aporias dessa racionalidade. Sua consciência estaria submetida ao constrangimento e à autoridade (Adorno falava de um *Gewissenszwang* [coação moral]), traindo assim o impulso emancipador que outrora animava a crítica da reificação em seu livro *História e Consciência de Classe*.

Os biógrafos de Adorno não deixaram de lembrar que, nos anos de 1920, ele mesmo se declarava um adepto convicto do comunismo e que apoiou politicamente suas posições em uma espécie de leninismo ortodoxo até a época dos processos de Moscou. Ao evocar, em uma carta a Alban Berg de 30 de março de 1926, as mudanças que estavam se dando em sua consciência ideológica e estética, Adorno as atribuía à sua proximidade do comunismo e dava como exemplo sua percepção da ópera *Wozzeck*, que, graças a essa proximidade, havia sofrido modificações significativas[10]. Sua solidariedade filosófica com Max Horkheimer, reforçada a partir dos anos de 1930, tem por base a defesa do materialismo dialético, que deveria se concretizar na elaboração em conjunto de uma lógica, versão materialista da lógica hegeliana. E, ainda em 1937, criticando o livro de Karl Mannheim, *Mensch und Gesellschaft im Zeitalter des Umbaus* (Homem e Sociedade na Era da Reconstrução), publicado em Londres em 1935, em um estudo que conheceu duas versões sucessivas, Adorno não mediu esforços; ele, em uma carta a Horkheimer, referia-se ao autor como "traidor da classe operária"[11]. Seus trajetos intelectuais e políticos foram aos poucos tornando-se divergentes, e Adorno não cessou de atacar Lukács, que, seguindo sua rota no interior

---

10. T,W. Adorno; Alban Berg, op. cit., p. 75.
11. T.W. Adorno; M. Horkheimer, *Briefwechsel, 1927-1937*, v. I, carta de 28 de janeiro de 1937, p. 301.

do movimento comunista, consentira, segundo ele, com um verdadeiro *sacrifizio dell'intelleto* (cf. a introdução de seu artigo violentamente polêmico publicado em 1958 sob o título "Erpresste Versöhnung" [Uma Reconciliação Extorquida]). A ideia precisa ser matizada. Sabemos hoje que a recusa parcial de Lukács de seus escritos de juventude, incluindo suas famosas autocríticas a propósito dos erros de seu livro *História e Consciência de Classe*, não foi, de forma alguma, resultado de injunções externas (uma capitulação diante de forças heterônomas, como o acusava Adorno), mas o produto de um laborioso processo de reflexão filosófica, que levou à elaboração de um modo de se pensar radicalmente novo. Lukács reagia ironicamente às acusações desse gênero, que chegavam de toda parte (Sartre igualmente o havia atacado em 1949 nas páginas de *Combat*, ao falar da "mancha de sangue intelectual" advinda da rejeição de seus escritos de juventude). Mas Lukács, sem se desconcertar, escrevia a seu editor Frank Benseler em 26 de fevereiro de 1962 sobre o direito imprescritível de um pensador se distanciar de erros passados: "*Es ist lustig zu sehen, dass viele, die fortwährend von Kierkegaards Redlichkeit schwätzen, ein solches Verhalten absolut nicht verstehen können*" ("É cômico ver que muitos dos que tagarelam continuamente sobre a probidade de Kierkegaard não podem absolutamente compreender tal comportamento": é possível que a alusão a Kierkegaard tenha visado Adorno).

As clivagens filosóficas desses dois pensadores aqui tratados remetem às suas escolhas diante da época em que viveram, e, nesse sentido, poderíamos nos perguntar se Adorno tinha consciência do multifacetado e complexo desenvolvimento de Lukács no interior do movimento comunista. Quando o visitou em Viena, em junho de 1925, Adorno provavelmente ignorava que Lukács estava engajado num áspero combate contra a linha sectária de Bela Kun, o líder húngaro protegido por Zinoviev. (Bela Kun, que Lukács comparava a Vautrin, teria maldito alguns anos mais tarde as *Teses de Blum*, o programa partidário elaborado e proposto pelo filósofo). Além disso, a luta de Lukács, durante a época stalinista, para salvaguardar a integralidade do marxismo contra as deformações e perversões dos seguidores oficiais, foi amplamente subestimada por Adorno. No prefácio de 1967, escrito para a reedição de *História e Consciência de Classe* (esse último um texto capital, mas também um beco sem saída para Adorno), Lukács explicou por que motivo se distanciou desse livro de juventude, e como esse distanciamento, consciente, permitiu-lhe estabelecer as bases filosóficas de seu combate de guerrilha contra a ortodoxia stalinista (nesse mesmo sentido, podemos nos lembrar de sua atividade nas páginas da revista *Literaturnyi Kritik* no final dos anos de 1930); o mencionado prefácio teria merecido um exame aprofundado da parte de Adorno.

Aliados potenciais no combate contra a reificação (sobre este ponto essencial Adorno sempre reconheceu sua dívida para com Lukács), os dois pensadores se separaram no plano filosófico após a orientação de Lukács para um materialismo de caráter *ontológico*, para o qual sua obra final, *Ontologia do Ser Social*, daria a expressão mais acabada; enquanto isso, Adorno travava um combate obstinado contra a própria ideia de *ontologia*, combate esse que culminou naquilo que seria o antídoto mais poderoso a essa vertente filosófica, a *Dialética Negativa*. Tem-se um texto muito crítico, redigido por Adorno à guisa de comentário ao estudo de Lukács, intitulado "Heidegger redivivus", publicado em *Sinn und Form*. O texto de Adorno é um conjunto ofensivo de posições contrárias ao ontologismo[12]. O postulado de Lukács de um ser que transcende a consciência, em sua autarquia ontológica indiferente à atividade da subjetividade, é sinônimo, para Adorno, de uma traição da dialética: a ideia da transubjetividade do ser lhe parece restaurar um dualismo estático entre o ser e a consciência, incompatível com o

12. O texto intitulado *Ad Lukacs* foi encontrado entre os papéis de Adorno e publicado a título póstumo no primeiro volume do tomo 20 de seus *Gesammelte Schriften* (*Gesammelte Schriften* 201, *Vermischte Schriften* 1, Frankfurt: Suhrkamp, 1986, p. 251-256).

complicado elo dialético que realmente caracterizaria as relações entre ambos. A ideia de uma dialética imanente ao ser, para além de um trabalho qualquer da subjetividade, é refutada como *dogmática*, retomando Adorno, neste ponto, as posições de Sartre, o qual opunha à "dialética dogmática" dos partidários de uma dialética da natureza, uma "dialética crítica" fundada na presença inelutável da subjetividade.

Os preconceitos antiontológicos de Adorno já são perceptíveis em seu livro sobre Husserl, *Zur Metakritik der Erkenntnistheorie* (Para uma Crítica da Teoria do Conhecimento), escrito em 1934-1937, em Oxford, e publicado em uma versão modificada bem mais tarde, em 1956. Nele, recusou vigorosamente a ideia de *origem* como fundamento da Filosofia Primeira (*Ursprungsphilosophie*), designada também sob a denominação de *prima philosophia*, e que permaneceria, para ele, um alvo privilegiado. Não podemos efetivamente contestar a pertinência desse antifundamentalismo de Adorno, na medida em que aquilo que se critica é a pretensão de encontrar *princípios primeiros*, anteriores à experiência e a partir dos quais se pretende deduzir o conjunto do real. Suas críticas dirigidas contra a "intuição categorial" (*kategoriale Anschauung*) de Husserl, contra seu "absolutismo lógico", ou contra as pretensões de *evidências* da "consciência transcendental", revelam-se particularmente eficazes na medida em que elas se opõem à pretensão da fenomenologia de fornecer certezas primordiais, anteriores a toda experiência empírica. Adorno é especialmente convincente em sua polêmica contra a disjunção operada por Heidegger entre o "ser" e o "ente", em particular contra a autonomização do Ser, cuja transubjetividade não deixa de expressar um "idealismo enrustido" (*verkappter Idealismus*), pois a "clareira" que é o Ser não se revelaria, segundo Heidegger, senão a partir do ente privilegiado que seria o *Dasein* (o ser-aí, a realidade humana, portanto, o sujeito). No seu curso *Ontologie und Dialektik*, Adorno tenta, em um certo momento, mostrar como o antisubjetivismo do pensamento heideggeriano do Ser é, no fundo, o produto de um gesto presunçoso do sujeito, o resultado da "arrogância infame do sujeito" (*der verruchte Hochmut des Subjekts*), que tentaria se libertar de suas limitações postulando a obediência (*die Hörigkeit*) à potência superior do Ser[13].

No entanto, quanto mais Adorno se mostra digno de créditos em sua desconstrução crítica da "ontologia fundamental" de Heidegger (ao contestar a hipertrofia da reflexão sobre o Ser como anterior à reflexão sobre o ente) mais ele se engana quando identifica a ontologia simplesmente a uma *prima philosophia* que desenvolveria seus postulados em pura independência em relação à reflexão das ciências e às aquisições do pensamento cotidiano. Podemos observar que Adorno nunca confrontou efetivamente a "ontologia crítica" de um Nicolai Hartmann e que seus julgamentos ocasionais sobre este último são muito superficiais. Sua profunda desconfiança em relação ao *realismo ontológico* explica tanto suas reticências sobre o pensamento de Hartmann quanto sua impugnação do materialismo dialético defendido por Lukács. Ele chega mesmo a estabelecer uma forte oposição entre *ontologia* e *dialética* (cf. seu curso supracitado intitulado precisamente *Ontologie und Dialektik*), sob o pretexto de que o dogmatismo é inerente aos teoremas filosóficos da primeira e a vocação crítica é consubstancial à segunda.

Ora, um exame rápido das posições ontológicas de Nicolai Hartmann e, *mutatis mutandis*, de Lukács, teria bastado para dissipar os preconceitos cultivados obstinadamente por Adorno (e pela maioria dos representantes da Escola de Frankfurt) em relação à reflexão filosófica de caráter ontológico. A ideia de Adorno, por exemplo, de que a ontologia assumiria como missão fixar as "invariantes do ser" (daí a crítica de "estaticismo") é desmentida por Hartmann e ainda com mais força por Lukács, que afirmam a *historicidade do ser* e de suas categorias. A transubjetividade do ser, teorema fundamental do realismo ontológico, não é a projeção de um "objetivismo sem mediação", como

---

13. *Ontologie und Dialektik*, p. 250.

pretendia Adorno (ao falar de um *unvermittelten Objektivismus*), mas o resultado de uma reflexão crítica sobre a natureza da cognição, que é por definição um ato que remete para além do sujeito, um ato "transcendente", que se confronta sem cessar com a exterioridade que precisa ser apreendida. Adorno, como veremos, compartilharia até certo ponto esta última ideia (considerando-se a si mesmo como um pensador "materialista"), mas parecia fechado à tese sobre a autarquia ontológica do ser-em-si, esse último o qual existiria em uma indiferença soberana em relação aos atos de apreensão subjetiva. Quanto à acusação feita à ontologia de reivindicar o título de uma *prima philosophia* ou de uma *philosophia perennis* anterior a qualquer outra reflexão, podemos nos lembrar da oposição formulada por Nicolai Hartmann entre a "antiga ontologia", dogmática e especulativa, e a "nova ontologia", crítica e fundada nas múltiplas aquisições da experiência cotidiana e das diferentes ciências. Assim, sem o saber, a tese de Adorno de que a *philosophia prima* é, na realidade, uma *philosophia ultima*, encontra-se presente, ponto por ponto, em uma tese formulada antes pelo promotor da "ontologia crítica". Lukács, por sua vez, valorizaria o mérito de Nicolai Hartmann, que havia ancorado a reflexão ontológica nos dados da experiência cotidiana, dando prioridade à *intentio recta* em relação à *intentio obliqua*.

O conceito de *ontologia crítica*, formulado por Nicolai Hartmann e desenvolvido por Lukács na *Ontologia do Ser Social*, parece-nos oferecer uma solução às dicotomias em que o pensamento de Adorno se debatia. O autor da *Dialética Negativa* queria contornar dois perigos que lhe pareciam simétricos: de um lado, as armadilhas do idealismo filosófico, o qual ele denunciava como um pensamento de *identidade* que, ao afirmar o primado do espírito ou da consciência, sacrificava a não identidade (o primado do objeto em relação à consciência que o apreende), e, de outro, as armadilhas do materialismo metafísico, este culpado, a seus olhos, de rejeitar a atividade mediadora do sujeito ao afirmar a transcendência do objeto. Sujeito e objeto, para Adorno, estavam indissoluvelmente entrelaçados, interligados, mesmo na afirmação da "primazia do objeto" (*Vorrang des Objektes*). Ele não cessava de atacar o materialismo dialético tal como era compreendido nos países do bloco soviético, recusando com razão a transformação do pensamento de Marx em um sistema fechado de categorias, que sujeitavam de forma dogmática o real. Lukács também se afirma como um adversário não menos resoluto desse aprisionamento do pensamento marxiano em um sistema fechado de categorias, mas, ao contrário de Adorno, pensa que é exatamente graças ao renascimento da ontologia que o pensamento pode reencontrar a abertura para o infinito categorial do ser. Ele não se limita a reiterar, como Adorno, a alteridade do objeto em relação ao sujeito, a irredutibilidade do objeto à conceituação (a resistência do não conceitual ao trabalho de apreensão pelo sujeito é o pilar da dialética negativa), também avança na pesquisa sobre a riqueza das determinações do ser, a fim de elaborar uma rede sempre mais articulada de categorias, rede essa capaz de relacionar e articular a multiplicidade das determinações do ser. Enquanto a *Dialética Negativa*, apesar das ambições metafísicas de seu autor, permanece essencialmente um trabalho de epistemologia que gira em torno da relação sujeito-objeto (a seção sobre ética resulta dos postulados epistemológicos), a *Ontologia do Ser Social* é uma "doutrina das categorias" (*Kategorienlehre*), em particular das categorias constitutivas do ser social, em que: o método é crítico por excelência e as categorias são definidas a partir de seu substrato.

Os ataques de Adorno contra Lukács se estenderam ao longo do pós-guerra, desde a rejeição do *Jovem Hegel*, e se expressam de forma mais circunstanciada numa nota de leitura destinada a seu amigo Max Horkheimer[14], e de uma

---

14. Comentamos o conteúdo desta nota em nosso estudo *Lukacs, Adorno et la philosophie classique allemande*, publicado em *Archives de Philosophie*, abr.-jun. 1984, p. 205-206. Consultamos o texto desta nota, até agora inédito, nos arquivos Horkheimer de Frankfurt.

maneira ainda mais brutal na carta supracitada a Thomas Mann; aparecem também esses ataques nas amargas reflexões anotadas pouco tempo antes de sua morte. Trata-se, nessas reflexões, de uma réplica à severa fórmula utilizada por Lukács, segundo a qual ele, instalado confortavelmente em um grande hotel, contemplaria o abismo (a extrema negatividade) do mundo contemporâneo (Lukács já havia empregado essa fórmula: *Grand Hotel Abgrund*, Grande Hotel Abismo, a propósito de Schopenhauer, em A *Destruiçao da Razão*, e anteriormente, em 1933, como título de um escrito polêmico dirigido contra uma parcela da *intelligentsia* alemã da época)[15].

No fim do segundo dos *Três Estudos Sobre Hegel*, Adorno censura Lukács por retomar (*aufwärmen*) uma das teses mais contestáveis de Hegel, aquela sobre a "racionalidade do real" (Lukács havia citado, em seu livro dedicado à significação presente do realismo crítico, a seguinte fórmula: se vocês consideram o mundo como racional, ele também lhes considera como racionais. Entre vocês e ele a determinação é recíproca, *Wer die Welt vernünftig ansieht, den sieht sie auch vernunftig an; beides ist in Wechselbestimmung*). Esta censura adorniana pode explicitar tanto os motivos que embasam sua "dialética negativa" quanto as razões de sua hostilidade à fidelidade consagrada por Lukács à ideia de *positividade*. Em Adorno, a crítica filosófica era acompanhada de uma crítica ideológica e política: por meio da acusação dirigida contra a tese hegeliana de uma solução necessariamente positiva das contradições (portanto, contra a tese da racionalidade do real), ele visava de forma implícita o que chamava ironicamente, em "Uma Reconciliação Extorquida", de "o otimismo oficial" de Lukács, portanto, visava a fidelidade do último ao engajamento comunista.

---

15. A réplica de Adorno à fórmula de Lukács se encontra em uma nota datada do fim de março de 1969, encontrada em seus papéis após sua morte: ela figura nos textos de Adorno reproduzidos com o título de *Graeculus II, Notizen zur Philosophie und Gesellschaft 1943-1969*, no número 8, 2003, da publicação *Frankfurter Adorno Blätter*, p. 36.

Adorno e Lukács se confrontaram também com o tema de outra famosa tese hegeliana, anunciada na introdução da *Fenomenologia do Espírito*: *das Ganze ist das Wahre* (o todo é a verdade). Tomando, num aforismo célebre da *Minima Moralia*, a contrapartida da tese hegeliana e lançando a fórmula provocadora *das Ganze ist das Unwahre* (o todo é a não verdade, o todo é o inverdadeiro), Adorno provocou Lukács, buscando uma réplica por parte do último que, nas suas *Conversas* com Abendroth, Kofler e Holz, defendeu a importância central da noção de totalidade.

Podemos, certamente, nos perguntar se, no entanto, não há certas afinidades não percebidas entre o programa da "dialética negativa" de abrir o pensamento para aquilo que é outro que ela mesma, para o não conceitual e o não idêntico (Adorno dizia que a "utopia do conhecimento" é remeter o conceito semelhante ao que lhe é não semelhante, ao não conceitual), e a crítica estabelecida por Lukács na sua *Ontologia do Ser Social* contra o logicismo e o teleologismo hegeliano, crítica que fazia valer a irredutibilidade do ser à sua apreensão lógica. Aliás, Adorno admitia que, bem ou mal, existe na dialética negativa um "momento ontológico", na medida em que ela rejeita, tal qual a ontologia, o papel constitutivo do sujeito na articulação do real[16]. Mas, ele se apressava a tomar distância em relação ao realismo ontológico de Nicolai Hartmann, o qual postulava uma transcendência soberana do ser em relação à atividade do sujeito. Adorno e Lukács se encontravam, portanto, até certo ponto, em suas tentativas de jogar Hegel contra Hegel, ou seja, ao opor ao Hegel logicista o Hegel historicista, ao Hegel que afirmava a onipotência do conceito e a identidade sujeito-objeto o Hegel que afirmava o caráter transitório (e não petrificado) das determinações do ser. A reabilitação da contingência (do *Zufall*) contra o necessitarismo, lógico e histórico, inscreve-se igualmente nesse modo de proceder que lhes é comum.

---

16. T.W. Adorno, *Ontologie und Dialektik*, p. 335.

Poderíamos dizer, então, que o capítulo sobre Hegel da *Ontologia do Ser Social*, que distingue em Hegel uma "ontologia verdadeira" e uma "ontologia falsa", vem ao encontro da exigência de Adorno de liberar o autêntico dinamismo dialético dos conceitos de Hegel do esquematismo de caráter invariante em que se encerraram.

Só que, ao reconstruir sua "ontologia verdadeira" a partir da lógica de Hegel, interpretando, portanto, as "determinações reflexivas" (as *Reflexionsbestimmungen*) da "lógica da essência" como *categorias ontológicas*, como um movimento de autofundação categorial do ser, Lukács opunha-se implicitamente ao preconceito de Adorno, que postulava que a dialética e a ontologia se excluíam reciprocamente. Vimos que a reflexão de Adorno girava sempre em torno da tensão dialética entre o pensamento e o real, entre o conceito e o que resiste ao trabalho, ao esforço de conceituação, convidando o pensamento à missão de revelar o desafio que representa o caráter "indissolúvel" do real (*das Unauflösliche*). Ao criticar a autarquia do pensamento, ou seja, qualquer inclinação sistemática em filosofia, inclusive a dialética idealista de Hegel, Adorno propôs a "negação determinada" como cerne do pensamento dialético. Ele exigia que os conceitos fossem incessantemente questionados, podendo relacioná-los àquilo que é outro que eles mesmos (ele preconizava a "constelação dos conceitos" como método de abordagem do que é não conceitual). O *primado do objeto* tornava-se, assim, um postulado cardinal da "dialética negativa".

Adorno não suspeitava que, no momento em que publicava sua *Dialética Negativa* em 1966, Lukács estava elaborando uma ontologia do ser social na qual demonstrava que a defesa da autonomia ontológica do ser (posição caracterizada por seu adversário como um "realismo ingênuo"), longe de ser incompatível com o pensamento dialético, fornecia o único fundamento sólido para uma autêntica dialética materialista. Tratava-se efetivamente de dar consistência categorial ao "objeto" (que Adorno reconhecia também o primado) mapeando as categorias fundadoras da objetividade (em primeiro lugar, a *causalidade*), pois estava claro para Lukács que uma verdadeira dialética sujeito-objeto, esta última que também assombrava o pensamento de Adorno, não podia se articular senão tendo em mente as categorias constitutivas do ser-em-si. Adorno desconfiava do pensamento das *origens*, da procura dos *arché* (princípios primeiros), mas Lukács sabia que sem remontar às categorias fundadoras do ser, não se podia acompanhar o processo de autofundação categorial do ser, nem mesmo seria possível acompanhar as formas mais sutis da relação sujeito-objeto.

Um episódio que pode esclarecer melhor a raiz das divergências entre os dois pensadores nos é oferecido pela aparição, em 1962, do livro *O Conceito de Natureza na Doutrina de Karl Marx* (*Der Begriff der Natur in der Lehre von Karl Marx*) de Alfred Schmidt, autor próximo de Adorno e Horkheimer. A obra foi precedida de um prefácio elogioso de Adorno e de Horkheimer, que saudava, no autor, a interpretação antiontológica do conceito de natureza em Marx. Alfred Schmidt enviou sua obra a Lukács, que, por sua vez, acusou o recebimento em sua carta de 24 de agosto de 1963, na qual, depois de algumas observações positivas, submete a tese principal do livro a uma crítica profunda. Ele recusa a oposição estabelecida por Schmidt entre Engels, autor de uma *Dialética da Natureza*, e Marx, que não haveria falado de uma natureza em si, portanto, de uma dialética da natureza, mas somente da natureza mediada pela sociedade, e defende energicamente a autonomia e a objetividade ontológica da natureza em si ("die ontologische Objektivität der Natur an sich"). Ele também lembra a Schmidt que não se pode compreender o fenômeno originário da vida social, o trabalho, se não se levar em conta as propriedades objetivas da natureza (ou, como ele diria mais tarde na sua *Ontologia*, sem levar em consideração a tensão dialética entre a teleologia dos atos do sujeito e os nexos causais objetivos da natureza). Não sem alguma espirituosidade, ele advertia Schmidt que seu erro tinha origem no livro

História e Consciência de Classe, em que a posição de Schimidt apresentava, em certos pontos, "uma semelhança fatal" (*eine fatale Ähnlichkeit*). Assim, Lukács fazia alusão à sua própria crítica à tese sobre a dialética da natureza, posição que mais tarde foi levado a revisar. Adorno, em compensação, defendeu até o fim as posições do jovem Lukács em relação à inexistência de uma dialética da natureza. Criticando o livro de Schmidt, Lukács infligia implicitamente um ataque à reflexão adorniana e às posições da Escola de Frankfurt em seu conjunto.

A legitimidade de uma ontologia da natureza, prelúdio necessário à ontologia da vida social, era, para o último Lukács, uma certeza indiscutível: não se pode compreender a especificidade da vida social e de suas categorias constitutivas, a heterogeneidade profunda entre a sociedade e a natureza, sem levar em conta as categorias constitutivas da natureza. O problema, entretanto, trazia implicações filosóficas mais vastas. Nos seus numerosos excursos sobre a relação sujeito-objeto, a reflexão de Adorno tropeçou no que nos parece ser uma aporia: ele realmente admitia a transcendência do objeto, exigindo que o sujeito se volte à apreensão da imanência deste, mas parecia-lhe inconcebível que as mediações descobertas por meio dessa apreensão (o sujeito se descobre condicionado de forma múltipla pelo objeto) tivessem uma existência fora do trabalho mediador do sujeito. Admiti-lo seria cair no pecado da ontologia que postula a autonomia ontológica do ser-em-si, exterior a toda atividade mediadora do sujeito.

Lukács, em compensação, não relutou em admitir a existência objetiva das mediações, uma dialética da imediaticidade e da mediação na imanência do real, pois uma de suas teses ontológicas fundamentais afirma a autonomia da causalidade em relação à atividade finalista do sujeito, a ancoragem necessária da teleologia humana em nexos causais de caráter transubjetivo.

A odisseia da subjetividade aparece descrita de forma mais complexa na *Ontologia do Ser Social* (Adorno e

Horkheimer igualmente atribuíram a si mesmos a tarefa de escrever uma *Urgeschichte* – uma história das origens do sujeito) do que em outras obras, pois a heteronomia do sujeito, sua ancoragem na multiplicidade de nexos causais, é evocada de maneira mais concreta e mais articulada: a tensão dialética entre o sujeito e o objeto, entre heteronomia e autonomia do sujeito, entre a constrição e a autoafirmação, é buscada por Lukács na estratificação dos seus níveis, desde a relação entre objetivação e exteriorização, entre reificação ou alienação e emancipação, até a dualidade entre o gênero humano em-si e o gênero humano para-si. Tal multiplicidade de categorias parece-nos ausente na *Dialética Negativa*. Adorno não deixou de censurar Lukács no que toca a concordância do último com a teoria do reflexo (*Widerspiegelungstheorie*), acusando simetricamente Brecht por confiar na *démarche* utilizada por Lênin em *Materialismo e Empiriocriticismo*, pontuando tanto em um como em outro um "objetivismo" que não fazia justiça ao trabalho da subjetividade. Lukács, porém, esforçou-se para demonstrar que a apreensão dos nexos causais como condição do sucesso da atividade teleológica (era nisso que consistia essencialmente a teoria do reflexo) não apenas não significava a diminuição da atividade do sujeito, mas implicava em um trabalho e em uma dispensa de energia pelo sujeito muito maior que aquelas imaginadas pelo idealismo filosófico.

Tem-se a complacência de Adorno com um pensamento eminentemente *negativo*, que suspeitava até do princípio hegeliano da identidade da identidade e da não identidade ou do teorema hegeliano "o todo é o verdadeiro". Esse princípio e esse teorema sacrificariam aquele "todo outro" do real por meio de uma lógica identitária, o que leva o autor a desconfiar sobretudo da ideia de "síntese", acusada de se desfazer, em sua positividade, daquilo que lhe resiste, mais precisamente, do não idêntico.

Adorno pretendia desmistificar as visões harmonizadoras e reconciliadoras da história, buscava mostrar que esta última parece antes uma *disharmonia prestabilita*, pois nenhuma positividade chegaria a absorver, a calar as contradições que pudessem subvertê-la, nenhuma trégua conseguiria fazer calar o sofrimento inscrito no cerne da história. Ele se reconhecia plenamente na afirmação de Hegel de que a história parece um "matadouro", e se comprazia em estabelecer uma ponte entre dois grandes pensamentos inimigos, o de Hegel e o de Schopenhauer, afirmando que a tese dialética de que a dissolução é consubstancial a tudo que existe reencontra a metafísica schopenhaueriana da irredutibilidade do mal[17]. Foi justamente essa dimensão "schopenhaueriana" do pensamento de Adorno que Lukács rejeitava, denunciando a absolutização da negatividade do mundo como um falso revolucionarismo. Numa carta enviada a Cesare Cases em 12 de agosto de 1967, embora admitisse que ainda não tinha lido a *Dialética Negativa*, ele escreveu: "*Ich muss sagen, dass mir dieses 'respektable' Revolutionärtum höchst zuwider ist*" (Eu devo dizer que esse revolucionarismo "respeitável" me repugna). Um ano mais tarde, numa carta enviada ao seu editor Frank Benseler, datada de 28 de novembro de 1968, ele falava da "função", do "papel schopenhaueriano" cumpridos pelo pensamento de Adorno, e precisava: "*Die negative Dialektik ist heute wirklich ein Grand Hotel Abgrund*" (A dialética negativa é hoje efetivamente um Grande Hotel Abismo).

É preciso compreender essas linhas polêmicas como uma reação aos ataques de Adorno, que não parou de denunciar a confiança de Lukács em uma solução "positiva" das contradições da história como uma caução à pseudopositividade dos regimes do Leste. Essa confiança na "perspectiva", para Adorno, não era senão um epifenômeno das convicções comunistas do filósofo. A mesma censura visava o "credo oficial" de Brecht. De seu díptico *Die Jasager und die Neinsager*, Adorno só gostava da segunda parte, onde aparece o desviante que diz não, enquanto a primeira

---

17. T.W. Adorno, *Drei Studien zu Hegel*, Frankfurt: Suhrkamp, 1963, p. 98. (Trad. francesa, *Trois études sur Hegel*, Paris: Payot, 1979, p. 93.)

(aquela dos *Jasager*, daqueles que dizem sim) lhe parecia "coletivista e didática".

O pensamento negativo de Adorno era contestado por Lukács em nome da ideia segundo a qual não há "situações sem saída", sendo a negatividade absoluta do mundo um mito, o qual mesmo nas situações extremas, em que a humanidade é ameaçada de extinção (Auschwitz e a "morte atômica" eram os exemplos recorrentes na escrita de Adorno), o sujeito histórico, ele acreditava, seria capaz de encontrar, na imanência do real, alternativas às ameaças que pesam sobre ele. Muito atento ao conceito de *alternativa*, Lukács se esforçava em desmistificar o conceito de liberdade, pela recusa a colocá-lo no *mundus intellegibilis*, onde Kant o havia situado, recusando-se também a albergá-lo nas abstrações da ética existencialista. Lukács estava persuadido de que é somente sua ancoragem nas possibilidades inscritas na imanência do real, portanto nas alternativas, que poderia assegurar à liberdade um fundamento real. Foi por isso que reagiu tão vivamente à rejeição de Adorno à ideia de alternativa, sinônimo, aos olhos deste último, de uma genuflexão, de um curvar-se perante o real. Quando fizemos uma visita a Lukács no fim dos anos de 1960, ele acabara de terminar a leitura de *Dialética Negativa*. A discussão girou em torno da questão da liberdade, e ele lembrou na ocasião tudo que o separava de Adorno nesse ponto. Pegando o livro de Adorno, abriu na página 223, onde se encontra, numa nota ao pé da página, as considerações polêmicas sobre a ideia de *alternativa*. Adorno escreveu, especificamente: "Mas enquanto a situação alternativa servir para a ideia de autonomia, ela é heterônoma, antes mesmo de todo conteúdo […] Só será livre aquele que não tiver de se dobrar a nenhuma alternativa; efetivamente, é um indício de liberdade recusar qualquer alternativa."[18] A passagem

---

18. T.W. Adorno, *Negative Dialektik*, Frankfurt: Suhrkamp, 1966, p. 223. (Trad. francesa, *Dialectique Négative*, Paris: Payot, p. 178.) (Ed. bras., *Dialética Negativa*, trad. Marco Antonio Casanova, Rio de Janeiro: Jorge Zahar, 2009, p. 191.)

estava marcada a lápis verde por Lukács, quem, longe de ver na escolha alternativa uma sujeição não crítica à lei do real, encontrava nesse campo a única maneira realista de neutralizar a influência da negatividade e de abrir o caminho para que transponhamos a última[19].

No entanto, na *Dialética Negativa* de Adorno, a análise da relação sujeito-objeto chega a ser tão nuançada, tão grande é a energia com que se defende a tese sobre o "primado do objeto" e o imperativo, para o sujeito, de mergulhar na interioridade do objeto a fim de adaptar suas determinações, que podemos nos perguntar se, ao fim, a distância entre o materialismo de Adorno e o realismo ontológico de Lukács não tende a diminuir. As críticas severas dirigidas por Adorno ao materialismo como ontologia[20], não encontram progressivamente uma negação na lógica de sua própria demonstração sobre o "primado do objeto" na *Dialética Negativa*? Escreve especificamente nesta última obra: "Nem mesmo como ideia o sujeito pode ser pensado sem objeto; mas o objeto pode ser pensado sem sujeito. Faz parte do sentido da subjetividade também ser objeto; porém, não no

---

19. As relações entre Adorno e Lukács, assim como aquelas entre Adorno e Bloch, tiveram altos e baixos muito inesperados no fim dos anos de 1960. Adorno se feriu com as críticas severas dedicadas à *Dialética Negativa*, expressadas por Bloch em seu livro *Ateísmo no Cristianismo* (1968), que apontou um desespero reificado (*verdinglichte Verzweiflung*) e destacou que tal pensamento não tem mais nada a ver com uma "álgebra da revolução". A decepção de Adorno foi tão grande que em uma conversa com Frank Benseler, o editor de Lukács, declarou-se disposto a se reconciliar com este último, em quem reconheceu a posição mais sólida (mais duradoura, *dauerhafter*) do que a de Bloch, e "moralmente inatacável". Frank Benseler teria comunicado a Lukács a reversão de Adorno numa carta de 19 de novembro de 1968, mas Lukács, julgando a história "muito engraçada", mostrou-se bastante cético. Respondendo à Benseler, em 28 de novembro de 1968, sublinhou a diferença profunda entre sua atitude para com Bloch, com o qual ele nutria diferenças filosóficas, mas mantinha estima por seu engajamento indefectível pela esquerda, e sua posição com relação a Adorno, sobre quem reiterava o julgamento expresso no prefácio à *Teoria do Romance*. Hoje, podemos dizer que seu ceticismo possuía fundamento. As reflexões de Adorno sobre Lukács, vertidas em papel em março de 1969, que já relatamos, o provam.

20. Ver, por exemplo, *Philosophische Terminologie*, v. II, Frankfurt: Surhkamp, 1974, p. 256.

mesmo sentido da objetividade ser também objeto; e não no mesmo sentido da objetividade ser sujeito."[21] Lukács não teria dificuldade para subscrever tal profissão de fé materialista. Por outro lado, não tendo na *Ontologia do Ser Social* deixado de reiterar a tese de que as categorias constitutivas da vida social estão sempre impregnadas pelo trabalho da subjetividade (diferentemente das categorias constitutivas da natureza, que são a-subjetivas), podemos nos perguntar se, tendo tomado conhecimento da obra, Adorno não teria atenuado suas críticas dirigidas ao "dualismo estático" do ontologismo lukacsiano. As acusações que Adorno dirigiu a Lukács, de ter "reificado" seu pensamento (cf. em particular o julgamento sobre *O Jovem Hegel* na carta a Thomas Mann, mencionada acima), revelam-se igualmente insustentáveis, sobretudo se consideramos a poderosa crítica à reificação desenvolvida na *Ontologia do Ser Social*.

As divergências estéticas entre Lukács e Adorno que eclodiram com tanta força no famoso artigo do segundo, "Uma Reconciliação Extorquida", enraízam-se na oposição existente entre suas perspectivas sobre a história. Às margens das páginas sobre "a morte hoje" (*Sterben heute*) da *Dialética Negativa*, Lukács havia escrito uma só palavra no seu exemplar: Semprun. Fazia, assim, alusão ao romance *A Grande Viagem*, que muito apreciara. Diante do profundo pessimismo de Adorno (que ignora sua frase célebre: não se pode mais escrever poesia depois de Auschwitz?), lembrava o marxista húngaro, apoiando-se no romance de Semprun, a capacidade de resistência do indivíduo mesmo nas situações-limite, mesmo diante das piores atrocidades perpetradas pelos nazistas (a personagem narrador de *A Grande Viagem* encarnava, para ele, justamente essa não sujeição à terrível negatividade).

Mas Adorno acreditava em poder colocar o pensamento estético de Lukács diante de contradições insolúveis, mostrando assim seu caráter insustentável. A dialética positiva

---

21. *Negative Dialektik*, ed. cit., p. 182. (Ed. bras., *Dialética Negativa*, p. 158.)

(afirmativa) que inspiraria sua filosofia teria levado este a optar, na sua estética, pela *arte realista*, concebida numa perspectiva humanista, enquanto as obras-primas da arte moderna eram justamente aquelas que haviam quebrado os cânones do realismo, figurando, através de autênticas imagens dialéticas, a profunda negatividade de nosso tempo. À ocasião de um debate televisionado, no dia 17 de janeiro de 1968, em Köln, sobre Samuel Beckett[22], Adorno relembrou seu ponto de vista, exprimido diante de partidários de Lukács, num colóquio sobre a sociologia da literatura organizado por Lucien Goldmann em Royaumont: são as grandes obras de vanguarda literária, aquelas de Kafka e de Beckett, que expressam os conteúdos fundamentais a nosso tempo, e não os romances realistas, do gênero de *O Don Tranquilo*, de Cholokov, romances esses que a cada página reivindicam ser o reflexo da época. Adorno queria, assim, atingir o cerne da estética de Lukács[23].

Ambos os pensadores, naturalmente, possuíam quadros de valores estéticos diferentes. Lukács considerava *O Don Tranquilo* como um romance realista notável e certamente teria reagido de forma negativa ao ler a frase bastante depreciativa, dirigida a Górki, que figura nas páginas finais da *Teoria Estética*, de Adorno. Nessas páginas, o autor da *Dialética Negativa* exaltava as inovações dramáticas do teatro de Strindberg e o caráter "objetivamente crítico" da reconstrução da "experiência onírica" realizada pelo último – sublinha-se, assim, a superioridade dessa figuração da negatividade em relação aos "valentes ataques" (*die tapfersten Anklagen*) de Górki[24]. Adorno podia, às vezes, mostrar-se em seu vanguardismo

---

22. Reproduzido no n. 3, 1994, de *Frankfurter Adorno Blätter*, sob o título muito adorniano de "Optimistisch zu denken ist kriminell" (É Criminoso Pensar de Forma Otimista).

23. T.W. Adorno, Walter Boehlich, Martin Esslin, Hans-Geert Falkenberg e Ernst Fischer, Optimistisch zu denken ist kriminell. Eine Fernsehdiskussion über Samuel Beckett, *Frankfurter Adorno Blätter*, n. 3, 1994, p. 87.

24. T.W. Adorno, *Ästhetische Theorie*, Frankfurt: Suhrkamp, 1970, p. 381-382. (Ed. portuguesa, *Teoria Estética*, trad. Artur Morão, Lisboa: Edições 70, 2006, p. 287-288.)

não menos sectário ou unilateral que os partidários do realismo crítico ou do realismo socialista, a quem procurou esmagar com seus anátemas.

O gosto de Lukács estava submetido ao princípio que se encontrava na base de toda sua obra, em particular da *Estética* e da *Ontologia do Ser Social*: a confiança na indestrutibilidade da substância humana. Sem contestar a negatividade do mundo contemporâneo, ele acreditava na existência de contra-tendências e de forças capazes de se opor ao rumo das coisas. Enquanto Adorno falava do caráter "ao mesmo tempo objetivo e polêmico" da concepção de Beckett, ou seja, da potência crítica e desmistificadora da figuração impiedosa da negatividade, Lukács, com ceticismo, perguntava: "onde está a polêmica?" Sempre à procura de uma *vox humana* de alcance universal, ele a encontrava em *O Processo*, de Kafka, mas não em *Molloy*[25]. Justamente a propósito de Kafka, parte importante na acusação empreendida por Adorno em "Uma Reconciliação Extorquida", é preciso relembrar que o juízo de Lukács evoluiu muito em relação à posição expressa em *Significado Presente do Realismo Crítico*. No último Lukács, Kafka aparece ao lado de Swift como exemplo de grande escritor que deu uma expressão parabólico-fantástica à negatividade de seu tempo[26]. Cumpre acrescentar que, numa carta de 1968 a um correspondente brasileiro, Carlos Nelson Coutinho, o filósofo fez elogios significativos à *Metamorfose*. Não é, então, interdito dizer: Lukács reconsiderou certas posições suas depois da violenta diatribe de Adorno, pois não reiterou, em seus últimos escritos, a alternativa Thomas Mann ou Kafka formulada em *Wider den missverstandenen Realismus*, em 1957-1958. No entanto, no que há de essencial, o antagonismo entre as duas posições estéticas se mantém intacto.

---

25. Cf. a passagem da *Estética* em que opõe Kafka a Beckett, *Die Eigenart des Ästhetischen*, v. 1, München: Luchterhand, 1963, p. 796. (Ed. espanhola, *Estética: La Peculiaridad de lo Estético*, trad. Manuel Sacristán, v. 2, Barcelona: Grijalbo, 1966, p. 484.)
26. G. Lukács, Prefácio (datado de 1964), *Probleme des Realismus II*, *Werke*, v. 6, München: Luchterhand, 1965, p. 9.

A exigência lukacsiana de uma "perspectiva" que daria expressão à "revolta do humanismo" contra a negatividade lancinante era, para Adorno, sinônimo de uma interferência, uma ingerência ideológica na imanência estética das obras. O autor da *Dialética Negativa* estava persuadido, e a carta aberta enviada a Rolf Hochhuth (quem defendia as posições de Lukács) mostra isso claramente, de que somente uma expressão sem concessões e levada ao limite da negatividade podia fazer justiça à verdadeira condição do homem contemporâneo: "Parece-me que o que você chama de 'a salvação do homem' (*Die Rettung des Menschen* era o título do texto de Hochhuth) – acho essa formulação muito inquietante –, se ela for possível, precisa ser pensada até o fim enquanto catástrofe."[27]

Fazendo alusão à exigência da positividade, Adorno falará, em "Uma Reconciliação Extorquida", da "neoingenuidade" de Lukács, e ironizou suas "viris tiradas hegelianas a respeito do primado da universalidade substancial sobre a 'má consciência'"[28]. No fundo, para além dos conflitos polêmicos, os dois estetas caminhavam juntos quando afirmavam que a imaginação artística obedece a uma lógica própria, de caráter não conceitual ou transconceitual, e que a racionalidade *sui generis* da obra se emancipa da coerção ideológica (a ideia de "imanência do sentido", defendida por Lukács na *Teoria do Romance*, era constantemente evocada por Adorno). Mas enquanto Lukács permanecia fiel à ideia de *catharsis* como condição inalienável de toda produção artística, Adorno a atacou com vigor (ela está longe de ser um "transcendental", escrevia ele numa carta de 1937 a Slatan Dudow[29]) tendo em

---

27. T.W. Adorno, Lettre ouverte à Rolf Hochhuth, *Notes sur la littérature*, tradução francesa por Sibylle Muller, Paris: Flammarion, 1984, p. 423. O texto de Hochhuth foi publicado em Frank Benseler (Hrsg.), *Festschrift für Georg Lukacs zum achzigsten Geburtstag*, München: Luchterhand, 1965.
28. Ibidem, p. 192.
29. A carta foi reproduzida nos anexos do primeiro volume da correspondência entre Adorno e Horkheimer: *Theodor Adorno. Max Horkheimer. Briefwechsel, 1927-1937*, v. I, Frankfurt: Suhrkamp, 2003, p. 525-536. A passagem a respeito da *catharsis* se encontra na página 531.

mente que "a imersão total, monadológica, na lei formal da obra" assegura às grandes produções de vanguarda uma validade que transcende toda exigência catártica.

No terreno privilegiado de Adorno, a música, Lukács confrontou-o apenas uma vez, reafirmando, uma vez mais, sua nostalgia em relação a uma *vox humana* de alcance universal; nostalgia essa que estava no cerne de suas convicções estéticas. Bela Bartok, tendo declarado, em Nova York, que um compositor tão enraizado na música popular quanto ele não podia se privar, a longo prazo, do princípio de tonalidade, foi censurado por Adorno, que detectou nisso uma involução em relação à radicalidade e à grande autenticidade do primeiro período do músico. Num texto intitulado "Das Altern der neuen Musik" (A Antiguidade da Nova Música), reproduzido no volume *Dissonanzen*, Adorno se surpreendeu por descobrir uma profissão de fé populista (*völkisch*) num artista que havia resistido a toda tentativa chauvinista e havia escolhido a via do exílio para fugir do fascismo. Aí está, a seus olhos, um sintoma da regressão sofrida pela música de Bartok, regressão essa expressa em certas obras do período tardio (o *Concerto Para Violino*, por exemplo). Tratar-se-ia de um retorno inadmissível ao tradicionalismo, a uma música domesticada, em detrimento da força explosiva e do caráter incomensurável de suas obras verdadeiramente revolucionárias. Lukács, grande admirador da música de Bartok, aproveitou a ocasião para refutar Adorno que, atado a seus preconceitos, considerava o músico como um populista e, mais ainda, acreditava ser de tendência *völkisch* a admiração de um compositor pela música popular. Na *Estética*, Lukács propunha, para opor-se *expressis verbis* a seu adversário, o exemplo de uma obra que muito admirava dentre todas aquelas compostas por Bartok, a *Cantata Profana*, escrita sobre o texto de uma balada popular romena. Nela, via uma das maiores expressões da adesão de Bartok à vida do povo e à natureza, um depoimento emocionado do combate entre natureza e antinatureza, cujo caráter trágico fazia ressoar justamente uma *vox humana* de alcance universal[30]. É revelador que Lukács tenha oposto o espírito da música de Bartok ao espírito da música elaborada por Adrian Leverkühn, a personagem que encarnava o destino trágico da arte moderna em *Doktor Faustus*, de Thomas Mann. Sabe-se, por outro lado, que Thomas Mann recorreu à *Filosofia da Nova Música* de Adorno, ainda em manuscrito à época, e recorreu também à ajuda do autor desse texto para redigir as páginas consagradas às composições musicais de Leverkühn.

Adorno lapidou seu pensamento dialético na escola de Lukács. As referências à *Teoria do Romance* e à *História e Consciência de Classe* nos seus primeiros escritos, desde a aula inaugural em 1932 na Universidade de Frankfurt, ou o seminário consagrado à *Origem do Drama Barroco* de Walter Benjamin, até seu Kierkegaard (1933), ou no seu livro sobre Husserl (1934-1937), são frequentes. Mais tarde, estabeleceu a tarefa de demolir o pensamento de maturidade do filósofo que havia outrora venerado, renegando obras como *O Jovem Hegel* ou *A Destruição da Razão*, e, sobretudo, atacando seu pensamento estético tal como é expresso em *Significado Presente do Realismo Crítico*. No entanto, ele nunca confrontou a *Estética*, obra mais complexa que o estudo sobre o realismo crítico e que forneceu a expressão mais acabada e mais elaborada do pensamento estético de Lukács. Teria ele conseguido atingir efetivamente seu antigo mestre? Tentamos delimitar os resultados dessa confrontação. No momento, a posteridade não se mostra muito compreensiva a respeito da herança filosófica nem de um, nem de outro. Mas os julgamentos da história evoluem e a história do pensamento conhece diversos casos de filósofos relegados ao purgatório, e mesmo estigmatizados, os quais, favorecidos por uma conjuntura histórica nova, conhecem um ressurgimento espetacular e retornam ao primeiro plano, transfigurados inesperadamente sob uma nova luz. Como diria Lukács, é uma questão de perspectiva...

---

30. G. Lukács, *Die Eigenart des Ästhetischen*, v. II, p. 393s. (Ed. espanhola, *Estética: La Peculiaridad de lo Estético*, v. I, p. 73s.)

GRAMSCI, O ANTI-CROCE
E A FILOSOFIA DE LUKÁCS*

O desejo de ver os marxistas se consagrarem à elaboração de um vasto e aprofundado *Anti*-Croce, enunciado por Antonio Gramsci numa página célebre dos *Cadernos do Cárcere*, o que deveria levar dez anos de trabalho, parece não ter sido atendido.

Ao esboçar esse programa, Gramsci pretendia submeter o marxismo, desvitalizado pela vulgarização e pelo dogmatismo, a um tratamento estimulante. O diálogo crítico com o

---

* Texto da comunicação apresentada no colóquio organizado em Siena sobre o tema "Gramsci e o Marxismo Contemporâneo". O texto faz parte das *Atas* do colóquio publicadas pelas editoras Riuniti, em Roma, no ano de 1990, num volume intitulado *Gramsci e il marxismo contemporaneo*, aos cuidados de Biagio Muscatello, p. 313-326. Uma tradução alemã foi publicada na coletânea intitulada *Antonio Gramsci heute: Aktuelle Perspektiven seiner Philosophie*, Hans Heinz Holz; Giuseppe Prestipino (Hrsg.), Bonn: Pahl-Rugenstein Nachfolger, 1995, p. 99-115. (N. da T.)

257

autor da *Filosofia Como Ciência do Espírito** teria permitido retomar os grandes temas do pensamento de Croce, obscurecidos ou ignorados pela reflexão marxista da época, e transpô-los, desembaraçados do seu idealismo especulativo, à linguagem realista e concreta da filosofia da práxis:

> Em suma, deve-se realizar, com relação à concepção filosófica de Croce, o mesmo acerto de contas que os primeiros teóricos da filosofia da práxis realizaram com relação à concepção hegeliana. Esta é a única maneira historicamente fecunda de estabelecer uma retomada adequada da filosofia da práxis.[1]

Marcado pela influência de Croce, Gramsci não hesitava em ver no pensador italiano o único verdadeiro continuador da filosofia clássica alemã na época contemporânea:

> É necessário que a herança da filosofia clássica alemã seja não apenas inventariada, mas reconvertida em vida ativa; e, para isso, é preciso acertar as contas com a filosofia de Croce, isto é, para nós, italianos, ser herdeiro da filosofia clássica alemã significa ser herdeiro da filosofia crociana, que representa o momento mundial hodierno da filosofia clássica alemã.[2]

Croce tomou conhecimento desse convite feito por Gramsci aos seus companheiros e interlocutores graças à coletânea publicada em 1948, pela Einaudi, com o título *Il materialismo storico e la filosofia di Benedetto Croce* (O Materialismo Histórico e a Filosofia de Benedetto Croce); ele

---

* No original *Filosofia come scienza dello spirito*, obra de Benedetto Croce sem tradução para o português. (N. da T.)

1. Antonio Gramsci, *Cahiers de Prison, Cahiers 10, 11, 12, 13*, Avant-propos, notices et notes de Robert Paris, trad. do italiano por Paolo Fulchignoni, Gérard Granel e Nino Negri, Paris: NRF-Gallimard, 1978, p. 39. (Ed. bras., *Cadernos do Cárcere*, trad. Carlos Nelson Coutinho, Rio de Janeiro: Civilização Brasileira, 1999, p. 304.) A expressão "filosofia da práxis" era um eufemismo para designar o pensamento de Marx; o autor dos *Cadernos*, encarcerado pelo regime fascista, era contrário ao uso de uma linguagem esópica. Para todas as citações de Gramsci, foi adotada a tradução sem modificações da edição brasileira. (N. da T.)
2. Ibidem, p. 40. (Ed. bras., ibidem, p. 304.)

refutou, não sem presunção, a ideia de um Anti-Croce, cujo impacto na atmosfera cultural da época deveria ser, *mutatis mutandis*, comparável àquele do Anti-Dühring de Engels no fim do século xix; o projeto lhe parecia extravagante e irrealizável. Aos seus olhos, o marxismo era, no máximo, uma política, mas de forma alguma uma verdadeira *filosofia dello spirito* (filosofia do espírito) comparável à sua. Benedetto Croce escrevia, em 1949:

> Estou convencido de que se Gramsci tivesse repensado essa ideia que lhe passou pela cabeça, ele a teria deixado de lado com um sorriso, não apenas como arriscada, mas como impossível de realizar, pois, entre outros, ele próprio se nutriu e se nutria sempre dessa cultura (que custou e custava muito trabalho de pesquisa e de espírito), ainda que ele se esforçasse a fazê-la progredir por uma via que não era uma via a percorrer, mas o choque contra um muro, erigido nele por uma fé certamente respeitável, mas política e não filosófica ou científica.[3]

Como sabemos, Croce sustentava que o pensamento de Marx havia desempenhado um papel preponderantemente negativo, um papel de agente destruidor de preconceitos (por exemplo, a concepção moralista da história, que, por definição, oculta a importância decisiva das relações de força), mas que tal pensamento não havia deixado nenhum vestígio na estrutura profunda da sua própria filosofia, que se constituiu como antípoda ao materialismo histórico. Nas suas notas sobre Croce, Antonio Gramsci contesta essa tese; ele insiste, ao contrário, na influência fecunda do materialismo histórico sobre o pensamento de Croce, chegando a afirmar que este último devia ao primeiro sua gênese; assim, alguns conceitos do materialismo histórico teriam migrado aberta ou sub-repticiamente à estrutura do pensamento de Croce, ainda que transfigurados e sublimados no espírito do idealismo especulativo. Lemos, nos *Chaiers de Prison*:

> Parece-me que, sob a forma e a linguagem especulativas, é possível descobrir mais de um elemento da filosofia da práxis na concepção

3. Il signor Dühring, *Quaderni della "Critica"*, n. 13, mar. 1949, p. 45-46.

de Croce. Poder-se-ia talvez dizer ainda mais e esta investigação seria de grande significação histórica e intelectual na época presente: isto é, assim como a filosofia da práxis foi a tradução do hegelianismo para a linguagem historicista, a filosofia de Croce é igualmente, em considerável medida, uma retradução para a linguagem especulativa do historicismo realista da filosofia da práxis.[4]

Ao conceber um intercâmbio no sentido inverso, Gramsci parece ver na filosofia de Croce o melhor antídoto contra o reducionismo do marxismo dogmático, ressaltando que: "Croce retraduziu em linguagem especulativa as aquisições progressistas da filosofia da práxis, *residindo nesta retradução o melhor do seu pensamento*."[5] Mas ele também chama a atenção para o fato de que Benedetto Croce teria polemizado com uma versão degradada do pensamento de Marx, e comparava suas acusações com aquelas de alguns intelectuais eruditos contra o catolicismo popular:

É certo que se formou uma corrente deteriorada da filosofia da práxis, que pode ser considerada em relação à concepção dos fundadores da doutrina tal como o catolicismo popular em relação ao catolicismo teológico ou dos intelectuais: assim como o catolicismo popular pode ser traduzido em termos de paganismo, ou de religiões inferiores ao catolicismo por causa das superstições e da bruxaria pelas quais estavam ou estão dominadas, igualmente a filosofia da práxis deteriorada pode ser traduzida em termos "teológicos" ou transcendentes, isto é, das filosofias pré-kantianas e pré-cartesianas.[6]

Ao falar em uma "filosofia da práxis deteriorada", Gramsci provavelmente fazia alusão a uma forma deteriorada de marxismo, identificada a um materialismo sumário e redutor, por meio do qual as formas da consciência, portanto as superestruturas, apareciam como simples epifenômenos de um substrato material autárquico (é assim que se deve compreender sua comparação entre

---

4. A. Gramsci, op. cit., p. 39. (Ed. bras., ibidem, p. 304.)
5. Ibidem, p. 75. (Ed. bras., ibidem, p. 341.) Grifos do autor.
6. Ibidem, p. 94. (Ed. bras., ibidem, p. 361.)

esse marxismo corrompido – "deteriorado" – e uma atitude semiteológica ou transcendente em filosofia, sinônimo de uma regressão ao nível do pensamento pré-kantiano ou pré-cartesiano). Temos a impressão que sob a influência de Croce, que considerava que "historicismo" e "materialismo" são incompatíveis, o próprio Gramsci hesitava em utilizar o conceito de materialismo a propósito da "filosofia da práxis". Por várias vezes ele lembra, com aprovação, uma observação de Croce, feita ainda nos seus estudos de juventude, a propósito de Friedrich Albert Lange: este teve razão em não incluir o materialismo histórico na sua *História do Materialismo*, na medida em que o pensamento de Marx se distanciava do materialismo no sentido tradicional do termo. Suas reticências em empregar o conceito de materialismo, a propósito do pensamento filosófico de Marx, aparecem claramente numa passagem das suas reflexões sobre o manual de Bukharin:

É notório, por outro lado, que o fundador da filosofia da práxis jamais chamou sua concepção de "materialismo" e que, falando do materialismo francês, criticou-o, afirmando que a crítica deveria ser mais exaustiva. Assim, jamais usou a fórmula "dialética materialista", mas sim "racional", em contraposição à "mística", o que dá ao termo "racional" uma significação bastante precisa.[7]

A atitude de Gramsci em relação a Croce é profundamente ambivalente e repleta de nuances. Ele rejeita, conforme vimos, a imagem de um determinismo monocausal e unilateral, à que Croce reduz o marxismo, e também protesta energicamente contra a identificação entre economia, no sentido de Marx, e um *deus absconditus* da história (Croce criticava os marxistas pela "entificação da economia"), o que transformaria a economia numa simples inversão materialista da Ideia hegeliana; ele insiste legitimamente no intercondicionamento e na inter-relação recíproca dos diferentes componentes da vida social: "não é verdade que a filosofia da

7. Ibidem, p. 209. (Ed. bras., ibidem, p. 129.)

práxis 'destaca' a estrutura da superestrutura; ao contrário, ela concebe o desenvolvimento das mesmas como intimamente relacionado e necessariamente inter-relativo e recíproco"[8]. É nesse sentido que Gramsci faz plena justiça às exigências legítimas do historicismo crociano (por exemplo, à valorização da dimensão "ético-política" da história), assim como à sua tentativa de recuperar a riqueza dialética da filosofia clássica alemã; ele parece mesmo aprovar, até certo ponto, a reforma da dialética hegeliana, a crítica da absolutização da "dialética dos opostos", e a recuperação dos momentos da distinção ("porque é verdade que não são apenas opostos, mas também distintos"). Ele quer destacar, antes de tudo, as profundas afinidades entre as exigências do historicismo de Marx e a definição da filosofia como "metodologia historiográfica" formulada por Croce; ele insiste na analogia entre a tese do primeiro, sobre o caráter eminentemente histórico das verdades filosóficas, e a historicização das ideologias (inclusive da filosofia) pelo segundo.

Também deste ponto de vista revela-se como Croce soube tirar bom proveito de seu estudo da filosofia da práxis. De fato, a tese crociana da identidade entre filosofia e história será algo mais do que um modo, o modo crociano, de colocar o mesmo problema posto pelas teses sobre Feuerbach e confirmado por Engels em seu opúsculo sobre Feuerbach? Para Engels, "história" é prática (a experiência, a indústria); para Croce, "história" é ainda um conceito especulativo.[9]

Na mesma ordem de ideias, Gramsci traz à tona a conexão entre a famosa teoria de Croce sobre "a origem prática do erro" e a tese marxista sobre a influência dos interesses práticos (no sentido amplo do termo: as aspirações de um determinado grupo social) na articulação das representações no real; a forma como Croce mostrou que a procura da verdade pode sofrer inflexão e ser alterada sob a ação de interesses práticos precisos (portanto, que o erro sempre

---

8. Ibidem, p. 101. (Ed. bras., ibidem, p. 369.)
9. Ibidem, p. 75. (Ed. bras., ibidem, p. 341.)

tem uma origem *prática*), parece-lhe uma aplicação da teoria marxista das ideologias como tomada de consciência teórica de conflitos sociais reais.

Apesar de suas numerosas observações críticas, Gramsci não chega a estruturar uma confrontação com os fundamentos filosóficos do pensamento de Croce; ele reservava provavelmente ao futuro Anti-Croce a tarefa de reconstruir a gênese da teoria das quatro formas essenciais do espírito (*l'utile, l'arte, la morale e il pensiero* [o útil, a arte, a moral e o pensamento]), suas relações de circularidade, assim como a demonstração de sua vulnerabilidade.

A um dado momento Gramsci compara Croce a um intelectual do Renascimento (mais precisamente a Erasmo), que defendia os valores absolutos do espírito (a religião da liberdade em primeiro plano), mas, desconfiando de sua contaminação pelos interesses práticos, *id est* pelas lutas sociais; o desprezo do último Croce pelo marxismo, que ele acusava justamente de poluir os valores absolutos pelo jogo dos interesses práticos (a luta de classes), lembrava-o do desprezo de Erasmo pela reforma luterana (*"dove appare Lutero, muore la cultura"* [onde aparece Lutero, morre a cultura]). Porém, sem o poderoso movimento de massa ("prático") da Reforma protestante, o ideal da liberdade, inclusive aquele da filosofia clássica alemã, nunca teria vencido na Europa. Apoiando-se nesse exemplo, Gramsci tentava mostrar, em polêmica com Croce, que o triunfo dos valores absolutos do espírito (no sentido crociano do termo: o ideal ético da liberdade, a poesia, a filosofia) não pode ser dissociado do combate pela emancipação social.

A afirmação da verdadeira *humanitas* do *homo humanus* é um problema ao mesmo tempo "empírico" e "especulativo" (para conservar a terminologia de Croce), prático e teórico. Mesmo tendo evocado as mediações, recusadas ou ocultadas por Croce, que religam os dois planos, Gramsci não dispunha dos conceitos, solidamente articulados, de gênero humano e de autoconsciência do gênero humano, para poder operar as distinções reclamadas entre ideologias de função prática imediata e atividades superiores da consciência (atividades éticas de alcance universal, arte, filosofia).

No que concerne à recusa de Croce em levar em conta as fontes reais, de caráter sócio-histórico, da dialética do espírito, talvez fosse útil lembrar aqui uma passagem de suas Notas Autobiográficas, redigidas em 1934 e publicadas em anexo ao seu livro *Contributo alla critica di me stesso* (Contribuição Para a Crítica de Mim Mesmo). Nesse livro ele polemiza com as objeções que, na oposição antifascista, seus companheiros de esquerda parecem ter-lhe feito:

A intenção que guiou meu trabalho não foi sempre compreendida por aqueles mesmos que se encontravam no campo de oposição, pois muitos dentre eles portavam no sangue o mesmo espírito politiqueiro que existe em seus adversários, e estimam muito pouco a eficácia da vida religiosa e moral, da filosofia e da crítica, e continuam a pensar a história como luta cega dos interesses econômicos e como abuso (*sopraffazione*) perpetrado por um ou outro partido, ou uma ou outra classe. Deparei-me várias vezes com a objeção de que meu conceito da liberdade estava em desuso (*antiquato*) e formal, e que era preciso modernizá-lo e lhe dar um conteúdo com a introdução da satisfação das exigências e das necessidades dessa ou daquela classe ou desse ou daquele grupo social. Mas o conceito da liberdade tem como único conteúdo a liberdade, da mesma forma que o da poesia unicamente a poesia; e se é preciso despertá-lo nas almas com a sua pureza, que é seu vigor ideal, é preciso evitar confundi-lo com as necessidades e as exigências de outra ordem.[10]

Apenas um pensador que conhecemos pôs em prática efetivamente e, até certo ponto, realizou o projeto considerado por Gramsci sob a denominação de Anti-Croce, invalidando assim o ceticismo do próprio Croce. Nossa afirmação deve ser compreendida num sentido bastante amplo. Foi György Lukács quem levantou o desafio, embora nunca tenha empreendido uma análise crítica, sistemática e detalhada da "filosofia do espírito" de Croce (as páginas

10. B. Croce, Note autobiografiche, *Contributo alla critica di me stesso*. (Trad. francesa, *Contribution à la critique de moi-même*, Paris: Nagel, 1949.)

sumárias que ele lhe consagra na *Destruição da Razão* não podem de forma alguma ser levadas em conta). No entanto, suas duas obras de síntese, elaboradas no fim de sua vida, a *Estética* e a *Ontologia do Ser Social* (em que também estão esboçadas as ideias principais de uma Ética), assim como a reconstrução da filosofia alemã, realizada num livro anterior, *O Jovem Hegel*, e a crítica do irracionalismo, proposta na *Destruição da Razão*, objetivamente representam, aos nossos olhos, a mais sólida e mais completa réplica marxista aos teoremas desenvolvidos por Croce ao longo de sua obra.

Por mais surpreendente que isso possa parecer e sem de forma alguma anular a oposição que existe entre os rumos de seus pensamentos (Croce permaneceu até o fim um partidário convicto do idealismo na filosofia ou, na sua própria terminologia, do "espiritualismo absoluto", enquanto Lukács defendeu, na sua obra de maturidade, o ponto de vista do materialismo dialético), nós nos arriscaríamos a afirmar que existem numerosos pontos de contato entre as duas *démarches* filosóficas.

É verdade que toda vez que seus caminhos se cruzaram houve ofensivas de uma extrema violência. Basta lembrar a resenha de Croce, publicada em 1949 nos *Quaderni della critica* (Cadernos de Crítica), ao livro de Lukács, *Goethe und sein Zeit* (Goethe e Seu Tempo), onde ele pretendia desacreditar o método marxista do autor; basta lembrar, ainda, suas vituperações contra as "elucubrações, que pretendem relacionar a dialética hegeliana com a economia [...], do conhecido marxista húngaro-russo Lukács"[11], num texto igualmente publicado em 1949, nos *Quaderni della critica*; do outro lado, são notáveis os ataques contra a teoria da história de Croce em *O Romance Histórico* e, sobretudo, contra seu pretenso *"irracionalismo"* na *Destruição da Razão*.

A história da filosofia conhece poucos exemplos de pensadores que, tendo muitos traços em comum, enganaram-se

---

11. Cf. B. Croce, *Indagini su Hegel e schiarimenti filosofici*, Bari: Gius. Laterza & Figli, 1967, p. 82. A resenha de Croce do livro de Lukács sobre Goethe está reproduzida no volume *Terze pagine sparse*, v. II, Bari: Laterza, 1955, p. 47-50.

totalmente um em relação ao outro. Cada um esboça um retrato frequentemente caricatural e sempre completamente injusto do seu adversário.

De início, eles tinham em comum a adesão à filosofia de Hegel. Depois da publicação da *Ontologia do Ser Social*, nossa convicção de que existem afinidades estruturais entre a reforma proposta por Lukács no capítulo "A Falsa Ontologia e a Verdadeira Ontologia de Hegel", que intencionava distinguir entre a autêntica ontologia de Hegel e aquela logicizante e teleológica (a falsa), e a reforma da dialética hegeliana proposta por Croce no seu livro *Ciò che è vivo e ciò che è morto nella filosofia di Hegel* (O Que Está Vivo e o Que Está Morto na Filosofia de Hegel), se fortaleceu. E isso apesar do julgamento bastante sumário de Lukács, que na *Destruição da Razão* afirma que Benedetto Croce teria rejeitado como mortas as ideias de "dialética e objetividade", deixando vivo apenas um "irracionalismo liberal temperado". Parece-nos, ao contrário, que Croce sempre considerou "a dialética dos opostos", o princípio de contradição, que a seus olhos é o cerne da dialética, como a herança mais importante de Hegel, rejeitando como caduco o panlogismo, mais precisamente a subordinação do devir a um princípio teleológico e transcendente, o qual figuraria como ponto de chegada do movimento. Porém, o que empreendeu o próprio Lukács no capítulo da *Ontologia*, redigido sessenta anos depois do livro de Croce, senão a pertinente distinção entre o núcleo válido da dialética hegeliana e o seu invólucro logicizante e teleológico, cujo idealismo consubstancial já havia sido questionado por Marx e que pensador italiano havia, ele também, atacado?

Certamente existe uma diferença radical entre a crítica da dialética hegeliana que permanecia no interior do idealismo filosófico (Croce), e aquela cujo fim era a edificação de uma ontologia materialista (Lukács). No entanto, é apenas a partir dessa assimilação que lhes é comum, *in succum et sanguinem*, da substância hegeliana, que chegamos a explicar a atividade crítica dos dois pensadores contra alguns grandes representantes do irracionalismo. Se nos lembrarmos da crítica de Croce em relação ao segundo Schelling (*Dal primo al secondo Schelling*, já em 1908!), seus sarcasmos endereçados a Schopenhauer, seu julgamento negativo sobre Nietzsche ("Ao tipo de pseudofilósofo [...] se liga também Friedrich Niestzche [...] [que] deprecia valores espirituais e expressa ideais de rapacidade e de ferocidade, sem estabelecer algum filosofema que seja válido"), sua reação violenta em 1934 contra o *Discurso do Reitorado* de Heidegger, sua crítica do neo-kantismo de Windelband e Rickert, suas polêmicas contra Spengler e Klages (inclusive na sua comunicação sobre "O Anti-historicismo" no congresso de Oxford em 1930), então, o paralelo com o processo instruído por Lukács contra o irracionalismo se impõe[12].

Outros traços comuns aparecem entre esses dois pensadores em razão da assimilação do hegelianismo ativo que também era uma rejeição do hegelianismo teleológico e logicizante: o projeto de desenvolver uma filosofia puramente *imanente*, livre das escórias da transcendência e do finalismo estático; a afirmação da historicidade como princípio fundamental do ser, tendo como corolário a profunda unidade entre a história e o pensamento, portanto, a impossibilidade de encerrar a riqueza do real num sistema fechado e definitivo (pode-se reencontrar a ideia crociana da "indefinitività della filosofia" também em Lukács); a rejeição da ideia hegeliana de uma *hierarquia* das atividades da consciência (os dois pensadores protestam, cada um em sua *Estética*, contra a subordinação da arte à filosofia, logo, contra o fetichismo da Ideia lógica, e Lukács vai destacar várias vezes, em sua *Ontologia*, que a prioridade ontológica da economia – da produção e reprodução das condições materiais da existência – afirmada pelo marxismo, não tem nada a ver com um julgamento de valor, que privilegiaria a esfera econômica em detrimento de outras formas

---

12. Cf. Nicolas Tertulian, Benedetto Croce, critique de l'irrationalisme, *Les Temps Modernes*, n. 575, jun. 1994, p. 95-121.

de atividade social; assim, ele também atacava, como aliás havia feito Gramsci antes, um dos preconceitos mais tenazes de Croce, concernente à pretensa hierarquia de valores instituída pelo marxismo a favor da economia. Da mesma forma, na *Ontologia*, ao estabelecer a perfeita igualdade dos diferentes complexos sociais, e ao destacar com grande vigor o papel decisivo da ética, ele tornou improcedente a acusação de "economicismo", feita por Croce contra o marxismo); a defesa sem trégua do *humanismo* contra a ressurreição do maneirismo e do barroco (associados à contra-reforma), contra as diferentes maneiras de restaurar o misticismo e a religião, mas também contra as correntes da arte moderna que parecem ter perdido a medida da verdadeira *humanitas* do *homo humanus* (portanto, com antecedência, contra diferentes aspectos da pós-modernidade).

Para compreender esse jogo complexo de afinidades entre dois pensadores que tinham posições opostas, talvez fosse preciso voltar à afirmação de Gramsci concernente à influência durável da filosofia marxista da práxis sobre a própria estrutura do pensamento de Croce. Um texto que ele julga de primeira importância para compreender o sentido de sua afirmação é o prefácio escrito por Croce em 1917 para a terceira edição do seu livro *Materialismo Histórico e Economia Marxista*. Nele efetivamente encontram-se declarações que colocam em evidência o que Benedetto Croce deve à reinterpretação do hegelianismo no sentido de uma filosofia da historicidade e da pura imanência:

Se agora eu busco as razões objetivas do interesse ao qual eu fora levado pelo marxismo e pelo seu materialismo histórico, vejo que esse processo ocorreu porque através do seu sistema senti a fascinação pela grande filosofia histórica do período romântico, e assim eu acabava de descobrir um hegelianismo mais concreto e mais vivo que aquele que habitualmente eu encontrava nos pesquisadores e expositores, que reduziam Hegel a um tipo de teólogo ou de metafísico platônico[13].

13. B. Croce, *Materialismo storico ed economia marxistica*, 10. ed., Bari: Gius, Laterza, & Figli, 1961, p. XII. (Prefácio à terceira edição datado de setembro de 1917.)

O projeto ontológico de Lukács, tal qual se concretizou na *Estética* e na *Ontologia do Ser Social*, apresenta-se como uma vasta análise das categorias fundamentais da atividade humana observadas na sua gênese, na sua autonomia e em suas interações. Encontramos na *Ontologia* algumas análises consagradas às relações entre economia e ideologia, bem como desenvolvimentos sobre o lugar da política, do Direito, da arte ou da filosofia no conjunto das atividades sociais; e na *Estética* encontramos uma verdadeira fenomenologia da subjetividade, em que as relações entre a arte, a ciência, a moral e a religião ocupam um papel de primeiro plano. Constatamos que Lukács, de fato, retoma todos os grandes temas da "filosofia do espírito" de Croce, mas integrando-os numa perspectiva diferente: aquela do pensamento de Marx. É nesse sentido que a obra de maturidade de Lukács nos apareceu, objetivamente, como um Anti-Croce que, como desejava Gramsci, conserva a substância válida do pensamento do filósofo napolitano.

Na *Ontologia*, Lukács mostra que o princípio constitutivo da vida social é a atividade teleológica do homem, cuja protoforma é o trabalho: a dialética entre a teleologia (finalismo dos atos humanos) e a causalidade (propriedades e relações objetivas dos fenômenos) encontra-se no centro de suas reflexões. A partir dessa premissa, ele pode demonstrar que o pensamento de Marx não pode ser interpretado nem como um determinismo unívoco, em que as atividades da consciência seriam apenas epifenômenos do automovimento da economia (essa era a objeção fundamental de Croce), nem como um finalismo ou um cripto-hegelianismo, em que cada etapa da vida social não teria outra função senão a de preparar a etapa seguinte até a realização de um estado paradisíaco, a sociedade sem classes (que era outra objeção de Croce).

Ao situar no centro da sua teoria da vida social o conceito de *"teleologische Setzung"* (pôr teleológico), podemos dizer que Lukács satisfaz a exigência de Gramsci de uma interpretação do marxismo como uma filosofia da subjetividade, evidentemente uma subjetividade de múltiplas raízes na rede de determinações objetivas; entre a ontologia do ser social de Lukács e a filosofia da práxis, tal como a entendia Gramsci, existem afinidades evidentes sobre esse ponto essencial.

Para ilustrar a nossa tese segundo a qual o pensamento de maturidade de Lukács realizou de certa forma o programa definido por Gramsci com o Anti-Croce, vamos tomar um último exemplo, a partir do problema das categorias, que assume um papel importante tanto no pensamento de Croce quanto no de Lukács.

Croce repetidas vezes admitiu que o estudo da concepção materialista da história, na sua juventude, revelou-lhe o peso da atividade econômica no conjunto das atividades humanas; sua decisão de conceder um mesmo estatuto à atividade econômica ou utilitária no seu sistema de categorias (o útil ampliado posteriormente em *vitalidade*), bem como às três outras categorias do idealismo tradicional (o *belo*, o *verdadeiro*, o *bom*), não deixa de estar relacionada, assim como ele próprio reconheceu, com essa influência. Mas o útil no sistema de Croce se torna uma atividade eminentemente espiritual, sem raízes no concreto material, emancipada das determinações causais que por definição condicionam o ato do trabalho. Ao demonstrar na *Ontologia* que o trabalho é a matriz fundante da antropogênese, e ao definir o trabalho como uma relação entre teleologia e causalidade, entre intencionalidade da consciência e a cadeia de determinações causais do real, Lukács atingiu o idealismo filosófico na raiz. Sem o reconhecimento da autonomia ontológica do real, tese fundamental do materialismo, portanto recusada com violência por Croce ("a *res* como *res* não existe" decretava com soberba o autor do ensaio *Le due scienze mondane, l'Estetica e l'Economica* [As Duas Ciências Mundanas, a Estética e a Economia][14], publicado em 1931), o ato do trabalho se torna

14. *Ultimi saggi*, 3. ed., Bari: Gius, Laterza, & Figli, 1963, p. 56.

incompreensível. Na sua análise da atividade utilitária, célula da práxis humana, Croce evita a análise do trabalho, que o conduziria a admitir a relação de indivisão entre *práxis* e *materialidade* (sua incapacidade de ver a relação dialética existente entre forças produtivas e relações de produção, reconhecida por Marx, encontra aqui sua explicação). Compreendemos agora a crítica que lhe fazia Gramsci: seu historicismo guarda alguma coisa de especulativo, reminiscências do transcendentalismo kantiano, na medida em que as categorias formadoras da atividade humana são concebidas como princípios imóveis (Croce as compara ao "motor imóvel" de Aristóteles), inscritas na natureza eterna do espírito. Croce retraduziu em linguagem especulativa o materialismo histórico na medida em que, sob a influência de Gentile e da interpretação idealista da práxis marxiana feita por este último, ele deu uma visão espiritualista das atividades da consciência (ele propunha a substituição do princípio sintetizado pela fórmula *adaequatio rei et intellectus*, que é efetivamente uma fórmula da ontologia medieval, mas que é também o pilar de uma gnosiologia materialista, pela fórmula *adaequatio praxeos et intellectus*, que parece o aproximar de Marx, mas que na verdade se serve da interpretação *idealista* dada por seu ex-amigo Gentile ao conceito marxiano da práxis, no seu livro célebre de 1899, *La filosofia di Marx* [A Filosofia de Marx])[15]. Lukács, tomando o trabalho como ponto de partida, como *principium movens* da atividade social, pôde demonstrar que as categorias fundamentais da atividade humana são *formações históricas* e que elas têm uma gênese e um desenvolvimento: a economia e o Direito, a arte e a moral, a ciência e a religião têm uma gênese histórica, elas existem em relação com a função que cumprem na economia do espírito humano. A historicidade do ser e de suas categorias é o princípio fundamental do pensamento de maturidade de Lukács.

---

15. Ibidem.

No tocante à dedução das categorias, a oposição entre o método ontológico-genético de Lukács e aquele rigorosamente idealista de Croce (Croce nunca renegou completamente a herança de Herbart na sua teoria dos valores) lança uma luz particular sobre os limites da sua reforma crociana da dialética de Hegel, assim como sobre os limites da sua filosofia em geral. Negando todo valor cognitivo à ciência e às suas categorias, e reconhecendo nela somente um valor *prático* ou *instrumental*, ele se uniu às tradições do pragmatismo e do empiriocriticismo, o pensamento de Dewey ou de Mach, e, sobre esse ponto preciso, ele encontrou paradoxalmente o pensamento de Heidegger ("a ciência não pensa", dizia o último). A substância da arte é alojada por Croce na zona da ahistoricidade: a intuição lírica é "a-histórica"[16].

O princípio da autonomia ontológica do real (*"das Ansichseiende"*, o ser-em-si, do qual fala também Nicolai Hartmann) em relação à consciência, da autonomia das séries causais em relação às posições teleológicas, permite a Lukács não somente reconhecer o valor do princípio de causalidade, excomungado da filosofia de Croce, e afirmar o valor *cognitivo* da ciência, mas também identificar as origens da dialética na vida social; a finitude do sujeito prático e cognitivo em relação à infinitude do real, a tensão que se cria inevitavelmente entre sujeitos individuais com objetivos diferentes e uma realidade, natural e social, que os ultrapassa, é uma fonte de contradições. O último Croce acreditava poder identificar as "origini della dialettica" (origens da dialética) na presença primordial de uma *"Vitalità cruda e verde, selvatica et intatta da ogni educazione ulteriore"* (Vitalidade crua e verde, selvagem e intocada por

---

16. B. Croce, *La poesia, introduzione alla critica e storia della poesia e della letteratura*, 1. ed. econômica, Bari: Laterza, 1966, p. 268. "[...] na forte ênfase posta sobre o lirismo de cada poesia e de cada arte, e pelo caráter histórico de suas imagens, é talvez uma das reformas principais e mais substanciais introduzidas na crítica italiana depois de De Sanctis."

qualquer educação posterior)[17]. Ao denominar, em outra ocasião, essa vitalidade primária de "la forza", ele abria as portas a um princípio quase irracional, pois as origens sócio-históricas dessa *força* primordial, matéria das outras categorias, eram deixadas na sombra. Lukács escavava mais fundo. Graças ao seu método ontológico-genético ele pôde reconstruir a própria gênese desses interesses e conflitos ("as paixões", de Croce), procurando sua expressão, filtrada e mediada, nas formas superiores do espírito (a arte, a moral, a filosofia). A clivagem crociana entre a prática e a especulação, entre o *hic et nunc* histórico, com a urgência de seus interesses vitais e o caráter puramente contemplativo da arte e da filosofia, estava assim abolida, sem sacrificar a especificidade e a autonomia de cada tipo de atividade.

Gramsci preconizava para o filósofo da práxis uma síntese entre o homem teórico e o militante pela emancipação social, criticando em Croce a dissociação entre os dois planos; Lukács conseguiu se aproximar desse ideal na medida em que a defesa dos valores absolutos do espírito não se separou, no seu caso, do combate sócio-histórico para a verdadeira *humanitas* do *homo humanus*.

---

17. "B. Groce, *Indagini su Hegel e schiarimenti filosofici*, p. 35.

DISTANCIAMENTO OU CATARSE?
(Sobre as Divergências entre Brecht e Lukács)

Num século em que não faltou aos artistas vontade de subverter as formas tradicionais, Bertold Brecht ocupa um lugar crucial. O vivíssimo sentimento de que as formas do drama antigo não convêm mais às novas realidades resultantes da Primeira Guerra Mundial o leva, desde o início de sua atividade, a refletir sobre a renovação do gênero e a traduzir na prática artística os resultados de sua investigação doutrinária. Para começar, ele questiona a própria categoria do "dramático", fundada no conflito de uma individualidade autônoma com as potências exteriores, concluindo, assim, que ela não convém mais a uma época de grandes movimentos coletivos que exige uma nova forma de expressão teatral; ele chamaria essa nova forma, feita na medida para um século marcado pela irrupção das massas no cenário histórico, de "teatro épico".

Em sua rebelião contra as formas do drama antigo, Brecht naturalmente remete à *Poética* de Aristóteles e sua teoria do trágico. Pergunta a si mesmo: o famoso conceito de catarse ainda poderia responder às exigências de um teatro revolucionário, que se quer afinado com as reviravoltas do mundo contemporâneo? O "teatro aristotélico", fórmula significativa com que Brecht designou o drama antigo, parece-lhe fundado essencialmente no apelo à "vivência" do espectador, de quem se pede uma atitude de identificação ou de empatia com o sentimento das personagens. A seus olhos, mesmo a catarse não é outra coisa que uma forma sublimada de identificação com os destinos das personagens, na medida em que o espectador é conduzido a experimentar sentimentos de receio e de piedade pelo que a sorte reserva aos protagonistas de determinada obra. O objetivo essencial almejado por Brecht é, então, o de romper o círculo mágico do teatro fundado na empatia do espectador; o ambicioso reformador se propõe a retirar o receptor de sua atitude passiva, retirá-lo da sujeição afetiva às situações encenadas, inspirando nesse último uma reação muito mais fria, desprendida, crítica, a reação de testemunha engajada. Nesse sentido, integrar os progressos da ciência lhe parece uma boa solução para arrefecer um pouco mais a ligação do espectador com as personagens. Sem se deixar intimidar pelas recriminações e protestos, Brecht reclama para si o direito que autor dramático possui de utilizar as aquisições da ciência nas peças, principalmente aquelas da sociologia e da nova psicologia, recorrendo, assim, ao exemplo dos escritores naturalistas, que já no século xix haviam procedido dessa maneira para renovar sua arte. A fim de estimular nos espectadores uma atitude lúcida e ativa diante da história encenada, Brecht preconiza o direito de introduzir na ação elementos heterogêneos: trechos de filmes (as experiências de Piscator serviam-lhe de modelo e de argumento), reportagens, documentos, resumos, simplificações, "songs", *slogans*, enfim, tudo que poderia quebrar o estado de "transe", a magia da identificação, suscitando, ao contrário, a reflexão e dando ensejo à distância crítica. O próprio ator deveria adotar, em relação a sua personagem, antes a atitude épica do "rapsodo" que a dramática do "mímico" (segundo a distinção bem conhecida de Schiller); em vez de se dissolver na "vivência" da personagem, o intérprete deveria evocá-lo, guardando certa distância, certa frieza, olhando-o, assim, em perspectiva.

A revolta de Brecht contra as formas tradicionais do drama ou da narração conflui com sua convicção de que as grandes reviravoltas sociais de nosso tempo golpearam as antigas representações da soberania e da autonomia do indivíduo, capaz de encontrar sozinho, em sua pura interioridade, a força de desafiar um meio hostil. Em nome dessa convicção, o jovem Brecht exige, em seus escritos dos anos de 1920, que o centro de gravidade das obras teatrais seja deslocado para os grandes movimentos coletivos, e que as ações dos protagonistas sejam sempre relacionadas criticamente ao pano de fundo histórico da sociedade. Como interpretar de outra forma sua exigência programática de fazer o novo teatro aproveitar das experiências sócio-históricas ou científicas encarnadas pelos nomes de Henry Ford, Albert Einstein ou Vladimir Ilitch Lênin?

O questionamento de um teatro fundado na pura empatia do espectador (a famosa *Einfühlung*) se devia justamente ao sentimento brechtiano de que a atitude de identificação quase mística com a vivência das personagens era um obstáculo à percepção da *causalidade social* das ações dos últimos. O efeito de distanciamento lhe parecia, tanto na concepção das personagens quanto no jogo cênico dos atores, o meio mais adequado para se combinar a evocação, a figuração e o olhar crítico; graças a esse efeito, o espectador seria menos solicitado a dar sua adesão sentimental do que a alcançar uma compreensão lúcida dos eventos representados. Mesmo o teatro de Stanislávski, que Brecht não cessava de admirar, parecia-lhe atrasado para o seu tempo, devido à sua ambição de realizar uma identificação perfeita entre ator, espectador e a interioridade das personagens. É impressionante, em Brecht, a denúncia do caráter "religioso" dessa atitude, que mantinha, segundo ele, certa fetichização da alma e uma certa mística da arte; sua ambição era, ao contrário, realizar um teatro profano, "desmetafisicizado", terrestre e "mundano", em que as forças motrizes das ações individuais, de caráter sócio-histórico, seriam o objeto de uma configuração desmistificadora.

Se Brecht escolheu a fórmula do "drama não aristotélico" para definir seu programa estético e a estrutura de suas "peças didáticas" foi, entre outros motivos, porque a teoria de Aristóteles sobre a catarse como finalidade da tragédia, a seu ver, exacerbava a afetividade na atitude estética, e impedia, assim, a emergência da *ratio*. Contudo, não se deve exagerar quanto à sua hostilidade em relação a Aristóteles, como parece fazer Hans Mayer, quem chega a afirmar que o autor de *A Vida de Galileu* "odiava" Aristóteles. Mesmo no início dos anos de 1930, quando expressava com mais radicalidade sua vontade de romper os moldes do teatro clássico, Brecht exibia uma atitude nuançada em relação à *Poética* de Aristóteles. O fato de que o estagirita falava do "entusiasmo" ou da "alegria" – suscitadas, em última instância, pela *mímesis* trágica – bem como do efeito superiormente pedagógico da verdadeira arte, sugeria a aprovação de Brecht. Mesmo o conceito de catarse lhe parecia de "grande interesse social", pois ele estipulava como finalidade da tragédia alcançar algo situado para além das paixões. As reservas de Brecht provinham do fato de que, segundo ele, o efeito catártico mantinha o espectador na esfera da empatia (*Einfühlung*), convidando-o a uma participação essencialmente emocional do destino das personagens. Assim sendo Brecht notava, nesse período de suas pesquisas, que apegar-se à catarse aniquilaria o efeito que desejou provocar através do seu teatro revolucionário: "Uma atitude deliberada do espectador completamente livre, crítica, para a solução de dificuldades meramente terrenas, não serve de base para uma cartase."[1]

Paradoxalmente, a oposição mais decidida à doutrina brechtiana do "teatro épico" e do "efeito de distanciamento"

---

1. Bertolt Brecht, *Schriften zum Theater* 1, *Gesammelte Werke* 15, Frankfurt: Suhrkamp, 1967, p. 241. (Col. Werkausgabe.)

veio da parte de um crítico e esteta, não menos engajado intelectualmente que o autor de *Mãe Coragem* ao lado da revolução e da arte revolucionária: György Lukács. A subversão brechtiana do "drama aristotélico", assim como do "romance aristotélico" (ambos fundados, para Brecht, na centralidade da fábula), definitivamente não convenceu Lukács, cuja adesão à grande literatura do passado já era conhecida. Thomas Mann, não sem malícia, iria sublinhar esse aspecto na ocasião do sexagésimo segundo aniversário do filósofo, afirmando que a sua crítica, atrelada tão firmemente à causa da revolução, falava da cultura do passado com uma competência e uma compreensão dignas do espírito mais conservador. (Consequentemente, se pode dizer que Thomas Mann definia Lukács como um "revolucionário conservador".)

As primeiras trocas de farpas entre Brecht e Lukács começaram no início dos anos de 1930. A primeira peça leninista de Brecht, *A Decisão* (*Die Massnahme*), suscitou uma reação muito negativa de Lukács, que, na mesma ocasião, atacou a posição teórica de Tretiakov, escritor apreciado por Brecht, condenando também inexoravelmente a intrusão de elementos ligados à reportagem em um romance de Ernst Ottwalt, amigo de Brecht. A polêmica continuou intensa no fim dos anos trinta (mesmo sem se tornar pública) na ocasião dos debates sobre o expressionismo e o realismo. Para além das questões circunstanciais, concernentes à natureza da arte proletária, essa polêmica trouxe à tona problemas de um interesse mais geral, marcando, assim, um dos grandes momentos da história da Estética. Expressavam-se duas atitudes igualmente justificadas e que forneciam matéria para uma controvérsia apaixonante. De um lado, o descontentamento de um grande artista, que se sentia incompreendido tanto em sua *démarche* inovadora quanto em sua revolta contra as formas tradicionais da arte (formas essas das quais Lukács, com sua estética do realismo, figurava como defensor tardio); de outro, o rigor de uma argumentação que notava com precisão as fraquezas e os aspectos discutíveis de uma doutrina literária e teatral (ao mesmo tempo que reconhecia o valor estético das principais obras de seu opositor).

Certas reflexões de Brecht, confiadas a seu *Diário de Trabalho*, e que não deixaram de chamar a atenção de Lukács, poderiam esclarecer melhor o que estava em jogo no debate em questão. No dia 25 de fevereiro de 1939, Brecht escreveu no seu *Diário*:

> A *Vida de Galileu* é tecnicamente uma grave regressão, assim como *Os Fuzis da Senhora Carrar* pecam por oportunismo. Seria preciso reescrever inteiramente a peça, se quisermos obter essa "brisa, que vem de costas inexploradas", essa rosa aurora da ciência. O mais direto possível, sem as interioridades, nem a atmosfera, ou a identificação[2].

Seis anos mais tarde, Brecht ainda parecia confrontar o mesmo problema. No dia 16 de janeiro de 1945, escreveu: "[em] *Galileu*, com suas interioridades e seus ambientes, a construção das cenas, tomada de empréstimo do teatro épico, produz um efeito curiosamente teatral"[3]. Curioso resultado para alguém que exibia no seu programa estético a ambição de desembaraçar o teatro de seus "efeitos teatrais", e de suscitar um efeito de distanciamento, de afastamento e de alheamento!

Um dos mais cautelosos comentadores do teatro brechtiano, Ernst Schumacher, observava, com propriedade, que o sentimento de Brecht de ter recuado nas peças *A Vida de Galileu* e *Os Fuzis da Senhora Carrar* em relação à radicalidade de suas experimentações teatrais (Brecht pensava em *Fatzer* ou *Der Brotladen*) talvez não fosse estranho à constatação, muito desconfortável, de que ele fazia, assim, concessões às posições estéticas defendidas por Lukács[4].

---

2. Idem, *Journal de Travail (1938-1955)*, Paris: L'Arche, 1973, p. 32. (Ed. bras., *Diário de Trabalho*, trad. Reinaldo Guarany; José Laurenio de Melo, Rio de Janeiro: Rocco, 2002, p. 27.)

3. Ibidem, p. 418.

4. Ernst Schumacher, Brecht's *Galilei*: Form und Einfühlung, *Sinn und Form: Beiträge zur Literatur*, editada por Deutsche Akademie der Künste, ano 12, n. 4, Berlin: Rütten & Loening, 1960, p. 511.

Aliás, este último não deixou de evocar, na sua grande *Estética* (1963), essas reflexões de Brecht em que detecta uma fecunda inconsequência e uma confissão: a lógica da criação havia levado o artista Brecht a abandonar as posições do teórico, do doutrinador Brecht, seguidas *ad litteram* nas "peças didáticas" (*Lehrstücke*)[5]. Seguindo a mesma linha de raciocínio, talvez não seja inútil lembrar que em 1938, à época em que Brecht e Lukács se enfrentavam com mais veemência, o dramaturgo alemão escreveu no seu *Diário*: "Lukács saudou *O Espião* como se eu fosse um pecador entrando no seio do Exército da Salvação"[6]. Detectamos facilmente seu mau humor diante do ponto positivo que Lukács lhe atribuía pelo seu retorno ao realismo.

Uma rica literatura crítica floresceu em torno do debate Brecht-Lukács. Vários autores lhe consagraram numerosos estudos e também livros, como o italiano Paolo Chiarini, o francês Jean-Marc Lachaud ou o norte-americano David Pike, este último muito parcial em suas opiniões. A grande maioria dos comentadores faz a balança pesar para o lado de Brecht. No entanto, é impressionante constatar que as considerações críticas, formuladas por Lukács na sua grande *Estética*, são quase unanimemente ignoradas. Do nosso ponto de vista, erroneamente. Mas é um fato, Brecht é favorecido pelos comentadores. Como efetivamente não tomar o partido do artista contra o teórico, daquele que pratica a arte contra o esteta especulativo? Como não ser simpático a um dramaturgo que quer libertar o teatro do peso das convenções, espaná-lo, impregná-lo de reflexão e de espírito crítico, sincronizando-o com o senso histórico radical do espírito moderno? Como não compreender a exasperação de Brecht, que vê Lukács (grande admirador de Balzac e de Tolstói) recusar as abstrações dos expressionistas, o princípio da montagem ou a forma alegórica, tanto

---

5. György Lukács, *Die Eigenart des Ästhetischen*, v. II, Neuwied: Luchterhand, 1963, p. 181-187.
6. B. Brecht, *Journal de Travail...*, p. 19. (Ed. bras., *Diário de Trabalho*, p. 13.)

quanto as inovações teatrais de um Georg Kaiser, a prosa de um [John] Dos Passos, a causticidade de um [James] Joyce ou a forma descentralizadora dos romances de [Alfred] Döblin, que constituíam, para ele, um exemplo e um estimulante maior? E a irritação de Brecht só podia aumentar ao ver Lukács opor ao "utilitarismo abstrato-revolucionário" (que, segundo o crítico, maculava as "peças didáticas", assim como "certos romances" de Ilya Ehrenbourg), o exemplo da grande prosa realista do século xx, principalmente os romances de Thomas Mann. Em uma carta de 8 de setembro de 1938, endereçada a Johannes Becher, redator responsável pela revista *Internationale Literatur*, onde anuncia, porém, a suspensão de sua colaboração, Brecht dá vazão à sua cólera: enquanto ele se via relegado ao campo da "decadência", os romancistas, cujas obras não são "nem realistas nem socialistas"[7], eram exaltados! Aos olhos de Brecht, o paradoxo é revoltante: com efeito, eis um crítico marxista que elogiava sem reservas escritores "burgueses" como Thomas Mann (que não estava entre os preferidos de Brecht, várias páginas de seu *Diário* o atestam) e Heinrich Mann, ou escritores soviéticos esteticamente mais conformistas, como Cholokov; e mais, que sobrecarrega suas censuras a um escritor autenticamente proletário! Para aqueles que poderiam se surpreender com essa divisão de escritores entre burgueses e proletários, lembramos que, à mesma época, Ernst Bloch considerava que Thomas Mann acentuava, em seus romances, os "soignierten Bürgerproblemen älterer Schicht" (cultivados problemas burgueses da velha classe) – não sem atrair, ele também, a ira de Lukács. Este último colocava o julgamento sectário de seu amigo Bloch sobre o mesmo plano que a fórmula utilizada por Börne para designar Goethe e Hegel: "*dem gereimten*

---

7. Esta carta foi descoberta recentemente em arquivos de Moscou e publicada ao lado de outra, também inédita, endereçada por Brecht a G. Dimitroff, em sua revista *Sinn und Form*. Michael Rohrwasser; Erdmut Wizisla. Zwei unbekannte Briefe Brechts aus der Emigration, *Sinn und Form*, Berlin, 1995, p. 669-677.

und ungereimten Knecht" (escravos com e sem rima) do poder[8].

Depois da Segunda Guerra Mundial, as relações entre Brecht e Lukács melhoraram nitidamente. Em seu *Diário* dos anos de 1947-1948, Brecht várias vezes se deu conta do proveito que retirava da leitura dos ensaios de Lukács sobre Goethe e sobre as relações de Goethe e Schiller com a revolução francesa. Lukács, por sua vez, que até então não concluíra um grande estudo dedicado a Brecht, não deixava de expressar seu entusiasmo com suas últimas obras dramáticas, desde que a ocasião se apresentasse. E dava satisfações ao próprio dramaturgo em suas conversas. Não foi uma surpresa, portanto, que, na morte de Brecht (advinda em agosto de 1956), a viúva do escritor, Helene Weigel, tenha pedido por escrito a Lukács que fosse a Berlim para participar, "enquanto amigo íntimo" de seu marido, da cerimônia fúnebre e pronunciar um discurso.

Mas, respeitando estritamente a verdade, é preciso dizer que as relações entre os dois velhos adversários estão longe de ser tão simples. Solicitado por Wolfgang Harich, no início de 1955, para participar com um texto no volume de homenagem preparado na RDA para o septuagésimo aniversário de Lukács, Brecht começa, em sua carta de resposta, manifestando sua estima pelos trabalhos do filósofo voltados à literatura (que considera "muito interessantes no plano da filosofia da história"), mas precisa que se trata, sobretudo, de escritos consagrados à literatura anterior a 1900. Depois, com sua franqueza habitual, Brecht chega a expor suas reservas em relação à estética de Lukács. Reaparecem expressões que testemunham a persistência dos antigos ressentimentos; ele fala, por exemplo, do caráter "nocivo" que os escritos do filósofo poderiam trazer para a técnica literária. E, finalmente, Brecht recusa o convite de Harich, sob pretexto de que uma argumentação séria sobre

---

8. G. Lukács, Vorwort, *Deutsche Literatur in Zwei Jahrhunderten*, Werke, v. 7, München: Luchterhand, 1964, p. 13.

esses pontos controversos, litigiosos, demandaria um tempo de que, naquele momento, não dispunha[9].

Com a recusa, é inevitável constatar que Lukács não se enganou tanto ao manter seu julgamento severo sobre certas "peças didáticas" de Brecht, principalmente *A Decisão*, ou a dramatização de *A Mãe*, de Górki. Além de questionar a contribuição à estética presente nessa produção, Lukács visava o sectarismo de Brecht e seu revolucionarismo de neófito. O que ele expressava, ainda de maneira indireta, em seu artigo de 1931 sobre Ottwalt, no qual acusou *A Decisão* de reduzir a complexidade dos problemas sócio-políticos a um conflito "ético"[10], ele, mais tarde, viria a formular de maneira mais direta e taxativa em uma carta enviada a Hans Mayer em 19 de junho de 1961. Nela, opunha a "inumanidade ostensiva" (*die betonte Unmenschlichkeit*) de *A Decisão* à evolução ulterior de Brecht para um humanismo autêntico, de que dão testemunho as peças da maturidade, como *A Alma Boa de Setsuan* ou *Mãe Coragem e Seus Filhos*. Não se pode contestar, de nosso ponto de vista, que em *Die Massnahme* (A Medida) exista efetivamente um revolucionarismo abstrato e sectário, dificilmente justificável. A celebração do sacrifício de um jovem revolucionário (culpado por possuir tendências humanitárias) no altar da linha justa do Partido não nos seduz em nada. Neste caso preciso, não é o conservadorismo de Lukács que nos toca, mas sua clarividência política e estética.

Voltando à época em que a polêmica alcançava seu ápice e quando Bertolt Brecht, Alfred Döblin e Hanns Eisler respondiam sucessivamente aos ensaios de Lukács, defendendo, cada um à sua maneira, as exigências da modernidade, podemos constatar que, longe de se deixar impressionar pelas ambições reformadoras de seus companheiros de luta, Lukács usava da sagacidade; procurava

---

9. Cf. B. Brecht, Carta à Wolfgang Harich de 5 de janeiro de 1955, *Briefe*, Frankfunt: Suhrkamp, 1981.

10. G. Lukács, *Probleme des Realismus I: Essays über Realismus*, *Werke*, v. 4, Neuwied/Berlim: Luchterhand, 1971, p. 64.

persuadi-los de que uma aproximação verdadeiramente dialética do real, em sua "totalidade intensiva", não podia se privar da grande herança aristotélica e hegeliana. No entanto, por trás de suas divergências estéticas se desenham diferenças ainda mais profundas no plano sócio-político. Brecht, por exemplo, desconfiava dos efeitos ideológicos da política da Frente Popular, e o vocabulário do "humanismo antifascista" o indispunha por causa da característica apaziguadora do último. Tomando a palavra em Paris, em 1935, diante do Congresso dos escritores antifascistas, ele fez um discurso deliberadamente provocador, lembrando que o antagonismo fundamental do mundo contemporâneo permanecia aquele entre os proprietários dos meios de produção e aqueles que deles estavam privados, portanto, entre os capitalistas e os proletários. Lukács, ao contrário, abraçava calorosamente a política da Frente Popular. Persuadido de que o fascismo representava uma modificação na história do século XX, exigia a mobilização de um vasto leque de valores, os humanistas mais precisamente, para o combate. Demonstrava uma abordagem do real muito mediatizada, flexível e relutante a qualquer precipitação "puramente proletária". De pouco em pouco, mas de modo decidido, enérgico, Lukács assumia a defesa do *humanitas* do *homo humanus*. Brecht, por outro lado, não poupava sarcasmo contra a política de compromissos ideológicos ("Viva o pastor Niemöller! Um realista da mais alta estirpe!" – observou com ironia em seu Diário, justamente no contexto de sua repulsa às posições estéticas de Lukács). Precisamos ter presente essas diferenças de sensibilidade sócio-política para melhor compreendermos essa polêmica passional de dois marxistas revolucionários. Para o teórico da estética Lukács, a catarse aristotélica expressava a vocação da arte de elevar a consciência do receptor a um estado de plenitude e de integridade; para o artista impetuoso Brecht, "o efeito de distanciamento" representava o meio mais eficaz de libertar o espectador do feitiço que a arte fundada na "empatia" exerce sobre ele, e de lhe inspirar uma ação crítica e transformadora. Nas páginas do segundo volume de sua grande *Estética* consagradas ao exame crítico da teoria estética de Brecht, Lukács tenta mostrar que o grande dramaturgo se enganou ao identificar a "vivência" estética, no sentido aristotélico, com um processo de sujeição ou de "empatia" que bloquearia o espírito crítico. A catarse supõe efetivamente o ato de partilhar a dialética das paixões das personagens, mas ela não é menos fundada, por sua própria natureza, no distanciamento em relação às próprias paixões. A saída do conflito, ou seja, a lógica imanente das situações implica o distanciamento e, ao mesmo tempo, torna supérflua a intrusão de um *Kunstgriff* (artifício) do autor.

Assim, Lukács refuta energicamente a tese de Brecht, que afirma que o teatro aristotélico, portanto, as grandes obras dramáticas do passado, fundadas no princípio da *Gestaltung* (da conformação), mergulhariam o espectador em um estado de identificação emocional com as personagens (de "pavor e piedade", no caso da tragédia), que levavam a um estado de apaziguamento, conciliação, ou de beatitude. De acordo com Brecht, o objetivo da representação dramática deve ser antes o "abalo" que o apaziguamento, a conciliação; antes o ficar pasmo e a estranheza que a sujeição mágica; todavia, Lukács se esforça em mostrar, evocando, dentre outros, o exemplo de Tchékhov, que as grandes obras dramáticas sempre suscitaram na consciência do espectador um "efeito de distanciamento", pela lógica interna das situações, sem romper a imanência estética. O que reprova no programa estético das *Lehrstücke* (peças didáticas) é o deslocamento para a primazia da reflexão sobre a evocação e a figuração, a primazia da Ideia sobre o vivido; o que condena é que a demonstração preceda a lógica interna da configuração, da conformação artística. E quando descobre, pelas citações do *Diário de Brecht* fornecidas por Ernst Schumacher, que, com o tempo, o dramaturgo chegou a moderar sua posição e a afirmar explicitamente que o "teatro de distanciamento" não exclui de maneira alguma as emoções, recusando, enfim, o antagonismo "aqui *ratio*, ali *emotio*", e mesmo admitindo que *A Vida de Galileu* fosse "o inverso simétrico das parábolas", pois "lá, as ideias tomam corpo, aqui, uma matéria dá à luz certas ideias"[11], Lukács não esconde sua satisfação: mesmo nos escritos de seu antagonista torna-se clara a confirmação de suas próprias posições estéticas[12].

O capítulo sobre a catarse é um dos mais importantes da *Estética* de Lukács. Sua solidariedade com o pensamento de Aristóteles o leva até mesmo a propor a extensão das teses aristotélicas a respeito do efeito catártico da tragédia (a purgação das paixões) à arte em seu conjunto. Várias de suas teses capitais convergem para a valorização da catarse. E – aparente paradoxo! – vemos Lukács apelar para o exemplo de Brecht, grande artista mas também grande moralista, para apoiar suas teses que tratam da convergência entre ética e estética nos efeitos catárticos da grande arte.

Em sua *Estética*, Lukács pôde levar sua demonstração a termo. Ele insiste, então, na missão *desfetichizadora* da arte, e mais precisamente em sua vocação para abalar as representações habituais, suscitando no receptor uma espécie de "vergonha" por sua consciência estar presa a preconceitos e a fantasmas; demonstra, assim, a capacidade da arte de revelar ao ser humano seu "núcleo" mais essencial (sua *Kernhaftgkeit*); e ao elevá-lo a um estado de substancialidade, o anticonceitualismo e o anti-intelectualismo são acompanhados pela ideia de que a arte visa ao "homem inteiro" (der Mensch ganz), sinônimo da *humanitas,* do homem em sua plenitude (*das Menschheitliche des Menschen*) e não apenas uma de suas faculdades. E todo esse conjunto de teses que estruturam sua *Estética* encontra seu coroamento natural na ideia de catarse, considerada como efeito de elevação, de distanciamento crítico em relação à vida empírica, efeito

---

11. B. Brecht, *Journal de Travail*..., p. 429.
12. G. Lukács. *Die Eigenart des Ästhetischen*, p. 186-187. (Ed. espanhola, *Estética: La Peculiaridad de lo Estético*, v. III, trad. Manuel Sacristán, Barcelona: Grijalbo, 1966, p. 192-193.)

de convergência entre o ético e o estético, de autoafirmação da plenitude humana em relação à unilateralidade das paixões. Lukács aceitava, portanto, a tese de Brecht, que afirma que cada obra de arte deve produzir necessariamente um "efeito de distanciamento", mas defendia incansavelmente, por todos os meios, a imanência da conformação (configuração) e do vivido, condenando a intrusão das abstrações e da demonstração na imanência das obras. Observou que, ao identificar de maneira ilegítima a vivência estética com a *Einfühlung* (empatia), Brecht situou-se próximo às teses defendidas por Wilhelm Worringer em seu célebre opúsculo *Abstraktion und Einfühlung*. Com efeito, Worringer relegava a arte clássica em seu conjunto, considerando o realismo moderno como pertencente ao campo da arte fundada na fusão empática do receptor com o universo da obra; e no polo oposto, propunha-se a reabilitar as formas baseadas na abstração, na transcendência e não na imanência, indo da arte oriental, passando pela arte gótica e pelo expressionismo moderno. Sem ocultar a finalidade ideológica oposta às posições de Worringer e de Brecht, ao contrário, destacando-a fortemente, Lukács não deixava de mostrar como era pouco convincente, tanto num como no outro, a sinonímia entre realismo clássico e *Einfühlung*. Enquanto a literatura menor, a de um Paul Bourget, de um Jakob Wassermann ou de um Arthur Schnitzler, no melhor dos casos a de Gerhart Hauptmann, segundo Lukács, tira seus efeitos da identificação empática do receptor com o destino das personagens (do *Einfühlung*), a grande literatura suscita no receptor o efeito exatamente oposto ao *Einfühlung*, a distância crítica e a elevação, que estão ligadas à soberania da perspectiva do próprio autor em relação à matéria de sua obra. Persuadido de que Brecht criou o melhor de sua obra, não ao seguir suas teorias, mas a despeito delas, Lukács dizia, em tom jocoso, que o autor de *Mãe Coragem* escolheu "com grande intuição poética" deixar muda a filha da heroína para que, na bela cena final, o efeito trágico seja obtido pela pura configuração da situação, já que todo "efeito de distanciamento" ostensivo se torna impossível pelo próprio mutismo da personagem[13].

Lukács interpretava a evolução do artista Brecht como uma confirmação de suas posições estéticas. Longe de contestar as grandes inovações dramatúrgicas do escritor (por exemplo, o caráter parabólico de suas "peças didáticas", conservado até o fim na estrutura de obras como *Mãe Coragem*, *A Alma Boa de Setsuan* ou *O Círculo de Giz Caucasiano*), ele não cessou de destacar a *humanização* profunda da obra brechtiana, visível especialmente no último período.

As fortes reticências do crítico em relação ao período intermediário das produções de Brecht ultrapassavam muito, como mostramos, suas discordâncias estéticas. Ainda que tenha sido grande sua solidariedade com um companheiro de combate, Lukács não se sentia menos estranho a certo rigorismo "classista", do qual Brecht se fazia o apóstolo. Grande teórico marxista, Lukács condenava a redução do social a uma divisão brutal entre classes antagonistas como uma posição que conduziria ao encobrimento das mediações e das transições sutis e, portanto, ao perigo do sectarismo. Quando seu interlocutor italiano favorito, o germanista Cesare Cases, fez com que participasse de suas próprias reservas sobre a concepção do *Coriolano* de Brecht, Lukács, em sua carta de resposta datada de 17 de setembro de 1966, concordou com a direção tomada pelo italiano. O exemplo é eloquente e revela, nas entrelinhas, seus argumentos. As mudanças de tônica e de situações operadas por Brecht no texto shakespeariano, não podiam suscitar o entusiasmo de Lukács. Brecht havia transferido o centro de gravidade da peça para o antagonismo entre plebeus e patrícios, modificando também o arranjo do conflito; acentuava, assim, os traços que faziam de Coriolano um

---

13. Carta de Lukács a Cesare Cases, citada em nosso livro *Georges Lukacs: Étapes de sa Pensée Esthétique*, Paris: Le Sycomore, 1980, p. 295. (Ed. bras., NicolasTertulian, *Georg Lukács: Etapas de Seu Pensamento Estético*, trad. Renira Lisboa de Moura Lima, São Paulo: Editora da Unesp, 2008, p. 301.)

porta-voz dos interesses da aristocracia e um simples "chefe de guerra", obcecado pelos preconceitos de classe, odiado pelo povo. Lukács não podia aceitar essa atualização do texto shakespeariano. Podemos supor que teria deplorado, sobretudo, a minimização da cena capital de Shakespeare, quando o guerreiro aristocrata cede às injunções e súplicas de sua mãe e de sua esposa, em que sua adesão à sua família e à sua pátria é colocada à frente de suas opções partidárias. Aliás, em certo momento de sua *Estética*, Lukács utiliza o exemplo de *Coriolano* de Shakespeare para ilustrar justamente a força dos sentimentos pertencentes ao patrimônio universal do gênero humano[14]. É, portanto, a emergência dos problemas éticos, de uma *dialética moral* dos conflitos, de um questionamento sobre o bem e o mal, o que ele iria apreciar nas grandes obras dramáticas do último Brecht; essa emergência traduziria, segundo Lukács, uma concepção do social infinitamente mais nuançada e mediada que aquela rígida e maniqueísta que havia dominado peças como *A Decisão*.

O julgamento de Lukács sobre Brecht é finalmente matizado. Até o fim, preconizou "o salvamento do fenômeno" (*die Rettung des Phänomens*) e destacou o "triunfo do realismo" sobre certos aspectos, considerados por ele como problemáticos, da atividade de Brecht. Os ataques contra Brecht, vindos do outro lado da barricada, colocando em dúvida a integridade moral do escritor, suscitaram viva desaprovação por parte de Lukács. Em 1966, ao falar dos aspectos "pouco simpáticos" da obra de Günter Grass, numa carta ao seu editor Frank Benseler, deteve-se sobre a peça *Die Plebejer proben den Aufstand* (Os Plebeus Ensaiam a Revolta), que acabara de ser publicada, e cuja figura central não é outra senão Bertolt Brecht. Nela, Grass apresenta Brecht ora como um teórico da Estética que explora a revolta dos operários do leste alemão de 17 de junho de 1953,

---

14. G. Lukács, *Die Eigenart des Ästhetischen*, v. I, p. 591. (Ed. espanhola, *Estética*, v. II, p. 266.)

para seus fins de autor dramático, ora como um espírito ambíguo e covarde, que evita aliar-se firmemente ao lado dos revoltados. Lukács vê na forma como Grass pinta Brecht a expressão de um "autêntico... pseudo-radicalismo", um aceno ao grande espetáculo e um simulacro de coragem que leva água ao moinho do pior dos conformismos. Entrevemos sua compreensão da situação complexa e dolorosa que o escritor teve que enfrentar diante da revolta dos operários contra um regime que se arrogava do título de "socialista". À guisa de conclusão à lição de civismo administrada por Grass a Brecht, ele lembrava que este último havia levado uma vida muito corajosa – "infinitamente mais corajosa que podia e queria levar Günter Grass". Podemos supor que, ao pegar a caneta para escrever uma peça que logo depois caiu no esquecimento, o autor de *O Tambor* (*Die Blechtrommel*) estava num dia ruim.

A importante literatura crítica acumulada em torno da polêmica Brecht-Lukács não é isenta de partidarismos e de tentativas de instrumentalização ideológica. Um representante autorizado da *Literaturwissenschaft* (Teoria Literária) do leste alemão, como Werner Mittenzwei (autor que consagrou vários estudos a esse debate e publicou, mais recentemente, uma monografia em dois volumes sobre Brecht), debruçou-se sobre tais divergências com o objetivo de apoiar a crítica do partido comunista do leste--alemão contra Lukács. Sob as aparências de uma análise imparcial, que se esforçava para ser justo com cada um dos dois protagonistas, o ensaio de Mittenzwei, de 1975, intitulado "Controvérsia Entre a Concepção Aristotélica e Não Aristotélica de Arte: Brecht-Lukács"[15], com um suposto ar de respeitabilidade, destila conscientemente as críticas habitualmente formuladas na RDA contra Lukács desde 1956. Sabe-se que a participação ativa do filósofo na revolução húngara, enquanto orador no círculo Petöfi e, depois,

---

15. W. Mittenzwei, Der Streit zwischen nichtaristotelischer und aristotelischer Kunstaffassung: Die Brecht-Lukács Debatte, *Dialog und Kontroverse mit Georg Lukács*, Leipzig: Reclam, 1975.

enquanto ministro da cultura no governo de Imre Nagy, havia alertado os ideólogos de Walter Ulbricht que temiam a influência que exercia sobre os dissidentes do leste alemão, como Wolfgang Harich, por exemplo. Depois da "normalização" da Hungria, os tenores da RDA obstinaram-se durante anos em mostrar que a "traição" de Lukács não datava de ontem, mas remontava às "*Teses Blum*" de 1928, em que sua atitude conciliadora com respeito à "democracia burguesa" já se manifestara. Naturalmente, em 1975, Werner Mittenzwei se resguardava ao não conceder uma forma demasiado agressiva a seus ataques, simulando adotar uma atitude mais compreensiva e mais "objetiva". No entanto, observando mais de perto seu texto, encontramos, sob uma forma mais cuidadosa, as censuras dos ideólogos oficiais da RDA: "hipertrofia da democracia"[16] em detrimento do ponto de vista de classe, atitude contemplativa em lugar de intervencionismo ativo, superestimação do desenvolvimento *orgânico* em detrimento da mudança por ruptura, prioridade concedida à análise das contradições no momento da *unidade* em detrimento daquela da *contradição* etc. A particularidade dessa análise é que ela se apoia nas críticas de Brecht, que, em 1938, fustigava os presumidos desvios "burgueses" de Lukács; essa particularidade, com uma manipulação não muito hábil, transforma o autor de *Mãe Coragem* em patrono ideológico da RDA. No entanto, estava evidente o hiato entre o rigorismo de classe estruturalmente anticonformista, defendido por Brecht em 1938, e a "ideologia da legitimação", impregnada de conservadorismo, que Mittenzwei tentava defender. Chegava a ser grotesco ver Brecht enaltecido por Alexander Abusch ou Kurt Hager, os mesmos ideólogos que durante anos se ocuparam em desqualificar György Lukács, buscando lançá-lo no ostracismo.

Outra tendência que se manifesta na literatura crítica em torno do debate Brecht-Lukács denuncia as críticas endereçadas por Lukács às "peças didáticas" de Brecht nos

---

16. Ibidem, p. 166.

anos de 1930 (podemos nos lembrar que, na mesma época, ele criticava certos romances de Ehrenburg), denunciando igualmente a defesa da herança do realismo clássico, que conformaria uma caução à linha cultural soviética. A crítica social na URSS, nós o sabemos, tecia louvores aos escritores clássicos para melhor atacar a influência subversiva da arte moderna. Klaus Völker, autor de uma biografia de Brecht publicada em 1976, situa-se nessa perspectiva. Segundo ele, o filósofo teria desempenhado um papel nefasto durante seu exílio em Moscou[17]. As lendas de um Lukács ocupando em 1938 uma posição de homem forte de Moscou, no interior do *establishment* cultural, assim como a de um Lukács enviado a Berlim, em 1931-1933 para "normalizar" (*id est* colocar nos eixos) a Associação dos Escritores Revolucionários, foram, desde muito tempo, desacreditadas, ainda que recentemente um filme de televisão intitulado *Brecht e a Rússia* tenha feito eco a essas lendas. A adesão de Lukács ao "grande realismo" não tinha como único fim colocar em questão a compatibilidade de certas técnicas da arte moderna (a montagem, por exemplo) com o realismo, mas, igualmente, em outro plano, buscava denunciar o desvio para um "naturalismo de Estado" por parte da literatura e da arte (mesmo se esta segunda tendência, consideradas as circunstâncias da época, estava expressa de forma velada). Sua estética do "grande realismo" servia de potente antídoto às práticas da literatura soviética da época, mistura *sui generis* de naturalismo e de romantismo postiço. Prova disso é que os porta-vozes da linha oficial, os Fadeev e os Ermilov, não se enganaram ao escolher Lukács e o grupo de críticos reunidos em torno da revista *Literaturnyi Kritik* como alvos de seus ataques (aliás, a revista foi suspensa em 1940[18]). Passando silenciosamente

17. K. Völker, *Brecht: une briographie*, trad. Catherine Cassin, Paris: Stock, 1978, p. 271.
18. Para uma boa análise da situação literária na União Soviética da época, compreendido o divórcio entre a estética de Lukács e a ortodoxia stalinista, cf. o livro recente de Micheil Aucouturier, professor da Universidade de Paris-Sorbonne, intitulado *Le Réalisme Socialiste* (Paris: PUF, 1998, série Que Sais-Je?). O autor evoca: a "violenta polêmica" acionada ▶

pela animosidade dos círculos soviéticos oficiais em relação à Lukács, Klaus Völker se esforçava em alinhar, ao contrário, as posições estéticas do filósofo às de seus adversários. Fazer de Lukács o porta-voz de uma concepção conformista e rotineira do realismo pela simples razão de que preferia, por exemplo, *O Don Tranquilo*, de Cholokhov, aos romances-reportagens de Tretiakov ou de Ehrenbourg, ou, num plano mais elevado, a prosa de Thomas Mann à de Joyce, é equivocar-se estranhamente a respeito da verdadeira significação de suas divergências com Brecht.

Teríamos que voltar, a título de conclusão, à conexão entre as visões literárias e a concepção sócio-política que as sustentava para determinarmos a verdadeira clivagem entre os dois protagonistas da polêmica. A concepção "orgânica" da figuração literária concordava tão bem com a tese de Lukács, que excluía a ruptura, a existência de uma muralha, entre a revolução burguesa e a revolução proletária; no entanto, Brecht, que estava tentado a radicalizar a distância, separando as duas revoluções, procurava, no plano literário, técnicas que rompessem com aquelas utilizadas pelo drama e pelo romance burgueses. Lukács, enfatizando a existência de um vasto campo de mediações que assegurariam a transição da antiga ordem social à emergência da nova, sem descontinuidade absoluta, tinha, por conseguinte, uma grande admiração pela literatura em que figurava a erosão progressiva e as crises internas da sociedade burguesa

▷ pela publicação em russo (1939) da coletânea de Lukács *Contribuições à História do Realismo*; os ataques de Ermilov contra Lukács e Lifchts, acusados de ser um "grupo fracionário" de posições heréticas; a sanção oficial, em abril de 1940, das posições de Ermilov pela supressão da revista *Literaturyi Kritik*; o ostracismo a que foi relegado pela via da literatura soviética o nome do filósofo posteriormente, sem esquecer sua prisão e sua detenção em Ljubyanka durante dois meses, de junho a agosto de 1941. E conclui: "uma parte das censuras endereçadas a Lukács não parece ter nenhum pretexto que não manter afastado um pensador culto e original, e, portanto, perigoso para o obscurantismo stalinista [...] O exemplo de Lukács mostra que, levada a sério, a doutrina do realismo socialista pode voltar-se contra a prática literária na qual se inspira e, finalmente, contra o sistema político do qual ela é proveniente". (p. 80-81).

(logo, pelo realismo crítico e principalmente pelo grande representante dessa tendência, Thomas Mann); sua simpatia dirigia-se também, naturalmente, à literatura em que a emergência dos novos valores se efetuava respeitando a "organicidade" do processo com a multiplicidade das mediações e o caráter sutil das transições (de onde sua admiração por escritores como Górki, Tibor Dery, autor do romance *A Frase Inacabada*, Cholokhov ou, mais tarde, Soljenitsyn). Se finalmente se reconciliou com Brecht e reconheceu nele o maior dramaturgo revolucionário do século, é porque nas últimas peças brechtianas, por exemplo, *Mãe Coragem*, *O Círculo de Giz Caucasiano* ou *A Alma Boa de Setsuan*, o ultrapassar as antigas estruturas do drama burguês (dominadas pela forte presença do "meio") não tomava mais a forma de uma "oposição abstrata" ao "*Milieutheater*" (como seria o caso anteriormente, segundo Lukács), mas fazia emergir a substância humana das personagens de forma muito mais orgânica. Era a experiência do grande combate comum contra o hitlerismo, acreditava o filósofo, que havia determinado a "humanização" do teatro brechtiano; o caráter ostensivamente ascético e sectário (no sentido estético do termo), muito visível em suas "peças didáticas", estava ofuscado em prol de uma atualização da grande tradição shakespeariana. Lukács considerava o Brecht das últimas grandes peças como o único autor dramático do século XX que reatou com a tradição shakesperiana depois da longa hegemonia do "*Milieutheater*". Ele o situava na continuidade de alguns autores dramáticos, dividindo com cada um as convicções revolucionárias de seu tempo, como Púschkin, autor de *Boris Godunov*, ou Büchner, autor de *A Morte de Danton*, e que, cada um à sua maneira, havia reencontrado a grande inspiração ética e poética, assim como a profunda veia popular do grande teatro elisabetano. Esse era o maior elogio que Lukács podia fazer a Brecht[19].

---

19. G. Lukàcs, *Probleme des Realismus III: Über einen Aspekt der Aktualität Shakespeares*, Werke, v. 6, Neuwied: Luchterhand, 1964-1965, p. 634.

O CONCEITO DE ALIENAÇÃO
EM HEIDEGGER E LUKÁCS

Lukács, que sempre viu em Heidegger seu grande antagonista, confrontou-se várias vezes com a obra do filósofo alemão. Ele o fez em obras essencialmente polêmicas, como *Existencialismo ou Marxismo?*, *A Destruição da Razão*, ou no texto de 1949, *Heidegger Redivivus*, consagrado à *Carta Sobre o Humanismo*; isso também foi feito em obras que são verdadeiras sumas filosóficas, como a *Estética* ou, ainda, a *Ontologia do Ser Social*. Nenhum outro filósofo contemporâneo suscitou em Lukács um interesse comparável, um interesse certamente crítico expresso na medida em que parece haver um jogo sutil de afinidades e repulsões vinculando o pensamento dos dois autores.

No centro desse interesse está a abordagem heideggeriana do fenômeno da alienação, a começar pela célebre descrição do Impessoal (*das Man*) em *Ser e Tempo*. Reconhecendo o caráter sugestivo e a força de certas páginas de *Ser e Tempo*, tanto em *A Destruição da Razão* quanto na *Estética*, Lukács submeteu o método e as conclusões do autor a uma crítica rigorosa. Sua convicção era de que a alienação, na forma como Heidegger a concebia, visava fenômenos sociais analisados também por Marx – evidentemente que de outro ponto de vista – sob o nome de reificação ou de fetichismo da mercadoria. Ou melhor, ele não hesitava em falar de um "romantismo anticapitalista" do Filósofo de Friburgo[1], romantismo esse voltado, porém, não ao passado, mas – sobre as pegadas de Kierkegaard – à realidade quase teológica do Ser, sendo o impessoal (*das Man*) apenas uma representação, uma imagem da cotidianidade moderna, depurada de suas determinações socioeconômicas.

Partindo dessas premissas, Lukács encontrou em *Ser e Tempo* uma polêmica subjacente com o marxismo, e foi a partir dessa perspectiva que empreendeu a análise do livro. O antigo objetivo de Simmel, a saber, "dar uma sustentação, uma base, ao materialismo histórico" (psicológica, ou mesmo metafísica), parecia-lhe ressurgir na interpretação dos fenômenos sociais que Heidegger efetuava a partir da "ontologia fundamental". A interpretação dada por Lukács para a *Carta Sobre o Humanismo* seguiu o mesmo sentido. Em uma passagem que se tornou famosa, Heidegger reconhecia o mérito histórico de Marx como pensador da alienação e, nesse sentido, a superioridade do marxismo em relação às outras concepções de história. Na mesma passagem, também, chegou a sugerir que somente um pensamento do Ser e da história do Ser (portanto, o seu, e não a fenomenologia de Husserl ou o existencialismo de Sartre) poderia instaurar um "diálogo frutífero" com o marxismo. Em 5 de março de 1963, Lukács escreveu a Karel Kosik a propósito dessas afirmações: "A passagem foi escrita bem

---

1. György Lukács, *Die Eigenart des Ästhetischen*, v. 1 *Werke*, Neuwied: Luchterhand, 1963, p. 68. (Ed. espanhola, *Estética: La Peculiaridad de lo Estético*, trad. Manuel Sacristán, v. 1, Barcelona: Grijalbo, 1966, p. 70.)

mais tarde que *Ser e Tempo*, porém, é certo que ela está intimamente relacionada com esta obra."[2]

Assim, Lukács persistiu acreditando que havia, em *Ser e Tempo*, uma polêmica oculta com a concepção marxista da história e da alienação. Mas faltavam-lhe provas filológicas; o nome de Marx, tampouco o de qualquer autor marxista, não aparecia no livro ou em outros textos heideggerianos da época. Podemos supor que, por um momento, Lukács foi tentado a considerar seriamente a hipótese de Lucien Goldmann (que veio a se tornar uma certeza para este último) de que há, em *Ser e Tempo*, e particularmente nas passagens sobre a reificação, uma réplica às teses defendidas em *História e Consciência de Classe*. Existe até mesmo uma carta de Lukács, enviada no dia 1º de maio de 1961 a seu editor, Frank Benseler, em que julga "mais ou menos plausível" (*ziemlich plausibel*) a demonstração filológica de Georg Mende, que em seu livro, *Studien über die Existenzphilosophie* (Estudos Sobre Filosofia da Existência), conclui pela existência de uma "polêmica oculta" (*verstekte Polemik*) em *Ser e Tempo* com *História e Consciência de Classe*, ainda que essa tese seja apresentada a seu correspondente como "uma curiosidade".

Dois anos mais tarde, numa carta a Karel Kosik, que lhe pedia esclarecimentos sobre o tema, Lukács ainda não excluíra a hipótese de tal relação entre seu livro, que – sublinhou – era "muito conhecido à época", e as passagens sobre a reificação de *Ser e Tempo*, ao mesmo tempo que insistia no fato de se tratar apenas de uma hipótese. Na escassez de provas filológicas, terminou sua carta com uma fórmula que resumiu seu pensamento. Partindo da ideia de que Heidegger necessariamente encontrou o marxismo em seu caminho ao redigir seu livro, Lukács concluiu pela existência de um confronto "em ampla perspectiva histórica" (*im grossen historischen Sinne*) dos dois pensamentos. Nesse

---

2. As cartas de Lukács endereçadas a Karel Kosik e Frank Benseler, citadas neste texto, são inéditas. Pudemos consultá-las nos Arquivos Lukács, de Budapeste.

sentido, acrescentou, "é indiferente saber qual era a fonte direta de Heidegger". Ele também assumiu essa posição no prefácio de 1967 à *História e Consciência de Classe*. Ao colocar explicitamente entre parênteses o debate "filológico", insistiu no fato de que o problema da alienação "pairava no ar"[3] à época.

Percebemos que a posição de Lukács pede um exame mais atento, que reservamos para outra ocasião. Mas a publicação, na *Gesamtausgabe* (Obra Completa), dos cursos dados por Heidegger no início dos anos de 1920, portanto, antes da publicação de *Ser e Tempo*, assim como a publicação de outros textos redigidos à mesma época, permite que conheçamos de forma mais precisa a gênese do pensamento heideggeriano e, especialmente, a origem de seu conceito de alienação.

As premissas das reflexões heideggerianas sobre a alienação parecem, hoje, bastante teológicas. Os conceitos de reificação e de alienação aparecem nos textos anteriores à publicação de *História e Consciência de Classe*[4], não havendo

---

3. G. Lukács, *Geschichte und Klassenbewusstsein*, Werke, v. 2, Neuwied: Luchterhand, 1968, p. 24. (Ed. bras., *História e Consciência de Classe*, prefácio de 1967. trad. Rodnei Nascimento, São Paulo: Martins Fontes, 2003, p. 26.)

4. O termo "reificação" (*Verdinglichung*) já aparecia no curso dado por Heidegger durante o *Kriegsnotsemester* de 1919 (cf. *Gesamtausgabe* (GA), v. 56-57, Frankfurt: Klostermann, 1987, p. 66 e 69). Reaparece no último anexo, intitulado *Erhellung und Faktizität*, do curso dado em 1921-1922, com o título de "Phänomenologische Interpretationen zu Aristóteles. Einführung in die phänomenologische Forschung". Esse anexo contém observações de Heidegger sobre a tese doutoral de Julius Ebbinghaus (ainda inédita), onde parece ter encontrado o conceito de *Verdinglichung*. A esse respeito, formula interrogações prefigurando as de *Sein und Zeit*, como "*warum nicht verdinglichen, waru anders und wozu?*" (cf. GA, v. 61, p. 198-199). ("por que não reificar, por que de outro modo e para quê?", ed. bras., *Interpretações Fenomenológicas Sobre Aristóteles*, Anexo: Aclaramento e Faticidade, trad. Enio Paulo Giachini, Petrópolis: Vozes, 2011, p. 220, com modificação). Percebemos, portanto, que o filósofo de Friburgo tinha presente no espírito a problemática da *Verdiglichung* antes da publicação do livro de Lukács (1923). No entanto, a possibilidade de que ele tenha tomado conhecimento da obra de Lukács não pode ser excluída. Um detalhe biográfico ganha, nesse contexto, certa importância. Heidegger passou algumas semanas de férias, em setembro de 1923, na ▶

neles qualquer referência seja a um texto marxiano, ou a um texto marxista. Por outro lado, a tese de Lukács a respeito das origens kierkegaardianas do pensamento heideggeriano encontra bases sólidas nesses textos inéditos.

Conclui-se, pois, ser possível afirmar com certeza que a questão da alienação, questão central tanto para Heidegger quanto para os pensadores marxistas, é o terreno ideal para o confronto entre essas duas vertentes de pensamento.

As teses sobre a alienação e a queda aparecem muito cedo no pensamento de Martin Heidegger.

Um texto de 1922, *Phänomenologische Interpretationen zu Aristoteles (Anzeige der hermeneutischen Situation)* (Interpretação Fenomenológica Sobre Aristóteles [Visualização da Situação Hermenêutica]), contém *in nuce* as análises que tornariam célebre o livro *Ser e Tempo* (1927). Nesse texto, recentemente descoberto, publicado por Hans--Ulrich Lessing no *Dilthey-Jahrbuch*, Heidegger já colocava em evidência a tendência da preocupação a se dispersar no mundo, a tendência do ser-aí a se deixar levar pelo mundo, a se identificar com o mundo – o que parece ao autor como um desvio, um perder-se de si. Pior: como "um decair", como "uma queda" na autenticidade de si. Ele escreve: "Essa inclinação da preocupação (*dieser Hang der Besorgnis*) é a expressão de uma tendência factual fundamental da vida ao abandono de si mesma (*zum Abfallen von sich selbst*) e, assim, ao decair no mundo (*zum Verfallen an die Welt*) e, desse modo, ao aviltar a si mesma"[5]. Num verdadeiro *contemptor mundi*, o filósofo considera a inclinação do *Dasein*

▷ casa de Wilhelm Szilasi, na cidade deste, em Feldafing, no lago Starnberger. (cf. A carta de Heidegger de 2 de setembro de 1923 a Karl Jaspers, em *Martin Heidegger: Karl Jaspers Briefwechsel 1920-1963*, Frankfurt: Klostermann-Piper, 1990, p. 43-44.). É possível que Szilasi, muito ligado a Lukács (fora seu secretário durante a *Comuna* húngara de 1919) possuísse um exemplar de *História e Consciência de Classe*.

5. Martin Heidegger, *Phänomenologische Interpretationen zu Aristoteles. (Anzeige der hermeneutischen Situation)*, em Hans-Ulrich Lessing (Hrsg.), *Dilthey-Jahrbuch*, v. 6, Göttingen: Vandenhoeck & Ruprecht, 1989, p. 242.

a se deter pela preocupação mundana como uma fatalidade (*Verhängnis*) – sinônimo de existência corrompida, ou, mais exatamente, *alienada*.

Não é surpreendente que Heidegger veja na busca de laços seguros o traço característico da queda, pois, segundo ele, o homem que leva uma vida tranquila, pacífica, escapa à inquietude fundamental; mas esta é, no entanto, indício da busca por si mesmo e pela existência autêntica, enquanto a segurança é indício da perda de si, o sinônimo da existência decaída. Assim, o filósofo evoca um conceito de matriz teológica para ilustrar a coerção a que o homem é submetido em sua existência. Ele fala do caráter *tentador* do mundo, que alicia o *Dasein* em sua órbita, provocando um desvio, uma corrupção de si mesmo.

Pacata, esta tendência a decair, que é própria da tentação, é alienante (*entfremdend*), isto é, a vida factual torna-se cada vez mais estranha, alheia a si mesma ao se dissolver em seu mundo de preocupação, e essa agitação preocupada a que se acredita poder ser reduzida a vida retira cada vez mais a possibilidade factual de se enxergar na preocupação e de se tomar assim (ela mesma) o fim de um retorno (sobre si) que permite um reencontrar-se.[6]

Mesmo inominado, o olho de Deus está presente, e tem o olhar fixo: a inquietude fundamental, o movimento constante que a consciência humana deve perpetuar a fim de evitar sua reificação, está relacionada a uma exigência de autenticidade que a própria consciência não muda. Ao formular suas considerações sobre a queda inerente à existência puramente intramundana, colocada sob o signo de impulsões e de inclinações, Heidegger tem que resguardar (no seu manuscrito de 1922 e mais tarde em *Ser e Tempo*) esse movimento alienante da vida de toda tendência a ser relativizado e de ser visto como o resultado de uma situação histórica transitória. As ilusões "progressistas" sobre a possibilidade de se neutralizar a queda, e sobre a

6. Ibidem, p. 243.

emergência de uma época histórica mais feliz, são rejeitadas pelo filósofo, pois elas repousam, segundo ele, na incompreensão da "fatalidade interna", própria a esse movimento, essa condição inerente à vida (sobre esse ponto, Heidegger se aproxima das críticas de Schopenhauer). As projeções que idealizam um futuro feliz da humanidade são apenas a expressão do desvio de si, da corrupção da existência.

Baseando-se nessa representação da condição humana, Heidegger empreende a crítica à ontologia tradicional.

A censura fundamental que ele dirige à ontologia grega é de ter privilegiado o mundo em detrimento da existência humana. A prioridade concedida ao "mundo", às suas exigências e seus imperativos, teria levado necessariamente à ocultação da especificidade inalienável do *Dasein*. Forjada para controlar, dominar o mundo, a *Vorhandenheit* (o ser-ao-alcance-da-mão), a conceitualidade grega, perpetuada pelo pensamento moderno, não estaria em condições, segundo Heidegger, de lidar com a existência humana em sua temporalidade originária. Ele escreve:

A ontologia grega e sua história, que através de diversas filiações e variáveis determina ainda hoje a conceitualidade da filosofia, é a prova de que o *Dasein* compreende a si próprio e ao Ser em geral a partir do "mundo", e que a ontologia assim nascida tropeça na tradição que a fez cair na evidência, depreciando-a ao colocá-la na posição de um *corpus* que não possuía outra opção senão a de ser retrabalhado (assim como ocorre em Hegel).[7]

Ao se distanciar da ontologia tradicional (de Aristóteles a Hegel), que não hesita em qualificar como "desenraizada", Heidegger reivindica um pensamento que mergulhe suas raízes em seu "tempo", cuja singularidade deve assumir. Rejeita a ideia de uma *philosophia perennis*, na medida em que esta se rende ao fantasma da "humanidade universal". A filosofia do *Dasein* não tem outra missão além de expressar

7. *Être et temps*, trad. E. Martineau, Paris: Authentica, 1985, p. 39. (Ed. bras., *Ser e Tempo*, trad. Marcia Sá Cavalcante Schuback, Petrópolis: Vozes, 2008, p. 60.)

a "inquietude fundamental" (*Grundbekümmerung*) do homem ancorado no seu *hic et nunc* histórico. Ela deve se encarregar da "gravidade" (do *Schwer – und Schwerigsein*, que aparece cedo em Heidegger, já nos textos dos anos 1921-1922), recusando as soluções fáceis, que consistem em se apegar aos princípios e às teorias tradicionais.

Para Heidegger, portanto, a queda é consubstancial à existência humana; não hesita em identificá-la à "cotidianidade", simplesmente. Já nos cursos de 1921-1922, em *Interpretações Filosóficas Sobre Aristóteles*, esboçou uma verdadeira fenomenologia da existência decaída, designada por um termo forte: *Ruinanz* (ser arruinado, palavra estreitamente associada à *Sturz* – precipitação, desabamento). A propensão (*die Neigung*) à supressão da distância (*die Abstandstilgung*) e ao enclausuramento (*die Abriegelung*) eram os momentos constitutivos do "*ser-arruinado*", do homem disperso na preocupação mundana. Esta última, por sua vez, compreende quatro momentos definidores: a tentação (*das Verführerische, Tentative*), a tranquilidade (*das Beruhigende, Quietivee*), o alienante (*das Entfremdende, Alienative*) e a aniquilação, a nulidade (*das Vernichtende, Negative*).

Devemos observar que Heidegger coloca em questão a sociabilidade intramundana enquanto tal (as relações mais elementares de troca e de cooperação entre os indivíduos), vendo nela o lugar onde reside a queda e a inautenticidade. É esse o sentido de sua afirmação, repetida com frequência, de que, desde o início e na maioria dos casos, o *Dasein* não existe senão na forma de inautenticidade. A emergência do Si-mesmo no mundo, seus contatos elementares com os outros, necessários à sua conservação, são apresentados como atos de autoalienação em relação às possibilidades próprias ao indivíduo. Assim, desde o princípio, o Si-mesmo é subsumido às forças anônimas do Impessoal (*das Man*), às regras e às convenções da coexistência social, as quais lhe privam da sua *ipseidade* originária. A preocupação mundana (*Besorgnis*), que impõe aos indivíduos relações de ajuda e de "solicitude" mútuas (o que Heidegger chama de *die einspsringende Fürsorge*), é apresentada como o campo da existência administrativa e calculada, onde o Si-mesmo se solidifica num *Mim* que o aliena, que o separa das possibilidades que lhe são mais próprias: "Im 'Ich' spricht sich das Selbst aus, das ich zunächst und zumeist *nicht eigenlich bin*" (No "Eu" se expressa o Si-mesmo, que primeira e geralmente eu *não* sou autenticamente)[8]. A vida social se desenrola, assim, sob o signo da mediocridade e do nivelamento, dominada pelo *ens realissimum* do Impessoal (*das Man*).

No plano estritamente filosófico, e em consonância com o menosprezo de sua ontologia pela existência mundana, Heidegger vai considerar a apreensão puramente cognitiva do real, portanto a apreensão temática e categorial, como uma modalidade *deficiente* de apreensão do ser. Como consequência, relega a atividade cognitiva do sujeito (e seu objeto, as categorias do ser) à zona inferior da desmundanização do mundo. "Com a apreensão pura das coisas, o mundo mostra-se antes numa significação *deficiente*." As categorias do real, na forma como foram definidas por Aristóteles, Kant ou Hegel, "já foram definidas a partir de um modo de acesso que se encontra num processo característico de desmundanização"[9].

Aos olhos de Heidegger, a inautenticidade marca o conjunto das atividades humanas que desviam o Si-mesmo de seu poder-ser mais próprio. Mas a inautenticidade também impregna tudo o que desvia o Si-mesmo de sua condição primordial de derrelição, de estar-lançado no mundo, sem as amarras seguras do *Woher* (do aonde) ou do *Wohin* (do para onde). Mesmo as atividades psíquicas mais elementares, o ímpeto (*Drang*) e o apego (*Hang*), são colocadas no grupo de atividades dissimuladoras e inautênticas, pois são desencadeadas sob a constrição do mundo ou arrebatadas pela sedição; elas são formas heterônomas da preocupação

---

8. M. Heidegger, *Sein und Zeit*, 5. ed., Tübigen: Max Niemeyer, 1941, p. 322. (Ed. francesa, *Être et tems*, p. 227.) (Ed. bras., *Ser e Tempo*, p. 406.)
9. Idem, *Prolegomena zur Geschichte des Zeitbegriffs*, GA, v. 20, p. 300-301.

e não permitem a livre autoafirmação do Si. "O ímpeto enquanto tal deixa cego", (*der Drang als solches blendet, er macht blind*), escreve, nesse sentido, Heidegger, referindo-se à ocultação da existência antecipatória[10].

O discurso da ontologia fundamental, como se encadeia em *Ser e Tempo*, geralmente assume a forma de um chamado dirigido ao *Dasein* para se desprender das normas e dos imperativos do "espaço público", a fim de reencontrar a autenticidade no "isolamento" (*Vereinzelung*) e na "discrição" (*Verschweignung*). O "espaço público" (*die Öffentlichkeit*), demarcado por potências impessoais (mesmo se geralmente muito "personalizadas") do impessoal (*das Man*), tem sua própria "intelecção" e submete o Si-mesmo à lei do conformismo e do nivelamento. Heidegger propõe uma descrição surpreendente do "ser-com" e do "ser-com-os-outros" (*Mittsein* e *Miteindandersein*) no espaço público. As exigências da produção e da reprodução social (o que o filósofo chama de ocupação, *das Besorgen*) predestinariam os indivíduos a existências quase funcionais e intercambiáveis: "*Man ist* Schuster, Schneider, Lehrer, Bankier. Hierbei ist das Dasein etwas, was auch Andere sein können und sind" (*impessoalmente se* é sapateiro, alfaiate, professor, banqueiro. O *Dasein* é algo que os outros também podem ser e de fato são)[11]. Os indivíduos aparecem instrumentalizados pela função que são chamados a ocupar: as relações inter-humanas são descritas como relações utilitárias, dominadas, controladas – inclusive na ajuda mútua e na solicitude cotidiana – pela "distância e reserva" e, sobretudo, pela "desconfiança". A sujeição dos indivíduos ao "papel" que lhes é atribuído em um conjunto, em um todo funcional, tem como efeito a "mediocridade" e o "nivelamento", pois, por sua própria natureza, tal conjunção neutraliza as diferenças de nível e a singularidade do Si-mesmo.

---

10. Idem, *Phänomenologie des religiösen Lebens*, GA, v. 60, p. 410. (Ed. bras., *Fenomenologia da Vida Religiosa*, trad. Enio Paulo Giachini; Jairo Ferrandin; Renato Kirchner, Petrópolis: Vozes, 2010.)
11. Idem, *Prolegomena zur Geschichte des* Zeitbegriffs, GA, v. 20, p. 336.

A particularidade da posição heideggeriana se expressa no fato de que essa situação de queda e de alienação do *Dasein* está relacionada à "objetivação" intersocial enquanto tal. Onde o polo objetivo da vida afirma sua preeminência, exigindo a inserção de ações individuais no interior de seu campo de ação, surge a compreensão "vulgar" da história, sinônimo de existência decaída, inautêntica. "Objetivação" e "alienação" aparecem, portanto, estreitamente ligadas.

A ontologicização da existência inautêntica se traduz pela sua identificação com a "cotidianidade". Esta última é descrita como sendo a zona por excelência da "dispersão" (*Zerstreuung*), onde a existência é dirigida pela manipulação das coisas, assombrada por sua administração e por seu cálculo. O próprio *Dasein* é transformado em um ente administrado e calculado, dominado pela heteronomia, passando a existir apenas em função dos "utensílios" e de sua temporalidade específica. Heidegger pôde então identificar a existência cotidiana com um "decair" (*Absturz*), esboçando um quadro notavelmente negativo das figuras da alienação que regem esse tipo de existência. "O *Dasein* decai de si mesmo para si mesmo, na ausência de solo e na nulidade da cotidianidade inautêntica. Mas esse precipitar (*dieser Sturz*) fica despido aos seus olhos pelo ser-explicitado público, a ponto mesmo de se mostrar, de ser explicitado como 'progresso' e como 'vida concreta'"[12].

Lukács foi um dos primeiros a revelar na análise heideggeriana da inautenticidade uma crítica dissimulada à existência cotidiana na sociedade capitalista. Ele questionou a ontologicização dessa crítica e seus efeitos deformadores. Com efeito, há em Heidegger uma alternância perpétua entre a radiografia crítica da alienação e a refutação da "ontologia tradicional". Assim, a censura a uma temporalidade assombrada pelas coisas e por sua utilização (por meio do utensílio) resultou, na parte final de *Ser e Tempo*, em um questionamento do "tempo vulgar", o qual seria apenas a

---

12. Idem, *Être et temps*, p. 139. (Ed. bras., *Ser e Tempo*, p. 243-244.)

expressão desse tipo de existência manipulada[13]. A reaquisição da autenticidade passa ainda por um retirar-se do "espaço público" e de sua temporalidade decaída, a fim de se encontrar a realização autêntica do *Dasein* no face a face com a morte e na finitude assumida.

Os fenômenos de reificação ou, num grau superior de generalidade, de alienação, encontram-se no cerne da pesquisa de Lukács ao longo de sua obra. O filósofo lhes concede um lugar privilegiado em *História e Consciência de Classe*, no seu célebre ensaio, "A Reificação e a Consciência do Proletariado", retomando a análise sob nova luz na parte final do livro *O Jovem Hegel*, consagrando também à questão um capítulo central na *Estética*, em que a missão desfetichizadora da arte é posta em questão. O tema também reaparece no importante capítulo final da *Ontologia do Ser Social*. Por fim, Lukács não se esquece de nos deixar suas últimas reflexões sobre a questão nos *Prolegômenos Para uma Ontologia do Ser Social*, seu testamento filosófico.

A abordagem sócio-histórica e a rejeição firme, *ab initio*, de toda transfiguração "ontológica" (metassocial), opõe Lukács de imediato à *démarche* de Heidegger. Nada é mais estranho à visão do marxista que, por exemplo, a demonização da técnica, demonização essa que levou o autor de *Ser e Tempo* a imputar o mesmo espírito maléfico à agricultura motorizada, às câmaras de gás, aos bloqueios ou às bombas de hidrogênio. Igual homogeneização do heterogêneo (sem sequer falar das chocantes implicações éticas desse raciocínio) vai de encontro à interpretação plural dos processos de alienação, própria a Lukács.

Em *Para uma Ontologia do Ser Social*, Lukács estabelece uma verdadeira fenomenologia da subjetividade para

---

13. "Zunächst und zumeist ist die Sorge umsichtiges Besorgen. Umwillen seiner selbst verwend 'verbraucht' sich das Dasein. Sichverbrauchend braucht das Dasein sich selbst, d. h. seine Zeit. Zeitbrauchend rechnet es mit ihr. Das umsichtig-rechnende Besorgen entdeckt zunächst die Zeit und führt zur Ausbildung einer Zeitrechnung... Die an ihr zunächst ontisch gefundene 'Zeit' wird die Basis der Audformung des vulgären und traditionellen Zietbegriffes" (*Sein und Zeit*, p. 333.) (Ed. bras., *Ser e Tempo*, p. 418.)

tornar inteligíveis as bases sócio-históricas do fenômeno da alienação. Distingue dois níveis de existência: o gênero humano em-si e o gênero humano para-si. Característica do primeiro é a tendência a reduzir o indivíduo à sua própria "particularidade"; do segundo, a aspiração a uma "nicht mehr partikulare Persönlichkeit" (Personalidade não mais particular). O pôr teleológico (a *teleologische Setzung*), definido como fenômeno originário e o *principium movens* da vida social, é decomposto, por sua vez, em dois movimentos, dois momentos distintos: a objetivação (*die Vergegenständlichung*) e a exteriorização (*die Entäusserung*). Ao sublinhar a conjunção, mas também a possível divergência, desses dois momentos no interior do mesmo ato, Lukács reitera o valor do espaço da autonomia relativa da subjetividade em relação às exigências da produção e reprodução social. Diante de uma situação idêntica, com seus limites à objetivação, o leque das reações subjetivas (a internalização da interioridade) pode ser muito extenso. O campo da alienação se situa no "espaço interior" do indivíduo, como uma contradição vivida entre a aspiração à autodeterminação da personalidade e a multiplicidade de suas qualidades e de suas atividades, as quais visam à reprodução de um todo estranho. O descompasso entre objetivação e exteriorização, entre o funcionamento do indivíduo enquanto agente da reprodução social e a autoexpressão de sua personalidade, é traduzida por bloqueios e retrações (no caso da aceitação do *status quo* social), ou, ao contrário, por atos de resistência e de oposição ativa.

O indivíduo voltado para sua autossuficiência, aceitando o imediatismo da sua condição – imposta pelo *status quo* social – sem veleidade de "remeter para além" e sem verdadeira aspiração à autodeterminação, é, para Lukács, o indivíduo no estado de "particularidade", o agente por excelência do gênero humano em-si. O autor toma de empréstimo uma réplica ao rei dos Trolls (*Peer Gynt*) para definir a "particularidade" como enclausurada na autossuficiência e na refutação do *Sollen* (dever-ser – necessário para se ultrapassar uma situação dada): "Troll, basta-te a ti mesmo." Definindo os Trolls, a fórmula marca a diferença em relação aos homens que têm como divisa: "Homem, seja você mesmo." Através de exemplos literários, tomados, sobretudo, da literatura do século XIX, mas apelando também a alguns grandes nomes da literatura do século XX (O'Neill, Elsa Morante, Styron, Thomas Wolfe ou Heinrich Böll), Lukács tenta traçar, em seu texto "Lob des neunzehnten Jahrhunderts" (Elogio do Século XIX), a linha de clivagem entre a "particularidade" dos sujeitos alienados e a "nicht mehr partikulare Persönlichkeit", que encarna a aspiração ao autêntico gênero humano[14]. A passagem da existência de Troll à verdadeira existência humana implica em "remeter para além", em assumir uma forma de "dever--ser" (*Sollen*), tratando-se da vontade de reencontrar uma força ativa na intimidade da consciência humana contra os imperativos de uma existência social heterônoma; tem-se assim a força de vir a ser uma personalidade autônoma.

Em oposição a Heidegger, a cotidianidade não aparece mais como o espaço por excelência da existência decaída ou alienada. A propósito, em sua *Estética*, Lukács coloca em questão o "profundo pessimismo" que impregna a descrição heideggeriana da cotidianidade[15]. Segundo ele, a vida cotidiana é, ao contrário, um campo de combate entre alienação e desalienação; "a ontologia da vida cotidiana" fornece numerosos exemplos nesse sentido.

Em *Para uma Ontologia do Ser Social*, Lukács retoma, de um novo ponto de vista – ontológico-genético –, o problema tratado em *História e Consciência de Classe*. O método ontológico-genético, que acompanha a gênese das diferentes categorias da vida social e a progressiva

---

14. G. Lukács, Lob des neunzehnten Jahrhunderts, *Essays über Realismus*, Werke, v. 4, Neuwied: Luchterhand, 1971, p. 662-663. (Ed. espanhola, Elogio del Siglo Diecinueve, *Materiales Sobre el Realismo*, trad. Manuel Sacristán, Barcelona: Grijalbo, 1977, p. 255.)

15. Idem, *Die Eigenart des Ästhetischen*, p. 68. (Ed. espanhola, *Estética: La Peculiaridad de lo Estético*, p. 70.)

sedimentação dessas, permite-lhe então distinguir entre reificações "inocentes" e reificações alienantes[16]. A condensação das atividades num *objeto* (uma coisa), acompanhada simetricamente pela *coisificação* das energias humanas que funcionam como reflexos condicionados, leva às reificações "inocentes" (*unschuldige Verdinglichungen*): o sujeito é reabsorvido no funcionamento do objeto sem, contudo, estar submetido a uma "alienação" propriamente dita. Esta não aparece senão quando os mecanismos sociais transformam o sujeito reificado em um mero objeto, ou, mais exatamente, em um sujeito-objeto funcionando para a reprodução "automática" de uma força estranha. O indivíduo que chega a auto-alienar suas possibilidades mais próprias, por exemplo, ao vender sua força de trabalho em condições impostas, ou aquele que, noutro plano, sacrifica-se ao "consumo de prestígio" imposto pela lei do mercado, são exemplos de reificação alienante.

Sabemos que o problema da "reificação" também é evocado por Heidegger nos pontos-chave de *Ser e Tempo*, inclusive em forma de questionamentos sobre a "existência não reificada". Escreve ele:

Que a ontologia antiga trabalha com "conceitos de coisas" e que subsiste o perigo de "reificar" a consciência, sabemos há muito tempo. Mas o que significa reificação? De onde ela provém? Por que o ser é justamente "de imediato" "concebido" a partir do ser-ao-alcance-da-mão (*aus dem Vorhandenden*) e não a partir da manualidade (*aus dem Zuhandenen*) que, no entanto, encontra-se ainda mais próxima? Por que essa reificação constantemente volta a assegurar sua soberania? Como o ser da "consciência" é positivamente estruturado para que a reificação lhe deixe desconformado?[17]

A resposta a essas perguntas passa, em Heidegger, pela rejeição imputada ao conjunto da metafísica tradicional. A desalienação da existência (a reapropriação de

---

16. Idem, *Zur Ontologie des gesellschaftlichen Seins*, t. 2, Werke, v. 14, 1986, Neuwied: Luchterhand, p. 579-580 e 642s.
17. *Être et temps*, p. 296. (Ed. bras., *Ser e Tempo*, p. 535.)

sua "autenticidade", na terminologia heideggeriana) supõe a reaproximação, o contato originário com o Ser, oculto pela "Ontologie der Vorhandenheit" (Ontologia do ser--ao-alcance-da-mão), fonte de reificação. Para o autor de *Ser e Tempo*, a passagem à autenticidade não diz respeito a uma concepção ética do homem; seu pensamento permanece fundamentalmente uma escatologia secularizada. Se tomarmos como exemplo "o chamado da consciência" (*der Ruf des Gewissens*), um dos "existenciais" destinados a assegurar a conversão à autenticidade, constatamos que Heidegger exclui dessa esfera os imperativos morais; estes são relegados à esfera da concepção "vulgar" da consciência. A concepção kantiana da lei moral, assim como a ética material dos valores (aquela de Scheler ou de Nicolai Hartmann), são igualmente abandonadas. Em compensação, basta olharmos mais de perto para as categorias que efetivamente balizam o trajeto para a autenticidade e detectamos em *Ser e Tempo* as posições que podem explicar o futuro engajamento político de Heidegger: "a angústia sóbria" ou "a alegria marcial" (*die gerüstete Freude*)[18] que, deixando de lado qualquer "idealismo", fazem surgir no *Dasein* a resolução antecipadora e o autêntico ser-para-a-morte.

O combate contra a inautenticidade (contra o que chama de "*die Unechtheit des Menschen*") e contra a alienação também é o *leitmotiv* dos últimos escritos teóricos de Lukács; a parte final da *Ontologia do Ser Social* e algumas páginas essenciais dos *Prolegômenos* são consagradas a este combate. Lukács busca a migração, o deslocamento

---

18. M. Heidegger, *Sein und Zeit*, p. 310. (Ed. bras., *Ser e Tempo*, p. 393.) Não podemos nos impedir de constatar que o sentido da expressão é traído na maioria das traduções. E. Martineau, por exemplo, traduz como "alegria vigorosa", confundindo, talvez, *gerüstet* com *rüstig*. Pietro Chiodi usa *gioia imperturbabile*, (*Essere e Tempo*, 4. ed., Milano: Longanesi, 2009, p. 374), o que nos parece um contrassenso. Quanto a François Vézin, ele simplesmente se desembaraça, na tradução publicada pela Gallimard, do adjetivo, retendo apenas a ideia de "alegria". Por que esse embaraço diante da "alegria marcial", celebrada por Heidegger? (A tradução brasileira citada optou por "alegria *mobilizada*" [N. do T.].)

dos grandes conflitos sócio-históricos na intimidade da consciência dos sujeitos singulares. A tensão entre autenticidade e inautenticidade é observada na luta do sujeito para elevar-se para além de sua pura "particularidade" e atingir – sem excluir o definhamento trágico a que está sujeito no curso do combate – o nível de verdadeira humanidade. A autodeterminação da personalidade, ao fazer rebentar os sedimentos da reificação e da alienação, é sinônimo da emancipação do gênero humano.

Buscando compreender as diversas formas de reificação e de alienação que obscurecem a consciência do homem contemporâneo, o autor de *Para uma Ontologia do Ser Social* não se esquece de denunciar aquelas que resultam das práticas stalinistas.

O acerto de contas com o stalinismo é evidentemente uma questão crucial para o marxista Lukács. Ao mesmo tempo ator e vítima do movimento comunista, nos seus últimos escritos ele traça em linhas gerais um quadro lúcido a propósito, por exemplo, da questão da alienação, com uma atenção particular para a degradação sofrida pelo conceito de "dedicação à causa"; sob o regime stalinista, o sacrifício de si se torna um verdadeiro psicodrama, uma auto-alienação total do indivíduo, pois a causa (*die Sache*) não é mais do que a caricatura do antigo "idealismo do cidadão", uma máscara para a reprodução e a imposição de um poder despótico. Ao analisar a transformação dos indivíduos inseridos num regime autoproclamado socialista em "objetos", denuncia vigorosamente, e num tempo em que muitos de seus críticos virulentos se calavam, as práticas de uma política cujo corolário era a sujeição e a apatia geral da população.

Se o grande projeto de redigir uma Ética não pôde ser levado a cabo, nos últimos escritos de Lukács restam elementos suficientes para a reconstrução de sua teoria da personalidade e da autenticidade ética, cujo desenvolvimento rumo à desalienação é a parte mais interessante.

CROCE-GENTILE:
DA AMIZADE À ADVERSIDADE

No dia 17 de abril de 1944, ao saber através do prefeito de Capri que Giovani Gentile havia falecido, baleado por um grupo de partidários em Florença, Benedetto Croce recapitula de forma breve, numa página de seu *Diário*, a história de suas relações com aquele homem que foi seu amigo e colaborador mais próximo por quase trinta anos e que, após o advento do fascismo, tornou-se seu adversário mais feroz. Vários meses antes, mais precisamente no dia 10 de julho de 1943, no âmbito do famoso *Discurso aos Italianos* (*Discorso agli italiani*), proferido por Gentile em 24 de junho, no Campidoglio, em que o filósofo do "ato puro" exortava seus compatriotas a se reunir em torno do Duce (o apelo se dirigia a todos aqueles que não se reconheciam na "religião da liberdade" advogada por Croce), Croce havia tomado a decisão de riscar a dedicatória a Gentile, feita em 1920, no seu livro dedicado a Dante; o *Diário* menciona que ele registrou: "quando ele era, ou eu assim acreditava, outro diferente daquele em que se transformou ou que mostrou ser depois". Após o discurso no Campidoglio, associar o nome de Gentile a Dante lhe parecia um sacrilégio.[1]

O retorno ao passado, iniciado no dia 17 de abril com uma página do *Diário*, ocupa Benedetto Croce por vários meses após o fim trágico de Giovanni Gentile, cujo destino e cuja corrente filosófica que havia encarnado, o "idealismo atualista", encontravam-se no cerne da sua reflexão. Croce examina atentamente as debilidades e os erros estruturais do pensamento de Gentile, retrocedendo até 1912, ano de suas primeiras divergências a propósito de uma discussão sobre a natureza da filosofia. Ao renovar suas antigas críticas ao pensamento de Gentile ("filosofia teologizante", "misticismo", "logicismo", "fenomenismo"), Croce acrescenta agora – estamos no fim de julho de 1944 – outras ressalvas, mais graves, referentes à colaboração do filósofo com o fascismo. No dia 28 de julho, o *Journal* registra uma conexão sutil, em profundidade, entre as posições filosóficas e os compromissos políticos de Gentile, e contém um diagnóstico severo: a raiz do mal residiria numa espécie de "obtusidade moral", intimamente associada à essência de seu pensamento. A partir do caso Gentile, Croce chega à conclusão de que existe uma enfermidade que, sob diferentes formas, contaminou muitos espíritos, inclusive filósofos de primeiro nível, uma espécie de atrofia da consciência moral que ele qualifica como *o mal do século*. Seu comentário só se torna plenamente inteligível à luz de uma de suas teses fundamentais, a saber, o isomorfismo entre vida moral e especulação filosófica. Adversário declarado do "filosofismo" ("philosophus purus, asinus purus", tinha o hábito de dizer), Croce concebia a atividade filosófica como algo perpetuamente nutrido pela multiplicidade de necessidades concretas, aspirações e paixões, dores e

---

[1] Benedetto Croce, *Taccuini di lavoro*, 1937-1943, Napoli: Arte Tipografica, 1987, p. 431.

problemas de indivíduos num momento determinado de sua história. A vocação da filosofia é, segundo ele, a de introduzir uma "coerência mental" nesta multiplicidade, análoga à ação da vontade moral que instaura ordem na vida dos afetos. A busca da verdade não é concebível fora do "entusiasmo moral", e não se pode mergulhar nas profundezas da espiritualidade sem se ter um conhecimento íntimo dessa espiritualidade que, para Croce, confunde-se com a moralidade[2]. O que ele censurava, afinal, em Gentile? Vestir-se na sua dignidade de "metafísico potente", ocupado em exaltar o "ato puro", enquanto permanecia indiferente às distinções consideradas empíricas entre *o útil* e *o bem*, entre *a fantasia* e *a verdade lógica*, em outras palavras, aos problemas concretos da vida prática; era, ainda segundo Croce, uma cegueira ética que havia levado o teórico do "idealismo atualista" a depositar sua confiança nas forças que mergulharam a Itália "na vida política e moral mais desonesta que assolou o país e o mundo"[3].

É estarrecedor observar que o mesmo tipo de repreensão, em nome da mesma concepção essencialmente *ética* da *humanitas* do *homo humanus*, foi associado por Croce ao pensamento de Heidegger dez anos antes, pouco tempo depois de tomar conhecimento do famoso *Discurso do Reitorado*. Numa carta de 10 de agosto de 1933, endereçada ao historiador Adolfo Omodeo, antigo discípulo de Gentile que desde muito cedo aderiu ao campo antifascista, Croce estipulava *expressis verbis* uma semelhança de substância entre o *caso Heidegger* e o *caso Gentile*. Segundo ele, o professor Heidegger era "un Gentile più dotto e più acuto, ma sostanzialmente della stessa pasta morale" ("um Gentile mais sábio e mais agudo, mas, essencialmente, farinha do mesmo saco")[4]. Quanto mais entusiasta se mostrava do discurso do

---

2 Cf. B. Croce, Filosofia come vita morale e vita morale come filosofia, *Ultimi saggi*, Bari: Gius. Laterza & Figli, 1963, p. 226-234.

3 B. Croce, *Taccuini di lavoro*, 1944-1946, ed. cit. p. 153-160.

4 *Carteggio Croce-Omodeo*, a cura di Marcello Gigante, Napoli: Istituto Italiano per Gli Studi Storici, 1978, p. 69-70.

célebre teólogo Karl Barth, intitulado *Existência Teológica Hoje!* e pronunciado no fim de 1933, que havia defendido corajosamente a autonomia da Igreja em relação ao Estado contra o poder nazista, e enquanto o *Discurso do Reitorado* (que ele muito rapidamente obteve um exemplar) o enchia de cólera, Croce, sem tardar, lhe dedicou um relato virulento na sua revista *La Critica*, e, vale ressaltar, ele foi a primeira personalidade europeia de peso a reagir publicamente à adesão de Heidegger ao nacional-socialismo[5]. O paralelo Heidegger-Gentile retorna com insistência, tanto na carta a Omodeo Adolfo, como em cartas da mesma época endereçadas a outro amigo, o romanista Karl Vössler; o que o preocupa é aquilo que chamava de "(il) necessario aboutissant pratico del filosofare vacuo, attualistico"("o necessário fim prático do filosofar vazio, atualista"), em outras palavras, a conexão aparentemente surpreendente entre uma filosofia ultraespeculativa, vazia de substância moral, e a irresponsabilidade na atividade prática e política. Em um dado momento, ele afirma que as leituras de Heidegger, depois de alguns anos, já lhe haviam ensinado sobre as consequências práticas do "pensamento do Ser": "Ah, quello Heidegger! Lo avevo indovinato già sei anni fa... e avevo preveduto che sarebbe finito come è finite" (Ah, esse Heidegger! Há seis anos, eu o desvendei...e previ que ele terminaria da forma que terminou.[6])

A história turbulenta das relações entre Croce e Gentile não é um fenômeno único na história da filosofia. Basta pensar, por exemplo, na amizade entre Schelling e Hegel, de início aliados na grande luta pela renovação da especulação filosófica alemã, ativando conjuntamente o *Kritische Journal für Philosophie*, compartilhando o mesmo impulso do pensamento dialético, tornando-se adversários após o prefácio da

5 Para a reação ao discurso de Heidegger *Die Selbstbehauptung der deutschen Universität*, Breslau, 1933, e para Karl Barth, *Theologische Existenz heute* ! (München 1933), ver *La Critica*, XXXII, 1934, p. 69-70, texto retomado em *Conversazioni critiche*, serie quinta, p. 362-363.

6 *Carteggio Croce – Vössler 1899-1949*, a cura di Emanuele Cutinelli Rendina, Napoli: Bibliopolis, Edizione Nazionale delle Opere di Benedetto Croce, p. 358 (carta de Croce, 10 de agosto, 1933).

Fenomenologia do Espírito, no qual é questionada a "intuição intelectual". Também podemos evocar, *mutatis mutandis*, a história das relações entre Edmund Husserl e Martin Heidegger, ambos também reunidos no início por uma grande solidariedade filosófica, progressivamente desfeita em dissenso, até a ruptura com a chegada do nazismo – isso mesmo que possamos considerar perceptível, desde o início, a incompatibilidade de suas formas de pensar (*forma mentis*). Ou, com mais razão ainda, podemos pensar na amizade entre Karl Jaspers e Martin Heidegger, que compartilharam, ao longo de toda a década de 1920, uma verdadeira *Kampfgemeinschaft* (comunidade de combate, evocada por Jaspers numa carta de 1922)[7] e que, depois de 1933, separaram-se sem jamais se rever; e se retomaram, depois do parêntese nazista, o intercâmbio epistolar, Jaspers, desde então, nunca perdoou o engajamento nacional-socialista de Heidegger.

As divergências entre Croce e Gentile foram expressas em público relativamente tarde, após um período de mais de quinze anos de colaboração produtiva, a qual alçou ambos ao primeiro plano da vida intelectual italiana. Foi apenas em novembro de 1913 que Benedetto Croce decidiu tornar públicas suas reservas contra o "idealismo atualista", pensamento cristalizado nas obras de Giovanni Gentile havia alguns anos. Isso se deu através de uma carta enviada à revista *La Voce*, de Giuseppe Prezzolini, e com muitas vistas prévias (ele envia a seu amigo as provas do texto antes da publicação), argumentando que sua iniciativa se deve aos excessos e aos deslizes dos discípulos de Gentile (o argumento lembra a tentativa de Hegel, na sua última carta a Schelling, de transferir para os discípulos a responsabilidade do processo sofrido pelo mestre). Gentile responde no número seguinte de *La Voce* (dezembro, 1913), através de uma "carta a Benedetto Croce" intitulada

---

[7] Martin Heidegger, Karl Jaspers, *Briefwechsel 1920-1963*, hersg. von Walter Biemel und Hans Saner, Vittorio Klostermann, Frankfurt am Main, serie quinta, Piper München 1990, p. 32 (carta de Jaspers a Heidegger, 6 de setembro, 1922).

Intorno all'idealismo attuale: Ricordi e confessioni (Em Torno do Idealismo Atualista: Lembranças e Confissões). Nela, ele reconstrói a gênese de seu pensamento, especificando suas divergências com Croce e o contra-atacando ponto por ponto. Croce retorna no número seguinte através de uma "postilla" (uma nota) em que responde aos argumentos, reiterando aí sua crítica fundamental ao objetivo do "idealismo atualista": trata-se, segundo ele, de uma doutrina incapaz de ser justa com a diversidade e a especificidade das diferentes atividades do espírito (atividade econômica, estética, ética, conceitual ou reflexiva), ao mergulhar essa multiplicidade no banho de ácido sulfúrico do "ato puro" (daí decorre a acusação de "misticismo", rebatida vivamente por Gentile).

Um dos aspectos mais problemáticos dessa polêmica, que se desdobrou por mais de três décadas, com prolongamentos na posteridade, vem do fato de ela ter eclodido entre dois pensadores que tinham muitos pontos em comum na sua orientação fundamental. Por meio de uma bela solidariedade intelectual, eles conduziram a batalha por um autêntico "despertar filosófico" da Itália ("Il risveglio filosofici e la cultura italiana" [O Despertar Filosófico e a Cultura Italiana], era o título de um texto publicado por Croce em 1908 que recebeu o apoio entusiasmado de Gentile). *La Critica*, a revista fundada por Croce em 1903, foi obra comum da dupla durante as primeiras duas décadas de sua existência. Após a leitura da conferência chamada "'L'intuzione pura' e il carattere lirico dell'arte" ("A Intuição Pura" e o Caráter Lírico da Arte), proferida por Croce no Congresso internacional de filosofia, em Heidelberg, 1907, e após ter tomado conhecimento da repercussão que ela suscitou, Gentile considerou fazer parte de sua convicção de que a Itália se encontrava, virtualmente, na vanguarda do movimento filosófico internacional, mas que logo ocuparia essa posição de fato.[8] A correspondência epistolar

---

8 Cf. a carta de Gentile de 11 de novembro de 1908 em Giovanni Gentile, *Lettere a Benedetto Croce*, volume terzo, a cura di Simiona Giannantoni, Sansoni Editore: Firenze, p. 267-268.

entre ambos, que durou mais de um quarto de século, de 1896 a 1924, está repleta de testemunhos de afeto recíproco e de grande amizade. Gentile dedicou não apenas seu livro de juventude a Croce, *A Filosofia de Marx*, publicado em 1899, mas também sua obra fundamental *Teoria Geral do Espírito Como Ato Puro*, edição de 1920, enquanto Croce, como já havíamos mencionado, dedicou-lhe *A Poesia de Dante*, também de 1920.

O acordo entre eles também parecia perfeito em numerosas questões filosóficas: eles reuniram suas forças para oferecer à cultura italiana um sólido fundamento especulativo, ambos tendo como fonte a grande tradição do idealismo clássico alemão, contra o positivismo reinante no fim do século XIX, contra a filosofia de professores, contra a neoescolástica propagada por meios católicos poderosos. Sobre as relações entre arte, história e ciência (penso no ensaio de Gentile, *O Conceito da História*, lançado em 1899, na sequência daquele de Croce, *O Conceito da História nas Suas Relações Com o Conceito da Arte*, de 1896), sobre a natureza da atividade estética (sobre o conceito de arte como "forma pura", defendido com o mesmo vigor pelos dois continuadores de Francesco De Sanctis), sobre a "síntese *a priori*" como lei fundamental da atividade do espírito (a filiação kantiana era, neste ponto essencial, onipresente em ambos), sobre o âmbito universal da dialética dos contrários (o discípulo hegeliano de Bertrando Spaventa, Gentile, de fato precedeu o Croce herbartiano no reconhecimento da grande força heurística da dialética hegeliana), sobre a identidade entre a filosofia e a história (neste ponto, Gentile teve um papel de catalizador para o pensamento de Croce, que o reconheceu *expressis verbis* na sua *Lógica*) – em todos estes pontos essenciais, as visões dos dois protagonistas do "despertar filosófico (*risveglio filosofico*)" italiano eram homogêneas ou convergentes. Poderíamos acrescentar a defesa de uma voz integrada por uma "filosofia da imanência", delimitada pelo perímetro do espírito e da consciência, desamarrada das escórias da transcendência (naturalista ou religiosa), seu combate contra o associacionismo, o psicologismo, o pragmatismo, e, sobretudo, contra o materialismo em suas variantes diferentes (do materialismo metafísico ao "materialismo histórico"); em uma palavra, o seu idealismo filosófico desabrido (ambos consideravam sua orientação filosófica fundamental como um "espiritualismo absoluto"). Antonio Gramsci, que em determinado momento preconizou a redação de um *Anti-Croce*, mas um *Anti-Croce* à altura do papel capital que Croce teve na cultura italiana e europeia, pôde dizer, não sem razão, que um *Anti-Croce* seria, necessariamente, um *Anti-Gentile*[9].

Nas primeiras décadas do século xx, a aliança filosófica destes autores exerceu uma função crítica saudável, impondo exigências de coerência e de rigor especulativo que elevaram consideravelmente o nível da vida intelectual. Ao prestar homenagem a essa ação intelectual conjunta, Eugenio Garin os designou em justa medida como "educadores eficacíssimos (*educatori efficasessimi*)"[10]. Como é que, progressivamente, essa bela amizade se desfez? Coube a Benedetto Croce a iniciativa de tornar públicas as falhas que, apesar de tudo, existiam, e este ato deve ser apreciado por seu justo valor: foi um gesto ditado pela *deontologia* do pensamento; uma exigência de rigor o impedia de aceitar os argumentos no terreno da especulação metafísica – e um pressentimento – ah! tão bem justificado – de que as divergências na aparência puramente teóricas poderiam se traduzir, na vida prática, em condutas diferentes, até mesmo opostas.

De fato, Croce devia muito a Gentile, e não procurou esconder isso. Há mesmo um testemunho eloquente nesse sentido. No dia 4 de novembro de 1908, ele escreveu a Guiseppe Prezzolini, que na época lhe dedicava um estudo, para pedir que fosse justo com Gentile, uma vez que ele havia exercido um papel importante na cristalização de

---

9 Antonio Gramsci, *Quaderni del carcere*, edizione critica dell'Istitutuo Gramsci, a cura di V. Gerratana, Torino: Einaudi, 1975, p. 123.
10 Eugenio Garin, *Cronache di filosofia italiana*, Bari: Laterza, 1955, p. 189.

seu pensamento: "Em certos problemas nos quais divergíamos" – escreve Croce – "eu acabava dando razão a Gentile – não tanto pela solução precisa por ele proposta, mas pelo reconhecimento desses problemas e, mais ou menos, pelo encaminhamento das soluções." E Croce conclui: "Tenho por Gentile uma gratidão sincera, com a impressão de que seria metade do que sou se não o tivesse encontrado."[11] Mas um ano após essa carta a Prezzolini, numa outra, endereçada dessa vez a Giovanni Castellano, em 17 de outubro de 1909, Croce prestaria contas das suas sérias divergências filosóficas com Gentile. (Croce se pergunta: pode existir, como afirmava Gentile no espírito hegeliano tradicional, uma dialética dos contrários como única lei absoluta do devir da existência ou devemos admitir que a dialética dos contrários é necessariamente precedida por uma dialética dos distintos?) Essa carta apresenta um grande interesse: ela anuncia a polêmica "entre filósofos amigos" que vai se desenrolar alguns anos mais tarde, e, além disso, Croce, ao saudar a iniciativa de Castellano de tratar do dissenso entre ele e Gentile, comunica-lhe seu projeto de escrever um ensaio sobre o tema: *Racionalismo e Irracionalismo*[12]. É a primeira vez, até onde sabemos, que Croce questiona o pensamento de Gentile como uma forma de irracionalismo.

Poderíamos encontrar, com boas razões, as origens das divergências entre Croce e Gentile já na época de seus estudos sobre Marx. Trata-se, também nesse caso, evidentemente, de uma *concordia discors*, de um acordo discordante, já que, sobre o que é essencial, os dois jovens filósofos pareciam estar de acordo: a doutrina do materialismo histórico era inaceitável. Apesar da convergência de base (ambos pregavam em conjunto que o materialismo de Marx e o historicismo eram naturalmente incompatíveis),

---

11 Benedetto Croce – Giuseppe Prezzolini, *Carteggio I, 1904-1910*, a cura di Emma Giammattei, Roma: Edizioni Scientifiche Italiane, 1990.
12 B. Croce, *Lettere a Giovanni Castellano, 1908-1949*, a cura di P. Fontana, Napoli: Istituto italiano per gli studi storicci, 1985, p. 30-31.

suas abordagens apresentavam diferenças significativas. Ambos tinham um grande interesse pela obra de Marx, a qual, podemos dizer, deixaria traços profundos em suas obras posteriores (mais em Croce do que em Gentile), para além, talvez, daquilo que eles mesmos gostariam de admitir. E, desse ponto de vista, eles são acontecimentos singulares na paisagem da filosofia europeia, pois em nenhum outro país o "renascimento do idealismo" se desenvolveu num diálogo explícito e constante com o marxismo. Mal podemos imaginar Wilhelm Dilthey, Heinrich Rickert ou Ernst Cassirer na Alemanha (Georg Simmel é, até certo ponto, uma exceção), Henri Bergson ou Émile Boutroux na França, dedicarem uma obra exclusiva ao pensamento de Marx, comparável a *A Filosofia de Marx* (*La Filosofia di Marx*) de Gentile ou ao *Materialismo Histórico e Economia Marxista* (*Materialismo Storico ed Economia Marxistica*), de Croce, ambas publicadas em 1899.

A principal diferença entre as duas abordagens residia no fato de que Gentile fazia valer um poderoso filão especulativo e metafísico no pensamento de Marx, o que permitia situá-lo na grande tradição da filosofia europeia, de Vico a Kant e Hegel (o conceito de *praxis* estava no cerne de sua análise, que ele situava no prolongamento do princípio de Vico: *verum et factum convertuntur* e da síntese *a priori* kantiana*), enquanto Benedetto Croce negava ao marxismo o estatuto de uma filosofia autônoma, dotada de uma rigorosa coerência especulativa, mas reconhecia nela, no entanto, o valor de um "cânone de interpretação", de uma força heurística inquestionável na decifração da história (até o fim da vida, Croce recusou o marxismo como filosofia, considerando Marx um grande agitador revolucionário, mas negando-lhe a condição de filósofo e, do seu pensamento,

---

* Giambattista Vico traz, em sua *Ciência Nova* (publicada, reelaborada e revista, respectivamente, em 1725, 1739 e 1744) o princípio do *verum et factum convertuntur*, segundo o qual só podemos conhecer aquilo que fazemos, o produto da ação humana, e, assim, é tal produto que merece a designação de ciência. (N. da T.)

a qualidade de uma doutrina filosófica bem acabada; é preciso, no entanto, reconhecer que sua posição em relação a Marx sofreu inflexões e variações no tempo, assunto que não poderemos tratar aqui).

Paradoxalmente, apesar do grande alcance da descoberta de Gentile, que com notável precocidade filosófica identificou a continuidade especulativa entre a dialética de Hegel e aquela de Marx (a ponto de Lênin, em artigo sobre Marx de 1915, fazer uma referência em que ressalta o aspecto inovador da interpretação de Gentile, em contraposição a abordagens de tipo kantiano ou positivista), foi Benedetto Croce quem extraiu ensinamentos mais profundos do contato com o pensamento marxiano, assimilando alguns de seus conhecimentos mais significativos.

Tomemos um exemplo revelador sobre o qual a vasta literatura acerca do tema não se deteve suficientemente. Croce sempre admitiu que a descoberta de Marx do peso decisivo da atividade econômica no sistema das atividades sociais marcou profundamente seu próprio pensamento, encorajando-o a atribuir à categoria do *útil* um estatuto autônomo dentre as categorias do espírito, ao lado das categorias tradicionais do *verdadeiro*, do *bem* e do *belo*. A *Filosofia da Prática*, de Croce (peça fundamental da sua filosofia do espírito, ao lado da *Estética*, da *Lógica*, e de alguns de seus livros sobre história), trata, em sua primeira parte, do mundo das necessidades, dos apetites e dos desejos (subordinados à categoria do *útil*, transformada mais tarde na da *vitalidade*), terreno igualmente fecundo tanto para a atividade estética (sendo a arte, para Croce, um sentimento contemplado em imagem) como para a atividade ética (aquela que é convocada para elevar o mundo das paixões ao nível da universalidade). Gentile, por outro lado, mostra-se refratário ao interesse de Croce pela *atividade econômica* como momento fundamental na dialética das atividades humanas. Em sua carta de 10 de novembro de 1898, ele refuta explicitamente a tentativa de Croce de atribuir ao *útil* um direito equivalente ao da atividade cognitiva, estética e ética[13]. Gentile demonstra uma confusão bastante acentuada quanto a esse assunto, pois ao ressaltar que, para ele, "a atividade econômica [...] não é uma atividade fundamental do espírito", ele tem muita dificuldade de inseri-la no sistema das atividades humanas (para ele, "por um lado ela faz parte da teoria, por outro, da ética" – o que revela sua cegueira diante da especificidade do econômico bem apreendida por Croce). Soma-se o fato de Croce ter demonstrado um interesse apaixonado pelos escritos históricos de Marx (do *18 Brumário de Louis Bonaparte* às *Lutas de Classe na França*), o que nunca encontramos em Gentile. O prefácio de Croce para a tradução italiana do escrito de Marx *Revolução e Contra-Revolução na Alemanha*, publicado em 1899, é um documento eloquente de sua admiração pela maneira como Marx apreende a história, ao mergulhar nas suas profundezas e identificar aí "as causas aparentes e as causas fundamentais"[14].

Talvez não seja exagero decifrar aqui os *germes* das profundas diferenças entre as duas filosofias do espírito, causa do seu conflito aberto mais tarde. O contato com a obra de Marx consolidou em Croce a compreensão do espírito como uma atividade, por definição, múltipla e diferenciada, que se especifica em função de objetivos determinados (a *fantasia* do artista não é a atividade conceitual do pensador e a *praxis* econômica é bem diferente da vontade ética, daí a famosa "lógica das distinções", pedra angular do pensamento de Croce). No prefácio à terceira edição de seu livro sobre Marx (escrito em 1917), ele ressaltou o papel deste na compreensão da história, fora de todo moralismo e de toda interpretação teológica: o "Maquiavel do proletariado", escreve Croce, fez valer o papel da "força" e do "poder" na história; graças a Marx, diz ainda, ele descobriu "um hegelianismo [...] mais

---

13 G. Gentile, *Lettere a Benedetto Croce*, volume primo, dal 1896 al 1900, ed. cit. p. 130.
14 B. Croce, *Materialismo storico e storia concreta: Una prefazione alla Rivoluzione in Germania de Marx*, texto impresso em *Pagine sparse*, primeiro volume, Bari: Laterza, 1960, segunda edição, p. 416-422.

concreto e mais vívido", em contraposição ao Hegel "teólogo ou metafísico platonizante", legitimado por uma certa tradição. Seria mesmo tão arriscado sustentar uma relação entre os escritos de Marx e a defesa de Croce de uma filosofia rigorosamente intramundana, que atribui à economia e à política o lugar que lhes cabe na circularidade das formas do espírito; que retira, mesmo da atividade estética, toda aura de transcendência ou de misticismo ("As Duas Ciências Mundanas: A Estética e a Economia" – nome significativo de um estudo publicado por Croce em 1931[15]); e que define a filosofia como "uma metodologia da historiografia", alheia a toda especulação metafísica?

Certamente, a afirmação de uma influência do historicismo marxista sobre a gênese da "lógica das distinções" de Croce deve ser bem matizada, uma vez que Croce, como Gentile, esforça-se para expurgar da *praxis* marxiana todo o resíduo materialista, recusando vigorosamente a tese da autonomia ontológica do mundo exterior em relação à atividade do espírito ("a coisa enquanto coisa não existe" – afirmava Croce, pura e simplesmente[16]). Mas enquanto Gentile se apoiava nessa *praxis* expurgada para defender um transcendentalismo exacerbado, ao definir a consciência como pura intencionalidade autotélica, "ato puro" anterior e superior a toda diferenciação, Croce concebia a consciência sempre ancorada numa atividade específica, sempre alimentada por um conteúdo concreto, e afirmava a prioridade da distinção sobre toda atividade unificadora.

Benedetto Croce escreveu a Gentile, em 21 de agosto de 1899, afirmando que, na obra de Marx, a filosofia é apenas um "condimento" e acrescenta, "um condimento que não é bom"[17]; o valor dos escritos de Marx residia, segundo ele, na *crítica* da sociedade existente, nos trabalhos sobre a *história*

---

15 Idem, Le due Scienze mondane: l'Estetica e l'Economica, *Ultimi saggi*, p. 44-61.
16 Ibidem, p. 56.
17 Idem, *Lettere a Giovanni Gentile (1896-1924)*, a cura di Alda Croce, Milano: Arnoldo Mondadori Editore, 1981, p. 57.

dessa sociedade, e aquela do homem na atividade *política*, enquanto doutrinária do movimento proletário. Gentile recusava veementemente, em sua carta do dia 26 de agosto de 1899, a redução da filosofia de Marx a um simples "condimento" de sua obra[18]. Sobre este ponto importante, é preciso admitir que ele se mostra mais esclarecido: apoiando-se nas *Teses Sobre Feuerbach*, de Marx, praticamente ignoradas por Croce, ele destacou o cerne filosófico e a novidade especulativa do pensamento de Marx (é preciso lembrar que nessa época *A Ideologia Alemã* ainda não havia sido publicada; com muita intuição, Gentile lamentou o desaparecimento do manuscrito, o qual os próprios Marx e Engels disseram haver deixado às traças). Após ler *A Filosofia de Marx*, de Gentile, Croce recua um pouco e admite que falar de uma filosofia de Marx não é uma tarefa ilegítima. No entanto, conservou suas reticências, as quais visavam, especialmente, a tese de Antonio Labriola sobre o pensamento de Marx como uma "filosofia da história". Gentile, fiel à sua conduta de conjunto, unia-se a Labriola nesse ponto. Este, por sua vez, se opunha, evidentemente, à posição de seu amigo mais novo, Benedetto Croce. Ao julgar retrospectivamente essa contradança de posições a respeito do marxismo (da qual Georges Sorel também foi protagonista), podemos frisar que a Benedetto Croce não faltava boas razões para se opor à compreensão do marxismo como uma "filosofia da história". A essas palavras, Croce designava especialmente uma construção especulativa de tipo hegeliano, a qual sacrifica a história real e a multiplicidade de suas determinações através de um esquema de caráter essencialmente *lógico*, fabricado segundo um encadeamento puramente conceitual. As recriminações de Croce visavam um Marx que teria retomado de Hegel uma filosofia da história baseada num esquema especulativo (o comunismo primitivo que teria sido suplantado pelo reino da propriedade privada, a qual, por sua vez, estava destinada a ser substituída, negação da

---

18 G. Gentile, *Lettere a Benedetto Croce*, volume primo, ed. cit. p. 198.

negação, pelo comunismo verdadeiro): é, portanto, o Marx apocalíptico e milenarista que teria revertido o esquema hegeliano do automovimento do espírito em uma filosofia materialista da história, aquele que é contestado vigorosamente por Croce (e ele conservaria essa posição até o fim de sua vida). O fundamento das críticas de Croce (do qual Gentile, nesse aspecto, não parece compartilhar, já que almeja justamente destacar o hegelianismo de Marx) aparece com mais clareza se recordarmos que György Lukács, em sua *Ontologia do Ser Social*, também se manifestou contra a interpretação de Marx como uma "filosofia da história" de tipo hegeliano, questionando inclusive a "logicização" da história e o "logicismo" em geral como uma hegelianização indevida do pensamento de Marx (ele visava principalmente Engels, que num determinado momento identificou "o histórico" com o "lógico"[19]; dito de passagem, Croce também criticou a maneira como Engels aplicou o princípio hegeliano da "negação da negação" à natureza e encontramos a mesma colocação nos *Prolegômenos Para uma Ontologia do Ser Social* de Lukács[20], ainda que o filósofo marxista evidentemente ignorasse os textos do filósofo italiano).

Qual foi o papel de Gentile na cristalização e na maturação do pensamento filosófico de Croce? A gênese da *Estética*, sua primeira grande obra filosófica, e em particular a elaboração de um conceito tão decisivo como o de *forma*, seriam ambas tributárias das sugestões formuladas por Gentile na sua troca de cartas? Podemos observar que mesmo bem cedo, quando o entendimento mútuo parecia pleno, nuances importantes já surgem em suas posições. Croce certamente abdicou de seu conceito de "conteúdo *interessante*", bem distinto da realização estética da obra, sob a influência de Gentile (a ideologia erótica de Petrarca, por exemplo, em relação à perfeição formal de seus sonetos); e ainda sob sua influência, ele radicalizou sua posição, ao

---

19 G. Lukacs, *Zur Ontologie des gesellschaftlichen Seins*, v. 1, *Werke*, v. 13, Darnstadt/Neuwied: Luchterhand, 1984, p. 643-644.
20 Ibidem, p. 132 s.

endossar a ideia schilleriana, de raiz kantiana, de que na arte "a forma anula o conteúdo" (*der Stoff durch die Form vertilgt*). Mas, ao se associar à coerência especulativa de Gentile, que por consequência kantiana aplicava à atividade estética o princípio da "síntese *a priori*", Croce não deixou de lembrar que a arte se dirige ao "homem integral": "A arte é feita pelo homem, pelo homem inteiro, não pelo abstrato *homo aestheticus*" – escrevia ele a Gentile, de Perugia, em 8 de outubro de 1898. "O homem estético em nós está satisfeito com a perfeição da forma, mas outro em nós quer algo que toque a sua humanidade"[21]. Encontramos aqui uma antecipação da posição futura de Croce, a qual contestariam vivamente aqueles que, ao se valer de sua tese sobre uma arte como "intuição pura" ou "forma pura", defenderiam o estetismo ou a "pura poesia" no sentido do abade Brémond (na carta a Gentile mencionada acima, há inclusive uma referência negativa à doutrina estética de Mallarmé, poeta adulado por seu amigo Vittorio Pica). Uma clivagem semelhante entre os dois pensadores se esboça à respeito do *imperativo categórico* kantiano: Croce recusa uma interpretação puramente formalista da moral kantiana (cf. sua carta de 23 de novembro de 1898), enquanto Gentile defende com unhas e dentes o formalismo puro não apenas da lei moral kantiana, mas do conjunto da filosofia de Kant (cf. sua carta de 24 de novembro de 1898)[22]. Podemos encontrar diferenças de tom um pouco por toda parte. O subjetivismo extremo de Gentile, pronto para arruinar tudo que lembra a materialidade do mundo (principal assombração para o idealista que ele era), o encoraja a celebrar "a vacuidade pura da forma kantiana"[23], portanto, uma concepção das categorias filosóficas depurada de toda marca sensível; Benedetto Croce, ao contrário, enfatiza a filosofia como "*Memento, homo*"[24], como "consciência-de-si da humanidade", ou seja,

---

21 B. Croce, *Lettere a Giovanni Gentile*, p. 27.
22 G. Gentile, *Lettere a Benedetto Croce*, volume primo, p. 139.
23 Ibidem p. 131.
24 B. Croce, *Lettere a Giovanni Gentile*, p. 29.

como condensado da experiência da humanidade num certo momento de sua história.

Os vinte e cinco anos que separam essas primeiras distinções do momento da ruptura (que ocorreu em 1924) constituíram um período de intensa colaboração, resultando, algumas vezes, até em osmose (Croce confessa que, ao publicar seus escritos, sempre lhe vinha o pensamento: *che cosa ne dirà l'amico Gentile?* – o que dirá o amigo Gentile?[25]), mas também um lapso de tempo no qual as divergências iriam se acentuar. Os confrontos, que tiveram por muito tempo um caráter puramente filosófico, foram transferidos, com a instauração do fascismo, para o terreno da política, no momento em que o combate de Croce contra o "idealismo atualista" revelou todas as consequências desse pensamento para a vida prática. Por duas décadas, a vida intelectual italiana será o teatro de uma luta ferrenha entre o liberalismo de Croce e o pró-fascismo de Gentile. Uma grande amizade filosófica havia cedido lugar a um conflito aberto. É justamente essa conversão de uma oposição que julgávamos puramente filosófica ("lógica das distinções" contra "filosofia do ato puro") em um conflito ideológico e político, de consequências graves para o destino da Itália, o que nos parece singularizar as relações entre Croce e Gentile na paisagem da filosofia europeia. Sem dúvida, a metamorfose das relações entre Heidegger e Jaspers também teve como pano de fundo o advento de um acontecimento político decisivo: o triunfo do nacional-socialismo. Mas não podemos dizer que suas divergências filosóficas (menos fortes e menos significativas do que as de Croce e Gentile) tiveram a mesma amplitude e a mesma visibilidade pública que teve a polêmica dos dois pensadores italianos.

Croce levou tempo para se dar conta de que o "misticismo" que ele havia detectado na filosofia do "ato puro" a partir de 1913 conduzia, no terreno da política, a uma espécie de irresponsabilidade ética. Mas o profundo mal-estar que

---

25 Ibidem, carta de 16 de setembro de 1902, p. 123.

ele sentiu muito cedo face ao "idealismo atualista" de Gentile, tão louvado por seus discípulos, tomou rapidamente, nas condições de um regime fascista, um giro ideológico e político. Gentile, por sua vez, profundamente engajado na política do Duce, procurou criticar em Croce o caráter "contemplativo" e "intelectualista" de sua filosofia, que o condenava, na sua opinião, à inutilidade e à incompreensão dos imperativos da história. *La filosofia delle quattro parole* (A Filosofia das Quatro Palavras) era o título sarcástico de um texto que ele publicou em 1938 em sua revista *Giornale critico della filosofia italiana*, visando a célebre "lógica das distinções" de Croce, que foi profundamente afetado por esse ataque, pondo em causa o que ele considerava como o fundamento de uma verdadeira filosofia do espírito.

É impressionante observar que as conotações éticas já estavam presentes desde o início do confronto. Durante a primeira disputa na revista *La Voce*, em 1913, Croce enfatizou "o indiferentismo teórico e ético" que emanava da filosofia do "idealismo atualista"[26]. Gentile replicou apontando o caráter "melancólico" do pensamento de Croce[27]. Mas este não tardou em alegar que o respeito à especificidade das diferentes atividades do espírito (o pensamento e a vontade, a atividade utilitária e a atividade ética, a arte e a atividade conceitual), além da consideração pelo peso do mal e do erro na dialética da vida (sem sufocar essa riqueza categorial na indistinção do "ato puro", e sem se entregar a uma espécie de exaltação artificial, num frenesi jubiloso e vazio), eram formas de agir em acordo com o que há de *consciencioso* na vida. À "comédia dos erros" do *idealismo atualista*, Croce opunha uma concepção "trágica" da vida, que mede o peso da negatividade e renega o "otimismo beato"[28] emanado da dialética fosforescente e do subjeti-

---

26 Idem, Una discussione tra filosofi amici: Intorno all'"idealismo attuale", *Conversazioni critiche*, Serie seconda, Bari: Laterza, 1924, p. 82.
27 Giovanni Gentile, *Intorno all'idealismo attuale*, in *Frammenti di Filosofia, Opere complete*, LI-LII, Firenze: Casa editrice Le Lettere, 1994, p. 52.
28 B. Croce, Una discussione tra filosofi amici..., op. cit., p. 88.

vismo impenitente de Gentile. Detecta-se, já nessa primeira querela, uma antecipação daquilo que vai opor, com perseverança, o filósofo do "ato puro", adepto da dinâmica fascista e da abolição dos valores do liberalismo e da democracia, ao defensor inflexível do pensamento *crítico*, que pretendia salvaguardar os valores da liberdade através de uma filosofia das distinções e que recusava a dissolução do pensamento na vontade e da arte na filosofia.

Se Croce desconfiou desde cedo do "idealismo atualista", Gentile expressou uma grande resistência à "lógica das distinções", desde o seu início. A reforma da filosofia hegeliana, que cada um desenvolveu do seu lado, tinha um caráter bem diferente. Ao receber o livro de Croce sobre Hegel, Gentile se entusiasma com os primeiros três capítulos (admirador de Bertrando Spaventa, ele não poderia deixar de reverenciar a potente valorização do princípio da "síntese dos contrários"), mas não disfarça sua "perplexidade"[29] diante daquilo que formava o núcleo da crítica de Croce a Hegel: a repreensão por não ter dado atenção suficiente à especificidade e à autonomia das diferentes atividades da consciência. Podemos tratar a arte como um grau inferior da filosofia, ignorando assim sua originalidade irredutível, que lhe confere um *status* diferente mas igual à filosofia? – perguntava Croce com justeza. Ele exigia assim a atribuição de um lugar de honra para a "lógica das distinções" no sistema de categorias do espírito, e recusava o absoluto da "lógica dos contrários" (na qual ele continuou a reconhecer um valor fundamental). Gentile não podia segui-lo por esse caminho, que lhe parecia colocar em perigo a unidade do espírito (sacrificado pelas "distinções"), pois, segundo ele, o "ato intelectivo" é onipresente no trabalho da consciência, seja na atividade volitiva (prática), estética ou cogitativa. Ao falar da arte, por exemplo, Gentile considera que o essencial na criação artística é a "filosofia do artista". Croce tenta convencê-lo,

---

29 G. Gentile, *Lettere a Benedetto Croce*, volume secondo dal 1901 al 1906, carta de 12 maio de 1906, p. 269.

em vão, de que a atividade estética se desenvolve sobre um outro plano que a atividade conceitual ou reflexiva, de que há na criação artística uma "divina *bestialidade*" (ele emprega de propósito essa fórmula provocativa numa carta a Gentile de 26 de abril de 1909, lembrando da fórmula memorável de Flaubert: as obras-primas são *bestas**)[30]; ele explica que a filosofia é "dissolvida e esquecida" na imanência estética da obra. Mais tarde, em 1931, quando Gentile publica a sua *Filosofia da Arte*, Croce o ataca com violência, ao denunciá-lo como *homo anaestheticus* por excelência[31].

Gentile se propunha a corrigir Hegel de um outro ponto de vista. A reforma da dialética hegeliana que ele apresentava era construída sobre a ideia de que o hegelianismo não atinge uma verdadeira "filosofia da imanência", mais precisamente, que ele conserva muitos resíduos de transcendência objetiva (a própria noção de "Ideia" em Hegel lhe servia de exemplo). Ele rejeitava o conceito de uma dialética objetiva, que transgrediria a imanência da consciência: Hegel se equivocou, escreve Gentile a Croce, ao fazer o elogio da dialética de Platão e ao celebrar diálogos como *Parmênides* ou *Sofista*[32]. Croce assistia com consternação a esse turbilhão de subjetivismo que queimava em seu caminho a riqueza categorial do real. O fichteanismo exasperado de Gentile lhe parecia, sem dúvida, uma forma de misticismo (cujo objetivo era justamente a abolição das distinções), associado a um panlogismo (pois Gentile desconhecia tanto a autonomia da arte quanto a especificidade da vontade moral) e a um "fenomenismo protagoriciano" (o real era dissolvido no arbitrário subjetivo). Durante a guerra, Croce apresenta as consequências políticas das suas divergências filosóficas (Croce era neutralista, Gentile,

---

* Bestas e bestialidade mais no sentido da selvageria ou do vigor da animalidade do que da estupidez. (N. da T.)

30 B. Croce, *Lettere a Giovanni Gentile*, p. 351.

31 Idem, A proposito di una filosofia dell'arte, *Conversazioni critiche*, Bari: Laterza, 1951, serie quarta, p. 336-341

32 Cf. G. Gentile, *Lettere a Benedetto Croce*, volume quarto, dal 1907 al 1914.

intervencionista): "A diversidade de nossa atitude política" – escreve Croce a Fausto Nicolini no dia 28 de novembro de 1917 – "resultou da diferença de nossos temperamentos, ou melhor, de nossos conceitos sobre o filosofar. Eu puxo a filosofia para a terra, ele é místico, volta-se para o céu."[33]

Croce se opunha com todas as suas forças à dissolução das categorias do real no "ato puro" da consciência, mas poderia ter se perguntado se seu próprio idealismo filosófico não teve uma parcela de responsabilidade nessa forte subjetivação do real. Ele mesmo havia designado os conceitos da ciência como "pseudo-conceitos" e havia tratado a matéria como uma simples construção do espírito. Gentile, por sua vez, havia acolhido favoravelmente a seção da *Lógica* em que Croce empreende a dissolução do conceito de natureza no automovimento soberano do espírito. Pode-se observar que, durante sua longa atividade filosófica, os dois pensadores italianos deixaram totalmente de lado a obra do seu contemporâneo Nicolai Hartmann; eles apenas cruzaram com ele, Croce no congresso de filosofia de Oxford, em 1930, Gentile no congresso Hegel de Berlim, em 1931. Ora, o realismo ontológico de Hartmann implicava um questionamento radical do "espiritualismo absoluto" do italiano.

Os eventos políticos precipitaram a ruptura. No dia 31 de maio de 1923, Gentile se dirige ao partido fascista, enviando uma carta aberta a Mussolini (sem prevenir Croce de sua decisão). Croce, por sua vez, antes de 1924-1925, teve um período de hesitação na sua atitude em relação ao fascismo; ele apoiou a reforma da escola defendida por Gentile, quando este foi ministro da Instrução Pública no governo de Mussolini, e, como senador, deu (não sem uma "luta interior") seu voto de confiança ao governo, no dia 26 de junho de 1924; ele anota em seu *Diário*, entre 24 e 26 de junho de 1924, que Mussolini teria inclusive considerado lhe atribuir o cargo de ministro, até então ocupado por Gentile, mas

---

33 Carta de Croce a Nicolini, citada por Gennaro Sasso em In margine alla discussione tra "filosofi amici", volume *Filosofia e idealismo*, I, *Benedetto Croce*, Napoli: Bibliopolis, 1994, p. 524 (nota).

que este lhe teria desaconselhado, invocando o "estado de espírito" de Croce, gesto de dissuasão que o interessado agradeceu[34]. Após o assassinato de Giacomo Matteotti, a escalada poderosa da ditadura fascista abriu em definitivo os olhos de Croce, e enquanto Gentile se mostrava cada vez mais fervoroso em favor do "radicalismo e extremismo fascista"[35], a ruptura se tornou inevitável; ao final de 1924, ela estava consumada.

A tentativa de confiscar a herança liberal do Risorgimento*, para integrá-la à força no fascismo, estabelecendo uma continuidade entre ambos, provoca uma reação muito viva por parte de Croce. Enquanto aparece o Manifesto dos intelectuais fascistas, redigido por Gentile em 21 de abril de 1925, Croce responde com seu célebre "protesto" publicado no primeiro de maio seguinte, o que o coloca na linha de frente da luta antifascista italiana e europeia. Mas nossa atenção está sempre retida na conexão entre as divergências filosóficas e a ruptura política. A última carta de Croce a Gentile, de 24 de outubro de 1924, remete explicitamente a essa conexão, ao atestar que o seu antigo dissenso filosófico se convertera em desacordo político, sendo este naturalmente mais "áspero"[36].

Por duas décadas, até a morte de Gentile, Croce se valeria de todas as oportunidades para levantar, nas páginas da sua revista *La Critica*, um combate sem trégua à doutrina filosófica e política do ex-amigo. A teoria do "Stato etico", e mais genericamente a "estadolatria" de Gentile, pilar de seu engajamento fascista, encontram em Croce um adversário irredutível; ele as denuncia sem parar como um atentado contra a "virilidade do cidadão", como um meio de sufocar

---

34 Benedetto Croce, *Taccuini di lavoro, 1917-1926*, ed. cit., p. 373-374.
35 Cf. carta de Croce sobre Gentile, enviada a um amigo desconhecido, datada de 30 de julho de 1925, em *Epistolario I* (1914-1935). *Lettere curate dell'autore*, Napoli: Istituto Italiano per gli Studi Storici, 1967, p. 118-121.
* Movimento de reunificação italiana, ocorrido após a derrota napoleônica e o Congresso de Viena que se lhe seguiu em 1815 e a instauração da capital em Roma, em fevereiro de 1871. (N. da T.)
36 B. Croce, *Lettere a Giovanni Gentile*, p. 670.

a liberdade de consciência, fundamento de uma sociedade liberal e democrática. Sobre um ponto central de sua oposição filosófica, Croce se mostra particularmente intransigente, pois ele o considera como a razão principal da ruína política sofrida por Gentile. Tratava-se da distinção entre "pensamento" e "ação". Tal distinção é um condensado de suas antinomias. Ao identificar o pensamento com a ação e ao contestar assim a autonomia do trabalho do pensamento em relação à vontade prática, Gentile suprimia, segundo Croce, os critérios do verdadeiro e do falso, do bem e do mal: com seu *fiat* puro, onde o pensamento era dissolvido na ação, ele abria a porta para um ativismo sem pontos de referência e sem discernimento, cujo corolário era a irresponsabilidade ética. Croce via no "ato puro" de Gentile, que rejeitava por princípio a ideia de um trabalho prévio de reflexão como fundamento da ação prática, ao afirmar, ao contrário, que a ação é criadora de seu próprio fundamento (Gentile era um "antifundacionalista" *avant la lettre*![37]), um ato místico, um *fiat* irracional, cujas consequências práticas não podiam deixar de ser desastrosas. O isomorfismo com as especulações teológicas parecia evidente para Croce; no que lhe diz respeito, ele defendia uma filosofia rigorosamente "mundana". E é verdade que Gentile, ao pregar a proximidade da religião e da filosofia, se mostrou bem mais próximo à religião do que Croce, cujo texto famoso *Porque Não Podemos Não Nos Considerarmos Cristãos* tinha uma finalidade basicamente *ética*.[38]

É significativo que Benedetto Croce fez o mesmo julgamento sobre Gentile e Heidegger, ao considerar que ambos teriam cometido o mesmo erro filosófico com consequências políticas catastróficas (nós o designamos com o vocábulo "antifundacionalismo"). Ele estabelece explicitamente

---

37 Cf. a réplica de Gentile em sua revista *Giornale critico della filosofia italiana*, 1928, p. 233-234, réplica ao texto de Croce, *Filosofia come vita morale e vita morale come filosofia*, retomado em *Frammenti di filosofia*, ed. cit., p. 266-268.

38 *La Critica*, 20 de novembro de 1942.

essa relação em uma resenha crítica de 1940 dedicada ao livro *Vom Vorrang des Logos*, de Ernesto Grassi[39]. Grassi era um adepto do "idealismo atualista" de Gentile; foi à Alemanha para assistir aos cursos de Heidegger (do qual se tornou discípulo e comentador), mas, em seu livro, buscava estabelecer pontes entre esses pensadores e Croce. A reação deste último foi muito negativa. Um abismo, dizia ele, separava seu pensamento dos de Heidegger e Gentile. O autor de *Vom Vorrang des Logos* fazia o elogio de Heidegger e Gentile por terem ultrapassado em definitivo a teoria do conhecimento como *adaequatio rei et intellectus*. Croce, da sua parte, demonstrava que a ultrapassagem da dualidade sujeito-objeto é ilusória, pois tanto Heidegger como Gentile mergulhavam o objeto numa unidade "ora transcendente, ora mística", desenvolvendo uma filosofia fortemente impregnada de teologia ("di forte impronta teologica"): ambos filósofos não passariam de últimas e cansadas derivações da pior componente inferior do idealismo do início do século XIX ("ultime e stanche derivazioni della parte deteriore dell'idealismo del principio dell'ottocento"). E Croce vincula, à guisa de conclusão, a "vacuidade e a esterilidade" dessas filosofias a suas consequências nefastas *in politicis*, e os dois filósofos à pretensão também nefasta "de se tornarem conselheiros e educadores políticos de seus povos".[40] A coragem cívica e a independência de espírito não faltaram a Croce; essas linhas foram escritas e publicadas na revista *La Critica*, em 1940, no momento em que a Itália fascista e sua aliada, a Alemanha nacional-socialista, estavam no auge de seu poder.

A reconciliação se tornou impossível entre os dois pensadores que encarnaram duas Itálias diferentes, um, a Itália do fascismo, e o outro, a Itália do liberalismo e da democracia. Um dedicou uma admiração por Mussolini que foi da fidelidade à devoção, o outro não parou de alimentar

---

39 Cf. *La Critica*, 1940, p. 39-41, texto retomado em *Pagine sparse*, volume terzo..., Napoli: Riccardo Ricciardi, 1943.
40 Ibidem.

um profundo desprezo pelo ditador e seus efeitos retóricos. Após a morte de Gentile, Croce disse, no entanto, que, no momento do colapso do fascismo, a esperança de reencontrar seu ex-amigo, após a guerra, no caminho dos estudos e da reflexão, teria retornado. O fantasma de um Gentile desencantado, livre de sua aventura sinistra e de volta à via do pensamento, floresceu em Croce no momento em que a sorte do fascismo foi selada. Mas Gentile desabou junto ao regime que sustentou até o último momento (ao intervir no sentido de cessar as cobranças indevidas e as torturas praticadas pelos histéricos da República de Salò).

Durante toda sua atividade, Benedetto Croce sempre expressou uma hostilidade contínua a tudo que lhe parecia um desvio ou uma perversão da consciência moral ou da integridade do pensamento. Desde o início, ele detectou os erros do "idealismo atualista", e lançou-lhe um combate reconhecidamente salutar por mais de trinta anos. Com a mesma energia, travou uma luta contra o irracionalismo alemão, contra Spengler e Houston Stewart Chamberlain, contra Ludwig Klages e Heidegger, e mesmo contra Schopenhauer e Nietzsche, pensadores aos quais negava uma real envergadura especulativa. Espírito autenticamente goethiano, ao integrar em seu pensamento vários aspectos da herança hegeliana, autor de uma obra filosófica considerável, ele retomou a grande chama do humanismo europeu e defendeu sua causa com rigor e perseverança por mais de cinquenta anos, inclusive durante o mau tempo que pairou sobre a Europa em meados do século XX.

CARL SCHMITT: ENTRE CATOLICISMO
E NACIONAL-SOCIALISMO

Carl Schmitt, jurista e teórico do político, detém um lugar especial entre os intelectuais alemães da época de Weimar – o filósofo Martin Heidegger, o poeta Gottfried Benn, o antropólogo de formação filosófica, Arnold Gehlen, o sociólogo Hans Freyer – que deram apoio ao regime nacional-socialista: foi ele quem mais se engajou a favor de Hitler. Continuamos a nos perguntar sobre os motivos que levaram esse fino analista do parlamentarismo e da especificidade do político, autor de uma importante *Teoria da Constituição* (1928), de trabalhos notáveis sobre a teoria de Estado e, além do mais, católico fervoroso, a se vincular, em 1933, ao campo do nazismo. Existe uma relação de continuidade entre as ideias que desenvolveu em seus escritos dos anos de 1920 e início da década seguinte, ideias que lhe asseguraram uma grande audiência na época de Weimar, e a contribuição ideológica trazida ao regime nacional-socialista, ou se trata

341

de uma verdadeira mutação ocorrida em seu caminho intelectual? Sua adesão ao nacional-socialismo é a consequência de uma longa pré-história, o resultado de um amadurecimento progressivo de suas ideias, ou um salto imprevisto e sem relação com o movimento interior de seu pensamento?

A resposta a tais questões vai muito além do caso de Carl Schmitt. A ruptura com o passado não se impõe sempre como uma evidência e, em certos casos, será preciso admitir que o engajamento nazista não surgiu *ex nihilo*, mas tem raízes numa multiplicidade de correntes da vida intelectual europeia, e que ele é a sequência lógica e o resultado de uma tradição de pensamento bem definida.

Na formação de Schmitt, tiveram papel importante as correntes de pensamento que parecem bem afastadas do pan-germanismo nazista: o catolicismo de Léon Bloy e os escritos do jovem Georges Bernanos, a teoria do mito de George Sorel, a doutrina política do espanhol Donoso Cortés, o expressionismo de Theodor Däubler e o estetismo de Barbey d'Aurevilly.

O fio condutor dos escritos publicados por Schmitt nos anos de 1920-1930 é a polêmica contra o pensamento "técnico-econômico" sobre a sociedade, quer dizer, a concepção liberal do mundo, tal como se impôs no século XIX, mas também o marxismo, cujo fundador é considerado o "grande clérigo do pensamento econômico". A acusação capital de Schmitt para a concepção econômica da sociedade é que ela contribuiu vigorosamente para a "secularização" das relações sociais, retirando do princípio da "representação" a aura com a qual ele estava envolvido no catolicismo. Com o triunfo liberal de uma concepção puramente "contratual" da vida em sociedade, o Estado foi transformado em simples auxiliar das relações econômicas, o que se tornou, aos olhos de Schmitt, sinônimo de "despolitização" ou de "neutralização" das instituições dirigentes.

O ataque ao liberalismo e à democracia eleitoral se baseia na contestação do que Schmitt considera como seus fundamentos histórico-espirituais. Em sua obra *Catolicismo*

Romano e Forma Política, de 1923, ele destaca uma oposição entre o mundo moderno do capitalismo e do socialismo, regido pelo espírito de cálculo e pela hegemonia dos valores econômicos e o mundo do catolicismo, no qual as ideias de representação, de autoridade e de hierarquia, apoiadas na transcendência, conservam seu poder constituivo. Em alguns de seus primeiros escritos – seus estudos sobre o grande poema de Theodor Däubler, "Das Nordlicht" (A Luz do Norte)*, publicados em 1916, ou seu ensaio sobre o catolicismo romano –, há uma severa condenação da modernidade. O triunfo do pensamento utilitário e funcional neutralizou a política feita em nome da *Ideia*, substituindo a figura do padre, portador da mensagem do Cristo, por aquela do funcionário ou do comissário do pensamento republicano, que age segundo normas impessoais. Os eleitos pelo povo são designados em virtude de transações e de combinações de bastidores, e conforme critérios puramente utilitários ou econômicos. A "causa do povo" não é mais uma *Ideia*, mas uma *Coisa*: o sistema dos conselhos proletários é designado com a "expressão-limite" do pensamento econômico sobre a sociedade, pois neste sistema os delegados são agentes ou mensageiros sempre substituíveis, produtores, portadores de um "mandato imperativo", "servidores administrativos do processo de produção" (*administrative Bediente des Produktionsprozesses*)[1]. O "romantismo anticapitalista" de Carl Schmitt se expressa tanto em seu desprezo por esse rebaixamento dos valores na modernidade, sinônimo de desespiritualização e de transformação dos valores políticos em simples auxiliares dos econômicos (a burguesia liberal, instalada na "poltrona das conquistas" de 1789, foi a portadora dessa degradação de que o movimento proletário se tornou herdeiro), quanto na sua nostalgia de uma verdadeira "política", que não se

---

* Cf. *Theodor Däublers "Nordlicht": Drei Studien über die Elemente, den Geist und die Aktualität des Werkes*, 1916. (N. da T.)
1 Carl Schmitt, *Römischer Katholizismus und politische Form*, Stuttgart: Klett Cotta, 1984, p. 44-45.

deixa rebaixar pelo jogo dos cálculos puramente materiais, mas se inspira numa *Ideia* e se enraíza numa *transcendência*, conforme o exemplo do catolicismo romano. Schmitt faz assim o elogio do "conceito aristocrático do segredo", pois o "*Arcanum*, o segredo, pertence a toda grande política"[2], e uma sociedade que não mais conhece a "diplomacia secreta" e a hierarquia está condenada à indigência política.

O triunfo do pensamento liberal a partir do século XIX, fazendo da concorrência econômica e da liberdade individual os princípios da organização social, teria contribuído fortemente, segundo Schmitt, para a desagregação do sentido de Estado e, finalmente, para a atrofia dos valores especificamente políticos. Ele retoma, num contexto específico, a distinção entre liberalismo e democracia, exigindo que a democracia seja desembaraçada de sua "ganga liberal". Os princípios liberais da liberdade individual, do contrato e da concorrência sancionam o pluralismo e a heterogeneidade das formações associativas, o que leva à decomposição da unidade e da homogeneidade do tecido social, que são, aos olhos de Schmitt, o fundamento da "democracia", na acepção particular que dá a esse conceito.

Na base do pensamento liberal se encontraria uma antropologia otimista, que acredita na perfectibilidade do ser humano, no poder da razão para fazer evoluir a conduta do homem, e portanto no valor do debate e da convicção que advém da persuasão. O parlamentarismo, expressão política maior do liberalismo, está justamente fundamentado sobre os princípios do debate e das decisões tomadas após o confronto de pontos de vista diferenciados. Carl Schmitt põe em causa as grandes insuficiências e as carências do parlamentarismo, sublinhando que por detrás da fachada dos debates e confrontos de ideias escondem-se os interesses partidários e das forças econômicas. Mas também coloca em questão o fundamento da democracia liberal, o princípio do voto secreto e da decisão majoritária do escrutínio secreto, pois

2 Ibidem, p. 58.

este aqui lhe aparece como a expressão típica da "privatização" da vida social; o eleitor, isolado na cabina de votação, é o indivíduo atomizado, dissociado da comunidade à qual pertence. "A decisão majoritária pelo escrutínio secreto tende, necessariamente, ao grau zero da decisão política", escrevia ele num texto publicado em 1928 e intitulado *O Estado do Direito Burguês*, exprimindo assim seu desapreço pelo *elezionismo** que o fascismo italiano havia denunciado na mesma época como sistema político ultrapassado.

O que Carl Schmitt propõe contra as representações humanitárias ou moralistas da política, fundadas sobre uma antropologia humanista de tipo rousseauniano? Propõe uma concepção eminentemente "realista" do político, cuja pedra angular é a famosa distinção amigo-inimigo. A especificidade das atividades políticas não poderia ser encontrada a não ser dissociando-as tanto dos condicionamentos econômicos como dos valores éticos. Segundo ele, a política tem caráter existencial, não normativo ou axiológico. Uma força social age politicamente não em virtude de um programa, de um sistema de valores ou de normas, mas de um poder de atração ou de repulsão face a outras forças. Uma tal concepção existencial da política identifica motivações infrarracionais na base de um ato eminentemente político – a guerra, por exemplo –, que será o resultado de uma ação de repulsa que não se deixará explicar por oposição de valores ou de mentalidades. "Com normas éticas ou jurídicas não se pode fundamentar guerra alguma".[3]

A antropologia que está por trás da concepção schmittiana da política é a do homem como ser "perigoso", vivendo numa relação irredutível de tensões com seus semelhantes. Ocorre a Schmitt citar elogiosamente (por exemplo, na

---

* Denominação dada à prática de convocar consultas populares com intuitos demagógicos, visão crítica que, no caso do fascismo, abrangia qualquer consulta por voto universal e secreto. (N. da T.)

3 Der Begriff des Politischen (O Conceito do Político), no volume Positionen und Begriffe, Berlim: Duncker & Humblot, 1988, p. 74. (Ed. bras.: Belo Horizonte: Del Rey, 2009)

segunda edição de *Conceito do Político*, de 1932) o ponto de vista de Helmuth Plessner sobre o homem, considerado como um "ser que primariamente toma distância" (*ein primär Abstand nehmendes Wesen*)[4]. Mais profundamente, ele se apoia por vezes na concepção cristã do "pecado original" que postula a graça divina como única via de salvação, e dela tira a conclusão de que o homem encontra-se na impossibilidade de chegar, pela dialética de suas próprias forças, a um estado de paz e segurança.

Uma tal antropologia pessimista é dirigida contra as ilusões pacifistas sobre a possibilidade de suprimir a guerra nas relações interestados e, mais genericamente, contra a crença de que uma regulamentação racional das relações humanas seja possível.

O emaranhado de considerações antropológicas, ou mesmo metafísicas, do pensamento político é notável em Carl Schmitt. Seu adversário permanece o pensamento liberal (e nas entrelinhas, o pensamento marxista), que, por sua concepção econômica ou ética da sociedade, por sua glorificação do indivíduo autônomo (*privado*, diz Schmitt) e por sua confiança na validade das instituições fundadas na soma das vontades, conduzira à dissolução do tecido social e ao enfraquecimento do Estado e da vontade política.

A experiência social do fascismo italiano é seguida com grande interesse por Schmitt; disso dão testemunho os diferentes textos publicados nos anos de 1920 e, particularmente, o artigo que ele consagra em 1929 ao livro de Erwin von Beckerath, *Essência e Devir do Fascismo Italiano*. Carl Schmitt está convencido de que o poder de Mussolini reabilitou "a dignidade do Estado" e claramente deu preferência à "unidade nacional" contra o "pluralismo dos interesses econômicos" que cateriza as sociedades de tipo liberal. A experiência do fascismo que reabilitava o "Estado forte", capaz de impor, graças a seu aparelho, a vontade da coletividade nacional contra os interesses divergentes dos

---

[4]. Ibidem, p. 65.

grupos sociais, suscitava sua aprovação e ele concluía por uma convergência entre "fascismo e democracia", em nome de uma suposta recusa comum dos valores da sociedade liberal.

Partindo da ideia de que a democracia está baseada na "homogeneidade do corpo social", na "identidade entre governantes e governados", Schmitt nega a uma sociedade politicamente pluralista, expressão de uma multiplicidade e de uma heterogeneidade das forças sociais, a qualidade de democrática. Em seu artigo sobre o livro de Beckerath, ele reitera sua crítica ao princípio de eleição baseado no voto secreto e universal que, na verdade, enquanto soma de vontades individuais privadas asseguraria "os desejos e os ressentimentos incontroláveis das massas". "O soberano desaparece na cabina de votação"[5], observa desdenhoso. Por outro lado, expressa sua preferência pela democracia plebiscitária, na qual o povo se pronuncia pelo sim ou pelo não e designa seus chefes por aclamação. O princípio da lista única de candidatos proposto pelo regime vigente não o choca; ao contrário, vê nele um método legítimo de uma sociedade fundada na homogeneidade do corpo social. A democracia, segundo ele, está mais próxima do "verdadeiro nacionalismo", ou do princípio do serviço militar obrigatório, e do fascismo, portanto, que da atomização do corpo social nas sociedades liberais. O democrata de tendências cesaristas (cita como exemplo Salústio!) lhe parece o tipo social preferível. Por consequência, Schmitt não vê incompatibilidade entre fascismo ou bolchevismo e *democracia*, pois todos esses regimes teriam por base um Estado forte, que funciona como um *terceiro* superior e exprime a vontade política homogênea da coletividade.

A crítica do parlamentarismo, de que Schmitt denuncia a subserviência aos interesses dos grupos de pressão ou a "grupos anônimos", e o elogio *sui generis* que faz da "democracia", um contrapeso, a seus olhos, da sociedade liberal, lhe valeram a atenção de pesquisadores dispostos

---

5 Ibidem, p. 111.

a buscar ali uma convergência com a posição dos críticos "de esquerda" do liberalismo burguês. Durante os dois últimos decênios, muitas tentativas de aproximação entre as ideias de Carl Schmitt e as posições de esquerda foram feitas, primeiramente na Itália, depois nos Estados Unidos, na Alemanha e mesmo na França. Um estudo publicado em 1986 por uma politóloga americana, Ellen Kennedy, se propunha até mesmo a identificar as conexões entre Carl Schmitt e a Escola de Frankfurt. A tese de Ellen Kennedy era a de que a influência de Schmitt teria sido exercida não apenas sobre os escritos dos anos de 1920-1930 de pensadores de esquerda como Otto Kirchheimer ou Franz Neumann, mais tarde colaboradores do Institut für Sozialforschung de Frankfurt, mas que sua crítica do parlamentarismo e do liberalismo teria marcado até mesmo os trabalhos de Jürgen Habermas, publicados nos anos de 1960-1970. O ensaio de Ellen Kennedy, que traz o subtítulo significativo "Deutsche Liberalismuskritik im 20 Jahrhundert" (Crítica Alemã do Liberalismo no século XX), foi publicado na revista *Geschichte und Gesellschaft*, e logo despertou uma forte polêmica, tendo a autora atraído a fúria de Martin Jay (que intitulou seu texto como *Os Extremos Não se Tocam*), de Alfons Söllner e de Ulrich K. Preuss. Quanto a Jürgen Habermas, ele precisou sua posição sobre o assunto com um artigo publicado no *The Times Literary Supplement* de 26 de setembro de 1986, e o retomou em seu opúsculo *Eine Art Schadensabwicklung* (Um Tipo de Reparação de Dano), publicado pela editora Suhrkamp em 1987[6].

A recuperação de Carl Schmitt por uma certa "esquerda" intelectual continua muito ativa nos Estados Unidos, onde o grupo dirigente da revista *Telos* (que nos anos de 1960 e de 1970 aparecia como publicação da esquerda marxizante independente) se dedica, desde o número que lhe consagrou em 1987, a demonstrar a fecundidade de suas ideias, tendo

---

6 Jürgen Habermas, Die Schrecken der Autonomie, *Eine Art Schadensabwicklung*, Frankfurt: Suhrkamp, 1987, p. 103-114.

em vista a apreensão realista de um fenômeno político contemporâneo. O fato de Walter Benjamin ter demonstrado um admirado interesse pelas obras de Schmitt, tais como *Teologia Política* (1921) e *A Ditadura* (1922), frequentemente é utilizado como argumento em favor da tese da "polissemia" da obra do autor alemão. Existe até mesmo uma carta de Benjamin para Schmitt, datada de 8 de dezembro de 1930, evocada com a mesma intenção. Se sua obra pôde seduzir um eminente representante da esquerda intelectual alemã como Benjamin, é que ela não se deixa reduzir a uma simples expressão do pensamento da direita "protonazista".

A chave das controvérsias que persistem atualmente em torno de Schmitt, um pouco em todo o mundo ocidental (pois, há alguns anos, assistimo a uma verdadeira floração de estudos a seu respeito, sobretudo na Alemanha, mas também na França e nos Estados Unidos), encontra-se no exame das relações entre os dois primeiros períodos de sua atividade: o período dos anos de 1920 e início dos de 1930 (portanto, a época de Weimar) e a época nazista, quando Schmitt se tornou um turibulário ou mesmo um *Kronjurist* (jurista da coroa) do Terceiro Reich.

A tendência mais difundida entre os admiradores de Schmitt é a de insistir sobre o *corte* havido em sua obra na sequência de sua ligação com o regime nazista. Para eles, trata-se de rebater a tese "continuista" (a expressão pertence a Jean-François Kervegan[7], um dos adversários mais resolutos dessa tese) e de demonstrar que existe na obra de Carl Schmitt, anterior a 1933, e posterior a 1936 (ano em que foi objeto de ataques do jornal da ss, *Das Schwarze Korps*) um potencial riquíssimo de ideias válidas, que de modo algum seria afetado por sua adesão ao nacional-socialismo. Nessa visão, a própria adesão de Schmitt ao nazismo é considerada não como o resultado de um processo de radicalização ideológica, mas antes um ato de oportunismo.

---

7 Jean-François Kervegan, Actualité de Carl Schmitt? A propos de rééditions et publications récentes, em *Jus Commune*, 18, 1991.

Se, por outro lado, a tese continuísta viesse a se confirmar, caso se chegasse a demonstrar que o espírito de suas obras publicadas durante a época nazista (1933-1945), longe de marcar uma *ruptura*, se situa no prolongamento de seu pensamento anterior, numa radicalizão, então a coerência interior de sua *démarche* colocaria em evidência a responsabilidade de Schmitt no triunfo do nacional-socialismo[8].

Tal é a alternativa, mas na realidade as coisas são menos simples. Entre aqueles que veem em Carl Schmitt um "clássico" da teoria moderna do Estado e da Constituição, minimizando o alcance de seu comprometimento político, e aqueles que questionam as ideias diretivas de seu pensamento, nelas descobrindo as raízes de sua ligação com o nazismo, estabeleceu-se um combate sem tréguas.

Se nos situarmos no estrito plano da biografia, constatamos que Schmitt não manifestou simpatia particular pelo nacional-socialismo e pelo partido de Hitler antes da tomada do poder em 1933. À diferença de Heidegger, por exemplo, que sabemos perfeitamente ter manifestado sua simpatia pelo nacional-socialismo ainda em fins de 1931, senão antes, Carl Schmitt defendeu, quando do famoso *Preussenschlag* (o golpe de Estado na Prússia, em 1932), a causa do poder presidencial e suas prerrogativas como o último baluarte da Constituição de Weimar; num artigo publicado em 19 de julho de 1932, ele alertava para os perigos de uma tomada de poder pelo movimento de Hitler (ainda que sublinhasse o papel positivo que ele desempenhara até ali). Na época, Schmitt situava-se ao lado do general Schleicher, em quem via o homem do momento, e não ao lado de Hitler. Mesmo após ter aderido ao campo deste último e ao Partido Nazista, em 1º de maio de 1933, Schmitt desenvolveu

---

8 Numa recente obra, bastante volumosa, *Der Fall Carl Schmitt: Sein Aufstieg zum "Kronjuristen des Dritten Reiches"*, Darmstadt, Wissenschaftliche Buchgesellschaft, 1995, Andreas Koenen se apoia em uma vasta documentação para demonstrar a tese da continuidade entre a atividade de Schmitt em meio à "revolução conservadora" antes de 1933 e seus escritos em favor do nacional-socialismo, depois da tomada do poder pelo partido nazista.

uma atividade frenética em favor do novo regime, sem que possamos dizer, por isso, que tenha exercido, na qualidade de jurista muito conhecido, uma influência direta sobre a elaboração legislativa do Terceiro Reich.

Um outro elemento biográfico invocado com frequência a seu favor é o ataque de que foi alvo em 1936 por parte do *Das Schwarze Korps*. Schmitt contava com um bom número de inimigos entre os juristas reconhecidos do Terceiro Reich, que não deixavam de ver nele um rival temível e que nos excessos da ortodoxia nazista não se privavam de censurar-lhe as ambiguidades do passado. Foram alguns desses colegas invejosos que inspiraram os ataques publicados no jornal *Das Schwarze Korps*. Na sequência desses ataques, o *Kronjurist* perdeu certas funções oficiais. Contudo, graças à proteção de Hermann Göring, conseguiu conservar não só a cadeira na Universidade de Berlim, mas ainda seu título de conselheiro de Estado (*Staatsrat*). No prefácio do volume *Du Politique* (Do Político) que editou na Pardès, na série "Revolução Conservadora", Alain de Benoist afirma que Schmitt "renunciou à sua cadeira em 1936" e que abandonou igualmente todos os seus postos oficiais (p. xxvii). A afirmação, se fosse confirmada, permitiria reduzir a duração do engajamento político de Schmitt a "um episódio bastante breve" (Alain de Benoist) e falar até mesmo de uma "emigração interior" após 1936. Mas ela é contrária à realidade. À luz de suas peripécias biográficas, não podemos considerar o engajamento de Schmitt em favor do nacional-socialismo como um "breve compromisso com Hitler", assim como afirmava um artigo publicado no *Le Monde* em 1993, no qual se encontrava outra afirmação ainda mais espantosa: "se ele foi seduzido pelo fascismo, não faz o elogio do nacional--socialismo"! Ora, basta ler os textos reunidos pelo próprio Schmitt sob o título de *Positionen und Begriffe, im Kampf mit Weimar-Genf-Versailles, 1923-1939* (Posições e Conceitos, em Luta Contra Weimar-Genebra-Versailles, 1923-1929) para se dar conta não apenas de que seu engajamento em favor da política do Terceiro Reich vai muito além de 1936, mas que também existe uma continuidade em seu pensamento antes e depois de 1933.

Os aspectos biográficos de Carl Schmitt só nos interessam na medida em que nos permitam fazer a pergunta essencial sobre os vínculos de suas posições em favor do nacional-socialismo e os fundamentos de suas ideias. Um artigo recente publicado por Karl Graf Ballestrem, professor da Universidade Católica de Eichstätt, sob o título de *Carl Schmitt und der Nationalsozialismus*, evoca, pelo subtítulo, *Ein Problem der Theorie oder des Charakters?* (Um Problema de Teoria ou de Caráter?), o dilema entre uma explicação da adesão de Schmitt ao nazismo por razões pessoais e conjunturais (em primeiro lugar, o oportunismo) e uma explicação por razões mais profundas, que dizem respeito à própria estrutura de seu pensamento. Ballestrem pende para a segunda tendência e procura demonstrar a coerência do trajeto do pensamento de Schmitt[9]. O problema que se nos oferece é análogo ao proposto por Ballestrem. Nós buscamos compreender como alguém se torna um intelectual nacional-socialista. Como se chega a esposar a causa de uma ideologia tão repreensível e uma ruptura com as grandes tradições humanistas do Ocidente, quando se dispõe de uma formação intelectual que mergulha suas raízes no catolicismo romano e numa tradição de pensamento jurídico e político que remonta a Maquiavel, Jean Bodin e Hobbes?

Já mencionamos a posição adotada por Alain de Benoist, líder da Nova Direita francesa e diretor da revista *Krisis*, que minimiza o alcance do comprometimento de Schmitt em favor de Hitler, e contesta vigorosamente a ideia de que exista uma "espécie de continuidade lógica entre as posições adotadas por Schmitt antes e depois de 1933". "Ora, não há qualquer dúvida" – escreve ele no prefácio já mencionado –

---

9 Karl Graf Ballestrem, Carl Schmitt und der Nationalsozialismus, em Oscar W. Gabriel et al. (eds.), *Der demokratische Verfassungsstaat: Theorie, Geschichte, Probleme. Festschrift für Hans Buchheim Zum 70. Geburststag*, München: R. Oldenbourg, 1992, p. 115-132.

que tal continuidade é enganosa, assim como o demonstrará a sequência dos eventos. De formação católica e "romana", Carl Schmitt é, em particular, totalmente estranho à mística *Blut und Boden* (Sangue e Solo)*, assim como ao neorromantismo *völkisch*** ou ao racismo biológico.

É, como se vê, a imagem depurada de um Carl Schmitt *fashionable*, que Alain de Benoist deseja recuperar para a causa da revolução conservadora na França.

Mas é preciso lembrar que o ilustre jurista "totalmente estranho" ao racismo, segundo Alain de Benoist, havia tomado a iniciativa de organizar, em 1936, em Berlim, um grande congresso de juristas alemães, a fim de denunciar a influência funesta do espírito judaico na ciência alemã do direito. Em sua alocução introdutória, Schmitt exigia a criação de uma fundação científica para lutar contra o espírito judaico e tomava como programa as palavras do Führer: *Indem ich mich des Juden erwehre* [...] *kämpfe ich für das Werk des Herrn* (Ao defender-me do judeu, luto pela obra do Senhor). Saudava também o "grandioso combate do Gauleiter*** Julius Streicher", diretor da famosa publicação, de um antissemitismo furibundo, *Der Stürmer*, personagem temível do Terceiro Reich, e que ele teve o cuidado de convidar para o congresso. Lançado o *slogan* "Devemos liberar o espírito alemão das falsificações judaicas", multiplicava os ataques contra os juristas alemães de origem judia, obrigados ao exílio (Hans Kelsen, Löwenstein etc.), e pedia ao congresso para estabelecer um repertório sistemático de nomes de judeus na ciência alemã do direito, a fim de alcançar um "exorcismo salutar"[10].

---

* Expressão que se refere à ideologia racial, baseada na descendência e na territorialidade e bastante apropriada pelo nazismo. (N. da T.)
** Adepto radical do povo e dos valores germânicos, sinônimo de nazista. (N. da T.)
*** Chefe de região administrativa indicado pelo partido nazista e nomeado diretamente por Hitler. (N. da T.)
10 Carl Schmitt, Die deutsche Rechtswissenschaft im Kampf gegen den jüdischen Geist, em *Deutsche Juristen Zeitung*, 41, Heft 20, 15 de outubro de 1936, p. 1193-1199.

Devemos considerar a organização desse congresso como um simples episódio numa série de atos de vassalagem feitos por Schmitt, sem relação direta com as tendências mais profundas de seu pensamento? Devemos atribuir o fato de não ter reproduzido o relatório que fez ao congresso em sua coletânea *Positionen und Begriffe* (e onde figura, entretanto, um outro de seus textos mais engajados, *Der Führer schützt das Recht* – O Führer Protege o Direito –, escrito em 1934, para justificar o assassinato de Röhm e de seus companheiros) às origens puramente circunstanciais do texto? É o que sugere, em todo caso, um dos comentadores mais reconhecidos da obra de Schmitt, Helmuth Quaritsch, que procura ver ali um "simples instrumento na luta por influência e poder", à qual se teria entregado Schmitt no interior da hierarquia nazista[11].

A verdade é que o antissemitismo é manifesto na maior parte dos textos publicados por Schmitt nessa época, mais exatamente entre 1933-1939 (inclusive no livro sobre Hobbes, de 1938), e ressurge com virulência em notas redigidas após a Segunda Guerra Mundial, nos anos 1947-1951. Essas notas foram publicadas sob a forma de uma volumosa obra póstuma intitulada *Glossarium* (1991). A coisa mais chocante é que Schmitt associa estreitamente a denúncia dos malfeitos do espírito judaico com o processo geral que intentou após o início de sua atividade à mentalidade liberal e à ideologia do "Estado de Direito", mais precisamente com sua crítica do positivismo e do normativismo jurídicos. Tudo se passa como se o nacional-socialismo, com seu antissemitismo de princípio, houvesse permitido levar às últimas consequências as tendências já existentes em seu pensamento antes de 1933, dando-lhe a expressão mais acabada.

A hostilidade para com a hegemonia da "lei", ou mais exatamente a ideia de que a regulamentação jurídica dos conflitos sociais é impossível, é uma constante no pensamento

---

[11] Helmuth Quaritsch, *Positionen und Begriffe Carl Schmitts*, Berlin: Duncker & Humblot, 1989, p. 81.

de Schmitt. O século XIX, com a introdução do constitucionalismo liberal, caracterizado justamente pelo culto da lei e pela "neutralização" de fatores verdadeiros de decisão (a vontade soberana do monarca ou do chanceler, no caso da Alemanha de Bismarck), teria sido a terra nutriz do positivismo e do normativismo jurídicos. Assim, a verdadeira "legitimidade" do poder executivo teria sido progressivamente substituída pelo culto da "legalidade", cujo formalismo e funcionalismo afastavam o tecido vivo da sociedade. Uma fórmula lapidar, extraída de um opúsculo publicado por Schmitt em 1934, sob o título de "Estruturas de Estado e o Colapso do Segundo Reich" (*Staatsgefüge und Zusammenbruch des Zweiten Reichs*) resume bem seu pensamento e põe em evidência o fato de sua antiga crítica do normativismo e do legalismo resultar naturalmente no elogio da vocação decisória do Führer. Nas antigas sociedades de tipo liberal, escreve em 1934, "a *lex*, e não o *rex*, uma norma, e não um Führer, prevalecerá" (*die Lex und nicht der Rex, eine Norm und nicht ein Führer massgebend wird*).[12]

A crítica de Carl Schmitt às sociedades fundadas sobre o pluralismo dos partidos políticos torna-se cada vez mais viva na medida em que a República de Weimar demonstra suas grandes fraquezas e se aproxima de seu fim. Já num texto de 1929 sobre "A Essência e o Futuro do Fascismo", ele denunciou, como já vimos, as grandes carências do sistema de partidos, apontando os grupos anônimos e os de interesse (*lobbies*) que exerceriam sua influência oculta sobre a ação dos parlamentares. Em textos ulteriores, como no famoso opúsculo intitulado *Legalität und Legitimität* (Legalidade e Legitimidade), publicado em 1932, ou no artigo *Weiterentwicklung des totalen Staates in Deutschland* (O Aperfeiçoamento do Estado Total na Alemanha), de fevereiro de 1933, um mês antes da chegada de Hitler ao poder, ele reitera e aprofunda essa crítica, denunciando os

---

12 Carl Schmitt, *Staatsgefüge und Zusammenbruch des Zweites Reiches: Der Sieg des Bürgers über den Soldaten*, Hamburg: Hanseatische Verlagsanstalt, 1934, p. 11. (Série Der deutsche Staat der Gegenwart.)

partidos políticos como poderes manipuladores, animados pela vontade de reger a totalidade da vida social em conformidade com seus objetivos partidários. À "decomposição pluralista" (*pluralistische Aufsplitterung*) da sociedade alemã, Carl Schmitt opunha, nesse período do ocaso de Weimar, as prerrogativas do poder presidencial, no qual via o único contrapeso possível à hegemonia dos partidos. Mais genericamente, opunha ao normativismo e ao legalismo consubstanciais do regime parlamentar a legitimidade plebiscitária do presidente.

Convencido de que se aprofundava o fosso entre os partidos políticos e a vontade da comunidade do povo, Schmitt opunha ao regime parlamentar desacreditado a ideia de uma autoridade que extraísse sua fonte de uma era "pré-pluralista", em que a funesta separação dos poderes não existia (*eine aus vorpluralistischen Zeiten stammende Autorität*)[13].

A crítica sociopolítica do pluralismo é acompanhada em Schmitt de uma crítica filosófica. Ele aprova aquele que tem descrédito pelos debates parlamentares, privilegiando a expressão direta da vontade popular (por meio de aclamações ou de outras formas de consentimento direto) e minimizando o alcance da razão (*ratio*) em proveito da vontade (*voluntas*). A razão é o *organon* do Estado de *Direito* (também chamado de Estado Legislador, *Gesetzgebungsstaat*), que funciona promulgando normas e leis, enquanto a democracia direta se traduziria antes por atos de vontade, cujo reflexo são as ordens e decretos do Estado autoritário[14]. Esse gênero de consideração nos remete a Georges Sorel, que opunha ao racionalismo cartesiano, fundamento, aos seus olhos, do espírito parlamentar, o valor do *mito*, fermento dos grandes movimentos coletivos.

---

13 Idem, Weiterentwicklung des totalen Staates in Deutschland, *Europäische Revue*, 9 Jg., 1933, texto reproduzido na coletânea *Verfassungsrechtliche Aufsätze aus den Jahren 1924-1954*, Berlin: Duncker & Humblot, 1958, p. 365.
14 Idem, *Legalität und Legitimität*, em *Verfassungsrechtliche Aufsätze...*, p. 315.

A exaltação schmittiana da *vontade* e da *decisão* não corrompida pelos efeitos esterilizantes do espírito de discussão e de deliberação assemelham-se com a celebração soreliana da "ação direta", cuja expressão mais adequada é a violência. Carl Schmitt, aliás, orgulhava-se de ter introduzido o pensamento de Georges Sorel na Alemanha. Com efeito, em seu livro de 1921 sobre a *Ditadura*, ele faz referência a Sorel e, mais tarde, em 1923, consagra-lhe um texto intitulado *Die politische Theorie des Mythus* (A Teoria Política do Mito)[15]. A desconfiança no espírito de discussão e de deliberação, fundamento da democracia parlamentar, era inspirada também pelos escritos do espanhol Donoso Cortés, um católico fervoroso, teórico da contrarrevolução, que Schmitt reivindicava como um de seus atores favoritos. Sob o impacto da revolução de 1848, e particularmente da insurreição proletária de junho, em Paris, Donoso Cortés lançou o slogan da *ditadura* como o único meio de reprimir

15 "A teoria do mito é a expressão mais forte de que o racionalismo relativo do pensamento parlamentar perdeu sua evidência" (Carl Schmitt, *Parlementarisme et démocratie*, Paris: Seuil, 1988, p. 94). Günter Meuter, autor de uma importante obra consagrada ao pensamento de Schmitt (*Der Katechon: Zu Carl Schmitts fundamentalistischer Kritik der Zeit*, Berlin: Duncker & Humblot, 1994), insiste, de seu lado, sobre o caráter particular com que Schmitt interpreta a teoria soreliana do mito, e acentua os fundamentos *católicos* e, em geral, *teológicos* da valorização schmittiana do mito: "Was aber nottut, ist in Schmitts Augen ein christlicher *Monomythos* und nicht die dionysische Polymythie beliebig austauschbarer Demiurgen, mögen diese sich nun Volk, Rasse, Klasse nennen oder sonstwie." (Aos olhos de Schmitt, o que é necessário é um monomito cristão, e não uma polimitia dionisíaca de um demiurgo mutável aleatoriamente, que ora é chamado de povo, ora raça, ora classe ou ainda de outra forma. p. 318). O livro de Meuter, que leva em consideração, de maneira exemplar, a totalidade dos escritos de Schmitt, se propõe a mostrar a *coerência interna* dessa obra a partir do seu enraizamento teológico, e ao longo de sua evolução. Ele demonstra brilhantemente sua tese com base em um depoimento do próprio Schmitt; numa página de seu diário, de 16 de junho de 1948, ele indica a palavra-chave secreta de sua existência e de sua obra: "das Ringen um die eigentlich katholische Verschäfung (gegen die Neutralisierer, die ästhetischen Schlaraffen, gegen Fruchtabtreiber, Leichenverbrenner und Pazifisten)" (Cf. *Glossarium*, p. 165.) (A luta pelo reforço do autêntico católico – contra os neutralistas, os preguiçosos estetizantes, os abortadores, os incineradores de cadáveres e os pacifistas).

a ameaça revolucionária, censurando a burguesia de ser uma "classe discutidora" ("clase discutante" em espanhol) que, por suas práticas de pluralismo e de discussão, teria favorecido a ascensão de seu inimigo mortal, o proletariado. Na obra póstuma de Schmitt, *Glossarium*, podemos encontrar uma página datada de 1947, na qual ele faz um elogio vibrante do discurso sobre a ditadura pronunciado por Donoso Cortés, marquês de Valdegamas, em 4 de janeiro de 1849 no parlamento espanhol. Schmitt não hesita em qualificar esse discurso como "o mais grandioso da literatura mundial", colocando-o acima da arte oratória de um Péricles, de um Demóstenes, de um Cícero, de um Mirabeau ou de um Burke[16]. Aliás, Carl Schmitt consagrou vários estudos ao intransigente marquês espanhol, reunidos num pequeno livro intitulado *Donoso Cortés in gesamteuropäischer Interpretation*, publicado em 1950.

A evocação deste pano de fundo ideológico e filosófico vem nos mostrar um pouco mais o quanto as tentativas de aproximar o pensamento de Schmitt do de certos teóricos de esquerda, notadamente os pertencentes à Escola de Frankfurt, que também acentuam as carências do sistema parlamentar, são injustificadas. Isso não impede que certas conivências se produzam. Já mencionamos a sedução que Schmitt pôde exercer sobre uma certa esquerda contemporânea, sobretudo na Itália mas também nos Estados Unidos (um exemplo relativamente recente nos é fornecido pelo artigo "Carl Schmitt: Decisionism and Politics", publicado em maio de 1988 na revista norte-americana *Economy and Society*, assinado por Paul Hirst). Mas convém acrescentar que o próprio Schmitt se comprouve em assinalar as semelhanças entre sua crítica da "legalidade" ou seu elogio da "legitimidade" e certas ideias expressas, por exemplo, por György Lukács em seu ensaio "Legalidade e Ilegalidade", reproduzido em *História e Consciência de Classe* (1923). Em uma página do *Glossarium*, após ter evocado as teses de

---

16 Carl Schmitt, *Glossarium*, ed. cit. p. 40.

Donoso Cortés sobre o valor relativo da legalidade e sobre a necessidade da ditadura em situações em que a primeira fracasse (daí a *legitimidade* da ditadura, "la dictadura es un gobierno legitimo como cualquier otro gobierno"), Schmitt se detém sobre o ensaio "Legalidade e Ilegalidade", publicado em julho de 1920. Ele destaca a relativização similar da legalidade em Lukács e evidencia o elogio da *legitimidade* da luta emancipatória do proletariado. A conclusão do ensaio, em que Lukács fala do "caráter puramente tático da legalidade e da ilegalidade" e exige que o proletariado guarde certa distância do cretinismo legal e do "romantismo da ilegalidade" é citada *in extenso* por Schmitt.[17]

Mas o próprio Carl Schmitt tomou o cuidado de indicar, várias vezes e em trechos decisivos, a profunda oposição que separa seu pensamento político e suas bases filosóficas do pensamento revolucionário de esquerda, e sobretudo do de Marx e do marxismo. Assim é que, no final de seu artigo de 1929 sobre o fascismo, ele censura ao pensamento socialista sua fidelidade a um conceito universalista de humanidade, que a seus olhos é apenas "um monismo ideológico-abstrato-fantasmático" e uma autêntica herança liberal no corpo do movimento revolucionário. Segundo ele, a superioridade do fascismo residia justamente na recusa em prestar sacrifícios à fantasia de uma humanidade universal e, ao contrário, fundar sua ação na ideia de um "pluralismo concreto de povos e de nações". Ao conceber o mundo das nações como um "multiversum" e não como um "universum", como uma justaposição de comunidades autônomas sacudidas por conflitos irredutíveis, ele se encontrava, pelos próprios

---

17 Cf. a página escrita por Schmitt em 24 de novembro de 1947, p. 49-51 no *Glossarium*. É indispensável lembrar que o marxista Lukács distanciou-se mais tarde de certas teses de seu livro de juventude, *História e Consciência de Classe*, que considerava como sectarismo e messianismo de ultraesquerda. (N. da T.: a autocrítica de Lukács sobre os aspectos sectários e messiânicos de *História e Consciência de Classe* está presente no Prefácio escrito em 1967 para a reedição da obra, publicado na edição brasileira; trad. de Rodnei Nascimento, São Paulo: Martins Fontes, 2003, p. 1-50.)

fundamentos de seu modo de pensar, mais próximo do fascismo do que do universalismo liberal ou marxista. O próprio conceito de humanidade universal, cujas raízes remontam ao pensamento das Luzes e da Revolução Francesa, era tido por Schmitt como um conceito "não político", pois não considera a irredutibilidade dos conflitos e dos afrontamentos das vontades, consubstanciais, segundo ele, à realidade política[18].

O culto do Estado e a concepção autoritária da democracia, tais como se manifestam em seus escritos dos anos de 1920 e início dos de 1930, revelam igualmente a oposição profunda que existe entre o pensamento de Schmitt e a concepção socialista da democracia e da sociedade. Ele recusava, já vimos, o *elezionismo*, a concepção da democracia fundada no voto secreto e universal, para ele uma projeção do ideal liberal de um indivíduo autônomo. A emancipação da sociedade civil da tutela do Estado e o peso crescente das diferentes formações associativas face ao domínio das instituições estatais fazem parte integrante de um verdadeiro programa socialista, ao passo que Schmitt identifica nisso a expressão da decomposição e da decadência social. O teórico do "Estado Total" ("A Virada Para um Estado Total" é o título de um texto de 1930) denunciava a concepção instrumental ou funcional do Estado, que tratava as instituições etáticas como simples "aparelhos" submetidos às exigências heterogêneas do corpo social. Ao contrário, defendia uma concepção "substancial" do Estado, investindo-o de uma vocação autônoma capaz de impor sua vontade sobre os interesses antagonistas dos diversos grupos sociais.

Carl Schmitt pôde, assim, estabelecer uma vasta maquinaria conceitual destinada a legitimar uma interpretação muito particular da história da Alemanha e da Europa. Conforme sua concepção *substancialista* do Estado, vai celebrar, por exemplo, o antigo Estado prussiano, fundado sobre o poder do exército e de um corpo autônomo de funcionários

---

18 C. Schmitt, *Positionen und Begriffe*, p. 114-115.

como encarnação do autêntico poder. Por outro lado, a afirmação do constitucionalismo, o aperfeiçoamento das instituições liberais e as aquisições democráticas, mesmo as mais modestas, são considerados perigosos para o poder autêntico como portadores da marca de uma mentalidade liberal-democrática dissolvente. A revolução de 1848 é descrita como etapa significativa desse processo de erosão do verdadeiro poder do Estado. Os debates no parlamento alemão dos anos 1862-1866 a respeito dos orçamentos anuais do exército retêm sua atenção, pois aqueles que defendem o direito de análise do parlamento sobre o assunto aparecem como o exemplo típico e funesto da imisção da sociedade civil no poder autárquico de uma instituição do Estado. Trata-se, segundo Schmitt, do enfraquecimento de um grande corpo do Estado, o exército, pela ação corrosiva da mentalidade liberal-democrática; são ações desse gênero que levarão à derrota alemã de 1918 e à instauração da República de Weimar, que vão sancionar a substituição do poder dos marechais do Reich pelo poder político, o triunfo do Estado dos "burgueses" sobre o Estado dos "soldados".

A finalidade desse cenário histórico é mostrar que o "constitucionalismo" liberal-democrático, fundado no dualismo sociedade-Estado e na preeminência da primeira sobre o segundo, conduziu o Estado prussiano a uma posição "defensiva", contribuindo progressivamente para sua decomposição. Essa ação dissolvente, que Schmitt chama, com todas as letras, "reacionária"[19], somente teria terminado com a revolução de 1933. Ao longo de seus escritos publicados após a tomada do poder pelos nazistas (pensamos nos dois pequenos livros, *Staat, Bewegung, Volk* (Estado, Movimento e Povo), publicado em 1933; e *Staatsgefüge und Zusammenbruch des deutschen Reichs* (A Estrutura do Estado e o Colapso do Império Alemão), publicado em 1934, assim como nos estudos e artigos reunidos em *Positionen und Begriffe*), Schmitt vai celebrar a revolução

---

19 Ibidem, p. 293.

nacional-socialista e o poder de Adolf Hitler como as grandes forças históricas que teriam posto fim a esse processo funesto de decomposição, restituindo ao Reich sua verdadeira dignidade de um "Estado de soldados": o título de "chanceler alemão do Reich" teria retornado a um "soldado alemão, mas a um soldado *político*, Adolf Hitler"[20].

Nós tentamos mostrar que a sedução exercida pelos escritos de Schmitt, brilhante representante da "revolução conservadora" alemã, é devida ao fato de que suas considerações de história constitucional ou de história política (no sentido restrito do termo) se articulam sobre uma filosofia do político e mesmo sobre uma visão do conjunto da sociedade e da história[21]. É o que explica que, após a queda do Terceiro Reich, ele vá continuar no mesmo caminho; conservará o essencial de seu pensamento, trazendo-lhe os retoques necessários para apagar os traços mais comprometedores.

---

20 Idem, *Staatsgefüge und Zusammenbruch des deutschen Reichs*, p. 49.

21 Numa conferência dada durante a Segunda Guerra Mundial no Instituto Alemão de Paris, e publicada com o título de "Die Formung des französischen Geistes durch die Legisten" (A Formação do Espírito Francês Através dos Juristas) na revista do Instituto, *Deutschland-Frankreich: vierteljahresschrift des Deutschen Instituts*, Paris, ano 1, n. 2, 1942, p. 1-29), Carl Schmitt insiste sobre o papel determinante que representa a tendência dos franceses de regulamentar, de modo "processual" e "legal", os conflitos sociais na gênese do "racionalismo" e do espírito de "clareza" e de "medida". O caso Dreyfus ilustraria, segundo Schmitt, de maneira exemplar, essa irredutível tendência para a "justiça processual"; mesmo um espírito autenticamente livre como Georges Sorel é vítima dela; num dado momento, chega a duvidar da legitimidade da condenação de Dreyfus porque lhe parece que as garantias processuais de uma justiça equitativa tinham sido ridicularizadas antes de – felizmente! – se recuperar. E Schmitt prossegue afirmando que um caso Dreyfus teria sido inconcebível num país onde não se tivesse essa obsessão "legalista" e a obsessão pela *prozessförmige Politik* [política em forma de processo], como na França e, sobretudo, teria sido impossível na Alemanha, onde o "sentido de justiça" obedecia a outros critérios que não as argúcias processuais para pronunciar o direito a respeito de um judeu. Em apoio à sua tese, ele cita os fracassos das tentativas feitas após a Primeira Guerra de revisar na Alemanha processos similares aos de Dreyfus, tentativas que, segundo ele, só faziam refletir a "deplorável disparidade" do espírito judaico e do povo alemão.

O diálogo com o pensamento de Hegel ocupa um lugar intermitente, mas importante e significativo na obra de Schmitt. Existe até mesmo tentativas de confrontar os dois pensamentos, procurando estabelecer semelhanças e divergências, como se pertencessem à mesma ordem de grandeza (pensamos no livro de Jean-François Kervegan, *Hegel, Carl Schmitt: Le Politique entre Spéculation et Positivité* [Hegel, Carl Schmitt: O Político entre Especulação e Positividade], 1992, PUF). Sem nos lançarmos num debate aprofundado sobre a questão complexa das relações entre Carl Schmitt e Hegel, limitaremo-nos apenas ao lugar de Hegel na história constitucional da Alemanha, tal como descrita por Schmitt.

Quando faz referência à *Filosofia do Direito*, e particularmente aos parágrafos referentes às relações entre o "poder do Príncipe" (*fürstliche Gewalt*) e "o poder do governo" (*Regierungsgewalt*), Carl Schmitt às vezes vê em Hegel elementos do pensamento liberal-constitucional que enfraquece o poder absoluto do executivo (no caso, do monarca), neutralizando-o pela instituição de uma dualidade entre o poder do príncipe e o poder do governo. Schmitt vê nisso um eco da posição de Benjamin Constant, que, ao lançar a fórmula do rei como "poder neutro", teria contribuído para a "neutralização do monarca". É impressionante ver que, a esse propósito, Schmitt fala de uma inclinação do pensamento hegeliano do Estado no sentido de um "desenvolvimento ocidental" (*westliche Entwicklung*), mais precisamente, no sentido de um constitucionalismo liberal que, segundo ele, estaria em contradição com o autêntico pensamento "alemão" do Estado, aquele que reclama o Estado prussiano clássico como modelo. Ele vai além, ao afirmar que "a filosofia de Hegel já contém os germes de uma 'revolucionarização' no sentido do desenvolvimento ocidental, germes que o hegelianismo de esquerda vai desenvolver mais tarde"[22].

---

22 *Positionen und Begriffe*, p. 292-293.

Lembramos essa passagem, extraída de um elogioso artigo consagrado por Schmitt, em 1939, ao livro de um autor nacional-socialista canonizado, Christoph Steding, chamado *Das Reich und die Krankheit der europäischen Kultur* (O Reich e a Doença da Cultura Europeia), a fim de mostrar, contrariamente àqueles que insistem na "proximidade" dos pontos de vista de Hegel e de Schmitt, que o autor do *Conceito do Político* havia indentificado uma tendência profunda, na filosofia hegeliana, que ia no sentido oposto ao de sua própria orientação.

Nos textos escritos entre 1933-1945, Schmitt faz um longo resgate histórico para estabelecer a genealogia do pensamento liberal-democrata, que teria subvertido a tradição do Estado forte, e para denunciar os pensadores de origem judaica, principais agentes dessa ação dissolvente. Desse modo, em seu livro sobre Hobbes (1938), retorna às teses sobre a liberdade de pensamento e de consciência apresentadas por Spinoza em seu *Tratado Teológico-Político* (cujo subtítulo, lembra Schmitt, contém a ideia de *libertas philosophandi*) a fim de encontrar as origens do deslocamento do centro de gravidade da vida do Estado soberano para a consciência individual. Assim, os germes da decomposição teriam se insinuado no corpo do Leviatã. Mais tarde, Moses Mendelsohn, com sua obra *Jerusalem oder über religiöse Macht und Judentum* (Jerusalém ou Sobre o Poder Religioso e o Judaísmo – 1783), teria contribuído para a instituição do dualismo entre a disposição interior e ação exterior, entre Direito e Ética, entre a esfera pública do Estado e a esfera privada do indivíduo, exigindo do Estado a liberdade de consciência[23]. Schmitt traça assim "uma grande linha his-

---

23 Idem, *Der Leviathan in der Staatslehre des Thomas Hobbes*, Köln: "Hohenheim", p. 92. O antissemitismo de Schmitt não está ausente dos textos redigidos após a Segunda Guerra, como o atesta o *Glossarium*. Um exemplo extremo encontra-se na página 290 onde se lê uma denúncia grotesca de Spinoza como fermento de dissolução: "Als wir in uns uneins wurden, haben die Juden sich subintroduziert. Solange dans nicht begriffen ist, gibt es kein Heil. Spinoza war der erste, der sich subintroduzierte." (Quando de nossas dissensões internas, os judeus se introduziram por

tórica" que, de Spinoza até o jurista conservador do século XIX, Friedrich Julius Stahl (cujo nome judeu, Jolson, Schmitt não esquece de mencionar), passando por Moses Mendelsohn, presumia ilustrar a ação nociva do espírito judaico (*der rastlose Geist der Juden* – o infatigável espírito do judeu, conforme sua expressão) sobre os centros vitais do Estado.

Essa genealogia, mais fantástica do que histórica, onde até mesmo Hegel encontrava um certo lugar, tinha por finalidade mostrar os efeitos devastadores do espírito liberal-democrático e de seu herdeiro direto, o socialismo marxista, na história alemã, a fim de justificar o Terceiro Reich como a grande força histórica que teria posto fim à era das "despolitizações", renovando a grande tradição prussiana e instituindo um poder absoluto, sem partilha.

Schmitt, que descobriu no pensamento de Hegel uma orientação contrária à sua (um Hegel que, por sua dialética, prefigurava a teoria marxista da revolução), não deixa de tentar, por outro lado, recuperar a teoria hegeliana da "ética do Estado". Tomando como exemplo Giovanni Gentile, promotor na Itália da teoria do "Estado ético" (*stato etico*), Schmitt procurou valorizar o estatismo de Hegel, com seu elogio da transcendência do Estado em relação aos jogos de interesses individuais, no sentido de um pensamento "alemão" do Estado, cujo resultado teria sido a revolução nacional-socialista. Chegou até a escrever em *Staat, Bewegung, Volk* que a "Revolução de 1933" revela aquilo que "é eternamente grande e alemão na poderosa construção intelectual de Hegel"[24]. É evidente que tal interpretação do pensamento hegeliano só é possível se apagarmos o enraizamento da teoria hegeliana do Estado nas ideias de liberdade individual, de liberdade de consciência e dos direitos inalienáveis da particularidade

---

debaixo dos panos. Enquanto isso não for entendido, não haverá salvação. Spinoza foi o primeiro a infiltrar-se subrepticiamente.) Hoje, esses "Subintroduzierten" vivem uma restauração com exigências colossais de reparação e de pagamentos retroativos. Mas esses "infiltrados subrepticiamente" são, no entanto, piores do que os emigrados retornados, que gozam de sua vingança. "Eles deveriam ter vergonha de aceitar dólares."
24. *Staat, Bewegung, Volk*, p. 32

(*Besonderheit*). Um abismo separa, em realidade, a "ética de Estado" no sentido de Hegel e a ética do "Estado Total" de Schmitt. É por isso que a tentativa de Jean-François Kervegan de estabelecer, em numerosos pontos, uma proximidade "ideal" entre o pensamento de Schmitt e o de Hegel nos parece tão contestável mesmo se o autor não omite as oposições de fundo. Como podemos aproximar, por exemplo, o escrito de juventude de Hegel sobre *A Constituição da Alemanha* (que data de 1801-1802) da teoria schmittiana do político, e particularmente de sua teoria do Estado Total? A obra de Hegel, que traz visivelmente as marcas da Revolução Francesa, era dirigida contra as forças do antigo regime, que mantinham a Alemanha numa situação de desagregação (ali se encontra até mesmo uma crítica afiada da Prússia, Estado caro a Schmitt!), enquanto o pensamento de Schmitt pretendia ser, de ponta a ponta, um ataque radical à ideologia dos direitos do homem e do Estado de direito, celebrando, por meio do Estado Total, a liquidação do Estado dos partidos e a vitória da contrarrevolução. Como podemos aproximar o apelo hegeliano para um "novo Teseu", e seu elogio da tirania no manuscrito de 1805 (e, de forma mais geral, seu elogio de Maquiavel), do pensamento schmittiano da ditadura? Mais uma vez, no jovem Hegel, tratava-se de fazer triunfar as ideias da Revolução Francesa na Alemanha, pelo apoio à ação napoleônica pelo uso de um Estado forte contra as forças desintegradoras do antigo regime, enquanto a "ditadura", no sentido de Schmitt, tem por vocação enterrar definitivamente a sociedade liberal-democrática, degolando o movimento histórico resultante da Revolução Francesa. Por fim, seria preciso lembrar que entre aqueles que mais vigorosamente denunciaram o pensamento hegeliano como um perigo para a causa antiliberal e antissocialista encontra-se justamente Donoso Cortés, considerado por Schmitt como o primeiro grande teórico moderno da ditadura e como um de seus patrões espirituais?

A verdade é que Schmitt, ao destacar a ambivalência do pensamento de Hegel ("seu rosto de Jano", conforme sua expressão), percebia perfeitamente que a dialética hegeliana, em sua estrutura profunda, podia alimentar bem mais um pensamento revolucionário, no sentido da esquerda, do que um pensamento conservador. A referência cristã permanecendo algo central para Schmitt, inclusive em sua teoria do político (a elite dirigente deve ser portadora do *charisma veritatis*, do selo da transcendência), ele descobre com desprazer que a dialética hegeliana, com sua lei fundamental da "identidade da identidade e da não-identidade", é essencialmente uma *filosofia da imanência*, que não deixa lugar à ideia religiosa da salvação. Nesse sentido, escreveu, em 18 de dezembro de 1948: "identidade da identidade e da não-identidade, processo eterno, eterna inquietação; quem compreende isso não tem mais necessidade da salvação".[25] A leitura do livro de György Lukács, *O Jovem Hegel*, ao qual faz referência várias vezes, parece tê-lo confortado nessa convicção, embora não veja sem cólera "o grande Hegel" expropriado pela esquerda. Sabemos que o livro defende a tese de um "ateísmo esotérico" da dialética hegeliana[26].

É importante para o nosso propósito o fato de que Schmitt se distancie de Hegel em nome da heterogeneidade fundamental que existe entre sua própria estrutura, que ele define como a de um "Epitemeu cristão" (ideia inspirada em um livro de Konrad Weiss), e a de um filósofo como Hegel, que define como um "Epimeteu heraclitiano"[27].

Desafiado pela tese de György Lukács, para quem Hegel seria um filósofo mais próximo de um pensamento da imanência (do automovimento do mundo), Schmitt decide reabilitar a figura do Epimeuteu cristão contra o Epimeteu

---

25 *Glossarium*, p. 210-211.
26 Um artigo pouco comentado, intitulado "Die andere Hegel-Linie", publicado em 1957 na revista *Christ und Welt*, propõe contrapor à linha Hegel-Marx-Lênin (Lukács é visado nas entrelinhas) toda uma outra filiação espiritual, Hegel-Dilthey-Hans Freyer (o artigo é uma homenagem ao 70º aniversário de Freyer), destinada a combater a interpretação marxista e a colocar Hegel à frente de um movimento que legitimaria a crítica conservadora da modernidade.
27 C. Schmitt, *Glossarium*, p 212.

heraclitiano. Ele trata o pensamento heraclitiano de Hegel como se fosse uma "queda" (uma apostasia, *ein Abfall*) em relação à sabedoria cristã. Schmitt chega a ir além, ao falar de Hegel como de um "niilista", pois o esquema do devir do mundo proposto pela *Lógica* hegeliana atribui um papel decisivo ao Nada, não deixando lugar ao Deus criador do mundo. Nesse ponto, o paralelo com o pensamento de Hegel é evidente, se nos lembrarmos da tese do filósofo de Friburgo sobre a metafísica ocidental (da qual Hegel é um dos grandes representantes) como expressão do "esquecimento do Ser" (para Heidegger, sinônimo de niilismo). Certamente, nessa hierarquia, o grau mais baixo é alcançado pelo positivismo, detestado por Schmitt; ele sublinha que Hegel é niilista, não positivista[28].

Todas essas elaborações mostram bem não só a linha de clivagem que separa Schmitt de Hegel, mas sobretudo o profundo enraizamento teológico de seu pensamento político e jurídico. O requisitório contra o niilismo e o positivismo, do qual a hegemonia da "lei" é uma das expressões mais fortes, apoia-se num apego profundo ao catolicismo romano no plano espiritual e num pensamento ultraconservador no plano histórico.

Carl Schmitt associa a gênese da teologia política moderna ao crescimento do movimento socialista e anarquista em meados do século XIX, movimento que encontrava sua legitimação teórica num pensamento da imanência, livre de qualquer reminiscência teísta ou transcendente. Contra esse pensamento da imanência, que afirmava o automovimento da sociedade e de seus atores, os teóricos da contrarrevolução postulavam uma conexão indissolúvel entre religião e política, defendendo a ideia de que toda verdadeira política funda-se em uma metafísica. As

---

28 Ibidem. Henning Ottmann publicou um sucinto e convincente esclarecimento sobre as relações de Carl Schmitt com Hegel, "Hegel und Carl Schmitt", na *Zeitschrift für Politik*, caderno 3, 1993, p. 233-240. Cf. também as considerações de Günter Meuter no *Der Katechon*, sobretudo as páginas 117-123.

correlações necessárias entre a política e a metafísica que a subentendem formam o núcleo da "teologia política" de Schmitt. O termo "teologia política" aparece pela primeira vez em Bakunin, que intitulou uma de suas obras, *A Teologia Política de Mazzini e a Internacional*. O grande teórico do anarquismo é, aos olhos de Schmitt, o "teólogo da antiteologia", pois ele prega a libertação da política de toda referência a Deus e à transcendência.

A teologia política, por conseguinte, é antes de tudo um sistema de análises ou de correspondências entre uma certa forma de Estado e um conjunto de representações metafísicas. Em dado momento, Schmitt fala em "paralelos incalculavelmente frutíferos da metafísica e da teoria esttal"[29], instituído por Bonald e retomado por Donoso Cortés. Assim é, por exemplo, que ao deísmo que postula a existência de um Deus exterior, que não intervém na marcha do mundo, corresponde, no plano político, à monarquia constitucional, na qual o monarca reina sem governar, sendo a sociedade efetivamente dirigida por um corpo de eleitos, o parlamento. Contra uma filosofia puramente imanente da vida social, celebrada pelo panteísmo ou pelo ateísmo, em que "a decisão moral e política está presa no aquém de uma vida natural e imediata, de uma 'corpo'-reidade ('Lebens'-haftigkeit) sem problemas"[30], a teologia política da restauração defendeu a primazia do teológico e da moral na vida social, afirmando haver uma conexão indissolúvel entre religião e política.

A teologia política de Schmitt foi concebida como arma de combate contra a escalada de poder do "socialismo ateu", do qual Marx seria o "heresiarca", pois ao falar do grande confronto entre catolicismo e socialismo ateu em meados

---

29 C. Schmitt, *Politische Theologie*, Berlin: Dunker & Humblot, 1924, p. 76, tradução francesa *Théologie politique*, Paris: Gallimard, 1988, p. 68. (Tradução brasileira de Elisete Antoniuk, *Teologia Política*, Belo Horizonte: Del Rey, 2006, p. 54.)

30 Ibidem. (N. da T: aqui, diferentemente da citação anterior, traduzimos de acordo com o texto de Nicolas Tertulian, sem reproduzir, portanto, a tradução da edição brasileira, que se encontra na p. 58 da ed. citada.)

do século XIX (e mais precisamente entre Donoso Cortés e Proudhon), Schmitt pensava evidentemente na *gran contienda* de seu tempo e na urgência de barrar a rota do comunismo ateu e sua pretensão de monopolizar o pensamento sobre a história. O progresso da modernidade, com a secularização crescente da vida social, era sinônimo para Schmitt de um processo de entropia (ele o designava como "era das neutralizações e das despolitizações"), cuja marcha apenas uma restauração do teológico poderia frear. Contra a metafísica liberal, que ao se esquivar das grandes decisões conservava o culto da "discussão", (*da palabre*) e sobretudo contra um pensamento da imanência, que privilegiava os valores técnico-econômicos e desvalorizava a política e a teologia, Schmitt invocava a grande lição dos pensadores da Restauração (Joseph de Maistre, Bonald, Donoso Cortés), que exaltaram a "decisão" e celebraram os valores da autoridade, da revelação e da obediência.

A teologia política de Schmitt, que designa a Igreja como instituição fundadora e realização da vida social (conforme sua obra *Römischer Katholizismus als politische Form* [Catolicismo Romano e Forma Política]), mergulha suas raízes no fervor católico do pensador, expresso com eloquência numa carta endereçada a seu tradutor francês, Pierre Linn, e citada no *Glossarium* com data de 13 de dezembro de 1949:

Vós [...] deveríeis saber que sou católico de raça e isso quer dizer que eu seria ridículo, insignificante, nulo e não-existente no momento em que deixasse a Igreja [...] Minha liberdade face às ideias é sem limites porque permaneço em contato com meu centro inocupável, que não é uma ideia, mas um acontecimento histórico: a encarnação do Filho de Deus. Para mim, o cristianismo não é, em primero lugar, uma doutrina nem uma moral, nem mesmo (desculpai-me) uma religião, mas um acontecimento histórico.[31]

O adversário preciso de Schmitt é o pensamento da imanência, que confia na criação do homem por suas próprias

[31] Carl Schmitt, *Glossarium*, Aufzeichnungen der Jahre 1947-1951, p. 283.

forças, negando o dogma cristão do pecado original. Schmitt lembra que a tese do "homem bom por natureza" está na base do credo anarquista, ao qual a fórmula de Bakunin, "nem Deus nem senhor", dirigida contra a conivência da religião e da política, emprestava uma expressão forte. Nada escandaliza mais o autor da teologia política do que a fórmula de Spinoza, *Deus sive natura* (Deus ou a natureza), verdadeira pedra angular do pensamento da imanência, que dissolve a transcendência divina na imanência da natureza. Nesse sentido, Schmitt escreve numa página do *Glossarium*: "O ultraje mais insolente jamais endereçado a Deus, o que justifica todos os anátemas da Sinagoga, reside no 'sive' da fórmula *Deus sive natura*."[32]

O pensamento "técnico-econômico" não é, aos olhos de Schmitt, senão uma consequência da metafísica da imanência, pois com ele se acredita na possibilidade de melhoria da condição humana pela simples transformação das relações econômicas e sociais. A verdadeira política, ao contrário, só pode se enraizar na ideia de "representação" (profundamente católica), que se mostra irredutível ao jogo puro das forças corporais/materiais (a *Leibhaftigkeit*). Schmitt insiste no pretenso antagonismo entre o pensamento técnico-econômico e um autêntico pensamento político.

No mais, o tipo de pensamento técnico-econômico que hoje domina é incapaz de perceber uma ideia polític [...] Só devem subsistir tarefas técnicas, organizacionais, econômicas, sociológicas, presumindo-se que os problemas desapareçam.[33]

Contra o "ativismo" do pensamento da imanência (da *Diesseittigkeit*), que conduz ao que ele chama de "pseudorreligião da humanidade absoluta", Schmitt faz valer a conexão do político e da moralidade com a ideia de transcendência,

---

32 Ibidem, nota de 7. 10. 1947, p. 28.
33 Idem, *Théologie politique*, p. 73; Idem, *Politische Theologie*, p. 82. (N. da T: tradução conforme o texto original em francês. Cf. tradução brasileira em *Teologia Política*, p. 59.)

a única que realmente garantiria a "decisão moral absoluta". Assim, em meados do século XIX, o catolicismo inflexível de Donoso Cortés teria sido um poderoso antídoto contra a "pseudorreligião da humanidade absoluta", pregada pelo comunismo ateu (aliás, Schmitt censura Cortés por ter focalizado seu ataque contra Proudhon, e não contra Marx, o verdadeiro adversário). O grande mérito de Donoso teria sido o de ver que a "pseudorreligião da humanidade absoluta" é geradora de terror e que a revolução (de que foi um espectador aterrorizado em 1848, em Paris) é portadora de inúmeros massacres. O único meio de dominá-la é a *ditadura*, e Schmitt celebra, no fim de seu ensaio de 1944, *Donoso Cortés in gesaumteuropäischer Interpretation* (Uma Interpretação Pan-Europeia de Donoso Cortés), o decisionismo clarividente de Donoso[34].

"Onde quer que a filosofia católica do século XIX tenha se expressado sobre a atualidade intelectual – escreve ele em sua *Teologia Política* –, ela exprime, de uma maneira ou de outra, a ideia de que uma grande alternativa se impõe, que não deixa lugar a qualquer mediação. *No medium* – diz Newman – *between catholicity and atheism*." Todos formulam um imenso *ou... ou...* disjunção cujo rigor lembra mais a ditadura do que uma discussão perpétua"[35].

A teologia política de Schmitt valoriza muito o estado de exceção, aquele em que a normalidade das relações jurídicas entra em crise, e dá lugar à decisão autoritária. "Com a exceção", escreve ele, "a força da vida real quebra a carapaça de uma mecânica congelada na repetição"[36]. "O estado da exceção revela com a maior clareza possível a essência da autoridade do Estado. É aí que a decisão se

---

34 Idem, *Donoso Cortés in gesmateuropäischer Interpretation*, Köln: Greven, 1950, p. 108 s.
35. Ibidem, p. 62. (N. da T.: cf. trad. brasileira, op. cit., p. 49. O trecho do Cardeal Newman citado por Schmitt, em inglês, encontra-se em sua autobiografia espiritual, publicada em 1864, *Apologia Pro Vita Sua*, onde afirma que "numa verdadeira filosofia, não há meio termo entre catolicismo e ateísmo".)
36. Ibidem, p. 25. (Cf. trad. brasileira, op. cit., p. 15.)

separa da norma jurídica, e assim (para o formular paradoxalmente) a autoridade demonstra que, para criar o direito, não há necessidade de se possuir o direito." (*die Autorität beweistt, dass sie, um Recht zu schaffen, nicht Recht zu haben braucht*)[37]. A *Teologia Política* começa com a célebre frase: "Soberano é quem decide sobre o estado de excessão"[38] e no correr do texto Schmitt apela em duas oportunidades à fórmula de Hobbes: "Autoritas, non veritas, facit legem."*

A decisão, no sentido dado por Schmitt, tem por definição um caráter extranormativo, pois ela não se deixa fundamentar num conjunto de argumentos de caráter racional, mas surge do "nada", conforme expressão do autor. "Do ponto de vista normativo, a decisão nasce do nada. A força jurídica da decisão é diferente do resultado dos argumentos que a fundamentam."[39] Há, no Schmitt da *Teologia Política*, um elogio da contingência, da decisão que surge do nada, da autoridade, do estado de exceção e da exclusão do heterogêneo, o que deixa pressentir o futuro elogio do "Estado total por energia" e abre as portas para o princípio da liderança (*Führerprinzip*).

---

[37]. Ibidem, p. 23-24. (Cf. trad. brasileira, op. cit., p. 14.)
[38]. Ibidem, p. 15. (Cf. trad. brasileira, op. cit., p. 7.)
* A autoridade, e não a verdade, faz a lei (N. da T.).
[39]. Ibidem, p. 42. (Cf. trad. brasileira, op. cit., p. 30.)

ARNOLD GEHLEN

Arnold Gehlen é um pensador muito mal conhecido na França. Mais de trinta anos após a sua morte, ocorrida em 1976 (nascido em 1904, morreu com a idade de 72 anos), nenhuma de suas obras fundamentais foi traduzida em francês. E, no entanto, seu grande livro de antropologia filosófica *Der Mensch* (O Homem), no qual propõe visões audaciosas e faz análises esclarecedoras da antropogênese e da especificidade das condutas humanas, data de 1940. Outro de seus grandes livros, *Urmensch und Spätkultur* (Homem Primitivo e Cultura Tardia), em que concretiza e desenvolve sua teoria sobre as instituições, confrontando as culturas arcaicas com a condição do homem moderno, data de 1956; enfim, *Moral und Hypermoral* (Moral e Hipermoral), que é uma espécie de coroamento de suas visões sobre a história do gênero humano, data de 1969. O menos que se pode dizer é que o livro não passou despercebido além do Reno, pois atraiu a réplica severa do último representante da Escola de Frankfurt, Jürgen Habermas. Mesmo obras de menor envergadura, que na Alemanha se tornaram best-sellers há muito tempo, assegurando ao pensamento de Gehlen, um crítico original da modernidade, uma larga audiência, como, por exemplo, *Die Seele im technischen Zeitalter* (A Alma na Era da Técnica), permaneceram desconhecidas do público francês, assim como textos mais ambiciosos, como *Zeit-Bilder* (Imagens de Época), interessante contribuição à sociologia e à estética da pintura moderna. A única tentativa de se fazer conhecer o pensamento de Gehlen na França é recente; em 1990, as Presses Universitaires de France publicaram, com o título de *Anthropologie et Pshychologie Sociale* (Antropologia e Psicologia Social), uma coletânea de textos originalmente publicada, em 1986, na Alemanha pela editora Rowohlt, coletânea que inclui a mencionada obra *A Alma na Era da Técnica*. Algo que se revela insuficiente, por óbvio.

De modo diferente, o mundo anglo-saxão, a Itália ou o Japão se mostraram mais receptivos ao seu pensamento; seu livro mais importante, *O Homem*, foi traduzido até mesmo em certos países do Leste Europeu, assim como outras obras menos importantes. Em 1989, uma grande reunião internacional consagrada ao seu pensamento foi organizada em Speyer (onde Gehlen lecionou depois da Segunda Guerra Mundial, de 1947 a 1962). Duas comunicações se ocuparam naquela ocasião da recepção de sua obra no exterior: uma no mundo anglo-saxão e outra no Japão. Não foi o caso, justamente por isso, da recepção de seu pensamento em França.

Os trabalhos do colóquio em Speyer foram reunidos num volume de quase mil páginas, intitulado *Zur geisteswissenschaftlichen Bedeutung Arnold Gehlens* (Sobre a Importância de Arnold Gehlen Para as Ciências do Espírito), e publicados em 1994 em Berlim pela Duncker & Humblot, sob a direcão de Helmut Klages e Helmut Quaritsch. Os textos das conferências e dos debates são acompanhados por uma notável bibliografia, estabelecida por um dos melhores conhecedores e comentadores das obras de Gehlen na Alemanha, Karl-Siegbert Rehberg, diretor do departamento de filosofia da Technische Universität de Dresden.

Na França, temo que depois da publicação na *Revue de Métaphysique et de Morale*, em 1936, de um estudo bastante singular de Martial Guéroult, "Vers une renaissance de l'idéalisme allemand: la philosophie de Arnold Gehlen" (Em Direção a um Renascimento do Idealismo Alemão: A Filosofia de Arnold Gehlen), consagrado essencialmente à sua obra *La Théorie de la liberté de la volonté* (A Teoria da Liberdade da Vontade), publicada em 1933, nenhuma revista de filosofia francesa voltou a se lembrar de Gehlen.

Qual a explicação para o que certamente devemos chamar de não recepção de Gehlen na França? Tratar-se-ia por acaso de uma situação sintomática? As publicações que se mostraram interessadas pela obra de Gehlen, consagrando-lhe artigos particularmente elogiosos, foram sempre as revistas pertencentes à "nova direita", *La Nouvelle École*, ou, na Bélgica, *Orientations*, que se apresenta como "uma revista cultural pluridisciplinar" e que é publicada como suplemento da revista *Vouloir*. *La Nouvelle École*, revista dirigida por Alain de Benoist, publicou em 1981, em tradução francesa, o estudo de Gehlen sobre Vilfredo Pareto, estudo considerado por Armin Mohler como uma verdadeira introdução ao movimento de ideias conhecido sob o nome de "revolução conservadora". Em 1989, prosseguindo sua ação em favor de Gehlen, a revista publicou o artigo de um autor italiano, Giovanni Monastra, intitulado "L'Anthropologie philosophique d'Arnold Gehlen" (A Antropologia Filosófica de Arnold Gehlen). Monastra destaca em suas conclusões "a grande coerência" do autor no domínio das ideias políticas, cujo pensamento, segundo ele, estaria destinado a desempenhar um papel de primeiro plano no interior da "direita" europeia. A tradução francesa do texto de Monastra está assinada por Philippe Baillet, ele também muito ativo nas publicações da "nova direita" francesa. Baillet se dedicou muito a divulgar na França a obra de Julius

Evola, pensador original do fascismo e da extrema-direita europeia. Ocupou-se também de Mircea Eliade, destacando as conexões orgânicas entre sua obra e o movimento fascista romeno, a Guarda de Ferro. É preciso acrescentar que Alain de Benoist, em seu livro *Vu de Droite* (Visto Pela Direita), publicado em 1977, destacou com firmeza a importância de Gehlen. A revista *Orientations*, por sua vez, é dirigida por Robert Steuckers, que também é um colaborador ativo da *Nouvelle École*. No número 13, inverno de 1991-1992, a revista reproduziu, por exemplo, o texto da conferência de Steuckers sobre *Arnold Gehlen e a Antropologia Filosófica*. Falando acerca do pensamento antropológico de Gehlen, que se apoiou nas pesquisas do anatomista holandês Louis Bolk, Steuckers sugere de maneira transparente a fecundidade das ideias de Bolk para a teoria das raças. O mesmo Steuckers é o autor do artigo consagrado, no *Dictionnaire des Oeuvres* (PUF), à obra *Das Reich und die Krankheit der europäischen Kultur* (O Reich e a Enfermidade da Cultura Europeia), publicada em 1938 por Christoph Stending. Nesse artigo, muito elogioso, ele explora o fato de ter passado em silêncio o engajamento fanático de Stending no movimento nacional-socialista, do qual, aliás, a obra pretendia ser o fundamento doutrinário. No mesmo número de *Orientations*, pode-se encontrar vários artigos sobre Emile Cioran, um dos quais de Alain de Benoist, intitulado "Un Fanatique sans credo" (Um Fanático Sem Credo), consagrado especialmente ao público do autor de *Mauvais démiurge* (Mal Demiurgo), na Espanha, um texto sobre *Codreanu et la Garde de Fer* (Codreanu e a Guarda de Ferro) e o artigo de um autor inglês de Cambridge, intitulado "Arnold Gehlen et le problème de la morale" (Arnold Gehlen e o Problema da Moral). Isso dá uma ideia do ambiente particular no qual se deu a recepção de Gehlen na França, assim como em outros países francófonos.

A recuperação do pensamento de Gehlen pela "nova direita" não é destituída de fundamento, embora permaneça o fato de que ela propõe uma leitura redutora de suas ideias, o que é preciso recusar com vigor. A qualidade e a riqueza da reflexão de Gehlen, sobretudo no campo da antropologia filosófica, a originalidade de suas análises sociológicas consagradas às várias disfunções da modernidade, assim como suas contribuições à crítica da arte moderna merecem um outro tratamento. Nosso objetivo, *hic et nunc*, não é o de fazer justiça ao conjunto da obra de Gehlen (operação mais do que nunca necessária, sobretudo na França, mas também em outros lugares, pois não existe hoje qualquer monografia digna deste nome que lhe seja consagrada), mas interrogar seu pensamento sob um ângulo específico, antes de tudo ideológico e não menos essencial aos nossos olhos, para poder situá-lo na paisagem da filosofia contemporânea. A questão que nos preocupa é a de saber como Arnold Gehlen se tornou uma figura de proa do pensamento conservador alemão e, além disso, ver se é legítimo vincular sua atividade ao movimento de ideias designado como "revolução conservadora". Mais particularmente, tentaremos ver se existem conexões profundas entre a reflexão filosófica de Gehlen – por exemplo, suas teses sobre a especificidade das condutas humanas, sobre a gênese das instituições ou sobre o pluralismo necessário das éticas – e a finalidade ideológica de sua obra que era, sem que dela tenha feito mistério, a de caucionar doutrinariamente uma interpretação conservadora da história.

Sobre um aspecto preciso, o das afinidades com a "revolução conservadora", nosso procedimento pode parecer insólito, na medida em que a literatura cada vez mais abundante consagrada a esse movimento ideológico e político não faz habitualmente referência à atividade filosófica de Gehlen. Se consultarmos, por exemplo, obras recentes sobre o assunto, como o livro de Stefan Breuer, *Anatomie der Konservativen Revolution* (cuja segunda edição, revista e corrigida, data de 1995 e que foi publicada na França em 1996, pelas Editions de la Maison des Sciences de l'Homme) ou o de Rolf Peter Sieferle, *Die Konservative Revolution. Fünf biographische Skizzen*, publicado em 1995 pela Fischer Verlag, constataremos, não sem surpresa, que o nome de Gehlen não figura nem mesmo na bibliografia, aliás bastante rica, estabelecida por ambos os autores (enquanto ali estão as obras de Hans Freyer, sociólogo de quem Gehlen era muito próximo). Na França, a grande coleção de textos sobre a "revolução conservadora", publicada em 1992 (edições Kimé) sob a direção de Louis Dupeux, um especialista no assunto, trata de um grande número de autores, dos mais ilustres, como Heidegger e Carl Schmitt, aos mais obscuros, como Giselher Wirsing, sem mesmo mencionar o nome de Gehlen.

É menos interessante, em nossa opinião, saber se é legítimo ou não aproximar algumas de suas teses (defendidas sobretudo em textos publicados sob o Terceiro Reich) daquelas dos reconhecidos representantes da "revolução conservadora" (de Ernst Jünger a Hans Freyer). A verdadeira questão é revelar a motivação especificamente filosófica de sua adesão, bastante precoce, ao movimento nacional-socialista.

Hoje não há mais dúvidas de que a apologia doutrinária do nacional-socialismo extraiu ideias dos escritos das grandes personagens da "revolução conservadora" (de Oswald Spengler aos representantes do grupo Die Tat, por exemplo) e de que entre ambos os movimentos ideológicos foram estabelecidas numerosas pontes. Progressivamente, as afinidades de Carl Schmitt com a "revolução conservadora" foram sendo postas à luz. Um grande livro, *Der Fall Carl Schmitt* (O Caso de Carl Schmitt), de Andreas Koenen, publicado há não muito tempo (1995), ocupa-se largamente do fato. O mesmo problema veio à tona a propósito de Heidegger. Trata-se do tema de um artigo consagrado ao assunto por Ernst Nolte, mas Pierre Bourdieu revelou tal conexão em sua obra *L'Ontologie politique de Martin Heidegger* (Ontologia Política de Martin Heidegger) cerca de vinte anos antes. Em ambos os casos, trata-se de pensadores que abraçaram, em 1933, e com entusiasmo, a causa do nacional-socialismo. Arnold Gehlen pertence ao mesmo movimento, mas sua trajetória apresenta particularidades a serem analisadas. O fato de o nacional-socialismo ter conseguido reagrupar sob suas bandeiras um número considerável de filósofos e de pensadores alemães, todos brilhantes universitários (e os filósofos só formavam um batalhão restrito da *intelligentsia* alemã, da qual uma parte mais importante do que se imagina aderiu à causa da "revolução nacional"), não deixa de trazer problemas ao historiador das ideias. Trata-se, além disso, de pensadores pertencentes a gerações diferentes. Ludwig Klages, por exemplo, nasceu em 1872, Erich Rothacker, em 1888, enquanto Gehlen, em 1904. Mas as proporções do fenômeno justificam o projeto de interrogar o percurso de cada um desses pensadores, especialmente quando se trata de personalidades originais, com universos de reflexão bem distintos. Os argumentos trazidos individualmente em favor do nacional-socialismo podem ser específicos, em função da arquitetura interna de seus pensamentos, ainda que consigamos chegar, enfim, a uma matriz comum. Não encontramos, por exemplo, em Gehlen, a raiva antissemita de um Ludwig Klages ou mesmo a de um Carl Schmitt (embora, como veremos, ele próprio não estivesse completamente imune a esse vírus), a ponto de os exegetas de sua obra, como Karl-Sigbert Rehberg, relutarem em lhe atribuir a etiqueta de "nazifilósofo". De resto, a abertura de Gehlen ao pragmatismo norte-americano a partir do final dos anos de 1930 (abertura explícita em seu livro *O Homem*), a posição subalterna da teoria das raças em sua antropologia filosófica e as dificuldades que em 1943-1944 certos representantes da censura de Rosenberg-Amt acharam por bem lhe impor são evocadas pelos comentadores que intentam matizar o alcance de sua adesão ao nazismo, sem falar do argumento do "oportunismo" e do "carreirismo" que Rehberg alegou várias vezes.

Entre os grandes nomes que ilustraram a antropologia filosófica moderna na Alemanha, Arnold Gehlen, ao lado de Max Scheler e de Helmuth Plessner, ocupa um lugar de importância. Consideramos que seu grande livro *O Homem*, publicado em 1940 e depois disso reeditado com frequência, trouxe conceitos inovadores, que se mostraram particularmente aptos para apreender a especificidade das condutas humanas relativamente a outras formas de vida orgânica. A fortuna do conceito de *Entlastung* (descarga, alívio), significando a capacidade propriamente humana de descarregar certos órgãos de suas funções e transferi-las para órgãos superiores, é um desses exemplos.

Mas Gehlen alargou progressivamente a esfera de suas investigações, abordando, em sua atividade filosófica pós--guerra, o vasto campo da sociologia. Entre suas pesquisas de antropologia filosófica e seus estudos mais especificamente sociológicos (a primeira talvez seja aquela intitulada *Sozialpsychologische Probleme der industriellen Gesellschaft*, publicada sob a forma de opúsculo em 1949), não há, contudo, solução de continuidade. Ao contrário, Gehlen impôs-se o dever de mostrar que os resultados de seus trabalhos sobre a especificidade das condutas humanas (por exemplo, sobre a necessidade especificamente humana de enfrentar a massa de excitações e de impressões que invadem a sensibilidade e a consciência, a *Reizüberflutung*) constituem o fundamento de uma teoria sociológica sobre a gênese das instituições (tendo estas, segundo ele, a missão específica de orientar e regular as pulsões em liberdade). O ceticismo face à utilidade da antropologia, na qualidade de um discurso sobre o ser humano considerado em suas características genéricas para fornecer bases à sociologia, é uma atitude bastante difundida. Num debate radiofônico com Gehlen, em fevereiro de 1965, em torno justamente do tema *Ist die Soziologie eine Wissenschaft vom Menschen?* (A Sociologia É uma Ciência do Homem?), Theodor Adorno rejeitou imediatamente qualquer discurso sobre "a essência do homem" (e, portanto, toda antropologia filosófica); o que seria, segundo o autor da *Dialética Negativa*, o requisito necessário à pesquisa sociológica. Ele lembrava a Gehlen uma proposição de caráter programático, formulada pelo próprio Gehlen: "não há natureza humana pré-cultural" (*es keine vorkulturelle menschliche Natur gibt*), a fim de legitimar sua própria tese de uma *historicidade* consubstancial às relações humanas e, assim, sobre a emancipação da sociologia de qualquer discurso genérico acerca da natureza humana. Arnold Gehlen compartilhava a ideia de que as grandes mutações históricas (o surgimento da civilização industrial, por exemplo) produziram verdadeiras revoluções na condição humana, e sublinhava tão fortemente quanto Adorno o peso da sociabilidade e da cultura para as modificações das "estruturas de consciência"; mas sua crítica ao "humanismo" (doutrina baseada, segundo ele, na perenidade de valores como igualdade, progresso ou desenvolvimento) tinha objetivos diferentes daqueles visados pela crítica do mesmo humanismo, feita pelo representante da Escola de Frankfurt.

O modelo antropológico proposto por Gehlen dá prioridade absoluta à teoria da ação (à *Handlungslehre*) e, na gênese do homem, a ação é designada como atributo definidor do processo de hominização. Podemos lembrar, a título de exemplo, que em sua teoria da ação ele estabelece uma distinção importante entre a finalidade (*der Zweck*) e o motivo (*der Motiv*) da ação. As consequências que tira ilustram bem como ele concebe as passagens da antropologia à sociologia. Gehlen insiste sobre a diferença que pode existir entre a finalidade alcançada por uma ação, finalidade essa ditada pelas coações da reprodução social, e as motivações que acompanham essa ação na interioridade do sujeito. Tais motivações podem ser muito variadas: um trabalho realizado sob exigências profissionais pode ser motivado na consciência do sujeito que age pela consciência do dever, pela necessidade de segurança, pelo desejo de se distinguir ou ainda para escapar do tédio etc.[1] A não coincidência entre a finalidade e o motivo da ação explica a presença, na consciência de sujeitos que agem numa sociedade extremamente racionalizada, como a industrial moderna, dominada

[1] Arnold Gehlen, Soziologie als Verhaltensforschung, *Philosophische Anthropologie und Handlungslehre*, em *Gesamtaugabe*, Band 4, Frankfurt, Klostermann, p. 362.

pela *Zweckrationalität* (racionalidade do fim), de uma massa de desejos e de pulsões que não chegam a se materializar na objetividade do tecido social. A sociedade carrega assim, "de maneira fictícia e compensadora", uma massa de estados de espírito cuja realização é postergada sem limites (Gehlen fala de uma "Wirklichkeitsfremdheit dieser pararealen Ausdrucksfelder", de uma "estranheza quanto à realidade efetiva desses campos paralelos de expressão"[2]). Confrontado à emergência dessa "subjetividade apátrida", dominada por uma "eterna inquietação", Gehlen não vê solução fora das instituições, as únicas capazes de captar e canalizar as subjetividades livres. A rejeição da ideia de uma subjetividade autossuficiente, presente no conjunto de sua obra, vai até pôr sob suspeita toda a tradição saída das Luzes no que se refere ao plano sociopolítico e ideológico. É preciso ver quais as origens dessa rejeição.

No centro da atividade de Gehlen encontram-se, certamente, seus trabalhos de antropologia filosófica, inaugurados principalmente por seu grande livro de 1940, seguido em 1956 por *Homem Primitivo e Cultura Tardia*, mas também por numerosos estudos reunidos em sua maioria no quarto volume da *Gesamtausgabe (*Obra Completa, editada pela Vittorio Klostermann Verlag), *Philosophische Anthropologie und Handlungslehre* (Antropologia Filosófica e Teoria da Ação). Mas ele começou sua atividade filosófica ainda nos finais dos anos de 1920 e início da década seguinte, e continuou a publicar bom número de estudos durante o período nazista, entre 1933-1944. Como Heidegger ou Carl Schmitt, Gehlen entrou no partido nacional-socialista em 1º de maio de 1933, e a ele foram confiadas, sucessivamente, responsabilidades importantes no *establishment* universitário e filosófico do Terceiro Reich. Depois de 1945, sua fecunda produção intelectual assegurou-lhe um lugar entre os sociólogos mais conhecidos da Alemanha Federal; tornou-se um dos nomes mais brilhantes de uma corrente designada pelo

---

2 Ibidem. p. 263.

nome genérico de neoconservadora. A pergunta que se faz é: existe uma coerência, uma continuidade nessa atividade filosófica que se estende sobre um período tão longo (mais de meio século) e tão cheio de mudanças profundas? O percurso filosófico de Gehlen guarda os traços de seu engajamento político? Podemos descobrir eventuais conexões entre sua adesão à *Weltanschauung* (visão de mundo) nacional-socialista e sua especulação antropológica ou algumas de suas opções filosóficas?

A antropologia filosófica de Gehlen, síntese original e audaciosa de pesquisas conduzidas em vários campos científicos (anatomia e morfologia comparadas, fisiologia dos sentidos, teoria da linguagem), afirmou-se e adquiriu uma larga audiência, aparentemente fora de conotações ideológicas que poderiam ter marcado a sua gênese. Suas teses sobre a especificidade das condutas humanas – a plasticidade, a compensação à redução dos instintos por meio de atividades superiores de estabilização, o surgimento de uma "imaginação do movimento" (*die Bewegungsphantasie*), o caráter simbólico e comunicativo da percepção etc. – seduziram um espírito assaz rigoroso como Nicolai Hartmann, que consagrou a *O Homem* um longo e elogioso artigo, quase imediatamente após a saída do livro (em *Blätter für deutsche Philosophie* – 1941). De seu lado, o marxista György Lukács buscou nos escritos de Gehlen, que ele parecia muito apreciar, argumentos em favor de suas próprias teses sobre a antropogênese e, particularmente, sobre a gênese da atividade estética (a *Estética* de Lukács contém numerosas referências às teses de Gehlen).

Mas nos escritos filosóficos publicados por Gehlen entre 1935 e 1943, podemos encontrar um bom número de passagens em que os motivos internos de sua própria reflexão filosófica são utilizados para justificar a ideologia nacional-socialista. Se deixarmos de lado as passagens em que o filósofo simplesmente se inclina aos objetivos do *movimento* (por exemplo, aquelas em que aparece o conceito de raça, passagens, aliás, riscadas pelo autor nas edições do pós-guerra), nossa atenção é retida pelos textos em que as tendências mais profundas e mais duráveis de seu pensamento se veem instrumentalizadas pelas necessidades ideológicas da causa. A crítica ao cartesianismo, na qualidade de uma filosofia que glorifica a autonomia da reflexão e a soberania do *cogito*, por exemplo, é um *leitmotiv* em seus escritos da época (inclusive em sua obra capital, *O Homem*). Essa crítica está associada à suspeita do que, em geral, Gehlen chamava de "idealismo logocrático", que, por seu "absolutismo da razão" (tendência que iria, segundo ele, de Descartes a Hegel), não fazia justiça à primazia da ação (*der Handlung*) no devir do homem. Sua alergia, aliás, face ao intelectualismo é visível na obra de Gehlen. Mas essa crítica do cartesianismo ou do "idealismo logocrático" não se referia a objetivos puramente filosóficos. Por meio de Descartes, Gehlen visava o *ethos* da pessoa autônoma, fundamento da democracia moderna, assim como, por meio de sua crítica do intelectualismo, visava o Estado Contratual, que tinha na autonomia do indivíduo sua pedra angular. Uma passagem do ensaio de 1935, chamado *Der Idealismus und die Lehre vom menschlichen Handeln* (O Idealismo e a Teoria da Ação Humana), reforça a impressão de que sua crítica ao cartesianismo não está isenta de uma finalidade ideológica e política: "Depois de Descartes, a filosofia pode pensar apenas em *conceitos* e *coisas materiais*, mas não naquilo que não é nem conceito nem matéria – Deus, Alma, Povo ou Raça. De resto, Descartes ficou situado justamente no começo da modernidade. É revolucionário, ditatorial(!) e democrata: o que o *bom senso* não percebe, deve ser falso ou confuso".

O mais desconcertante é que Gehlen pôde desposar, durante a época nazista, certos objetivos ideológicos da revolução nacional-socialista sem sair do caminho filosófico que traçou, sem trair seu pensamento. Poderíamos eventualmente deixar de lado suas referências circunstanciais aos escritos dos dirigentes daquele momento (citações de *Mein Kampf*, fórmulas de Alfred Rosenberg ou de Otto

Dietrich), atribuindo-os à fraqueza humana e ao oportunismo. Contudo, logo percebemos que as convergências com a ideologia nazista não se situam apenas nesse nível superficial, mas ainda em um nível mais profundo, que compromete a especificidade de sua reflexão filosófica. Da mesma forma que seria um erro interpretar a antropologia filosófica de Gehlen numa perspectiva exclusivamente ideológica (escamoteando suas inegáveis conquistas científicas e filosóficas), é impossível não percebermos que as conexões com o nacional-socialismo foram estabelecidas a partir de certas premissas *filosóficas* de seu pensamento.

Em 1937, na qualidade de membro da delegação oficial alemã designada pelas autoridades de seu país, Gehlen apresenta no Congresso Descartes de Paris (organizado por ocasião do tricentenário da publicação do *Discurso do Método*) uma comunicação intitulada *Descartes im Urteil Schelling* (Schelling, crítico de Descartes). O assunto, pertencente à história da filosofia, dificilmente pode ser suspeito de finalidade ideológica. No entanto, ao apresentar as críticas formuladas por Schelling a respeito do *cogito* cartesiano (em particular, pelo Schelling da maturidade, o das *Lições de Munique*, de 1827), Gehlen esclarece de modo sutil as consequências da crítica schellinguiana por uma "desconstrução" da concepção idealista e cristã da pessoa, da qual Descartes teria sido o principal caucionário no plano filosófico. O ataque de Schelling à ideia de "subjetividade do absoluto", com a vontade de "salvar o finito" (*die Rettung des Beschränkten*), se torna para Gehlen um trampolim para apontar um dedo acusador contra a concepção "idealista" e "subjetiva" da pessoa, que seria para ele o fundamento do cristianismo, mas também do desenvolvimento ocidental das ciências e das técnicas e, em particular, do marxismo. Gehlen, portanto, utilizava a crítica schellinguiana contra Descartes a fim de colocar em dúvida a ideia de autossuficiência da pessoa, fundamento da ideologia ocidental; por intermédio de Schelling, ele reclamava o "descentramento" do indivíduo e sua fixação numa realidade que o englobe e ultrapasse. A convergência dessa crítica do cartesianismo com as exigências da ideologia dominante à época na Alemanha não poderia ser relegada a uma posição de fortuita coincidência.

Entre os textos publicados por Gehlen no final dos anos de 1930 e início dos de 1940, um artigo consagrado a Schopenhauer (1938) e um longo estudo sobre Vilfredo Pareto (1941) merecem nossa atenção. Entre ambos os textos existem similitudes no que concerne à orientação filosófica. O ensaio sobre Schopenhauer, intitulado "Os Resultados de Schopenhauer", apareceu num volume de homenagem publicado por ocasião do 150º aniversário de nascimento do filósofo. Naquele momento, as autoridades nazistas haviam decidido celebrar Schopenhauer e instalá-lo no panteão dos ancestrais filosóficos de seu movimento (de início, Alfred Rosenberg havia formulado um juízo depreciativo sobre Schopenhauer, considerado muito quietista em relação às necessidades de um movimento eminentemente ativista e "heroico"). O texto de Gehlen contém um elogio estritamente filosófico de Schopenhauer, e aparentemente sem fazer concessões ao pragmatismo ideológico ambiente. Trata-se de uma valorização *sui generis* do autor de *O Mundo Como Vontade e Representação*. Gehlen começa pela refutação dos dois pilares filosóficos da obra de Schopenhauer: a metafísica da vontade (sua crítica sobre esse ponto é pertinente) e a retomada da epistemologia kantiana do mundo como "representação" (o que ele chama de "Reformkantianismus" de Schopenhauer). O traço de gênio de Schopenhauer reside, segundo Gehlen, na descoberta do papel decisivo do *corpo e de suas ações* na economia da existência humana, retirando assim da *reflexão* e da atividade *cognitiva* os privilégios de que estavam investidas na antropologia do tipo cartesiano ou no pensamento hegeliano. Schopenhauer marcaria uma reviravolta na história da antropologia filosófica por suas descobertas sobre o papel das pulsões e, portanto, do peso da atividade infrarracional, brecha na qual vai se precipitar Nietzsche, cujo pensamento sobre o corpo e o papel decisivo dos instintos sanciona o fracasso da "filosofia da consciência" (a *Bewusstseinsphilosophie*) que teria dominado a filosofia após Descartes e até Hegel. Ao colocar a atividade *ideativa* da consciência numa relação de dependência para com a atividade pulsional (é o sentido do elogio feito à linha de pensamento de Schopenhauer e de Nietzsche), Gehlen condenava o papel autônomo da reflexão, reduzida a preencher, de preferência, um papel de gestora da ação, exprimindo assim um ceticismo inato face à capacidade do entendimento e da razão em dirigir as necessidades e os desejos. No plano ideológico, essa posição se traduzira por uma rejeição das "utopias" racionalistas e progressistas, como o pacifismo, o liberalismo ou o marxismo, alvos de Gehlen na época.

O pensamento de Vilfredo Pareto, mais sociólogo e economista do que metafísico, está, à primeira vista, muito distanciado daqueles de Schopenhauer ou Nietzsche, mas a atração que pôde exercer sobre Arnold Gehlen não deixa de ter relação com o encanto que sentia por ambos os pensadores alemães. O próprio Gehlen indicou em seu estudo *Vilfredo Pareto und seine "neue Wissenschaft"* (Vilfredo Pareto e Sua "Nova Ciência", 1941), as analogias notáveis entre Nietzsche e Pareto, deplorando a ausência de referências ao primeiro na obra do segundo. Não é sem razão que Gehlen se interessa pelo autor do *Tratado de Sociologia*, publicado em 1917. A preeminência dada por Pareto às ações "não-lógicas" na constituição do tecido social e o destaque dado ao papel determinante dos sentimentos e dos "*habitus*", relativamente às ações esclarecidas pela inteligência, não o descontentavam. E a tese segundo a qual as "teorias" ou as "ideologias" (classificadas por Pareto na categoria de "derivações") são apenas disfarces e caricaturas dos interesses ou dos motivos infrarracionais (no *Tratado de Sociologia* chamados de *resíduos*), não poderia deixar de seduzi-lo. Gehlen reencontrava ali, *mutatis mutandis*, motivos de Schopenhauer e de Nietzsche. Também podemos imaginar como as cargas polêmicas do autor italiano contra as "elucubrações dos humanistas", dos intelectuais, dos adoradores da "deusa razão" haviam encontrado eco em Gehlen (que não se esquece de mencionar a presença de Mussolini entre os ouvintes dos cursos dados por Pareto em Lausanne, menção apagada na versão do texto publicado após a Segunda Guerra). Gehlen admira em Pareto o pensador da *Realpolitik*, o crítico acerbo do liberal Giolitti e admirador fervoroso de Bismarck, o teórico do papel decisivo dos "interesses" e das "utilidades" na marcha da história e adversário das ilusões "democráticas" ou "humanitárias". Na conclusão de seu estudo, valoriza com satisfação o "combate contra a democracia ocidental", um dos motivos recorrentes do sociólogo italiano. Mas é sobretudo a hostilidade de Pareto face aos "intelectuais" e sua pretensão de representar um papel preeminente na vida social que atrai a adesão entusiasta de Gehlen; ele enxerga nisso uma tendência de sua própria crítica dirigida contra a autonomia da reflexão, contra o poder das ideias de modelar o curso das coisas. Gehlen estima particularmente em Pareto a denúncia do conluio entre os "especuladores democratas e os intelectuais humanitários", tendo por fundo uma crítica mais geral contra a "plutocracia demagógica e o parlamentarismo"; está inteiramente de acordo com o sociólogo italiano, para quem, sob os discursos generosos e humanistas dos democratas, escondem-se interesses precisos, e que a "democracia moderna" é a terra nutriz do embuste, do "apetite dos negócios", da "sede do lucro" ou, em resumo, o "reino das raposas" que veio substituir o "poder dos leões". E quando, sobre as pegadas de Pareto, fala do perigo da "democracia moderna", denunciando sua ação negativa, destruidora, sobre os "instintos da fidelidade e da fé", sobre a "firmeza do caráter e dos princípios", ou sobre o que chama de "cimento do Estado" (der Kitt des Staates), ele traça o quadro de suas convicções conservadoras que possibilitaram sua aproximação do nacional-socialismo. Sua "filosofia das instituições", desenvolvida mais tarde, não será construída em ruptura com essa orientação conservadora; ao contrário, nela encontrará sua ancoragem.

Poderíamos tratar o engajamento nacional-socialista de Arnold Gehlen como um simples episódio de seu percurso intelectual, sem consequências para o seu pensamento, mas apenas na hipótese de sua motivação não estar relacionada com certas tendências mais profundas de sua reflexão. A questão embaraçosa de sua biografia intelectual é justamente a da continuidade ou descontinuidade entre seu período nacional-socialista e sua obra ulterior. Caso se confirme que o filósofo conservou em seus maiores escritos os motivos e as orientações que atravessam seus textos do período 1933-1944, retirando-lhe os aspectos mais "inaceitáveis", uma significativa continuidade não deveria ser excluída. Sobreviria a pergunta sobre a existência de conexões entre seu engajamento político e sua teoria essencialmente conservadora da sociedade e da história. Nessa última hipótese, seríamos levados sobretudo a interrogar as possíveis convergências do pensamento conservador, particularmente o da "revolução conservadora", com os fundamentos ideológicos do nacional-socialismo. O caso Gehlen se tornaria então particularmente interessante, pois permitiria identificar um território ideológico de onde se pôde extrair tanto o nacional-socialismo (caso extremo) quanto um pensamento conservador que se perpetuou sem qualquer relação aparente com o movimento nazista.

Uma biografia intelectual de Arnold Gehlen (a ser escrita) não pode deixar de se perguntar sobre certas constantes de seu pensamento, localizáveis no conjunto de seus escritos, quer se trate de seus primeiros trabalhos filosóficos (sua dissertação de 1931, intitulada *Wirklicher und unwirklicher Geist* – Espírito real e irreal – ou sua *Theorie der Willensfreiheit* – Teoria da liberdade da vontade – de 1933), de seus escritos do período nazista, explicitamente engajados em favor do nacional-socialismo (nos quais manifesta a vontade de recuperar uma certa tradição do idealismo clássico alemão, em particular a obra tardia de

Fichte e de Schelling) ou, enfim, de suas grandes obras de antropologia filosófica (*O Homem, Homem Primitivo e Civilização Tardia*) e de seu último livro importante (*Moral und Hypermoral* – Moral e Hipermoral – de 1969), sem nos esquecermos dos numerosos textos de caráter antropológico ou sociológico, publicados durante os últimos trinta anos de sua atividade. É evidente que não se trata de pôr em dúvida o fato de que mudanças de perspectiva e de método puderam intervir no curso de uma atividade intelectual que se estendeu por décadas (a passagem de escritos puramente filosóficos para trabalhos de antropologia com a bem sucedida utilização dos avanços das ciências ditas exatas, é um exemplo dessas transformações significativas) nem de negar o fato de que Gehlen abandonou em seu percurso certas visões que marcaram sua atividade durante o período nazista. Hoje bem sabemos, por exemplo, que, desde 1931, o futuro autor de *O Homem* estava tentado a redigir uma filosofia do nacional-socialismo. A isso se referiu numa carta de 10 de agosto daquele ano a seu discípulo Alexander Szali, dizendo ser uma encomenda da editora Junker und Dünnhaupt; três anos mais tarde, numa carta endereçada ao mesmo correspondente, confiava-lhe que o livro não estava acabado. Entre seus escritos foi encontrado um fragmento desse trabalho, que permaneceu apenas como esboço[3]. Não escapou aos pesquisadores mais atentos à obra de Gehlen que o filósofo pôde se debruçar, em 1934, sobre a obra *Rasse und Staat*, de Erich Viegelin, testemunhando, em seu relatório sobre o livro, um interesse aprovador por uma teoria de

---

3 Cf. as observações do editor no segundo volume de *Der Mensch*, publicado na *Gesamtausgabe* de Gehlen. A obra, em dois tomos, apareceu em 1933 como volumes 3.1 e 3.2 nas Obras Completas editadas por Karl-Siegbert Rekberg, nas quais são dadas essas informações e onde também se reproduz um fragmento intitulado *Rasseumythos*, que um outro editor de Gehlen, Lothar Samson, considera pertencer à obra projetada sob o título *Die Philosophie des Nationalsozialismus*. (cf. p. 789-795, tomo 2 do terceiro volume da *Gesamtausgabe*.

Estado que levasse em conta a raça como fator explicativo importante[4].

Não se pode passar com descaso sobre a atitude de Gehlen a propósito das "raças", sobretudo após a publicação de certos textos como os anexos ao seu livro *O Homem*, nas edições das obras completas. Antes disso, o problema já havia alimentado discussões. A opinião prevalecente era de que as teses fundamentais de sua antropologia filosófica não deixavam lugar ao racismo. É, por exemplo, a opinião de Henning Ottmann, exposta num artigo publicado em 1979 no *Philosophisches Jahrbuch*. No entanto, parece-nos evidente que, longe de se opor ao discurso dominante na Alemanha nazista, Gehlen se mostrou receptivo à teoria das raças, algo que constituía um dos fundamentos ideológicos do Terceiro Reich. Em alguns escritos, ele tenta até mesmo justificá-la. A importância que ele concede aos fatores "raciais" na psique humana, associada à sua desconfiança de princípio contra as interpretações de tipo universalista da *humanitas* nos parece sintomática. O mais cuidadoso de seus exegetas alemães, Karl-Siegbert Rehberg, afirma de maneira demasiado peremptória, parece-nos, que Gehlen não era familiarizado com as "expressões antissemitas" (*antisemitische Wendungen*)[5]. Em sua análise do livro de Erich Voegelin, *Rasse und Staat*, comentando o capítulo intitulado "Die Juden als Gegenidee" (Os Judeus Como Anti-Ideia), Gehlen deplora o fato de o autor não evocar as contribuições alemãs "mais profundas" sobre o problema judaico, especialmente as obras de autores notoriamente antissemitas, tais como Hans Blüher ou Wilhelm Stapel[6]. Trata-se, por óbvio, de uma observação feita de passagem, mas não podemos deixar de

---

4 Cf. a esse respeito as observações de Piet Tommissen em seu estudo "Gehlen – Pareto – Schmitt", publicado nas atas do colóquio consagrado a Gehlen em 1989, em Speyer, *Zur geisteswissenscheftlichen Bedeutung Arnold Gehlens*, Berlin: Dunncker & Humlot, 1994, p. 179.

5 A. Gehlen, *Der Mensch... Textkritische Edition*, Hrsg. vom Karl-Siegbert Rehberg, Teilhand 2, Nachwort des Herausgebers, p. 771.

6 Idem, Erich Volgelin "Rasse und Staat", *Die Erziehung,* 9, Jg. 1934, p. 203.

constatar que Gehlen não permaneceu insensível à virulenta literatura antissemita da época. Basta abrir livros como *Die Erhebung Israels gegen die christlichen Güter*, (A Insurreição de Israel Contra os Bens Cristãos) de Hans Blüher, obra de 1931, Hanseatische Verlagsanstalt, ou *Der christliche Staatsmann. Eine Theologie des Nationalismus* (O Homem de Estado Cristão: Uma Teologia do Nacionalismo), publicado em 1932, de Wilhelm Stapel, para se medir todo o alcance de uma "tiefere deutsche Auseinandersetzung" (explicação alemã mais profunda) exigida por Gehlen em 1934.

Longe de se manter insensível à teoria das raças, Arnold Gehlen mostrou-se vivamente interessado pelas pesquisas que se conduziam sobre o assunto na Alemanha da época. Podemos encontrar o que desenvolveu pessoalmente sobre o condicionamento racial do caráter dos indivíduos, assim como de sua organização societária, nas primeiras edições de seu livro *O Homem* (cujas páginas foram suprimidas nas edições posteriores à guerra), e mais particularmente num texto publicado em 1941 sob o título "Anlage, Vererbung und Erziehung" (Predisposição, Herança e Educação), na revista *Internationale Zeitschrift für Erziehung*, n. 10. Gehlen faz ali referência aos trabalhos de Ludwig Ferdinand Clauss, de Bruno Petermann e ao livro em três volumes de Friedrich Keiter, *Rasse und Kultur*, (1938-1940), autores que deram contribuição à ideologia biologizante do Terceiro Reich. As considerações de Gehlen almejam ser, antes de tudo, "científicas", e é verdade que ele não se joga na exploração nauseabunda própria dos doutrinadores nazistas, mas a seriedade com que trata a importância das raças reforça a hipótese segundo a qual sua adesão ao nacional-socialismo tinha de um pano de fundo ideológico. Já no manuscrito inacabado sobre *A Filosofia do Nacional-Socialismo*, ele sublinhava o papel do "mito da raça" (*Rassenmythos*) como poder de coesão de uma comunidade. Seu interesse pelo conceito de *Leibidee* (Ideia do Corpo), formulado por Voegelin, mostrava que a tese sobre o peso determinante do "corpo" na constituição de uma espiritualidade específica o seduzia de maneira perigosa. Ele faz referência à célebre obra *Die Grundlagen des neunzehnten Jarhhunderts* (Os Fundamentos do Século XIX), verdadeira antecipação do nazismo por seu arianismo militante, reconduzindo o leitor às páginas do primeiro volume onde Houston Stewart Chamberlain mostra que o mito do pecado original permaneceu estranho ao pensamento judaico. No artigo de 1941, ele formulava considerações imprudentes sobre as ligações entre as particularidades raciais dos negros e suas preferências por certas formas de organização de Estado (Gehlen se apoiava em autores como Keiter ou Eickstedt) e não esquecia de mencionar as virtudes especialmente germânicas, tais como a bravura, a fidelidade ou o domínio de si (*die Tapferkeit, die Treue, die Selbstbeherrschung*)[7].

Entre os filósofos que durante o Terceiro Reich experimentaram construir pontes entre seus pensamentos e os objetivos do movimento nacional-socialista (poderíamos citar, entre outros, Martin Heidegger, Ludwig Klages, Erich Rothacker, Herman Glockner ou o sociólogo Hans Freyer), Arnold Gehlen tem a particularidade de querer vincular seu engajamento ideológico à grande tradição do idealismo clássico alemão. Autor de uma obra muito aclamada em seu lançamento, de 1933, *Theorie der Willensfreiheit* (Teoria da Liberdade da Vontade), acolhida na França por Martial Guéroult num elogioso artigo da *Revue de Métaphysique et de Morale*, de 1936, dedicou-se nos anos seguintes a demonstrar que podíamos encontrar no idealismo clássico alemão as bases de um pensamento da ação que estaria situado não apenas no lado oposto das Luzes, mas, de forma mais geral, do lado oposto ao *absolutismo da razão*. Mais do que qualquer de seus contemporâneos, Gehlen consagrou-se à recuperação de Fichte como um dos grandes ancestrais do nacional-socialismo, aquele que, por meio de seus *Discursos à Nação Alemã* e por sua

---

[7] "Die Tapferkeit ist die erste der germanischen Tugendum...", escrevia Gehlen em *Der Mensch* (p. 705, edição crítica), fazendo referência ao livro de A. Hensler, intitulado *Germanentum*.

filosofia final da religião e do Estado, teria rompido com seus escritos do primeiro período, quando ainda era um admirador da Revolução Francesa e um adulador da razão. Repreendido por Ernst Krieck, filósofo oficial do nazismo, que num artigo publicado em 1935 na revista *Volk im Werden* censurava-lhe a admiração pelo classicismo, em nome da estrita ortodoxia (para Krieck, a celebração do Espírito era um desvio dos valores da raça), Gehlen esforçou-se em mostrar na sua resposta que existe nas obras dos idealistas alemães um pensamento "orgânico" sobre a natureza e a sociedade; o filósofo via ali um poderoso antídoto contra o "mecanicismo" e o "positivismo" que dominaram o "espírito do século XIX" e conduziram a ideologias como o marxismo e o darwinismo[8]. Esta "visão orgânica do mundo" (*organisches Weltbild*), que abole a separação entre corpo e alma (abolição que será sempre uma exigência central do autor) e oferece uma retratação à apreensão da *naturwissenschaftlich* (pelo viés das ciências humanas) do mundo, representa, segundo Gehlen, o melhor fundamento filosófico para um pensamento autenticamente alemão do povo e da raça. Haveria portanto no idealismo clássico alemão um núcleo de pensamento que legitima a ascendência dos poderes supra-pessoais sobre o egocentrismo da *ipseidade* (a superação do que é *selbstisch* – egoísta –, conforme uma ideia que retorna como *leitmotiv* em Gehlen), uma linha de pensamento que faz justiça à "existência para o outro" (*Sein für Andere*) e faz, paradoxalmente, da suprassunção das liberdades dos indivíduos numa entidade supraindividual o auge de uma verdadeira filosofia da liberdade (conferir o final de *Theorie de Willensfreiheit*).

Em meados dos anos 1930, Gehlen se esforçava por apagar os vínculos do idealismo alemão com as ideias da Revolução Francesa, experimentando moldá-lo com um pensamento eminentemente conservador da história e, no

---

8 A. Gehlen, *Der Idealismus und die Gegenwart*, in *Philosophische Schriften*, II, *Gesamtausgabe*, Band 2, Frankfurt: Klostermann, 1980, p. 353.

limite, apresentá-lo como antecipação da *Weltanschauung* nacional-socialista. Não seremos surpreendidos, portanto, ao vê-lo em determinado momento opor o espírito de Hegel e de Fichte à "fraseologia das Lojas" e, de forma mais geral, à franco-maçonaria, aquela que reivindicava os valores "do belo, da verdade e do bem"[9], ou terçar lanças contra o que considerava ser "o erro de Hegel e dos Logocratas", *id est*, as pretensões à universalidade do método dialético[10]. O Fichte celebrado por Gehlen em seu ciclo de conferências proferidas em 1935 na Fichte-Hochschule (uma fortaleza ideológica do regime), publicadas num pequeno volume intitulado *Deutschtum und Christentum bei Fichte*, era, naturalmente, o teórico de um socialismo estatizante e autoritário. Gehlen anunciava, a partir de certas ideias de *O Estado Comercial Fechado* e da *Doutrina do Direito*, de 1807, a antecipação de uma sociedade fundada sobre a regulamentação geral da vida dos indivíduos, e, assim, uma prefiguração do "socialismo alemão"; o autor dos *Discursos à Nação Alemã* e da *Instrução à Vida Bem-Aventurada* aparecia na visão de Gehlen como partidário do *Zwingherr* (déspota) ou do ditador, capaz de encarnar, além dos poderes tradicionais, a vontade do povo e, acima de tudo, como o promotor de um cristianismo autenticamente alemão, o adversário decidido da contaminação judaica ou pagã do cristianismo, tal como personificada por São Paulo. Uma conciliação possível entre o cristianismo e o nazismo não parecia excluída por Gehlen em 1934-1935, com a condição de se assumirmos a herança do cristianismo de Fichte, afirmada com resoluta oposição à interpretação paulina, muito impregnada de conceitos como "pecado", "redenção" ou "salvação" e, por isso mesmo, muito moralista e pouco mística. Gehlen relembra as posições similares defendidas por Paul de Lagarde, um outro ilustre doutrinário do pan-germanismo, também

---

9 Ibidem, p. 350.
10 Ibidem, p. 343.

ele adversário da interpretação paulina do cristianismo, espantando-se com a ausência de referências a Fichte em Lagarde[11].

Se Gehlen pôde encontrar efetivamente no pensamento do último Fichte e do último Schelling os apoios necessários para resistir à forte presença do racionalismo e da herança das Luzes no idealismo alemão (tendo por finalidade expressa expurgá-lo dos eflúvios do "idealismo logocrático"), é evidente que encontrou muito mais dificuldade no caso de Hegel. A autoafirmação do Espírito e a força conquistadora da razão, tão vigorosamente destacadas por Hegel, eram mais difíceis de serem incorporadas ao organicismo e ao pan-germanismo defendidos na época. A verdade é que não existe na obra de Gehlen uma verdadeira confrontação com o pensamento do autor da *Ciência da Lógica* (mesmo se as referências à sua obra são numerosas na *Theorie der Willensfreiheit*). Um depoimento datado do último período de sua atividade, uma carta endereçada a Friedrich Jonas, revela que ele jamais se ocupou de Hegel ou de Marx, tanto lhe repugnavam seus estilos[12]. Na mesma carta, Gehlen faz outra confissão significativa, a saber, que em seu livro *Theorie der Willensfreiheit* sua intenção, em última instância, era a de retirar (*auszuhebeln*) a liberdade da vontade dos moldes de Hegel e de Marx. No entanto, existe um texto de Gehlen inteiramente consagrado a Hegel, texto não incluído nos *Philosophische Schriften* (Escritos Filosóficos) da edição de suas *Obras Completas* (o próprio autor não o retomou no volume dedicado a seus *Frühe philosophische Schriften* – primeiros escritos filosóficos); trata-se de um artigo publicado em 27 de agosto de 1935, por ocasião do 165º aniversário de nascimento de Hegel, no *Völkischer Beobachter*, o jornal do partido nacional-socialista, sob o surpreendente título de "Der Irrweg eines grossen Denkers" (O Caminho Errado de um Grande Pensador).

---

11 Ibidem, p. 285, nota.
12 Carta a Friedrich Jonas de 4. 11. 1963, mencionada em notas do editor de *Der Mensch*, edição crítica, op. cit., p. 890.

Privilegiando o aspecto político da obra hegeliana, Gehlen lhe aplica o quadro de leitura corrente no neo-hegelianismo de direita; seus elogios visam a concepção substancialista e organicista do Estado que ele atribui a Hegel, seu anti-individualismo e anticontratualismo, certamente eliminando os fundamentos racionalistas de seu pensamento. Os aspectos mais sintomáticos desse texto de circunstância são aqueles nos quais aparece a óptica de um intelectual "orgânico" do nacional-socialismo. O verdadeiro Hegel, segundo Gehlen, seria aquele dos escritos de juventude, quando o filósofo falava em nome da *comunidade do povo* (as conexões entre a "religião do povo" preconizadas pelos escritos do jovem Hegel e o espírito da Revolução Francesa ficam, evidentemente, esquecidas). A "tragédia" do grande pensador (*die letze Tragik*, diz Gehlen) teria sido a de não se conservar fiel a esse impulso primordial. Gehlen reprovava no autor da *Fenomenologia do Espírito* a ambiguidade de sua posição durante as "guerras de libertação" e, especialmente, seu elogio a Napoleão, sua incompreensão perante a ação destrutiva do imperador francês face à comunidade alemã do povo (ação denunciada, lembra Gehlen, pelos "patriotas prussianos"). Insuficientemente enraizado nessa comunidade, Hegel teria se tornado, após a queda de Napoleão, um filósofo da Restauração, buscando apoio na religião cristã. O artigo de Gehlen é, por sua própria bizarrice, um documento significativo da óptica nacional-socialista sobre o passado alemão, pois ao atacar no jornal oficial do partido nazista uma das grandes figuras do pensamento alemão (a quem censurava por ter tomado "um mau caminho" por sua admiração por Bonaparte e pela Restauração), ele destacava a *Volksgemeinschaft* (a comunidade do povo) como o único terreno sólido para a edificação de uma verdadeira filosofia política (e daí o elogio exclusivo ao primeiro Hegel).

O percurso filosófico de Gehlen durante o primeiro período de sua atividade (até o fim da Segunda Guerra Mundial) oferece várias facetas, mas, além da variação de motivos e de atitudes, se desenham tendências que atravessam o conjunto de sua obra. Assim, podemos falar de um período efetivamente "existencialista" em sua tese de livre docência *Wirklicher und unwirklicher Geist* (Espírito Real e Irreal), de 1931, seguido de uma fase "idealista", abrangendo os escritos antes mencionados sobre o idealismo alemão, que, por fim, teria deixado lugar a uma filosofia *empírica*, centrada na antropologia, e uma abertura explícita para o pragmatismo. Sua grande obra *O Homem* seria o primeiro cumprimento desta fase que vai até o fim da guerra. A diversidade dessas opções parece à primeira vista desconcertante (comentadores tais como Lothar Samson vão salientar as soluções de continuidade na evolução de Gehlen[13]), mas um olhar atento pode revelar um certo *principium movens* que permanece imutável e cuja origem se encontra na atitude do pensador face à realidade sócio-histórica do seu tempo. As variações em sua orientação filosófica não puderam esconder a continuidade de fundo. Podemos encontrar, por exemplo, em certo trecho do primeiro livro publicado por Gehlen, *Wirklicher und unwirklicher Geist*, uma tomada de posição severa contra o pragmatismo, definido como "a convicção indiscutível do homem da civilização atual" (*die undiskutable Ueberzeugung des heutigen Ziwilisationsmenschen*). Gehlen denuncia os efeitos "devastadores" do pragmatismo no pensamento de Nietzsche e de Bergson, citando, a título de exemplo, a utilização dos conceitos de "adaptação" e de "seleção" na "banal teoria de ação" deste último. Ele opõe a profundidade das análises do instinto ou da adaptação em Schelling e Schopenhauer à visão estreitamente prática de Darwin. O contexto desse requisitório é uma interrogação sobre o pano de fundo filosófico da "uniformização" e do "nivelamento" espiritual do homem moderno. Gehlen evoca uma perda do contato com o "objeto absoluto", surgida no século XVIII e cujo resultado seria a hegemonia nos países

---

13 Lothar Samson, *Nachwort zu Philosophischen Schriften*, I (1925-1933), *Gesamtausgabe*, v. I, Frankfurt: V. Klostermann, 1978, p. 421-422.

protestantes dos valores puramente utilitários (sucesso, performance etc). As diatribes de Nietzsche contra o espírito do "protestantismo anglossaxão" são citadas em apoio, pois é preciso atribuir a esta "raça" as "catástrofes colossais" e a "decadência da cultura na época moderna". É significativo ver Gehlen falar, em 1931, da "inumanidade" e da "bestialidade" de fenômenos como "a técnica, o capitalismo, a guerra", aos quais ele associa a esmo "o liberalismo, o individualismo, o racionalismo (mola das ciências) e o imperialismo"; a decadência do grande espírito metafísico e a expansão do utilitarismo e do empirismo seriam as fontes desses fenômenos deploráveis. A gênese desse "*éthos* detestável" aparece claramente, segundo ele, na autobiografia de Benjamin Franklin[14]. Gehlen apoiava-se numa linha de pensamento que vai de Nietzsche a Spengler, passando por Scheler (ele cita tais nomes, assim como Max Weber, sociólogo das religiões) para incriminar o *éthos* anglossaxão do pragmatismo e do utilitarismo como responsável pela decadência moderna (Darwin também fazia parte desta filiação). Buscando em Schelling ou em Schopenhauer e sobretudo em Nietzsche os fundamentos de uma teoria da ação, Gehlen inscrevia-se na tradição de um romantismo anticapitalista, novamente trazido à luz pelo pensamento alemão da época e do qual logo iria tirar consequências políticas extremas (lembremo-nos que já em 1931 ele pretendia uma *Filosofia do Nacional-Socialismo*).

Não devemos nos iludir pelo fato de, no final dos anos 1930, Gehlen ter mudado de atitude, chegando mesmo a integrar o pragmatismo em sua démarche de pensamento (com importantes reservas, apesar de tudo). Numa passagem significativa das primeiras edições de *Der Mensch*, Gehlen precisava que retinha do pragmatismo sobretudo sua hostilidade de princípio às teorias objetivistas do conhecimento e às pretensões de verdade das grandes construções sistemáticas. Denunciava as ambições reformadoras dessas

---

14 A. Gehlen, *Wirklicher und unwirklicher Geist: Eine philosophische untersuchung in der methode absoluter phänomenologie*. Leipzig: Universitatsverlag von Robert Noske, 1931, p. 180-181, nota.

construções ideológicas no plano social, seu programa de edificar uma *"vernünftige Sozialordnung"* (uma ordem social racional) a partir de uma filosofia determinada. Ao definir sua própria posição como *"Gegenaufklärung"* (contra as Luzes), Gehlen rompia com o pensamento saído da Ilustração e, particularmente, com o marxismo e o darwinismo, considerados ideologias globalizantes que pretendiam falar em nome da ciência[15]. Mesmo William James e John Dewey, clássicos do pragmatismo, não escapavam às acusações de ceder a uma *"Aufklärung* polêmica", com suas veleidades de fundar uma "reforma social sobre premissas filosóficas"[16]. Bem se vê que as mudanças de perspectiva não afetavam de fundo; a continuidade de suas posições; os alvos de suas adversidades permaneciam os mesmos.

Obcecado pela importância do irracional na existência humana, Gehlen não deixa de destacar a força das convicções, dos sentimentos, das fantasias, dos atos de vontade, numa palavra, das "ações ilógicas" (conforme a definição de Pareto) que escapariam à deliberação racional e imporiam sua potência coercitiva no movimento da sociedade. Já num artigo de 1932, consagrado à trilogia de Jaspers, *Filosofia*, publicada no mesmo ano, ele punha a tônica sobre o poder afirmativo da decisão, liberada de todo constrangimento reflexivo, sendo os traços definidores da verdadeira ação a "unilateralidade", a "duração", a "intransigência orgânica"[17]. A vocação da vontade de ser exclusiva e intolerante é uma ideia que volta muitas vezes nesse período sob a pena de Gehlen. Ao formular suas reservas e críticas com relação a Jaspers, com quem, aliás, compartilhava a ideia de que o pensamento está ancorado em situações-limites da existência (*Grenzsituationen*), Gehlen dava provas de um "energismo" e de um ativismo que deixavam prever

---

15 Idem, *Der Mensch*, v. 2, p. 657.
16 Ibidem, p. 644. Trata-se de uma passagem da terceira edição de *Der Mensch* (1944), eliminada nas edições posteriores.
17 Idem, "Philosophie" de Karl Jaspers, recensão nas *Blätter für deutsche Philosophie*, 6, H 3, 1932, p. 370.

seu futuro engajamento. Ele acusava Jaspers de se comprazer numa "passividade ardente" (*glühende Passivität*), recusando-se a aceitar sua "teoria da comunicação", expressão que, segundo ele, era a de uma geração muito pouco "ativa". Deplorava o fato de que a palavra "produtividade" não aparecesse uma só vez na obra de Jaspers, enquanto o idealismo autêntico era, para ele, um pensamento necessário e eminentemente produtivo. Na mesma época, Martin Heidegger exprimira uma opinião semelhante. O pensamento de Jaspers estava "defasado" face aos imperativos do presente, confessava o autor de *Sein un Zeit* a Elisabeth Blochmann, em 30 de março de 1933. Segundo ele, Jaspers havia escrito sobre a situação espiritual do tempo sem ter consciência clara do que "verdadeiramente se passava" (*vom wirklichen Geschehen*). Isso dava a Heidegger o sentimento de que ele e Jaspers pertenciam a duas gerações diferentes[18].

A vontade de Gehlen de ultrapassar a "filosofia da existência" de seu tempo por um idealismo reformulado no sentido de um "cristianismo joanino" de Fichte (conforme sua conferência *Idealismus und Existenzialphilosophie*, de 1932) é incontestável, mas não deve ocultar uma certa matriz comum a seu pensamento e aos dos "filósofos da Existência". Entre os traços comuns poderíamos citar a ideia de que o homem é uma criatura "jogada" no mundo (a derrelição), sem laços seguros, a desconstrução das filosofias da consciência, fundadas sobre a ideia de um sujeito autônomo e na potência modeladora da consciência, a rejeição do "idealismo logocrático", caução de projetos utópicos de sociedade. O conceito de "situação" também está onipresente nesse primeiro período do pensamento de Gehlen.

A tese da preeminência das pulsões (*Antriebe*), da vontade e de suas ações relativamente à apreensão racional do mundo (tese que estendia o pensamento existencialista sobre a impermeabilidade para reflexão em situações-limites,

---

18 Martin Heidegger – Elisabeth Blochmann, *Briefwechsel*, 1918-1969, Hrsg. von Joachim W. Storck, Marbach am Neckar: Dt Schillerges, 1989, p. 61.

como o sofrimento, o combate, a morte) prefigurava em Gehlen a tese mais geral, exposta em *O Homem*, sobre a primazia da "certeza irracional da experiência" (*Irrationale Erfahrungsgewissheit*), refratária a toda problematização pela razão, assim como seu interesse apaixonado pela tentativa de Pareto de buscar nas "ações ilógicas" o fundamento da vida social. Devemos ter sempre presente no espírito as conexões ideológicas e políticas dessa estrutura de pensamento, que se increve com evidência na filiação de Schopenhauer e de Nietzsche; a ênfase colocada no peso das atividades infrarracionais ou não lógicas vai junto com a crítica acerba do pensamento iluminista e de seu otimismo, e particularmente das ilusões humanitárias ou pacifistas. Não era por acaso que as considerações sobre o exclusivismo e a autarquia da vontade às vezes serviam, nos anos de 1930, para dar suporte ao discurso de Gehlen sobre o caráter refratário dos "valores vitais" de certos povos ou raças aos valores de outros povos, e portanto, a resistência ao que é *artfremd* (estranho à raça)[19]. As profundas afinidades com o pensamento de Pareto também não eram estranhas à hostilidade do sociólogo italiano para com os discursos "humanitários", em particular os dos intelectuais (tema recorrente no pensamento de Gehlen também), sem falar das investidas de Pareto contra a "plutocracia demagógica" e contra a "democracia", igualmente muito apreciadas por Gehlen.

Podemos continuar nossas indagações a respeito das razões que determinaram o filósofo alemão a abraçar com entusiasmo o pensamento de Pareto e sobre a publicação, de um estudo sobre o autor do *Tratatto di sociologia*, em 1941, na mais importante revista alemã de filosofia (*Blätter für deutsche Philosophie*). Esse estudo, é preciso dizer imediatamente, não é um escrito de circunstância. Numa conversa com Gottfried Eisermann, o comentador mais acurado da obra de Pareto na Alemanha, Gehlen reconheceu a importância do pensador italiano para sua própria

---

19 Cf. *Philosophische Schriften*, II, 1930-1938, op. cit., p. 302, 339, 342-343.

evolução[20]. Ao fazer em seu estudo uma comparação entre Nietzsche e Pareto (ele estabelecia um parentesco entre ambos os pensadores, afirmando, de modo equivocado, que Pareto não conhecia a obra de Nietzsche), Gehlen considerava que o pensamento do segundo era superior à do autor de *Zaratustra*[21]. Achava a obra de Pareto mais rica de consequências, mais lúcida e, sobretudo, isenta das caricaturas proféticas. Considerando o pan-germanismo frenético do Terceiro Reich, tais afirmações não deixavam de ser arriscadas. Elas testemunham a independência de espírito de Gehlen que, no entanto, dera sua contribuição ao pan-germanismo, por exemplo, ao afirmar que a filosofia sempre fora "essencialmente alemã"[22], ao celebrar as ideias de Fichte sobre o *Urvolk* germânico, ou ao evocar, nas páginas finais de *O Homem*, as virtudes do caráter alemão[23], com uma referência direta a Alfred Rosenberg.

Contudo, parece-nos incontestável que o interesse de Gehlen pela contribuição maior de Pareto à elaboração de uma teoria da ação social estava intimamente associado à finalidade ideológica e às consequências políticas da obra deste último. O estudo de 1941 pôs em evidência o desprezo de Pareto pelo "inventário das frases da democracia", a "derrisão e a causticidade" que lhes reservava, e lembrou, a propósito o sarcasmo com que o sociólogo italiano cobria a conduta das grandes potências na questão das nacionalidades em fins da Primeira Guerra Mundial. Ao evocar a política da Roma imperial para com a Grécia, Pareto fazia uma alusão às potências de sua época, o que dava muito prazer a Gehlen[24]. É impossível não perceber que colocar

---

20 Gottfried Eisermann, *Max Weber und Vilfredo Pareto: Dialog und Konfrontation*, Tübingen: Mohr, 1989, p. 71, nota.
21 A. Gehlen, Vilfredo Pareto und seine "neue Wissenschaft", *Blätter für deutschen Philosophie*, Bd. 15, 1941-1942, p. 37-39.
22 Idem, *Philosophische Schriften*, II, p. 360.
23 Idem, *Der Mensch*, op. cit. p. 739.
24 Idem, Vilfredo Pareto und seine "neue Wissenschaft", op. cit., p. 5. A frase acima mencionada, assim como sua crítica violenta à democracia foram suprimidas nas edições do pós-guerra.

em evidência os ataques contra o parlamentarismo, contra a democracia da Europa do Oeste, contra a conivência dos "intelectuais humanitários" e dos "especuladores democratas", censurando Pareto por ter subestimado a força de combate das democracias ocidentais, tinha em 1941 uma ressonância ideológica e política muito atual. Gehlen não se esquecia de mencionar na introdução de seu texto as relações entre Pareto e o fascismo, lembrando que ele tinha sido o professor de Mussolini (mais exatamente, que Mussolini teria sido seu ouvinte nas palestras de Lausanne). Quando publica em 1944 a terceira edição de *Der Mensch*, Gehlen suprime a frase sobre Pareto-Mussolini, já estando o ditador privado de seu poder. Uma carta enviada para Nicolai Hartmann, datada de 28 de setembro de 1941, testemunha que Gehlen teve presente no espírito a finalidade política da obra de Pareto, assim como certas conexões profundas com a prática do fascismo italiano. Na ocasião, escrevia:

O livro de Pareto é, de fato, uma obra prodigiosa. Eu não reproduzi – o que ele diz duas vezes – que seu livro é pensado como um "Manual para governantes" e que ele não o teria publicado se tivesse sido forçado a admitir que o livro viria a se tornar popular. Ele foi pensado como um compêndio de psicologia social para uma *classe dirigeante* [em francês no original], e no fascismo há um bocado de *théorie* erudita aplicada. Eu, obviamente, não o poderia ter dito sem a intenção de infringir diretamente as intenções de meu autor.[25]

---

25 Paretos Buch ist in der Tat ein Wunderwerk. Ich habe nicht abgedruckt – was er zweimal sagt – dass sein Buch als "Leitfaden für Regierende" gedacht ist und er es nicht veröffentlicht hätte, wenn er hätte annehmen müssen, dass es populär würde. Es ist gemeint als sozialpsychlogisches Lehrbuch für eine "classe dirigeante", und es steckt im Faschismus viel angewandte gelehrte Théorie. Ich konnte das natürlich nicht sagen, ohne den Intentionen meines Autors direkt entgegenzuhandeln". A carta de Gehlen a N. Hartmann, que se encontra no *Augsburger Nachlas* de Gehlen, é citada por Karl-Siegbert Rehberg em suas notas no quarto volume da *Gesamtausgabe, Philosophische Anthropologie und Handlungslehre*, Frankfurt: Klostermann, 1983, p. 419.

Se Gehlen atribuía tanta importância às críticas de Pareto contra a "plutocracia demagógica" e, mais geralmente, às democracias ocidentais, é porque ali reconhecia nelas seus próprios pontos de vista da época, aquelas que o determinaram a abraçar com convicção a causa do Terceiro Reich. Para confirmar isso, basta ler as páginas de seu opúsculo sobre Fichte, de 1935, onde atualiza as ideias do autor dos *Discursos à Nação Alemã* sobre a missão singular do povo germânico como um povo do "centro da Europa". Nessas páginas Gehlen denuncia a arrogância imperialista das potências não alemãs, aquelas que tentaram impor a outros povos através de guerras mundiais a *Liberaldemokratie*[26]. Assim como outros intelectuais alemães engajados no nacional-socialismo (Heidegger ou Carl Schmitt, por exemplo), Gehlen atacava o imperialismo das grandes potências, assegurando que a Alemanha permanecia estranha à política de força que caracterizava todo imperialismo (tais considerações, formuladas em 1935, só podem fazer rir se pensarmos nos acontecimentos seguintes). As páginas do *Tratado* de Pareto sobre a ascensão dos "especuladores" nos grandes países democráticos do mundo, bem como a cumplicidade de políticos e intelectuais com essa força hegemônica confortavam-no em suas convicções.

Mas além desse aspecto pragmático-político, é preciso sobretudo reter que Gehlen acreditou encontrar na teoria de Pareto sobre as "ações não lógicas" um apoio para suas próprias teses a respeito do peso das forças não racionais ou alógicas na economia da vida social, e é isso que explica seu vivo interesse pelo pensador italiano. Partindo de uma constatação enfim evidente, a saber, que entre os desejos conscientes dos indivíduos e os resultados de suas ações se estabelece uma discrepância e que a objetivação social pode, consequentemente, seguir outros caminhos que não as intenções e os projetos individuais, Pareto ia além (e Gehlen também), situando o centro de gravidade da vida social na

---

26 A. Gehlen, *Philosophisches Schriften*, II, p. 238.

ação das forças que ultrapassavam o raciocínio lógico ou a deliberação racional (Pareto os chamava de "resíduos"). Ambos faziam valer o peso dos hábitos, das crenças, dos preconceitos, dos mitos, que desafiariam, por sua própria natureza, a preeminência da *ratio*. Gehlen citava com aprovação a afirmação de Pareto, segundo a qual as "ações lógicas" se parecem com um pedaço de madeira flutuando na superfície de um mar profundo de ações "não lógicas".

O principal corolário desse discurso teórico era um alerta contra a superestimação, no devir da sociedade, de uma consciência de si (*Selbstbewustsein*) e de ações logicamente fundamentadas. O grande mérito de Pareto, segundo Gehlen, é o de ter demonstrado o "caráter insular" das condutas lógicas na prática social[27]. O filósofo alemão sentiu-se em plena consonância com um pensamento que reabilitava o peso das ações não racionais ou transracionais (hábitos, crenças etc.) e que permitia, por exemplo, fazer justiça ao papel dos *mitos* (ou, mais genericamente, das *imagens* ou *fantasias*) enquanto forças organizadoras da sociedade. Em *O Homem*, Gehlen lembra duas vezes a fórmula de Vico – *phantasia certissima facultas* –, ao opor à fórmula da metafísica racional de tipo cartesiano – *homo intelligendo fit omnia* – a fórmula de um pensamento que exalta o papel da imaginação – *homo non intelligendo fit omnia*[28]. Podemos observar que ele retirou a fórmula de Vico de uma obra de Walter Witzenmann, *Politischer Aktivismus und sozialer Mythos: Giambattista Vico und die Lehre des Faschismus*, publicada em 1935, em Berlim (edição Duncker & Homblot). Esse estudo era uma tentativa singular de fazer retroceder a Vico as origens ideológicas do fascismo italiano. Por sua própria singularidade, esse empreendimento foi muito sintomático do clima da época; ali se encontra o anticartesianismo escondido na celebração do "mito social" e de seu papel fundador no ativismo político

---

27 Idem, Vilfredo Pareto..., op. cit. p. 25.
28 Idem, *Der Mensch*, p. 357-358.

do fascismo. Witzenmann lançava mão de Georges Sorel e sua valorização de Vico. A extravagância dessa tentativa de integrar Vico entre os precursores do fascismo (escamoteando o núcleo profundamente racional de sua teoria sobre o poder da imaginação e de seu papel na história humana) não torna menos significativo o interesse de Gehlen por tal procedimento.

Ao reivindicar um conceito "amplo" de experiência (*eine breite Erfahrung*), que faria justiça à importância das atividades não racionais, Arnold Gehlen se comprometia com a revalorização das culturas arcaicas e com a crítica da modernidade, para as quais seu livro *Urmensch und Spätkultur* (Homem Primitivo e Civilização Tardia, 1956) iria oferecer um testemunho eloquente. Sem negar os enormes progressos marcados no desenvolvimento da humanidade pela crescente racionalização da existência, Gehlen lembrava com vigor que o impulso da gestão lógica das ações havia provocado imensos sacrifícios e perdas de substâncias, beirando a "inumanidade"[29]. Portanto, não é errado falar de um "romantismo anticapitalista" em Gehlen, que, confrontando as culturas do passado com as sociedades modernas, encontra boas razões para celebrar as primeiras e deplorar os efeitos negativos do progresso.

Não é menos compreensível que o estudo de Gehlen sobre Pareto, que contém *in nuce* essa constelação de ideias (incluindo-se as consequências políticas, a crítica virulenta da democracia ocidental), tinha sido recentemente ressuscitado pelos partidários da "revolução conservadora" na França e em outros lugares. Armin Mohler, autor da obra-*standard* sobre a *Revolução Conservadora*, a caracteriza como "obra-prima hermenêutica" (*hermeneutisches Meisterwerk*), que representaria uma "introdução à Revolução Conservadora em seu conjunto, para além de Pareto"[30]. Na França, esse estudo foi publicado em tradução integral, segundo o

29 Ibidem, p. 368.
30 Armin Mohler, *Die Konservative Revolution in Deutschland 1918-1932*. Darmstadt: Wissenschaftliche Buchgesellschaft, 1989, p. 38.

texto original (portanto, sem levar em conta os cortes feitos pelo próprio Gehlen na mesma versão publicada depois da guerra) para a revista *Nouvelle École*, no número consagrado a Vilfredo Pareto (n. 3, verão de 1981). A revista, órgão teórico da extrema direita, anunciava, aliás, que ela daria mais atenção à filosofia de Gehlen.

DA INTELIGIBILIDADE DA HISTÓRIA

A *Crítica da Razão Dialética* representa um ápice tanto no pensamento de Sartre quanto no do século. Maciço, denso, de uma prolixidade que roça às vezes o incompreensível, propondo-se a dar de novo ao marxismo o estatuto de uma filosofia autêntica, a obra não recebeu, no entanto, nem no momento de seu aparecimento, nem até hoje, uma acolhida digna de suas ambições. Lévi-Strauss lhe após uma denegação em nome de uma "antropologia estrutural". Raymond Aron esteve entre os únicos a lhe consagrar um exame atento, reconstituindo suas principais articulações em uma obra intitulada *História e Dialética da Violência*, publicada em 1973. Mas, dadas as posições ideológicas, cabe perguntar se o autor de *O Ópio dos Intelectuais* era o mais indicado para fazer justiça à potência eurística e à fecundidade dos conceitos de Sartre (não obstante, seu trabalho continua sendo uma das melhores tentativas de "decifrar" – "deslabirintar" – *A Crítica da Razão Dialética*).

Entre os marxistas, foi Henri Lefebvre quem sublinhou a importância do livro, descobrindo aí "intuições fulgurantes" e avanços substanciais, mas guardando também reservas sobre pontos essenciais e mostrando-se muito reticente acerca do conjunto do empreendimento; seu texto é demasiado rápido e "impressionista" para fornecer um verdadeiro estudo analítico da *Crítica*[1].

Hoje em dia, a *Crítica da Razão Dialética*, apesar de seu rico patrimônio conceitual, está relegada a um esquecimento quase total e a *doxa* do tempo tem a mesma tendência em torná-la um exemplo monumental da regressão filosófica de Sartre. O ostracismo ideológico atinge o limite quando Alain Renaut publica um livro intitulado *Sartre, le dernier philosophe* (Sartre, o Último Filósofo), no qual, exceto algumas imprecações, não se encontra nada a respeito da *Crítica da Razão Dialética*, recusando-se o autor a reconhecer em Sartre uma atividade filosófica fora de *O Ser e o Nada*. Mais generoso, Bernard-Henri Lévy concede em *O Século de Sartre* certa atenção à *Crítica*, para convertê-la no símbolo da oscilação do Sartre de *A Náusea* e de *O Ser e o Nada* no comunitarismo e no totalitarismo. Procurando uma razão para essa involução, o autor de *Barbarie à visage humain* (Barbárie de Rosto Humano) adianta a explicação previsível: "Por que, dentre os seus livros, é esse que marca a passagem ao marxismo? Sem dúvida,"[2] Bernard-Henri Lévy vê na *Crítica da Razão Dialética* uma desaprovação e uma renegação das primeiras intuições de Sartre, a passagem do "fecundo pessimismo" do primeiro Sartre a uma filosofia otimista da história, a capitulação do ex-kierkegaardiano diante do hegelianismo. Os julgamentos de Bernard-Henri Lévy sobre a *Crítica da Razão Dialética* suscitaram uma viva reação por parte de Juliette Simont, que em excelente artigo

---

[1] O texto de Henri Lefebvre, publicado em 1961 na *Nouvelle Revue Marxiste*, n. 1, jun. 1961, era intitulado "Critique de la critique non-critique", e era apresentado como um capítulo de um livro a ser editado, *Crise de la Philosophie*.

[2] Bernard-Henry Lévy, *Le Siècle de Sartre*, Paris: Grasset, 2000, p. 569.

publicado em *Temps Modernes*[3] demonstrou o quanto era falsa essa imagem. Longe de sucumbir a uma filosofia convencional da história, a *Crítica da Razão Dialética* propõe, segundo Juliette Simont, uma "longuíssima fenomenologia da História, da sociedade", que concede largo espaço aos impasses e aos caminhos da emancipação do homem.

No espírito de Sartre, a *Crítica da Razão Dialética* devia ser uma sujeição à prova radical dos princípios fundamentais da teoria marxista, uma tentativa de revivificar o marxismo, colocando-o em condições de exprimir "a inultrapassável singularidade da aventura humana", após decênios de esclerose e de estiolamento stalinista. A refundação filosófica do marxismo passava antes de tudo, aos olhos de Sartre, por uma interrogação das categorias fundamentais da dialética que ele se recusava a aceitar como uma evidência dogmática. Tratava-se de reencontrar as fontes verdadeiras das leis da dialética (da interpenetração dos contrários, bem como da negação da negação), questionando sua esfera de aplicação, segundo o princípio ontológico rigoroso pelo qual a determinação está condicionada por seu substrato. A razão dialética, diferentemente da razão analítica, que governa as coisas na exterioridade, encontraria sua fonte autêntica, de acordo com Sartre, na *praxis* humana, pois somente o homem é o ser dialético por excelência, aquele pelo qual surgem no campo ontológico a contradição, a negação e a negação da negação.

A fim de pôr em evidência o caráter eminentemente dialético da *praxis* humana, teria Sartre necessidade de recusar, nas pegadas de Kojève, a existência da dialética na natureza extra-humana, qualificando o princípio mesmo de uma "dialética da Natureza" de "metafísica dogmática"? Tão justificado era exigir que se prove a validade de cada lei da dialética pela pesquisa do seu campo de aplicação (não extrapolar, por exemplo, como fez Engels, a "negação

---

3 Juliette Simont, Siècles, voici mon siècle, solitaire... Refléxions sur le Siècle de Sartre de Bernard-Henri Lévy, *Temps Modernes*, n. 618, mar.--abr.-maio 2000, p. 153-182.

da negação" na natureza), quanto parecia presunçoso considerar que os processos na natureza (a transformação das espécies, por exemplo) teriam um caráter a-dialético. Reservando a dialeticidade à *praxis* humana e recusando-a na Natureza (como fez Lukács em uma célebre passagem de *História e Consciência de Classe*, que ele irá abjurar mais tarde), Sartre queria retirar da dialética sua força transubjetiva e transpessoal, que se impunha ao universo como uma "força celeste", dialética que ele qualificava de "dialética dogmática". Seu objetivo era perseguir em seus últimos entrincheiramentos o marxismo dogmático, que teria universalizado a dialética de uma maneira indevida, sem circunscrever com rigor seu campo ontológico. Mas escrutando as coisas mais de perto, descobre-se no segundo plano dos pensamentos de Sartre um prejulgamento oculto. Ele reservava a fundação categorial do ser ao *trabalho da subjetividade*, ao não conceber a inteligibilidade do Ser fora desse trabalho, o que o conduzia a essa afirmação estupeficante: "Não há inteligibilidade nas ciências da Natureza." Ele excluía assim o que se poderia chamar de *autofundação categorial* da dialética do ser, a gênese de categorias pelo automovimento do ser, portanto, a existência de uma dialética objetiva. A Natureza desantropomorfizada seria, aos olhos de Sartre, ininteligível, pois a inteligibilidade não começa senão com o trabalho da subjetividade. É o que explica o fato de que Sartre pode qualificar as leis dialéticas da natureza descobertas por Engels (deixemos de lado por um momento os erros e as extrapolações ilegítimas de Engels) como fatos irracionais, opacos ou contingentes, pois o caráter de *necessidade racional* é condicionado, a seus olhos, pela presença constitutiva da subjetividade, ausente na natureza extra-humana. A verdade é que a admissão de uma dialética da natureza (a supressão das determinações finitas, por exemplo, ou a interpenetração dos contrários naquilo que Kant denominava *Realrepugnanz*) não prejudica em nada a valorização da especificidade da dialética na *praxis* humana, com o surgimento de categorias novas, fortemente destacadas, com razão, por Sartre. É assim que ele pode pôr à luz que é somente com o aparecimento da *necessidade* humana e da ação de sua saciedade que "a negação da negação" encontra seu verdadeiro campo ontológico de validade.

Na reconstrução do ser social, a *Crítica da Razão Dialética* escolheu como ponto de partida e certeza apodítica a *praxis* individual; desde a necessidade, que traduz o enraizamento do homem em um mundo que o esmaga e o condiciona, a caminhada prossegue através de múltiplas formas de embaralhamento entre a interioridade e a exterioridade (o homem da escassez, o prático-inerte, os coletivos, as séries) até a constituição de um mundo de reciprocidades não antagonistas, de que o *grupo em fusão* é um exemplo perfeito. Sartre privilegia em suas análises o homem em sua materialidade, o homem que é multicondicionado pelo conjunto material de que ele faz parte, indicando na *necessidade* a "primeira relação totalizante" do homem com seu meio. "A descoberta capital da experiência dialética, eu o digo de pronto" – escreve ele – "é que o homem é 'mediado' pelas coisas na medida mesma em que as coisas são 'mediadas' pelo homem."[4]

A necessidade é realmente uma relação "unívoca e de interioridade", mas não deixa de expressar a profunda heteronomia da condição humana, pois para preencher a falta sentida na interioridade é preciso mergulhar na exterioridade e encontrar aí os meios para saciá-la. A integridade orgânica pode sentir-se ameaçada pela desintegração em um meio hostil e ela deve agir sobre a exterioridade para recompor sua integridade. Sartre insiste no fato de que o homem da necessidade é um ser em perigo, um ser da dificuldade, que de certa maneira deve submeter-se às exigências da exterioridade a fim de enfrentá-la: "o homem da necessidade é uma totalidade orgânica que se torna perpetuamente

---

4 *Critique de la raison dialectique*, p. 165. As referências são dadas segundo a edição publicada em 1960, t. 1, "Théorie des ensembles pratiques", Paris: Gallimard, 1960. (Bibliothèque des Idées.)

seu próprio instrumento no meio da exterioridade."[5] É pelo *trabalho* que o homem da necessidade chega a preencher suas carências, a satisfazer suas necessidades, e o ato do trabalho se define como uma ultrapassagem e uma *transcendência*, pois o homem reordena seu meio em virtude de um *projeto* (Sartre retoma aqui muitos dos conceitos de *O Ser e o Nada*). Mas Sartre põe um acento particular no fato de que no ato do trabalho a interioridade do sujeito coa-se na exterioridade do instrumento, a *coisa humana* podendo tornar-se o *homem coisa*:

> o momento capital do trabalho é aquele em que o organismo se torna inerte (o homem *pesa* sobre a alavanca etc.) para transformar a inércia circundante [...] o homem é então a máquina da máquina e ele mesmo sua própria exterioridade[6].

Sartre aproveita a ocasião para sublinhar que a *necessidade* e a *praxis* oferecem um primeiro grande momento da experiência dialética, pois a análise mostra que o esquema de inteligibilidade da *necessidade* e da *praxis* é por essência dialético. Reencontra-se aí efetivamente todos os momentos constitutivos do processo dialético: totalização em curso pela preeminência do futuro sobre o passado, contradição (entre a interioridade orgânica e a exterioridade inorgânica), negação da negação (o momento da *falta* ou da *necessidade* é uma primeira negação do organismo, o momento de preencher a carência e de saciar a necessidade era, portanto, uma negação da negação). A *praxis* dá a si mesma suas próprias luzes e é transparente para ela mesma, pois o "laço de interioridade" que unifica os diferentes momentos da experiência focaliza o conjunto da ação.

A *Crítica da Razão Dialética* concede um lugar importante à heteronomia da condição humana; ela mostra o homem mergulhado em um mundo hostil ou esmagador, que chega a pesar sobre os condicionamentos mais íntimos

---

5 Ibidem, p. 167.
6 Ibidem, p. 174.

dos indivíduos (a gente se pergunta se não se pode descobrir aí um prolongamento da *Geworfenheit* heideggeriana – a imagem do homem como ser-jogado-no-mundo – da qual Sartre faz largo uso em *O Ser e o Nada*). A filosofia toma explicitamente o contrapé da tese kantiana sobre o homem como membro do "reino dos fins", onde cada pessoa é um fim absoluto para o outro (ele considera essa hipótese como afetada por um "idealismo absoluto"[7]; o objetivo é mostrar o homem onerado por sua materialidade, obrigado a "agir pela matéria sob a ordem da materialidade" e a procurar por sua *praxis* a rearranjar o Universo para torná-lo conforme a seus fins. Falando dos laços de reciprocidade que ligam os indivíduos em sua *praxis* comum, Sartre precisa assim seu pensamento:

não pode tratar-se nem de um laço universal e abstrato – como a "caridade" dos cristãos – nem de uma vontade *a priori* de tratar a pessoa humana em mim mesmo e no Outro como fim absoluto, nem de uma intuição puramente contemplativa que entregaria a cada um "a Humanidade" como a essência de seu próximo. É a *praxis* de cada um, enquanto realização do projeto, que determina seus laços de reciprocidade com cada um[8].

Mas Sartre insiste com não menos energia no fato de que com o aparecimento do homem na escala da Natureza surgiram laços de reciprocidade inter-humana, "laços de interioridade" (visíveis na "compreensão intraperceptiva" entre dois indivíduos) que são irredutíveis à reificação ou à alienação que explicam por si mesmos a possibilidade de reificação ou de alienação. "Marx indicou muito bem que ele distinguia as *relações humanas* de sua reificação ou, de uma maneira geral, de sua alienação em um regime social dado."[9] Sartre reivindica de certa forma uma concepção meta-histórica das relações humanas, o que tornaria possível a História e a historicidade das relações inter-humanas.

7 Ibidem, p. 191.
8 Ibidem, p. 189.
9 Ibidem, p. 179.

A História determina o conteúdo das relações humanas na sua totalidade e essas relações – quaisquer que sejam, tão íntimas e tão breves quanto possam ser – remetem a tudo. Mas não é ela *que faz* com que haja relações humanas em geral[...] a relação humana (qualquer que seja o conteúdo) é uma realidade de fato permanente em qualquer momento da História em que a gente se coloque.[10]

E assumindo de bom grado seu "formalismo", Sartre toma distância com respeito aos marxistas que "saltam a etapa abstrata da relação humana", na pressa de se instalar em seu caro mundo das forças e das relações de produção, ocultando, a seu ver, a presença da instância determinante dos liames de reciprocidade e dos laços de interioridade especificamente humanos. Em outro lugar, ele escreve:

O que os marxistas contemporâneos esqueceram é que o homem alienado, mistificado, reificado etc. nem por isso deixa de ser um homem. E quando Marx fala de reificação, ele não pretende mostrar que nós somos transformados em coisas, mas que somos homens condenados a viver humanamente a condição das coisas materiais.[11]

O pensamento de Sartre sobre a história concede amplo lugar à gênese da *inumanidade* nas relações entre os homens, descobrindo, no coração da História, um princípio de inteligibilidade de caráter eminentemente negativo: a presença constrangedora da *escassez*. Ao longo de toda a história, os homens teriam notadamente se confrontado com a defasagem entre os meios de subsistência oferecidos pelo meio-ambiente e a totalidade de suas necessidades. Sob o reino da escassez, uns sentem a existência dos outros como a presença de uma força excedente e hostil, dedicada ao extermínio. A presença do outro é sentida como o surgimento da *contra-humanidade* e uma luta de morte tende a encetar-se entre as consciências. Sartre pode assim escrever:

10 Ibidem.
11 Ibidem, p. 70, nota.

a História, tomada nesse nível, oferece um sentido terrível e desesperador; parece, com efeito, que os homens são unidos por essa negação inerte e demoníaca que lhes tira sua substância (isto é, seu trabalho) para voltá-lo contra todos sob forma de *inércia ativa* e de totalização por extermínio[12].

Sartre apresenta a escassez como uma relação humana fundamental, transformando-a mesmo no *principium movens* da história. "A História nasce de um desequilíbrio brusco que fissura em todos os níveis a sociedade."[13]

É pela ação da escassez, vivida como impossibilidade de coexistência entre os homens, que surge a inumanidade nas relações inter-humanas, que as relações de reciprocidade positiva cedem o lugar às relações de reciprocidade de caráter negativo ou antagônico. Sartre escreve:

Eu não pretendo que a relação de reciprocidade jamais tenha existido no caso do homem antes da relação de escassez, porquanto o homem é produto histórico da escassez. Mas eu digo que, sem essa relação humana de reciprocidade, a relação inumana de escassez não existiria.[14]

Assim, ao homem da necessidade, que nos processos de trabalho se transforma em matéria inorgânica a fim de agir sobre a matéria inorgânica, acrescenta-se o homem da raridade, que nega sua interioridade ou a substitui por uma falsa interioridade, sob os constrangimentos da matéria (do "produto" que se faz raro). Sartre chega a situar a escassez na origem da divisão da sociedade em classes sociais, pois é pela escassez que a sociedade seria obrigada a designar seus mortos e seus subalimentados:

a diferenciação se produz em uma sociedade cujos membros produzem sempre *um pouco menos* do que é necessário ao conjunto, de tal maneira que a constituição de um grupo improdutivo tenha

12 Ibidem, p. 200.
13 Ibidem, p. 203.
14 Ibidem, p. 207.

por condição a subalimentação de todos e que uma de suas funções essenciais seja a de escolher os excedentes a eliminar[15].

O reino da escassez faz surgir o Outro como uma contraespécie, transformando os atos de objetivação em outros tantos atos de alienação.

Sartre situa a negatividade e o reino do inumano no coração mesmo da história, insistindo também nos processos em que a matéria trabalhada devolve ao homem, por um choque de retorno, uma imagem totalmente oposta às intenções dos atores sociais: ele denomina esses processos de *contrafinalidades*. A matéria aparece nesse caso como uma "*praxis* invertida". A ação de desflorestamento das terras empreendida pelos camponeses chineses tem uma finalidade eminentemente positiva, na medida em que ela é destinada a eliminar obstáculos a fim de assegurar a repartição das culturas e a fertilização do solo. Mas *a ausência de árvores* produz efeitos completamente inesperados, ela se torna negativamente ausência de proteção: ao deixar de ser fixada pelas árvores, a encosta das montanhas e peneplanícies sobrecarrega os rios e o resultado são as inundações catastróficas. "O sistema positivo da cultura se transformou em máquina infernal." É o exemplo típico da contrafinalidade. "O trabalhador torna-se sua própria fatalidade material; ele produz as inundações que o arruínam."[16]

A força das análises de Sartre é a de mostrar como a "matéria trabalhada" converte-se em um fator de sujeição de indivíduos, como estes são reduzidos à inessencialidade em relação às exigências inertes da máquina nas grandes empresas do capitalismo moderno. Ele pode assim escrever: "todas as formas do imperativo vêm ao homem pela matéria trabalhada na medida em que ela o significa na sua generalidade no interior do campo social". A *praxis* não tem mais sua fonte no desejo, suas exigências são escritas de antemão: "um virabrequim, uma chave inglesa me designam

15 Ibidem, p. 222.
16 Ibidem, p. 233-234.

tanto quanto meu vizinho"[17]. Os indivíduos sofrem as exigências da matéria trabalhada, condenados à massificação (à existência serializada), vivendo na impotência. É o tipo de existência que Sartre chama de "prático-inerte". O homem instala na sua pessoa real a inércia prática do conjunto. É nesse contexto que Sartre introduz a análise da categoria do "interesse", que, segundo sua interpretação, traduz a sujeição dos indivíduos aos imperativos das coisas, encaradas na sua pura exterioridade. "O interesse – é o ser-inteiramente-fora-de-si-em-uma-coisa na medida em que condiciona a *praxis* como imperativo categórico." Ou alhures: "O interesse é a vida negativa da coisa humana no mundo das coisas na medida em que o homem se reifica para servi-lo."[18] Sartre persegue a migração da exterioridade na interioridade dos sujeitos, mostrando como o que é *interesse* para os patrões vem a ser *destino* para os operários, ao reificar a existência deles e ao transformá-los em meios para fins impostos do exterior. O mundo do "prático-inerte" é descrito como um "inferno", pois as liberdades são invertidas, elas se tornam facilidade e sujeição, funcionando a matéria às vezes como uma "matéria enfeitiçada", que reduz os indivíduos à impotência.

O mundo do prático-inerte é o mundo das liberdades petrificadas e da alienação, onde o homem é incessantemente confrontado com o Outro que não ele mesmo. A translucidez da *praxis* se dissolve na opacidade do Ser. Os indivíduos vivem seu pertencimento à sociedade como um "estatuto molecular", pois nesse meio a objetivação de uns é modificada de fora pela objetivação de outros. Sartre descobre imagens surpreendentes para descrever um universo onde a matéria sozinha parece compor as significações:

a matéria totalizada, como objetivação inerte e que se perpetua por inércia, é de fato um *não-homem* e mesmo, se quisermos, um *contra-homem*. Todos nós passamos nossa vida gravando sobre as coisas nossa imagem maléfica que nos fascina e nos extravia se quisermos

---

17 Ibidem, p. 252.
18 Ibidem, p. 261-266.

nos compreender *por ela*, ainda que não sejamos outra coisa senão o movimento totalizante que termina *nesta* objetivação.[19]

Aqueles que vivem sob esse regime deveriam propor-se como objetivo substituir "a tenuidade à opacidade, a ligeireza à pesantez, isto é, criar uma matéria imaterial", mas no mundo prático-inerte as propriedades humanas "*tornam-se* [propriedades] *do Ser*, perdendo seu caráter de acontecimento vivido[…]"[20]. E Sartre aproveita a ocasião para recusar a tese heideggeriana sobre o homem como "portador da Abertura do Ser" (ele cita um comentário de Walter Biemel), pois recusa uma filosofia em que o homem é movido por uma força que não ele próprio, habitado pela transcendência do Ser.

É preciso escolher: o homem é de início ele mesmo ou de início Outro que não ele mesmo. E se alguém escolhe a segunda doutrina então ele é simplesmente vítima ou cúmplice da alienação real.[21]

A *Crítica da Razão Dialética*, enquanto "teoria dos conjuntos práticos", propõe uma fenomenologia da vida social, que se desenvolve desde as primeiras formas de sociabilidade fundamental (o coletivo ou a série) até a constituição de agrupamentos orgânicos, em que as consciências articulam verdadeiras relações de reciprocidade (o grupo em fusão). O coletivo é um ajuntamento em que as consciências vivem como uma "pluralidade de solidões", em um estado de justaposição e de separação, condicionados em exterioridade. Os habitantes de Paris que esperam em uma estação a chegada de um ônibus são um exemplo de um tal agrupamento serial: "essas pessoas não se preocupam umas com as outras, não se dirigem a palavra e, em geral, não se observam; elas existem lado a lado em torno de um posto de sinalização"[22]. O ônibus designa os usuários potenciais,

19 Ibidem, p. 285.
20 Ibidem, p. 246.
21 Ibidem, p. 248.
22 Ibidem, p. 308.

que são caracterizados pela *intercambialidade*, daí o caráter serial de sua presença. Eis como Sartre descreve esse tipo de ajuntamento, cuja unidade é a "de uma relação falsamente recíproca de interioridade":

cada um, com efeito, é produzido pelo conjunto social como unido a seus vizinhos na medida em que lhes é rigorosamente idêntico; em outras palavras, seu ser-fora (quer dizer, o interesse que eles têm como usuários da linha) é único enquanto abstração pura e invisível e não enquanto rica síntese diferenciada, é uma simples identidade que designa o usuário como generalidade abstrata por uma *praxis* definida (fazer sinal, subir, ir sentar-se, dar suas passagens) no desenvolvimento de uma *praxis* ampla e sintética.

Os indivíduos não se diferenciam senão por sua materialidade de organismo, e são todos condicionados em exterioridade (a chegada do ônibus). Os ouvintes de um aparelho de rádio, que vivem sua condição como a de um objeto inerte submetido ao trabalho humano da voz, são igualmente um exemplo de agrupamento serial. Sua totalidade é uma totalização de passividade e de impotência, o contrário de um grupo ativo que determina livremente o fim, os meios, a diferenciação das tarefas com outros indivíduos. "Eu chamo de *coletivo*" – escreve Sartre – "a relação de duplo sentido entre um objeto material, inorgânico e trabalhado e uma multiplicidade que encontra nele sua unidade de exterioridade."[23]

Se, como diz Sartre, "a impotência sofrida é o mástique da serialidade", o grupo se constitui como negação a partir dessa impotência, isto é, da serialidade. Se o momento do campo prático-inerte é o do antidialético, em que os indivíduos são movidos por um mecanismo que os integra e os ultrapassa, em que "a ação de cada um se perde em proveito dessas forças monstruosas que conservam, na inércia do inorgânico e da exterioridade, um poder de ação e de unificação junto a uma falsa interioridade"[24], o

---

23 Ibidem, p. 319.
24 Ibidem, p. 359.

momento do grupo é aquele da separação do ser, da constituição de um ajuntamento no qual a livre *praxis* de cada um encontra a livre *praxis* do outro. Os habitantes do bairro de Saint-Antoine de Paris viveram durante a Revolução a dupla ameaça da Bastilha e das tropas reais concentradas do lado das Tulherias: esta "totalidade de cerco" foi vivida primeiro no meio da serialidade, como resignação ou efervescência, mas ela deu lugar a um agrupamento ativo, portador de uma ação concreta, em que, ante a violência real, se decidiu responder pela violência popular. É o momento da passagem do estado do *coletivo* ao do *grupo em fusão*, em que o Apocalipse (segundo a palavra de Malraux em *A Esperança*) desempenha um papel de catalisador. A exterodeterminação (a ameaça real) foi interiorizada em um movimento de autoafirmação sintética. Cada membro do grupo é um terceiro com respeito aos outros e as relações entre os membros do grupo são de "reciprocidade mediada". "De toda maneira" – escreve Sartre – "nós denominaremos 'interioridade' ou 'laço de interioridade' de um indivíduo em relação a um grupo, seu ser-no-grupo enquanto ele é mediado pela *praxis* comum de um terceiro regulador"[25].

O grupo encontra seu cimento e sua unidade no *juramento*, que assegura a permanência do grupo e sua sobrevivência contra a ação separadora do afastamento (espácio-temporal) e da diferenciação. "O juramento é reciprocidade mediada. Todas as formas derivadas – por exemplo, o juramento jurídico da testemunha, o juramento individual sobre a *Bíblia* etc. – não tomam sentido senão com base nesse juramento original."[26] O grupo, que se constituiu graças à "desintegração da serialidade" (Sartre fala em algum lugar da "debacle da serialidade"), não é menos ameaçado de recair no prático-inerte, e Sartre descreve a vida social como o teatro de um combate entre as forças integrantes do grupo, da "comunidade juramentada", e as da serialidade. Ele pode

25 Ibidem, p. 409.
26 Ibidem, p. 439.

assim escrever a propósito das ameaças que planam sobre o grupo em fusão que "se certas circunstâncias da luta trazem a debandada e se esta não é seguida de reagrupamento, o grupo está morto, o pânico contagioso restabelece a dominação do prático-inerte, eis tudo."[27]

Os momentos necessários da organização e da institucionalização do grupo não deixam de ser acompanhados pelo risco da ossificação ou da petrificação. Sartre pode assim escrever que "o momento institucional, no grupo, corresponde ao que se pode chamar de autodomesticação sistemática do homem pelo homem"[28]. Contra as forças da reificação (da "petrificação por institucionalização") e da explosão na pura dispersão de exterioridade, o grupo afirma-se como uma *totalidade viva*, em que cada um vive no meio do Outro como em seu próprio meio, como uma "intersubjetividade prática", em que a livre *praxis* de cada um encontra a livre *praxis* do outro. A fraternidade-Terror é o meio condutor do grupo durante a Revolução, destinada a barrar a rota às forças da traição ou da secessão. Enquanto a série transforma o homem por seu estatuto de alteridade em *produto de seu produto*, o grupo, por suas práticas de liberdade, transforma o homem *em seu próprio produto*. Sartre não tem confiança no sistema eleitoral, que lhe parece em todas as circunstâncias uma forma de "extero-condicionamento", pois as "listas eleitas não representam mais a *vontade* do país do que as listas dos discos mais comprados representam o *gosto* dos clientes"[29]. Ele é, portanto, a favor do "reagrupamento revolucionário" e contra a inércia das instituições, contra a soberania que se erige sobre a impotência das massas. A *Crítica da Razão Dialética* pode assim aparecer como a caução teórica da extrema esquerda, partidária da luta extraparlamentar.

A obra de Sartre culmina com uma teoria da luta de classes, da "reciprocidade antagonística", que desemboca

---

27 Ibidem, p. 427, nota.
28 Ibidem, p. 585.
29 Ibidem, p. 624, nota.

na *praxis* translúcida do grupo de combate, encarnação da emancipação. As etapas desse combate seriam, segundo ele, as seguintes: a classe-coletivo, a classe-instituição e a classe-Apocalipse. A *Crítica* faz aparecer um "humanismo dialético", que exprime a intersubjetividade autêntica do grupo que encarna a negação da des-humanidade:

Aquele que diz: "Eu não farei mais do que os Outros para não obrigar os Outros a fazer mais do que podem e para que um Outro não me obrigue a fazer mais do que eu posso", este é mestre do humanismo dialético, não como teoria, mas como prática[...].[30]

A *Crítica da Razão Dialética* é uma obra marxista no sentido rigoroso do termo? Raymond Aron, que interrogou com insistência os fundamentos filosóficos desse livro, falou ora do "marxismo compreensivo" de Sartre, acentuando aí a proximidade do conceito sartriano de "compreensão" daquele do historicismo alemão de Dilthey e de Max Weber, ora de seu "marxismo existencialista", variante de um marxismo hegelianizado, daí, segundo ele, a continuidade com certas análises de *O Ser e o Nada*, e ora, por fim, da mistura de "sartrismo" e de "marxismo"; Raymond Aron considera que Sartre sempre conservou uma filosofia da consciência herdada de Descartes e de Husserl, que ele teria combinado na sua *Crítica* com a herança do historicismo alemão e com conceitos tomados do marxismo. Em suma, a *Crítica da Razão Dialética* seria uma obra barroca, compósita, "monstruosa", que desembocaria finalmente numa "filosofia da violência". Esta é a visão de Aron, que resume assim o conteúdo:

A *Crítica* relata, numa espécie de romance filosófico, a odisseia da consciência que se aliena no objeto, se perde no prático-inerte, na materialidade e na serialidade, que se desvencilha em seguida da servidão ou, melhor ainda, do visco que a envolve e a adoece, que se reconquista ela própria pela revolta, pelo combate e, enfim, para vencer, perde suas razões de vencer. A revolta para não sucumbir aos golpes de seus inimigos torna-se revolução; esta última sobrevive tão somente

---

30 Ibidem, p. 743.

pela organização, depois pela instituição; o Estado, os soberanos nascem ou renascem da revolução triunfante, traída por seu triunfo.[31]

A *Crítica da Razão Dialética* se propunha a restituir a inteligibilidade da história, fundamentando as verdades do materialismo histórico em uma dialética sujeito-objeto, interioridade-exterioridade, que se abebera em três heranças: hegeliana (por exemplo, a análise hegeliana da "consciência infeliz"), existencialista (o para-si de *O Ser e o Nada*, variante sartriana do ser-no-mundo heideggeriano) e propriamente marxista ("Talvez seja preciso ter essa vontade de transcender as oposições da exterioridade e da interioridade, da multiplicidade e da unidade, da análise e da síntese, da natureza e do *antyphysis* para a contribuição *teórica* mais profunda do marxismo" – escrevia Sartre em *Questões de Método: Crítica da Razão Dialética*)[32].

Uma comparação com *Para uma Ontologia do Ser Social* de Lukács pode contribuir para esclarecer o projeto da *Crítica da Razão Dialética*, pois cumpre não esquecer que os dois trabalhos nutrem a ambição comum de refundar filosoficamente o pensamento de Marx, um utilizando as categorias da ontologia (teleologia-causalidade, essência-fenômeno, substância-acidente etc.) e o outro as da *razão dialética* (em particular, a de totalização ou totalidade-destotalizada, que desempenha um papel central no pensamento de Sartre). As duas obras propõem uma ontologia da subjetividade, pois os dois pensadores fixam como *principium movens*, como "fenômeno originário" da vida social, *o trabalho* (segundo a definição de Lukács) ou a *praxis individual* (segundo a fórmula de Sartre). A crítica do economicismo é também uma orientação comum às duas obras, que se propõem a restituir ao ser social sua verdadeira densidade e complexidade, definindo-o como um "complexo de complexos" (Lukács)

---

31 Raymond Aron, *Histoire et dialectique de la violence*, Paris: Gallimard, 1973, p. 109.
32. Sartre, *Questions de méthode: Critique de la raison dialectique*, 1960, Paris: Gallimard, p. 61

ou se recusando a reduzir a complexidade dos objetos culturais à universalidade de uma ideologia de classe (Lukács também protestou contra a redução da estrutura dos objetos culturais à sua gênese, mostrando, ao contrário, a maneira como eles chegam a exprimir a consciência-de-si do gênero humano em sua universalidade). Os dois pensadores sublinham que o trabalho da subjetividade é consubstancial ao ser social em todos os seus níveis, recusando a aceitar sua "naturalização" ou, mais precisamente, conferir ao ser social o estatuto intramolecular do ser físico. Ambos vão polemizar com o marxismo dogmático da época da Segunda Internacional (em particular, o de Plekhanov), mas sobretudo com o marxismo congelado e esclerosado da época stalinista, que substituiu a substância viva do pensamento de Marx por esquemas de caráter determinista ou teleológico. Sartre e Lukács também se encontram, até certo ponto, no peso concedido aos fenômenos que Sartre designava sob o termo de contrafinalidades, pois para Lukács também a vida social nunca é de todo coextensiva nos seus resultados às intenções e aos objetivos perseguidos pelos atores sociais (a finalidade das ações individuais é contrabalançada pela autonomia das cadeias causais, que vêm à luz na imanência da vida social, fazendo assim com que uma defasagem subsista sempre entre as intenções ou os fins e os resultados).

Apesar das grandes diferenças no lugar que atribuem ao aparelho conceitual (Lukács concede, por exemplo, um papel importante à causalidade na sua descrição da anatomia do ser social, categoria que não desempenha nenhum papel em Sartre), os dois pensadores se reencontram na sua exigência de dar de novo às categorias da dialética seu fundamento ontológico, ao mostrar que seu funcionamento é condicionado pelas regiões do ser onde elas se produzem. Assim, ambos recusam as aplicações da "negação da negação" aos processos da natureza (em particular, as teses de Engels sobre esse tema, expostas no *Anti-Dühring*), na medida em que Lukács contesta a própria existência de um processo de "negação da negação", enquanto Sartre se mostra muito cético com respeito à existência de uma "dialética da natureza" e vê aí tão somente uma tentativa de imprimir força na natureza das categorias descobertas na imanência do ser social; o último Lukács revela-se, todavia, fiel à tradição de Hegel e de Schelling, perpetuada por Engels, que admite inteiramente a legitimidade de um funcionamento dialético da natureza.

Os processos de reificação e de alienação estão presentes, com igual intensidade, no centro da reflexão dos dois pensadores. Sartre, aliás, se referiu ao ensaio sobre a reificação incluso na *História e Consciência de Classe* em seu texto intitulado "Faux savants ou faux lièvres?" (Falsos Sábios ou Falsas Lebres?), publicado em 1950, à guisa de prefácio a um livro de Louis Dalmas sobre o comunismo iugoslavo[33]. A *Crítica da Razão Dialética* analisa a reificação como uma ação enrijecedora das relações sociais sobre os seres humanos no campo prático-inerte: "é a necessidade que se impõe ao membro de um grupo social, por meio das estruturas da sociedade, de viver sua pertinência ao grupo e, por meio dele, à sociedade inteira como um estatuto molecular"[34]. As relações entre os indivíduos são relações de "pseudointerioridade", pois uma espécie de "rigidez mecânica" os obseda em sua vida conjunta (eles se adicionam como "quantidades discretas", o que é exatamente o contrário de uma verdadeira intersubjetividade). Lukács, por sua vez, distingue entre "reificação inocente" e "reificação alienante", após ter dissociado o ato de "exteriorização" (*Entäusserung*) do de objetivação (*Vergegenständlichung*), preparando o terreno para uma outra distinção, entre a exteriorização autêntica, a das forças humanas em sua totalidade, e a exteriorização alienante, aquela em que o produto da ação surge em contradição com a essência do ser humano.

A Crítica da Razão Dialética e *Para uma Ontologia do Ser Social* são dois grandes monumentos erigidos para a

---

33. O texto foi retomado em Situações VI; as referências a Lukács estão nas páginas 35-39 da edição francesa: *Situations VI - Problèmes du Marxisme*. Paris: Gallimard, 1964

34 *Critique de la raison dialectique*, p. 243.

glória da intersubjetividade vivente, pois tanto para Sartre quanto para Lukács a indestrutibilidade do ser humano é uma evidência mesmo quando ele vive sob o regime da alienação. Sartre escreve:

> Nós recusamos confundir o homem alienado com uma coisa, e a alienação com as leis físicas que regem os condicionamentos da exterioridade[...] Para nós, o homem se caracteriza antes de tudo pela ultrapassagem de uma situação, pelo que ele consegue fazer daquilo que fizeram dele, mesmo que ele não se reconheça nunca na sua objetivação.[35]

Após ter demonstrado que a alienação é consubstancial aos atos de objetivação sob o regime da "matéria enfeitiçada" e do campo prático-inerte, Sartre coloca com acuidade a questão da perenidade da própria alienação nas sociedades que aboliram o capitalismo:

> em que medida uma sociedade socialista baniria o atomismo *sob todas as suas formas*? Em que medida os objetos coletivos, signos de nossa alienação, serão dissolvidos numa verdadeira comunidade intersubjetiva em que as únicas relações reais serão aquelas dos homens entre eles[...]?[36]

Sem se aventurar a proporcionar uma resposta terminante a essa questão, ele deixa adivinhar onde se situa o lugar geométrico de suas aspirações: uma comunidade intersubjetiva na qual a *praxis* translúcida de cada um estabeleceria os verdadeiros liames de interioridade com a *praxis* de todos os outros.

As convergências entre o pensamento de Sartre e o marxismo são evidentes, ainda que os marxistas possam formular sérias reservas sobre pontos importantes (a questão da *escassez*, por exemplo) os marxistas poderiam formular sérias reservas. Nem Marx, nem Engels fizeram da *escassez* o agente principal da história, a origem da divisão da sociedade em classes antagonistas. Ao contrário, Engels

---

35 Ibidem, p. 63.
36 Ibidem, p. 349, nota.

atribuiu a dissolução da comuna primitiva e o aparecimento das classes sociais ao surgimento de um *excedente* no produto social, que teria permitido a um determinado grupo impor sua dominação e transformar os outros em escravos. O homem de Sartre é um homem lançado no meio da escassez, vivendo sob o peso de uma forte heteronomia. A *Crítica da Razão Dialética* concede, efetivamente, um peso muito maior à heteronomia da condição humana do que o fazia *O Ser e o Nada*. Sartre pôde assim escrever na *Crítica*:

> Que não se vá fazer-nos dizer, sobretudo, que o homem é livre em todas as situações, como pretendiam os estoicos. Nós queremos dizer exatamente o contrário; a saber, que os homens são todos escravos na medida em que sua experiência vital se desenvolve no campo prático-inerte e na medida expressa em que esse campo é originalmente condicionado pela escassez.[37]

Com respeito às posições expressas em *O Ser e o Nada*, a evolução de Sartre nos parece evidente. Pode-se dizer que o marxismo lhe revelou o peso da heteronomia na condição humana, mesmo se suas afirmações conservam uma reminiscência da tese heideggeriana sobre a *Geworfenheit* (o homem como ser-jogado-no-mundo). O modo *sui generis* como Sartre se apropriou do marxismo, entendido sobretudo como uma filosofia da produção e reprodução material de condições da vida, aparece nesta surpreendente afirmação nas *Questões de Método*: "Logo que vier a existir *para todos* uma margem de liberdade *real* além da produção da vida, o marxismo terá vencido; uma filosofia da liberdade tomará seu lugar."[38] Propondo-se a refundar o marxismo por uma "crítica da razão dialética", Sartre empreendeu uma operação teórica grandiosa, apesar de estar marcada por algumas ambiguidades e por um certo sincretismo nos seus fundamentos filosóficos.

---

37 Ibidem, p. 369.
38 Ibidem, p. 32.

Este livro foi impresso na cidade de São Bernardo do Campo,
nas oficinas da Bartira Gráfica e Editora, em setembro de 2016,
para a Editora Perspectiva.